明理精工 铸魂育人

高校建设探索与实践

郭大成 ◎ 著

人民东方出版传媒
东方出版社

图书在版编目（CIP）数据

明理精工　铸魂育人：高校建设探索与实践/郭大成著. -- 北京：东方出版社，2025. 4. -- ISBN 978-7-5207-4215-3

Ⅰ. G649. 2

中国国家版本馆CIP数据核字第20254XR073号

明理精工　铸魂育人：高校建设探索与实践
（MINGLI JINGGONG　ZHUHUN YUREN：GAOXIAO JIANSHE TANSUO YU SHIJIAN）

著　　　者：	郭大成
策划编辑：	姚　恋
责任编辑：	朱兆瑞
出　　　版：	东方出版社
发　　　行：	人民东方出版传媒有限公司
地　　　址：	北京市东城区朝阳门内大街166号
邮政编码：	100010
印　　　刷：	华睿林（天津）印刷有限公司
版　　　次：	2025年4月第1版
印　　　次：	2025年4月北京第1次印刷
开　　　本：	710毫米×1000毫米　1/16
印　　　张：	33.75
字　　　数：	552千字
书　　　号：	ISBN 978-7-5207-4215-3
定　　　价：	108.00元

发行电话：（010）85924663　85924644　85924641

版权所有，违者必究

如有印装质量问题，请拨打电话：（010）85924602　85924603

推荐序

郭大成教授是我所知的一位在高等教育领域勇于推进教育改革的探索者和实践者，也是高等学校素质教育的推动者。改革开放之初，上海交通大学、哈尔滨船舶工程学院（现为哈尔滨工程大学）和镇江船舶学院（现为江苏科技大学）都归属第六机械工业部管理。当时，大成教授在六机部教育局工作，直接参与了管理和服务学校的有关工作。20世纪90年代初，大成教授先后在北京船舶工业管理干部学院任副院长、常务副院长，党委副书记、党委书记。自2000年起，大成教授先后在北京航空航天大学、哈尔滨工业大学、北京理工大学等高校担任党委副书记和党委书记等职务。他从事高等教育工作几十年，在高等教育领域作了许多的思考和探索，可以说，他对立德树人有深厚的情结，对高校党建有深刻的思考，对高校管理有深切的体悟，对科教兴国和教育强国有深入的理解。

在长期的教育工作中，大成教授积极开展理论研究和实践探索。他主张"高素质人才培养是学校的核心任务和根本职责"，提出要大力推进教育改革，全面实施素质教育。在他的支持推动下，中国高等教育学会大学素质教育研究分会于2011年11月在北京理工大学成立，他任第一届理事长，会聚国内外大学素质教育顶尖专家学者，组织高层次素质论坛和研究交流活动，推动大学素质教育实践探索和理论研究，编辑出版有关文集，推出了一批素质教育优秀理论及实践成果，在世界舞台上发出了中国素质教育的声音。他在北京理工大学任职期间，亲自组织构建"立体型、联动化、交互式"的素质教育体系，提出"高远的理想、精深的学术、强健的体魄、恬美的心境"的育人目标，促进学生全面成长成才，为中国特色社会主义培养合格的建设者和可靠的接班人。

在长期的教育管理工作中，大成教授大力推进教育改革，他主张在解放思想和改革创新中寻求新的发展，提出"跳出北理工看北理工"，提出"6+1"发展战略。他认为科研和学术是高水平大学发展的推动力，大学是学术文化单位，要摒弃"官本位"和"行政化"陋习，并提出"三服务"理念，大力改革科研管理体制和激励机制，促进产学研用紧密结合，构建良好的学术文化环境和氛围。他提出，高素质教师队伍是学校发展的主力军，要坚持"师德为先、教学为要、育人为本"，大力实施"强师兴校战略"，让教师静下心来教书，潜下心来育人。他强调，交流合作与校友工作是推动学校发展的重要支撑，提出要加强与世界一流大学的交流与合作，服务校友成长发展，从多维视角探寻大学发展之道，建设"世界一流理工科大学"。

在长期的高校党建工作中，大成教授非常注重党的建设，提出并始终坚持"围绕中心抓党建、抓好党建促发展"理念，组织开展"党群零距离""五个三比""党建带团建""树典型学先进"活动，不断提高学校党建和思想政治工作的质量和水平，为实现学校成为世界一流理工科院校的奋斗目标保驾护航。他非常重视党风廉政建设，告诫党员干部，反腐倡廉永远在路上，要时刻守住初心和使命。他非常重视加强领导班子和干部队伍建设，并以此引领学校科学发展，提出了"端盘子"理念，要求干部践行"起身迎送，把话听完，意见明确，抓紧办理，必有回音"的行为规范，努力把领导班子和干部队伍建设成为善于推动科学发展、促进校园和谐的坚强力量。他也非常重视大学文化建设，认为一流的大学需要一流的文化，一流的文化滋养一流的校园，征集、提炼并确定了北京理工大学"德以明理、学以精工"的校训、"团结、勤奋、求实、创新"的校风、"实事求是，不自以为是"的学风，构建了北京理工大学精神文化体系。

北京理工大学一直都是国家重点建设的高校，改革开放以来，先后进入国家重点建设的"211"和"985"行列。进入新世纪，学校如何进一步改革发展，是每一位学校领导者，特别是主要领导者面临的重要课题。在这个课题面前，大成教授作为北京理工大学的党委书记，和校长一起团结带领学校领导班子同志，和全校师生员工一道为学校的进一步改革发展作出了努力，并取得了很好的成绩。这次，大成教授把他在北京理工大学工作期间的有关讲话、发表的文章等编辑出版，是一件很有意义的事情。他这本书以北京理工大学为背景，说的是北京理工大学的人和事，但展现的也是我国高校发展的珍贵缩影。这既是他对自己多年来工作的总结，也为后来者提供了宝贵文献，对于其他从事高等教育管理的同人具有很好的借鉴意义。特推荐此书，以飨读者。

周远清

2024 年 12 月

前　言

　　我先后两次在北京理工大学工作，共八年多的时间。第一次是2002年1月至2004年7月，第二次是2008年2月至2014年9月。第一次任党委常务副书记，第二次任党委书记。回顾在北理工工作这八年多的时间，感受颇深。最初的两年多，我没有感到太大的压力，那是因为自己一是作为新人，主要是一边了解和熟悉情况，一边开展工作；二是身为副职，协助主要领导分管党务和安全保卫等有关方面的工作。后来的六年多，情况就不一样了，自己作为学校的主要领导，所承担的责任和任务更重了。因此，自接受任命的那一刻起，我就下了决心，要全力以赴做好工作。

　　"功夫不负有心人"，经过自己和校长的精诚合作，并团结、带领领导班子同志和全校师生员工共同努力，取得了可喜的成绩，学校各项可考核的指标都有了长足的进步，综合实力也有了明显的提升。尽管这六年多来，自己在工作中还存在一些问题和不足，还有一些不尽如人意的地方，但总体上讲，在这六年多的时间里，我已经尽全力了，全身心地坚守着自己的岗位职责，不敢有丝毫懈怠。在即将离开工作岗位之前，我在全校大会上做了一次工作报告。这个报告可以说是对自己任北京理工大学党委书记以来的工作的总结，我想以这个报告中的部分内容作为这本书的引言，以馈读者。

　　"以史为鉴，可以知兴替。"在这里，让我们回顾一下近年来北理工的发展历程，主要是让大家客观、全面地了解我和我们领导班子同志对办好北理工的认识和理解，以及我们在建设一流理工大学过程中的一些探索和实践。

2008年初，我回到北京理工大学做党委书记工作，我感到担子很重，心里有如履薄冰之感，全身心地投入工作。因为，之前我在北理工工作过，在我心目中，北理工是我们党创建的第一所理工科大学，具有光荣的传统、很好的发展底蕴和鲜明的国防特色，历来都是国家重点建设的大学，在上届领导班子和全校师生员工的共同努力下，学校进入了国家重点建设的"211工程"和"985工程"高校行列，为我们新一届领导班子的工作打下了良好的基础。但是，我也注意到，由于当时兵器行业的发展遇到困难和问题，作为与兵器行业紧密相连的北理工，学校的投入受到了影响，而且，由于长期局限于兵器系统，学校发展尚不够开放。同时，受"行政化"和"官本位"、"小富即安"等不良思想观念的影响，校风、教风、工作作风和政策拿捏上存在一些问题和不足。所以，学校在内涵发展上，特别是在师资队伍建设、学科专业建设、科学研究和成果转化以及国际交流与合作等方面与兄弟院校相比，都有比较明显的差距。再加上兄弟院校之间的激烈竞争，作为学校的主要领导，我深深感到，要实现我们的发展目标，按部就班地干、不紧不慢地走，肯定是不行的。因此，我和校长及领导班子同志一道，坚持边调查研究、边思考总结、边推动落实。工作中，注重在理念上引领大家解放思想、更新观念，注重在政策措施上向基层一线和学术骨干倾斜，注重在内涵建设上下功夫，鼓励师生员工激情进取、大胆探索，不断推动学校科学发展。

一、坚持大学的第一要务是育人，必须坚持以人才培养为根本任务

我们结合学校实际情况提出了具体的育人目标，即培养具有"高远的理想、精深的学术、强健的体魄、恬美的心境"，有创新精神、实践能力和社会责任感的社会主义合格建设者和接班人。同时，在育人的具体实践中，我们按照教学和管理"一体化"思路，强化教务部门和学生管理部门主动合作，为提高本科生培养质量搭建良好的平台。我们提出了立体式、网络化的教育理念，倡导集合校内外各方面力量共同育人，例如，支持基础教育学院建立网上"家校彩虹"平台，与家长共同育人。我们强调，要让学生快乐地学习、健康地成长、多样化成才，积极支持和推动学生开展创新创业活动，在良乡校区建立大学生创新实践基地。

我们强调教学改革，选择武器、信息、航天三类学科和专业作为试点，探索"本硕博贯通培养模式"，培养未来国防科技领军人才。

二、坚持教师是学校发展建设的主力军，必须突出教师的主体地位，发挥教授治学作用

按照这个思路，学校采取了一系列政策措施，调动教师的积极性。比如，在岗位津贴调整和发放中，我们强调向学术骨干倾斜，正职校领导低于院士，副职校领导低于"长江""杰青"①。比如，为解决教职工的住房困难，我们积极争取上级与有关单位的关心支持并筹措资金，组织在良乡校区附近为教职工团购1200多套住房，并在具体选购时一视同仁，校领导与教师一起参加摇号排队。再比如，我们把办公主楼、后勤办公楼、老一号楼和出版楼都腾出来用以缓解教师的教学、科研和办公用房紧张问题。为进一步解决科研用房问题，我们启动的23万余平方米的国防科技园项目主体结构已经完成。为强化学术权力，发挥教授作用，我们成立了以学术骨干为主体的学部，将学科和学术建设方案、有关激励政策的制定与把关权限交给学部。实践证明，效果比较好，初步形成了具有我校特色的学部制度。

三、坚持学校是学术文化单位，必须克服行政化和官本位思想

我们针对"学术氛围不浓"的问题，创办了"新年科技茶话会"活动，连续搞了六年，极大地激发了广大教师投入学术与科研活动的积极性和主动性，进而促使科研投入成倍增长，科研成果不断涌现。我们针对存在的"行政化和官本位"思想，宣传了"食堂理论"，创造性地提出了"干部为教师服务，教师为学生服务，全校为人才培养服务"的"三服务"工作理念，强调"教书育人、管理育人、服务育人"，要求干部"以服务的心态搞好管理"，要求机关工作人员养成"起身迎送，把话听完，意见明确，抓紧办理，必有回音"的工作习惯和修养。在实际工作和生活中，我们减少应酬、减少会议，挤出更多的时间到教师和同学们中间去座谈交流，帮助解决实际问题，并和教职工一块儿在食堂就餐，不搞特

---

① "长江"指"长江学者"，即获聘"长江学者奖励计划"的专家学者；"杰青"是指国家杰出青年基金获得者。——编者注

殊化。我们还经常带着有关教授和基层同志到有关部委、军兵种和军工集团及所属单位去推进合作工作。

四、坚持大学要开放发展，必须突破传统思维观念的束缚

我们针对"满足现状，小富即安"的思想，倡导"解放思想，激情进取"，开启了进一步解放思想的大门。我们提出了"四个跳出"的理念，即"跳出北理工看北理工、跳出兵器看兵器、跳出军工看全国、跳出国门看世界"；提出了"两个瞄准"，即"始终瞄准世界科技教育发展前沿，始终瞄准国家重大战略需求"；提出了"三个走进"的观念，即走进国际科技教育前沿、走进国家经济社会主战场、走进基层和群众；提出了"强地、扬信、拓天"的特色发展思路等，力求不断攀登科技教育高峰，不断创新出更多高水平科研成果，不断培养出更多拔尖创新人才，为更好地服务经济社会发展和国防现代化提供人才和智力保障。

五、坚持学校发展要有新突破，必须在体制机制改革上下功夫

我们针对制约学校发展的关键问题，大力推动体制机制创新。按照理工并重、工理管文协调发展的思路，调整学院建制，设立4大类20个专业学院；为进一步服务基层教师，调整部分机关职能，组建教学促进与教师发展中心；为提高设备和场地利用率，整合资源组建纳米中心等公共实验平台；为方便学生的学习和生活，学生事务服务中心也组建完成；面向校内外招聘学院院长，引进了一批管理能力强、学术水平高的管理骨干和学术骨干；为促进学科交叉和协同创新，组建各类不同学科、不同学院组成的研究院或研究中心；为推动科技成果转化和产学研合作及创新创业人才培养，探索试点学科性公司；为调动教师从事教学和科研的积极性，在职称改革中政策向一线教师倾斜等。这些措施的创新和出台，极大推动了学校的发展。

六、坚持党的建设是学校发展的有力保障，必须"在改革中完善，在创新中发展"，把"围绕中心抓党建，抓好党建促发展"落到实处

具体实践中，书记和校长紧密配合，积极推进学校"6+1"发展战略的贯彻落实，坚决防止党建和中心工作"两张皮"问题的出现。同时，为落实党委领导下的校长负责制，总结多年来党建工作经验，组织制定了党委常委会、校长办公会和党群工作会的会议制度，有力地推动了学校领导班子的制度建设。

同时，在党建工作中注意与时俱进、推陈出新。不断深化德育答辩工作，总结推广了"德育小导师"活动成功经验，进一步完善了德育答辩工作体系。支持保卫处党支部和离退休教职工党委联合成立了"北理同心党建工作室"，既解决了年轻保安的思想教育问题，也使离退休老同志得到了年轻人的照顾，实现了"双赢"。深入总结学校"党群零距离"活动，进一步对党员、干部、教师、学生和离退休老同志提出了"五个三比"的具体措施，做到党建活动的分层次、全覆盖。

七、坚持学校要又好又快发展，必须调动各方面的积极性和创造性

为激发党员领导干部工作的热情，我们创造环境、条件和机遇，让他们到更加广阔的舞台上去锻炼。近年来，我们先后把8位同志输送到国家部委、北京市机关及高校等单位局级岗位任职，把24位同志输送到国家机关和北京市有关单位处级岗位任职，既发挥了他们的特长，也为学校管理干部的发展拓展了空间；我们推出"职员制"改革，让一些长期没能获得发展或者发展受到局限的干部有了发展空间；为稳定辅导员队伍，我们出台了专职学生干部职务晋升的文件，为他们的发展提供了平台。

为发挥民主党派和党外人士在学校发展建设中的作用，近年来，我们加大了民主党派建设的力度，使民主党派成员有了较大的发展，组织有了成倍的增长。同时我们还安排有关人士到校外领导岗位上挂职，调动他们的工作积极性和创造性。

为解决以往对校友工作重视不够的问题，我们专门聘请退下来的老书记担任学校对外工作委员会的主任，专门做校友的工作；为加强对学术委员会的领导，我们聘请退下来的老校长做学术委员会的领导工作。

八、坚持一流的大学要有一流的文化，必须继承和发扬传统并与时俱进

我们认真学习研究了学校70多年的发展历史，对各个重要发展时期的特点进行了分析、研究，特别是对学校的办学理念、传统、精神进行了思考，对学校的学科专业史进行了调研。在广泛征求广大干部和师生员工以及校友的意见后，研究确定了"德以明理，学以精工"的校训，"团结、勤奋、求实、创新"的校风，"实事求是，不自以为是"的学风；组织学科专业史编撰和出版工作；组织开展校史研究，建成校史馆、徐特立纪念馆，并竖立钱学森塑像等，较好地展示了学校 70 多年办学历程的全貌。为增强学校的学术文化氛围，我们已经连续六年成功举办"科技工作茶话会"，增强了科研与学术氛围，大大地激发了各学院党员干部和教师投入科研与学术的热情，科研经费和科研项目成倍增长。

以上"八个坚持、八个必须"是我们近年来对办好北京理工大学的体会和做法，也是我们对近年来办学实践的总结。通过对学校近年来的办学探索和实践的系统回顾，让大家客观、全面地了解我们对办好一所大学的认识和实践，使大家进一步统一思想，进一步增强建设世界一流理工大学的信心。

目 录

第一章
在解放思想和改革创新中
寻求新的发展 / 01

坚持解放思想,坚持改革创新 / 03

当主人,办实事,有作为,促发展 / 23

实施"6+1"发展战略 / 34

真抓实干,务求实效 / 42

"三服务"理念 / 47

想细,抓紧,做实 / 52

想干就有办法,真干就有成效 / 55

积极地想,大胆地试,创造性地干 / 68

抢抓机遇,科学发展 / 77

凝聚共识,推动发展 / 81

第二章
高素质人才培养是学校的
核心任务和根本职责 / 97

以育人为中心 / 99

"四句话"育人目标 / 102

以素质教育为导向,促学生全面成长 / 113

实施素质教育是高等学校的重大使命 / 125

构建"立体型、联动化、交互式"大学素质教育体系 / 133

中国教育需要"好声音" / 142
"钱学森之问"与大学教育改革 / 145
扎实工作，提高人才培养质量 / 156
搞好素质教育，使所有学生成才 / 161
大学应培养"大写"的人 / 169
拒绝诱惑，固守品格，坚守阵地 / 171

第三章
科研和学术是高水平大学发展的动力 / 179

谈科技，话学术 / 181
进一步增强学术竞争力 / 183
谈成果，话收获 / 186
促进产学研紧密结合 / 189
看得远，改得准，容得下，守得住 / 201
创新合作模式，促进产学研紧密结合 / 209
从国家战略高度推进"两化融合" / 217
"三轮"驱动产学研深度合作 / 223
在产学研合作中探索人才培养模式改革 / 228
深化产学研合作，助力区域经济发展 / 233

第四章
高素质教师队伍是学校发展的主力军 / 239

要确立教师的主体地位 / 241
士有百行，以德为首 / 245
立师德，强基层，创机制，建平台 / 249
师德为先，教学为要，育人为本 / 254

重点扶持，助力成长 / 261
怀揣梦想，坚守职责 / 263
既要引才，更要育才 / 267

第五章
加强领导班子和干部队伍建设，引领学校科学发展 / 275

着力加强领导班子和干部队伍建设 / 277
年轻干部肩负着北理工振兴的历史重任 / 284
好学、知耻、力行 / 293
领导干部要不断提高履职能力 / 309
"五句话"行为规范 / 322
当主心骨，做领头羊 / 332
担当使命，永葆激情，崇尚协同，坚守清廉 / 339
明职责，厘定位，讲方略 / 349

第六章
围绕中心抓党建，抓好党建促发展 / 359

在改革中完善，在创新中发展 / 361
更新观念，与时俱进 / 378
党群零距离 / 393
党建带团建 / 396
继承传统，开拓创新 / 403
学习先进事迹，要做到"五个结合" / 412
"三抓三重" / 416
坚定理想信念，推动创新发展 / 428
带头践行"五个三比"，形成奋发向上的风气 / 437

第七章
党风廉政建设永远在路上 / 441

恪尽职守，清正廉洁 / 443
执政为民，秉公用权 / 450
坚守信念，勇担责任 / 454
打虎拍蝇，有力惩治 / 458
源头防范，强化监督 / 463

第八章
以大学精神引领
学校内涵发展 / 469

以延安精神为指导，构建北理工文化 / 471
学科专业史是学校学术文化的一张亮丽名片 / 478
校训校风学风 / 481
大学文化的传承与创新 / 484
彰显大学精神，引领全面育人 / 491

第九章
交流合作与校友工作是推动
学校发展的重要支撑 / 499

多维视角探寻学校国际化发展之道 / 501
努力推进国际化发展战略 / 511
与校友同看校园变化 / 515
动员校友资源，助力学校发展 / 518

后　记 / 522

第一章 在解放思想和改革创新中寻求新的发展

解放思想是改革发展最基本的前提。站在新的历史起点，面临新课题、新任务和新挑战，要解放思想、转变观念、改革创新，"跳出北理工看北理工"，实施"6+1"战略，践行"三服务"理念，真抓实干、务求实效，向着建设"国内一流、国际知名"高水平研究型大学的目标不断前进。

坚持解放思想，坚持改革创新[①]

在今天的中心组学习会上，不想停留在具体工作层面，而是力求在思想层面、观念层面和战略层面谈一谈想法。总的思路是：在继续解放思想中寻求新的发展，在国家发展战略和国内外高校发展的趋势中优化学校的定位，在优势和劣势的比较中寻找新的着力点，在政策调整中寻求新的突破，在文化氛围的优化创新中寻求和谐发展。

一、要在继续解放思想中寻求新的发展

上个月闭幕的十一届全国人大一次会议政府工作报告，总结了过去五年中积累的宝贵经验，第一条就是必须坚持解放思想。继续解放思想也是党的十七大精神的一项重要内容，是对我们在思想状态、精神面貌方面的一项重要要求，是我们应对前进道路上各种新情况、新问题，推动不断发展的一大法宝。

1. 继续解放思想是改革发展最基本的前提

邓小平同志讲，解放思想是指在马克思主义指导下打破习惯势力和主观偏见的束缚，研究新情况，解决新问题。改革开放30年来，我们党和国家在理论上的每一个重大突破，在体制上的每一个重大创新，在政策上的每一次重大调整，在实践上的每一个重大发现，都是解放思想的成果。当前，我们正处在新的历史起点上，面临着大量新课题、新任务和新挑战，需要不断地进行新的探索，也需要继续破除不适应新形势的陈旧观念。

北理工要想在现有的基础上进一步发展，实现学校的发展建设目标，毫无疑问也必须继续解放思想，继续研究新情况，解决新问题。

[①] 2008年4月3日在党委理论学习中心组学习的发言摘录。

北京理工大学发展的历史，充分证明了解放思想同样是学校发展的强大动力。这样的例子很多：老院长徐特立在20世纪40年代，身处环境艰苦的陕北延安，能做到不断的思想创新，提出"群众为本""三位一体""实事求是，不自以为是"等一系列既切合当时学校实际，又富有前瞻性的办学指导思想。在五六十年代，魏思文院长在学校教师队伍建设特别是青年骨干教师的培养和科学研究方面提出具有前瞻性的举措，使学校不仅创造了多项"新中国第一"，更为学校后续的发展奠定了良好的基础。当年着力培养的一些青年骨干至今还在学校发展建设中发挥重要作用。还有，我校能在世纪之交较早地进入"211工程""985工程"建设院校行列，也与当时主要领导和领导班子同志一道解放思想、审时度势抓机遇有很大关系。如果按部就班地等待，就没有我校"211工程""985工程"的及时启动，我校建设一流大学的进程也许会延迟很长时间。

当前，学校的发展又处在重要关头，要想又好又快地发展，必须继续解放思想，创造性地解决好那些影响学校发展的关键性问题。

2. 当前解放思想需要思考的几个具体问题

首先要说明的是，我们找自己的不足和问题，目的是要努力克服它，以便轻装上阵，再创辉煌。

（1）要从满足现状、小富即安、自我感觉良好的思想状态中解放出来

必须肯定的是，这些年我校在人才培养、科研总量、科研获奖、学科建设、队伍建设、实验室建设、党建群团工作等方面取得了很大成绩，在国内外的影响越来越大，知名度越来越高。这是主流，必须给予充分的肯定，并且要很好地进行总结，继续发扬光大。但同时也要敢于剖析自己，认真检查我们存在的问题与不足，这样才能科学发展，才能更好更快地发展。

总的感觉，有的同志愿意纵向比看自己的成绩，不愿意横向比找自己的不足和薄弱环节；喜欢讲自己的长处，不喜欢讲自己的短处。这样看、这样比的结果是，越看越觉得自己比别人好，越比越觉得别人不如自己。久而久之，就会自我感觉良好，沾沾自喜，满足现状，小富即安。在这种精神状态下，自己前进的步子就在不知不觉中放缓了。殊不知，在当今激烈竞争的条件下，不进则退，缓进则亡。因此，必须尽快从这种精神状态下解放出来。解放思想就是要找准看问题的角度，不仅要自己和自己纵向比，更要自己和别人横向比。纵向比容易看到成绩，而横向比才能找到自己的不足，明确前进的方向。横向比才能认清形势，增强忧患意识、责任意识。面对当前快速发展的高等教育形势和日益激烈的高校之间的竞争，全校党员干部和师生员工，特别是各级领导干部确实要增强忧患意识，增强危机感和使命感。

（2）要从只重说得好听、写得好看，而不重实践、不重落实的思想作风中解放出来

感到有些同志把主要精力都用在开会研究方案、讨论计划、发言稿如何写等事情中了，或者说，把心血都花在了方案思考得多么完善，计划谋划得多么周全，讲话稿准备得多么精彩上了。而需要我们走出会议室、走出办公室，到基层去、到群众中去、到实际中去抓落实的时候，就力不从心了。比如，我们搞的学科特区实施方案，我们搞的引进人才支持计划方案，我们搞的科技论文奖励方案等，应该说每一个都下了很大功夫，都很鼓舞人心。但是，在实际执行中，又有哪一个让大家感到满意呢？我们经常讲，要"尊重劳动、尊重知识、尊重人才、尊重创造"，对人才不要"求全责备"，"人无完人、金无足赤"，这些道理我们都懂，而且，都在不同的场合大讲特讲。但一到具体的人和事，就不是那么回事了。我们说要"尊重劳动、尊重知识、尊重人才、尊重创造"，就包括尊重那些有这样那样缺点，但有很高专业水平、能够为学校发展发挥作用的人，他们同样是值得我们尊敬的人才。上述这些问题，归根结底是我们的求实作风不够所致。这里存在两个方面的问题：一是在制订方案时，求实不够，有些事情条件不具备或不成熟，但是承诺却很多，到时候兑现不了；二是抓落实不到位，一遇到困难和问题就退缩，顶不上去。最不能理解的是，有的干部对自己所负责的事情办成与否，并不上心，没办成他也不着急，而且他跟没事人似的，你不问他就没有回音，致使有些事情一拖再拖，最后不了了之。这种作风十分有害，今后绝不允许再出现这种情况。希望各部门要认真清理一下，以往作过的决定、发出的承诺是否都兑现了。如果没有，就要抓紧落实，在落实中确有困难和问题，就要及时地报告，并向当事人作出说明或解释，取得大家的谅解。另外，经实践证明，那些不切合实际的政策和措施要抓紧修订，或及时终止施行。

（3）要从只向上负责的"行政化"和"官本位"思维定式中解放出来

要深入思考大学的特点和功能是什么，它应该具备什么样的理念。大学不同于政府行政部门，不同于企业，更不同于军队。大学是学术单位，大学是文化单位，因此讲求学术的积累，讲求文化的积淀和传承。大学产出的最主要的产品是人才，是学术成果。大学的资源配置和制度安排都要始终为培养优秀的人才和学术成果这个目的服务。培养人才和积累学术成果都要有个过程，讲的是基础性的建设，讲的是渐进式的发展。用行政命令的方法，用搞突击的手段，是难以解决长久问题的。这就需要认清并处理好管理者和教师及学生的关系。曾记得，哈工大一位老领导关于"什么是大学"有一个形象的说法——他说，大学好比一个大食堂，教师是炒菜的，学生是吃菜的，我们这些领导和管理干部是端盘子的。他把学校的功能和教职员工与学生的关系表述得既形象又清晰，即我们的干部要为教师服务，教师要为学生服务，全校都要为人才培养服务。我们强调解放思想，就是要求我们要真正理解现代大学的特点和功能，更多发挥教师和学术组织的作用，处理好学术职能和行政职能的关系，跳出只注意向上级负责的"行政化"和"官本位"思维定式。

"官本位"的思想之所以存在，主要是有了官的位子，就有了多占用资源的条件。今后就要注意这个问题，在同样情况下要优先一线的教学科研人员，当官的往后排。这要形成制度，不然其他都无从谈起。

另外，有些同志要克服机械地照搬照套中央精神、上级指示的习惯，更多地思考如何结合学校的实际。贯彻落实上级的要求，一定要联系学校、学院、学科的实际，一定要联系本单位的现实发展情况，一定要联系广大师生员工的思想和工作状况，不能简单机械地照搬照套，更不能搞"一刀切"。"一刀切"是最简单、最省力、最无能、最形而上学的办法，但对于我们学校这样大的办学规模、这样多的学科和院系、这么庞大的师生员工群体，是很难有好的效果的。

（4）要从强大的工科思维定式中解放出来

经常听到很多同志说，我们学校的学术氛围不浓。这可能与我们学校存在的工科思维氛围太浓有很大的关系。工科思维主要体现为以下两个特点：一是做课题大多都以是否有应用背景,有没有使用价值为前提,有价值的、有应用背景的课题,就考虑,否则就很少考虑或根本不予理睬;二是面对问题时习惯于选择某种既有原理和程序方法,去寻找具体的解决办法,着眼于原理的运用和实践,不大关心技术背后的科学原理,忽视普遍理论的总结。这样的思维习惯有利于从事工程项目研究,不利于从事科学项目或学术项目研究。

我们学校是工科出身,并且几十年来都是"一工独大"(中国以工为主的高校大都如此)。特别是近些年来,我们学校承担了大量的军品科研项目。时间进度要求紧,质量要求高,可靠性要求严,还要求全程全寿命保障。因此,我们对于提炼科学问题,撰写学术论文,申请技术专利,申报科技奖项等问题都思考和顾及不足。在这样的情况下,要把学术氛围搞浓也是很难的。

另外,过于偏重工科思维,容易压制理科和文科的发展,搞理科的人注重原理的探索,短期内很难看出成果或有应用价值。文科更是务虚多一些,其社会经济效益近期之内很难量化。过于偏重工科思维,难以理解理科和文科的价值,忽视理科与文科的投入和建设,或者虽然重视理科和文科的发展,但按照工科范式来搞理科或文科建设,很可能费力不讨好。

二、从国家发展战略和国内外高校发展的趋势中优化学校的定位

根据学校发展规划,我们北理工在新世纪新阶段(到2020年)的奋斗目标是建成"国内一流、国际知名"的高水平研究型大学。为实现这一奋斗目标,首先我们要清楚"国内一流、国际知名"大学有什么特点,它们的发展趋势是什么,北理工在我国和世界高校之林中居于什么位置。因此,有必要从国际、国内高等教育发展趋势中明确我校的发展定位,有必要站在创新型国家战略需求的高度弄清楚我校的发展定位。有一段广告词说得好:"高度决定视野,角度改变观念,尺度把握人生。"特别是其中的前两句,能够给我们以很多启发。

1. 国内外一些著名大学办学呈现出的新特点

经过系统梳理和综合分析,当前国内外著名大学主要呈现如下特点。

（1）走综合型发展道路的趋势越发明显

国外著名大学绝大多数是综合型的，美国的大学最具代表性，比如哈佛大学、耶鲁大学、斯坦福大学、加州大学伯克利分校、密歇根大学等。当然，也有一些著名大学不是综合型的，例如，加州理工大学是大家最常举的例子，但它们终归是少数。

国内最早进入"985工程"的九所大学中，有七所为综合型或者在向综合型方向发展，仅有中科大和哈工大不是综合型的——综合与非综合的比例是 7∶2。值得注意的是，一些有影响的工科名校纷纷向综合型大学方向发展，比如清华、浙大、上交大、西交大、华中科技、中南大、重大等。

（2）工科比例下降，而理科、文科等学科比例上升的趋势越发明显

在美国等西方国家，著名高校的工科学科比例明显下降，大约仅占学科总量的 20% 至 23%，不到 1/4。而自然学科、医学、法学、商学和人文社科等学科比例在上升。不过，我们国情不一样，工科不能削弱。

清华大学是我国工科大学的代表，最近几年加大了理科和文科的发展力度。他们为加强文科建设，专门从外校引进一位校领导主管文科建设。目前，清华大学的理科和文科中的一些学科水平已居国内高校的前列。

前面提到的浙大、上交大、西交大、华中科技、中南大、重大等高校都采取不同形式在加大理科和文科也包括医学学科的发展建设。

北航下功夫、花气力先后从校外引进两位理科教授当理学院院长，现其中一位已经当上了主管教学的副校长。这几年他们理科发展得比较快，与此不无关系。

哈工大也已下决心发展理科和文科：建立理学中心，从国外大量引进理科人才；成立了文科建设委员会和文科办公室，制订文科发展规划，建立法学院和教育学院。

（3）多学科之间交叉融合渗透的趋势越发明显

理科与工科的交叉，工科与文科的交叉，工科与医学学科的交叉，工科、理科和文科的交叉，以及和艺术学科的交叉，新产生出的学科方向比比皆是。例如，斯坦福大学的医用机器人研究和哥伦比亚大学的耳蜗植入技术研究，都是多学科交叉研究的范例（理科、工科和医学等学科的交叉研究）。

以理科和基础研究见长的中国科技大学，在学科设置方面与中国科学院的研究所对应，建立密切联系，建设世界水平的微尺度物质科学国家实验室，以科学研究、学科孕育和人才培养为基本定位，以科研平台基地建设、学科交叉创新建设和系统集成创新建设为三个阶段性任务。在建设过程中，科学问题是交叉的，研究人员是交叉的，实现手段是交叉的。这使得搞物理、化学和生物的专家学者密不可分，稳定了一批复合型人才和技术支撑队伍，取得了丰硕的科研成果，在著名的《科学》和《自然》杂志上发表了多篇论文。

哈工大的技术与艺术学科也很有特色——机械设计、计算机技术、软件工程和艺术设计结合。该学科是典型的工科和文科结合的产物，建立没几年就已经进入全国前三了。

上海交通大学特别注重学科的交叉与融合，出台了促进学科交叉的十项政策，学校通过制定有关政策鼓励学院之间共享教室、实验室等资源，共同制订跨学科的培养计划，以满足不断变化的社会需求，为学校带来了新的学科增长点。

另外，北航近几年开始使用中科大的理科教材给本科生授课，为增强学生发展后劲打好基础，也值得关注。哈工大航天学院开始招收理科研究生班，为理工结合储备人才，即工科团队引进理科人才，促进科研队伍理工结合——被称为养"食客"。

（4）强化国际化战略趋势越发明显

办学的国际化不仅是国际高等教育的发展趋势，而且已经进入一个新的发展阶段，成为学校发展战略的重要组成部分。呈现出"共识更广泛、载体更多样、投入更积极"的特点。美国斯坦福大学、加州大学伯克利分校、加州理工学院、哥伦比亚大学、密歇根大学、华盛顿圣路易斯大学、伊利诺依大学香槟分校等美国著名大学，都有几十甚至上百个国家的留学生，都在想办法吸引世界各地高水平教师和科研人员。我去过华盛顿圣路易斯大学，它规模不大，但是，在全美排名第十二，主要是法学、医学和商学排名靠前。他们要发展工科，知道哈工大工科实力强，于是其校长亲自接待我。他是加州理工大学毕业，在麻省理工学院当了十二年副校长，之后到该校任校长的。见到两个中国留学生，经介绍才知道是哈工大毕业的留学生。可见他们在国际化方面工作做得多么细致。

英国《泰晤士报》世界大学排名的主要指标体系有五项，其中两项与国际化有关：一是国际教师的数量和质量，二是国际学生的数量和质量。由此可见高等教育界对国际化的重视程度。

去年教育部发布资助国内著名高校选派博士研究生到国外留学的政策，为高校国际化办学增加了途径、注入了活力。我们应该充分利用这一政策。

为实施国际化战略，哈工大每年自筹经费1200万元用于国际交流，并开始实施"哈工大与世界前200所著名高校交流合作"项目。该项目要求，每个学科都要同国际著名高校对口的学科和专家教授以及学生进行交流与合作。

（5）建立大学自治组织的趋势越发明显

美国大学自治组织比较多，例如以哈佛、耶鲁、普林斯顿和康奈尔为代表的八所高校组成的"常青藤"联盟，以密歇根大学、威斯康星大学、伊利诺伊大学和密歇根州立大学为代表的"赠地大学"联盟，还有美国大学协会等组织。我感到美国加州大学系统也很像大学联盟一样，总校的主要职责之一和上述大学组织的功能差不多，主要是同政府打交道，为各个独立的分校争取资源和政策支持。

近几年，国内大学民间联盟似的组织也开始兴起。最有分量的是首批进入"985工程"的九所大学（俗称的"C9大学"）的交流活动。他们每年都举办一次专题研讨会，事先征集议题，会上，各学校的书记和校长作大会发言，然后进行专题讨论，形成意见和建议，会后送教育部和有关上级部门。每次会议国务院学位办的主任、副主任都出席，做报告或通报有关情况。据我所知"C9大学"的活动，是国内大学自治组织中规格最高的。另外，人大的校长联合北大、清华和西交大的校长，发起一个类似美国大学协会那样的民间组织。在人大100周年庆典时开了一次预备会，国防口只有哈工大和北航收到了邀请，我参加了会议。他们想联合20所高校，每年研究大家关心的问题，并以20所大学校长的名义向国家提政策性建议。今后这些组织的活动可能会对国家的政策起到影响，同时也会对我们造成很大的压力，我们要密切关注。

总体来说，国内有代表性的传统工科高校都在巩固工科优势的前提下加大理科和文科建设。工科逐步加大选用理科教材的数量，工科学科增加招收理科研究生，工科课题组加大吸收搞理科的人加盟的力度，实现理工的交叉、融合。理科和文科也主动依托学校工科强势的背景，拓展自身的学科和应用领域；学校都能顺应经济社会发展需要，借助文科专业营造浓郁的校园文化氛围，把培养善于治党、治国、治军的高级人才作为学校重要奋斗目标。国内外著名大学都把国际化作为学校的重大发展战略进一步强化。

2. 创新型国家战略的实施，极大地影响着我国高校今后的定位

党的十七大报告专门论及建设创新型国家的发展战略问题，强调提高自主创新能力，建设创新型国家。这是国家发展战略的核心，是提高综合国力的关键。当代国际竞争，归根结底是科技实力和创新能力的竞争。

国家有关部门正进一步加强产学研结合，引导和支持人才、技术、资金、信息与服务、管理、政策等创新要素向企业集聚，积极推动创新型企业建设，引导更多企业走创新发展的道路，大力提升企业自主创新能力，加快建立以企业为主体、市场为导向、产学研相结合的技术创新体系，推进自主创新和建设创新型国家战略的实施。

这就清楚地表明，创新型国家建设战略的实施主体是企业和科研院所。作为一支重要的创新力量，高校如何定位自己在国家创新体系中的角色与作用？我认为，今后的发展趋势，高校需要在高端技术和基础技术的研发方面发挥重要作用，更要在科学探索、原始创新方面发挥作用。今后，高校要想在国家大的工程项目中占据主角的位置会越来越难，工程项目的国家级大奖中高校的排位会后移。预计高校教师今后想通过大的工程项目获得大奖进而取得中国工程院院士头衔这条路会更难走。工科为主的大学很大程度要走技术发明的路子。如果再引申一步看，高校必须在科学研究和技术创新方面下功夫、谋发展才有出路。我们要认清这样的趋势，明确自身的定位和服务面向，在探索和预研方面下功夫，引领而不是跟随兵器行业的科学与技术发展，同时介入更多军工科学与技术领域中。当然，并不是说我们以往的研制和生产就不做了，还要做，要充分利用现在有利的条件和机会；但要分出层次，认清趋势，未雨绸缪，为即将到来的转变做好准备。

2008年全国两会通过了大部制改革方案，其中与北理工直接相关的是成立

"工业和信息化部"。这表明国家希望以信息化带动工业化（包括国防科技工业）的发展，进而推进国家现代化进程。这就要求我们的传统学科要加强信息化的内容和基础学科的发展。即将启动的"211工程"三期，也突出强调了基础学科和哲学社会科学学科的建设。

3. 学校的发展目标和发展战略要根据形势的变化修订完善

2004年召开的我校第十二次党代会确定了学校的总体发展目标和"三步走"的发展战略。其核心内容是：第一步是到2010年时，达到国家研究型大学建设水平；第二步是到2020年时，建成"国内一流、国际知名"的高水平研究型大学；第三步是到2040年时，建成有特色的世界一流大学。还明确到2010年学校的具体发展目标是："教育资源进一步扩大和优化；学科覆盖面不断拓展，工、理、文学科专业结构更趋合理；国内国际有影响的学科明显增加，教育教学质量、学术水平、学术地位和学术声誉显著提高；形成一批科技创新基地和创新团队，原始创新能力和可持续发展能力有较大提高；管理体制和运行机制创新取得明显进展，管理水平和文化建设得到较大提高和加强，成为培养拔尖创新人才和产生高水平科研成果以及高科技新概念武器装备研制的重要基地，达到国家研究型大学建设水平。"

上述发展目标提得很好，但在发展目标的描述上主要是采取定性化的描述而缺少定量化的描述。定性化的描述往往存有较大的伸缩余地，而定量化的目标描述则更具有挑战性。

根据中国大学排行榜2008年大学排名，我校在全国高校综合排名为31名（在北京高校中排在第6名），其中工科排在19名，自然科学排在25名，管理学排在40名，理学排在49名，教育学排在51名，经济学排在68名，社会科学排在88名，其他学科则榜上无名。

我们是否可以从量化的角度刻画我校的建设目标：经过若干年的努力（比如到建校80年，即2020年），学校在国内高校排名整体进入前20名，其中工科力争进入前10名，理科进入前30名，文科进入前60名。我暂且称之为"2136战略"。要提高我校的综合排名，工科将发挥最主要的作用。目前在工科排名中，清华大学、浙江大学、上海交通大学、哈尔滨工业大学、天津大学、华中科技大学、西安交通大学、北京航空航天大学、西北工业大学、大连理工大学、东南大学、中国科学技术大学、华南理工大学、吉林大学、同济大学、中南大学、武汉大学、山东大学 18 所大学排在我校之前。我们能否超越其中的一部分达到现在大连理工大学的位置？其他学科也都要有自己的赶超目标。

还有，学校学科布局在量上也要有一些描述，比如工科占 60% 左右（含理工结合部分），理科占 20% 左右，文科占 20% 左右；或者工科占 50% 左右，理科占 30% 左右（含理工结合部分），文科占 20% 左右。这样在实际建设上才会有计划地投入和支持，防止盲目性。现在的比例大约是，工科是 70%（含理工结合部分），理科是 10%，文科是 20%（含管理学科）。

上述提出的几个量化的指标仅是个人的工作思考，供大家讨论，激活思想。它们要成为学校的发展目标，还需要多方研讨、集思广益，形成共识。实现上述学校建设目标，需要我们进一步凝练新时期学校办学指导思想，真正做到以科学发展观为统领，以学科建设为龙头，以队伍建设为重点，以条件平台建设为支撑，以人才培养和科学研究为中心，以体制机制创新为动力，以党建和思想政治工作为保证，相互协调发展，促进学校又好又快发展，实现"国内一流、国际知名"高水平研究型大学建设的目标。

三、在优势和劣势的比较中寻找新的着力点

今后，北理工建设"国内一流、国际知名"研究型大学的路子怎么样才能走得更好？我认为很重要的一点，就是要在优势和劣势的比较中寻找新的着力点。

北理工有很多特点和优势，比如有延安精神传统，有党建领域所取得的优异成果，有很好的发展建设基础，有首都优越的地理和人文环境，有良好的吸引师资和学生的办学条件，等等。也存在一些劣势和不足。还是那句话：纵向比较看成绩，鼓舞斗志；横向比较找差距，明确目标。对待优势与不足要客观地看，要跳出北理工来看北理工。既不要骄傲自大，又不要妄自菲薄。我认为正确的做法是：比较我们的优势和不足，从中找出应该发扬什么、改进什么的思路和对策，找到我们今后发展的着力点。

我校的优势和不足表现在哪些方面呢？我们每个人都可以认真思考。我下面从学校学科建设、队伍建设、人才培养、教学科研、机关管理、国际化办学等角度提出一些想法，供大家思考。

1. 学科建设

我校学科总体上是工科相对强，理科、新兴交叉学科、人文社会学科薄弱；军工学科强，国防特色鲜明。在兵器技术领域基础强，研究方向全面。但是，从整个国防看，研究方向涉及领域窄、涉及行业少；学科点的数量增加了不少，但学科布局不够合理、发展不够平衡，国内一流、国际知名的学科少，一片"平原"，少见"高峰"（原先一些领先的学科现在排位明显靠后，比如光学工程的学科排位，由原来的全国并列第一下滑到现在的第五）；理工结合，学科交叉，已被大多数人所接受，但有利于学科结合与交叉发展的措施，有些还停留在纸面上，落实不到位。

结合国内外科学技术发展的形势和著名高校的建设经验，根据国家关于学科建设的思路，联系我校学科建设的长处和短项的比较，我认为有以下几点越来越明确。首先，要把我校工科类学科特别是军工类学科继续做强，使之更具有竞争力；其次，要加强特色理科、特色文科和新兴学科建设；再次，要加强基础，促进理工结合，支持多学科交叉融合；最后，要按一级学科进行学科整合，把分散的二级学科尽量集中起来建设。

事实上，我校一些传统的强势工科学科在建设过程中，已经开始注意吸收理科人才，有的还取得了很好的效果。例如，数学系的教授与宇航学院合作开展课题研究。同时，文科建设过程中，也在有意识地依靠学校工科和国防学科优势的背景，来发展相关的学科并取得成效。例如法学，就在搞国际空间法、知识产权法等。那种长期形成的搞工科的人和搞理科和文科的人各干各的、"老死不相往来"的状况已经开始被打破。我们要更加自觉、更加主动地来促进这种结合。

我校新兴学科在实现学科间交叉、融合及在建设特色学科方面有自身的优势。比如生命科学学院的学科建设体现了两个方面的特色。一是学科高度交叉的特色。利用我校工科优势，加强与生物科学交叉，形成以发展生命科学新方法、新技术（现代生物技术）为重点的学科特色。二是空间与国防特色。将生命科学与空间和国防需求相结合，立足国防，服务国防，在空间生物技术、人机工程学及特种国防材料生物制造技术等领域形成特色，已在国内颇有影响。

我校加强学科建设，还要注意国家的导向，即从以二级学科点建设为主，向以一级学科点建设为重点的方向转变。因此，我们各个学院、各个学科都要从全校大局出发，做有利于一级学科调整优化的事。

对于理科、文科和新兴的学科专业还要继续做大、做强。比如人文社会科学学院博士学科点要取得突破；理学院要争取上国家级重点学科，要取得若干个一级学科授予权。

实现国内一流大学的学科定位，我想可以将北理工今后一个时期学科发展战略概括为：以建设一流的工科为主干（立足兵器，面向航空、航天、海洋和国民经济相关领域，有若干个学科进入国内前5名，部分学科达到国际先进水平），以强大的理科为基础（个别学科进入国内前5名，若干学科具有较强的竞争实力），以特色的文科、管理科学为支撑（建设以工科为背景，以国防为参照，兼顾航天、航海应用领域的特色管理学科和特色文科），实现理、工、文、管相互渗透，促进学科之间的交叉、融合与扩展，形成相互支撑、结构合理、协调发展的多学科体系。

2. 队伍建设

国家级教学名师连年涌现，近两年长江学者和"杰青"数量有所增加，出现了一批行业内知名度较高的学术带头人。但是，总量还是不足，院士、长江学者和"杰青"的数量与同类型大学相比还有不小的差距。特别是，缺少国内外顶尖级的专家学者；创新团队的层次和数量都不能满足需要。培养、吸引和稳定拔尖人才的力度不够大，办法不多，渠道有待拓展；尤其是引进人才时的一些承诺——启动经费、科研场所、补助经费等没有完全兑现，既影响已经进校骨干的稳定，又影响后续人才的信心和对潜在人才的吸引力。

关于队伍建设，结合学校实际，在按人才发展计划开展工作的前提下，我认为有两项工作必须尽快落实：一是要尽快兑现以往的承诺，该给的房子、该配的启动费、该给的补贴等要尽快落实到位；二是要认真总结引进高层次人才的成功经验，要瞄准国内外高层次年轻人才，下大功夫、花大本钱加大引进的力度。尤其要加大从国外引进人才的力度。现在是中国留学生学成回国的高峰期，包括已经做出成绩的人才。只要我们能够提供有利的条件，他们是会回来的。有些人不一定是全职回来，每年有几个月也行，有时这样反而更有利于与国际接轨。

我们在密切关注院士、长江学者、"杰青"、教学名师的同时，还要关注另外一个群体，我称其为"准院士群体"。他们的年龄在50~65岁，有能力、有贡献，但他们还不是院士，又超过了申请长江学者、"杰青"的年龄，是当前国家和一些特殊政策照顾不到的一个群体，学校要给予特别的关注。我们常说"党管人才"，管什么？除了关注学校各级党政领导干部，关注院士、长江学者、"杰青"之外，对那些"准院士群体"也要纳入党委视线之中，并为其创造有利的发挥作用的条件。

另外，还有一个问题，要引起我们的注意。从现在开始我们师资队伍建设可能进入一个特殊时期：1966年前入学的教师基本都已退休（个别骨干除外），现在的教师的主体是77级以后入学的。就是说，今后的10年时间里，学校每年很可能只会有零星的教师退休。在我校教师总规模不变的前提下，我们每年将只有很少的进人编制指标，高级专业技术职务岗位的流动性会更差。对于这个问题，人事部门及各学院都要考虑和研究，并尽快拿出解决的办法来。要解决优秀青年骨干教师无岗可聘、无职称可评的问题，要让青年骨干有岗位、有职称、有奔头。

3. 人才培养

我们建成了多个国家级、北京市级的实验教学示范中心，学生参加国内外比赛也获得了一些好成绩。但是，精品课程还是比较少，上课教师水平参差不齐，教学上"灌输式多，启发式少"。总体而言，教育教学改革需进一步深化，学生培养质量亟待进一步提高。我校生源的总体水平与国防科技工业院校比还是较好的，但中上水平学生多，优秀拔尖学生少；对学生"管理、规定"多，"服务、帮助"少；在教育理念、教育教学方式方法上还有不适应高水平大学建设的地方。

关于人才培养，第一位的是要把课讲好，尤其是重点大学的讲台不是什么人都能上的。哈工大就强调:"哈工大的讲台不是什么人都能上的,讲不好课要误学子一生的。"人们都知道,当年西南联大条件那么艰苦,为什么还能培养出那么多像杨振宁、李政道、钱三强、邓稼先、朱光亚等那样的人才,最主要的是,当年的好教师都给学生讲课。教师上课不是只把知识传授给学生,而是通过他的讲课,用他渊博的学识和人品修养把学生吸引到这门学问中去了,使学生立志献身这个学科。哈工大有这样的教师——马祖光院士就是其中的代表,还有何仲怡教授——何教授是哈工大20世纪50年代的毕业生,后留学美国在哈佛学习和工作过,回国后曾任哈建大的校长,今年已经70多岁了。同学们说,"何仲怡教授的课(流体力学)可以不选,但是他的课不可不听。"可见他讲的课多么精彩,多么受欢迎。哈工大还有80多岁的教授给学生讲课的。我们北理工也有这样的老教师,例如王越院士、张忠廉教授等。因此,要选最好的教师上课。据了解,我们有一些教师至今还眼不离讲义地照本宣科,这怎么能行呢。总之,要多出精品课程,多出教学名师(可以考虑评选校级教学名师)。

4. 教学科研

总体上看,我校科研经费增幅比较快、数量比较多,2007年获奖的数量在国防科工委系统高校中名列前茅。但是,以我校为主取得的国家级奖励项目少,国家技术发明一等奖我们还没有。科研项目中工程项目多,基础研究项目少。论文发表有较快增长,但高影响因子文章少,全国百篇优秀博士论文少。学术氛围不浓且长期得不到根本改善。对基础研究投入不足,基础研究和应用基础研究相对薄弱,原创类成果和自然科学类成果少。

目前我们国家的科研项目有三种类型:一是以"973"和自然科学基金为代表的基础研究,二是以"863"和探索研究、预先研究为代表的技术研究,三是以大的工程项目和研制项目为代表的工程研究。这种分法不一定准确,但大概如此。我校这三个方面都有,但是以后两种为主。根据国家创新战略的规划安排,我们高校要向前两个方面使劲。尽管明知道那是"骨头"项目,我们也必须去啃,同时还要当领头羊才行。任务相当艰巨,但必须拼全力去奋斗,没有别的选择。

建设一流大学，基础研究和原始创新的水平是其主要标志，因此有人讲"基础决定水平，特色决定地位，创新决定前途"。我们学校也要进一步加强基础研究，提高学校的自主创新能力。同时，我们要争取参与国家大科学研究，争取在若干国家重大战略需求领域承担一批重要研究项目，争取更多的国家自然科学基金和国家重点基础研究发展计划，以增强学校的发展后劲，提升学校的核心竞争力。

经过努力，我们要逐步形成以国家"973"和"自然科学基金"为主的基础性研究，以国家高技术"863"和"武器装备预先研究"为主的应用技术基础研究，以国防重大工程项目、国有大中型企业合作项目为主的应用研究的科研格局。

5. 规范管理和资源调配

总体而言，我校集中统一管理能力强，动员能力强，突击打大仗、硬仗能力强。但是，规范管理、精细管理不足；管理重心和决策重心偏高，机关一些部门和一些干部对待管理与服务的关系处理得还不够好，管得多服务得少，管理方式方法还不适应学校发展的要求；办学资源的管理和配置不尽合理，教学科研用房偏紧；学校水电计量不完善，费用支出控制不到位。

这里要突出强调一下学校建设和资源的合理调配问题。经过努力，我们的良乡校区已经顺利启用了。但是，用得还不充分，特别是有些房子都盖好了还不进驻，我看这也是资源的浪费，一定要加快使用的进度。

与之相对应的是，中关村校区腾出的房屋的合理调配使用问题，也要抓紧进行。分配原则有二：一要考虑学院、学科尽量集中，避免再出现"插花"现象；二要向教学科研倾斜，特别是向教学科研的骨干倾斜。

说到管理必然要涉及干部。我们北理工的干部真是很好，既肯干，又服从组织安排。但也确实有个别干部综合素质不高，事业心和责任感不强，不敢负责，不敢碰硬。办对自己和小团体有利的事，倒是挺麻利。对自己好处不大的，办事拖拖拉拉，没有效率。这些倾向与学校的发展要求、与广大教职工的期望还存在着较大的差距。对这样的干部，有关部门和领导要加强教育，不行就撤换。

目前，学校的规模越来越大，单位和人员越来越多，事业发展得越来越快，每天都会发生新的变化。因此，我们总用老办法办事，肯定不适应发展的需要。现在必须在管理理念上更新，要在作风上加强。要以更强的事业心，更大的责任感，更好的服务心态和服务行动，才能搞好管理。管理的重心要下移，能下放的权力一定要下放。同时，就是要贯彻"三贴近"原则，要多到院系去，多到课题组去，多到学员班去，了解新情况，解决新问题。特别要强调的是，工作中要再雷厉风行一些，别再出现议而不决、决而不行、行而无效、拖泥带水的情况。总之，这些必须改变，不然必将被历史所淘汰。

6. 国际交流

现在我校每年都派出一些教师到国外大学访问、进修、交流，有些到国外大学攻读学位，还组织了正处级干部的境外培训，以培养干部的国际眼光、国际视野、战略思维。但是，仅凭这些还远远不够，还要加大力度，真正使我校的国际化办学水平上一个新台阶。

我校国际化办学主要包括这样几个方面的内容：一是教师的国际化，包括教师的来源、教育背景和学术水平的国际化（包括引进国外知名学者来校执教和出去与同行合作研究）；二是学生来源的国际化，包括我校与国外大学之间交换培养学生（要提供条件扩大招收留学生的数量，特别是多招收学位生）；三是教材、教学方法、教学模式的国际化（通过定向培训师资，扩大我校双语教学以及全英语教学课程的数量，提高授课质量，鼓励使用国外原版教材）；四是经常举办国际学术会议等活动，使我们的教授担任国际学术刊物的编委或国际学术组织的负责人。我们尤其要加大选派教师走出去访问、讲学、进行合作研究的力度，这是国际化工作的重点。只有教师特别是骨干教师行动起来了，我们的国际化才有希望。总之，是要使我们的教师在国际同行中有发言权、有影响力，我们才能实现国际化办学的奋斗目标。这是一流大学的发展方向和主要标志之一，也是评价一所大学水平的重要指标之一。也就是说，你要办国际知名的大学，如果国内外的名师不愿意到你的学校来任教，其他国家的学生不愿意到你的学校来学习，你的校友都在国内，怎么能说你是国际知名？

因此，今后，在校际层面上，要在主要发达国家中寻找一些具有较高水平的高校与我校建立有实质内容的友好合作关系；在学科层面上，每个学科特别是重点学科，都要与国外具有较强实力的同行结为合作伙伴；在个人层面上，每一位学术骨干都要有在国外比较拔尖的学术伙伴。要充分利用参加国际会议、出访、考察交流等各种机会建立联系，实现上述目标。

需要强调的是，在各个层面的国际交往中，在选择国际合作伙伴时，要尽量选择高水平的合作伙伴，要争取与高手过招。一开始我们的姿态不妨放低些，先做学生，向高手学习，再做合作伙伴。

为推进我校的国际化办学水平，我们倡导学校的教师、干部要提高外语水平。学校组团出访回来，必须有总结报告，让更多的人共享出访的收获和成果。

四、在政策调整中寻求新的突破

在实现学校又好又快发展的过程中，我们要充分利用政策的导向作用，强化政策的支持功能，在政策调整中寻求突破，努力形成促进广大师生安居乐业、健康向上的局面。

1. 认真清理已经制定的政策和做出的政策性承诺的执行与落实情况

能执行和能落实的，要尽快执行和落实；有困难的，要创造条件克服困难执行和落实；实在解决不了的，要及时做出解释，取得谅解。总之，要取信于民。

2. 资源的分配与资金的投入，要向教学和科研单位及人员倾斜

目前，正在考虑中关村校区新建房屋和腾出来的房屋的分配，以及良乡校区新建房屋的分配。一定要优先考虑教学和科研的使用，其他用途要往后排。分配房屋时，还要考虑学院和学科的相对集中，尽量别"插花"，能不能做到一个学院一栋楼？根据现在的资源情况，如果调配得好，是可以实现的。"211工程"三期的投入，要考虑加大对理科和文科的支持力度。国家的导向和很多学校的动向基本如此，希望我们关注。

3. 体制机制要考虑改革

由于国家科研财务管理改革，高校原有的管理办法（用不完经费就要被收回）已经不适应需要，必须想出新的办法，以适应需要；由于人员总量的限制，原有的人事制度（进人、评职称等都遇到了问题）也不完全适应事业发展的需要。是否可以考虑，用企业的机制和体制来化解这些矛盾和问题。可以研究，希望有关部门研究并提出方案。还有，现在学校已经决定把本科一年级安排在良乡校区，今年9月二年级也要进入。这些学生如何管理，如何培养，要认真研究。能否在体制上做些探索，比如有的学校成立基础学部——哈工大的基础学部，有些学校成立基础学院——浙大的竺可桢学院、复旦的复旦学院。这些是否可借鉴？任务有两项，一是搞好学生管理，二是组织好教学并研究课程设置和教育教学改革。

4. 发挥特殊人员和群体的作用

对有特殊贡献、突出能力和业绩的个人和群体，要有一定的政策倾斜。如对于那些既有很高学术造诣，又具有战略眼光的专家学者，可以执行更特殊的政策，充分发挥他们在行业和学科发展中的独特作用。另外，对于退下来的教授、副教授和中层干部，尤其是那些身体好、思想品德好、愿意做学生工作的同志，建议通过返聘的办法用起来。实践证明，清一色的年轻人做学生工作未必好。国外的大学做学生事务工作的人员中，年纪大的人很多。还有其他工作岗位，都可以研究吸收一部分这类人员。从另外一种角度思考，这也是在考虑节约人力成本。

5. 学习国家大部制改革的精神

整合我校一些机关职能部门，减少机构人浮于事的现象。要加强学院一级领导班子的建设，要把院长、书记配好配强，要发挥他们在学院乃至学校建设中的作用。学校机关要改进服务态度和服务质量。真正做到尊重劳动、尊重知识、尊重人才、尊重创造。不要轻易去"打搅"学院的正常工作秩序，凡涉及多个学院的事项，要经过学校主管领导的批准，并由"两办"负责协调。

五、在文化氛围的优化中寻求和谐发展

北理工在长期的发展过程中积淀了优良的办学传统、教育思想观念和校园文化，包括延安精神、国防特色、实践育人等。这些都是北理工几代人形成的优良传统的积淀、丰富和凝练，是推动我校未来发展的宝贵精神财富，是北理工继续参与国家发展战略、继续推进与国内外知名大学交流合作的基础和资本，也是建设和谐校园的精神支柱，需要我们长期弘扬和坚持。

在新的历史时期，我们校园文化的内涵也要进一步丰富和优化。要将代表新时期北京理工大学精神的毛二可院士及其创新团队的五种精神，纳入北理工精神之中，进而促进学校的和谐发展。

和谐不是一边倒，不是一味地服从，不能总是一个声音。和谐是在对立统一过程中达到的一种平衡。和谐校园要体现在各级领导班子的和谐，学校与学院的和谐，机关与基层的和谐，行政与学术的和谐，领导与群众的和谐，教师与学生的和谐。教授要有更多独立的意识和更加自主的行为，学校各级领导干部要增强责任意识，敢于负责，兢兢业业、干干净净地、创造性地开展工作。

总之，我们建设"国内一流、国际知名"高水平研究型大学要落实到具体的工作上，要在以下几个方面争一流：有一流的生源及人才培养模式，有一流的师资（特别是要有相当数量的国内外有影响力的教授），出一流的成果（特别是原创性的成果），有一流的学科（高水平有特色、工理文协调发展的学科群），有一流的教学设施和科研条件，有很好的校园文化传统和氛围，在国内外形成一流的学术形象和学术声誉。以上七个方面，缺少了任何一点，学校整体上都难以称为一流。我希望学校各单位、每一位教师和干部的工作，都要集中到这些目标中的一点或几点上，形成有效的合力，万众一心，我们建设"国内一流、国际知名"高水平研究型大学的目标就一定能够早日实现。

当主人，办实事，有作为，促发展[①]

为了做好下半年的工作讲几点想法。总的讲，要增强责任感和使命感，以主人翁的姿态投入工作中；要以求真务实的态度对待每一项工作，在各自的工作岗位上有所作为；要保持昂扬的激情，以只争朝夕的精神推进学校各项事业又好又快地发展。概括起来说：当主人，办实事，有作为，促发展。

一、当主人

上学期，我们通过对党的十七大和两会精神的学习，认真地分析了我们面临的形势和任务，实事求是地总结了我们取得的成绩和收获，客观地查找了存在的问题和不足，清楚地看到了与兄弟学校对比存在的差距。绝大多数同志都增强了忧患意识和危机感，并且倍加努力地工作，为解决存在的问题和不足花费了大量的心血和汗水。但是，也确实有人并不以为意，特别是，有些人没有把自己摆进去，没有把自己作为学校的主人来看待，甚至有个别人像旁观者，像局外人，看热闹看笑话，缺少主人精神。

什么是主人或主人翁精神？道理很简单，打个比方，自己家里的油瓶子倒了，不用别人说你就会把它扶起来，并且妥善地安放好。因为，你是家里的主人。同样的道理，对待单位的事，自己能主动地自觉自愿地尽最大能力地去做，而且，不争功诿过，我认为这就是主人，就是主人翁精神。

树立主人翁精神，说到底是要有高度的政治责任感和强烈的事业心。"国家兴亡，匹夫有责"。我们每个北理工人都要牢固树立主人翁观念，常思"校兴我荣，校衰我耻"的思想理念。都要经常扪心自问：就北理工的发展而言，我的责任是什么，我做了什么，我还能做什么？

[①] 2008年9月5日刊于《北京理工大学校报》第二版。

1. 当主人，树立主人翁精神，领导干部要带头

作为学校主要领导，我唯恐自己有丝毫懈怠，经常提醒自己：我是不是正在全力以赴地去履行我的职责？同时我也在思考，我曾经在北理工工作过两年半时间，而且还是主要领导干部之一，北理工存在的问题和不足，不能说与我完全没关系。因此，在这半年时间里，我一直是全力以赴地投入工作，一边持续调研思考，一边狠抓工作落实。

作为北理工的各级领导干部，大家要带头做主人，要努力成为懂政治的教育家，成为懂业务的政治家和管理专家。要本着积极主动、高度负责的态度做好本职工作。工作中要求真务实，要开拓创新。具体讲来有如下三点想法。

学校领导班子的成员要认真思考，要把学校的发展目标、发展方向和发展战略谋划好；要带头真抓实干，积极推进各项工作的落实；既要坚持集体领导，更要搞好分工负责，要积极主动并高度负责地抓好自己分管的工作；要增强民主管理意识，调动教职工的积极性和创造性；要实实在在地解决好师生员工最关心、最迫切需要解决的问题，使广大师生员工能够有一个更好的学习、工作和生活条件，努力在全校营造一个宽松和谐干事业的环境和氛围。

各学院领导班子的成员，特别是学院的院长和书记，要做到"为官一任，造福一方"。在任期间，我认为有四件事必须做好：一是，要把学院的（主要是学科）发展方向搞清晰，发展战略搞准确。二是，要把师资队伍做强。要通过培养和引进的办法，使教师队伍中骨干的数量和水平明显提高（起码是比自己水平高的人才明显增多）。三是，要把人才培养和科学研究作为主要职责认真做好。四是，要创造有利于出人才、出成果的良好环境和氛围。总之，要很好地调动全院师生员工的积极性和创造性，搞好本单位的发展和建设，让大家产生认同感和归属感，高质量地完成所担负的教学和科研任务。

学校各职能部门和服务保障单位的领导成员，要带头树立为基层和一线师生服务的观念；要多深入基层，深入院系，深入班级调查研究，积极主动地为教学科研和一线工作的同志做好服务工作，为学生做好服务工作。我曾在国家机关工作多年，通过向老同志学习和自己的体会，认识到要做好机关工作，必须做到：

对前来办事的同志和同学，起码要"起身迎送，把话听完，意见明确，抓紧办理，必有回音"；要学会科学有效地开展工作，要合理地配置学校有限的办学资源，要推进精细化管理，提升管理水平和管理效率；要以改革创新精神，兢兢业业、干干净净地做好本职工作。

2. 树立主人翁精神，也要成为广大师生的自觉行动

教师要把培养合格的建设者和可靠接班人作为最重要的目标，要在提升学校学术水平和教学质量方面发挥积极作用，要为学校产出高水平的科研成果和培养出优秀科技人才作出自己的贡献。我们的教师都要以全国优秀共产党员毛二可院士为榜样，努力成为爱岗敬业、教书育人的模范，努力成为德艺双馨的人民教师。

学生要德智体美全面发展，要有"高远的理想、精深的学术、强健的体魄、恬美的心境"。具体讲，要有为国家、为民族、为人类作贡献的雄心壮志，要有爱党、爱国、爱校、爱师长、爱父母的感恩之心；要认真学习，刻苦钻研，努力掌握宽广而精深的学问；要加强身体的锻炼和心理的磨炼，要文明其精神，野蛮其体魄，成为本事上过得硬、品质上受欢迎的优秀毕业生。

同时，希望离退休干部要做到身退心不退，继续关心支持学校的发展建设。

学校也要为大家树立主人翁精神做好有关工作。坚持全心全意依靠师生员工办好学校的方针，支持工会、教代会、学代会依照法律和各自章程开展工作，充分发挥广大师生员工的主人翁精神和主力军作用，保障师生员工的知情权、参与权、表达权和监督权，维护师生员工的合法权益；进一步完善和落实学院教授委员会制度，充分发挥学术组织在学科建设、教学科研以及繁荣学术方面的科学决策和民主监督作用。

总之，希望大家都要以主人翁的态度把自己摆进去，当主人，不要当局外人，不要当旁观者。只有我们北理工人都行动起来，都联系自己的思想和工作实际，主动查找不足，在实际工作中加以改进，我们学校奋斗目标的实现，才能更有希望。不然，只是听了领导的讲话，激动一下，振奋一下，过后还是老样子，那怎么能行呢？

二、办实事

办实事，就是要脚踏实地，从具体事情抓起，从基础工作做起。注重细节，考虑长远。切忌浮躁，切忌浮夸。常言道：空谈误国，实干兴邦。我们只有把嘴上说的、纸上写的、会上定的，变为具体的行动并产生实际的效果，我们的工作才算取得成效了。

今年上半年，我校有些工作能取得新的进展，我看离不开办实事这一条。今天借此机会，我就几方面工作的情况和体会简要地说说。

关于确立教师和教学科研工作在学校办学中的主体地位问题。学校在政策调整和资源配置方面在逐步加以实施。例如，学校在制定《专业技术岗位聘任与管理办法》和具体实施这个方案过程中，为了调动教师的积极性，首先在院系中、在一线教师中实施。同时，在教授2级岗位聘任中，有的校领导已经达到了申报条件，但是主动放弃，把机会留给一线的教师。再比如，学校在盘活现有资源并合理调配，使之发挥更好的作用方面，首先想到的是要逐步解决教师的教学、科研和办公用房紧张等问题。方案已经确定，残奥会之后就要逐一兑现，年底之前务必完成。

关于减少会议、提高工作效率方面。为了使学院的书记、院长和基层的同志能够有更多时间把本职工作做好，学校减少了会议的安排。从规范党委常委会、校长办公会和党群工作会开始，能缩短时间的会尽量缩短时间，能不开的会尽量不开，让大家把更多的精力放在具体工作上，而不是成天泡在会议中。减少会议也可以使学校领导和机关的同志把更多的时间用在深入基层、深入实际、了解情况、解决问题上。

关于合理安排学校中层领导干部流动，做到人尽其才、用其所长方面。首先，安排一些学术型管理干部回归教学、科研岗位。机关干部中有些干部有很好的业务能力和功底，在机关继续工作并不能充分发挥他们的业务专长。为进一步发挥他们的所长，学校对科技处、学校办公室和教务处等部门相关的副职干部作了调整。不是他们在原工作岗位上干得不好，而是他们回到教学科研第一线能够发挥更大的作用,既充实了教学、科研一线的骨干力量,也加强了相关学院的领导力量。同时,把机关部门中能力强、素质高、有丰富管理经验的同志交流到一线,加强了一线干部的整体实力。另外,对能力强、素质好的干部委以重任,还从年轻的教师中选择可胜任者到学生工作的重要领导岗位。

关于解决一些长期存在的想解决又未解决的历史遗留问题方面,其中最典型的就是10号宿舍楼搬迁问题。为了保证平安奥运的实现,解决10号楼存在的安全隐患,学校决定对10号楼进行整体搬迁。大家都知道这是一项很难的事。由于党委和行政的决心大,思想动员在先,目标明确,措施得力,特别是工作在一线的主管领导和工作人员的艰苦努力,这项工作最终按时按计划完成。这项工作的顺利完成,也为下半年学校办学资源调整工作的顺利进行打下了良好的基础。

关于管理机构合理调整,以及加强基层组织建设问题方面。首先按照国家大部制改革的精神,对一些校机关的机构进行了调整。上学期完成了党委办公室和校长办公室组建学校办公室工作,完成了机关党委和直属党委合并组建机关党委工作。同时,为了提高本科生培养质量,根据我们学校的办学模式和实际特点,在对兄弟高校充分调研的基础上,学校决定组建基础教育学院。目前,该学院已经开始工作,前几天和机关部门及学院紧密配合,比较好地完成了新生的报到工作,现正全力投入2008级本科新生的教育管理工作。

以上举的一些已经有新进展的工作实例,原因是多方面的,包括思想认识统一,政策措施到位,工作作风扎实等,但这些因素归结到一点,就是求真务实办实事。

坦率地讲,求真务实办实事,也不是容易做到的。有些事情想起来难,做起来更难,要做好那就难上加难。但是,只要我们认准了要做这个事,就要抛弃私心杂念,就要克服一切困难把它落实到底,要有这样的劲头和决心才能把工作做好、才能把事业做强。

倡导求真务实办实事,需要胆识、魄力和勇气,更需要智慧。需要正确的思想观念指导和科学的方式方法保证。这就需要我们在深入调研、把握规律的基础上研究新情况,拿出新办法,解决新问题,创造新业绩,仅凭意气、想当然、拍脑门,靠一时心血来潮,是办不成事,更是办不好事的。

倡导实干精神，要求我们能做的事情马上做，有困难的事情克服困难去做，还有一点很重要，不能做到的事情我们要解释清楚，而不能为了掌声和好评去一味地承诺和迎合，因为你的承诺一旦最后兑现不了，那你以后说话也就没人听了。在良乡校区和学生座谈的时候，有学生就提出来能否在宿舍装空调，能否为学生加开校区的班车等，我觉得这些事情目前还办不到，就向他们做了解释并明确地告诉他们不可行。还有同离退休老同志座谈时，有同志提出改革成果没有共享的问题，离退休老同志拿补贴与在岗同志相差大的问题。对此我们都一一回答，并对有些说法作了纠正。估计还有不理解的同志，又请主管校领导和职能部门的同志去具体讲解，最终也是能够得到他们理解的。

倡导实干精神，关键是我们广大的党员干部和教学科研骨干要具备实干精神，始终牢记党的宗旨，身体力行，争当实干家，实实在在地把全部心思和精力用在谋求北理工的发展上，用在谋求工作实效上，用在为师生员工谋求实惠上，从而模范带动全校形成一种朝气蓬勃、奋发有为的良好精神状态和务实的校园风尚。

三、有作为

近些年流行一句话，叫作：有为才能有位。意思是讲只有做出成绩了，有作为了，才会有地位。单位是这样，个人也是这样。就是说，你要在本职工作中见成效，有作为。具体讲，以教学为主的教师首先就是要把课讲好，同时要引导学生踏实读书、用心思考，努力成人成才；骨干教师还要争取多出"精品课"，努力成为深受学生欢迎和爱戴的学校级、省部级和国家级的教学名师；以科研为主的教师要多承担科研项目，特别是重大（重点）科研课题；要争取获奖，特别是争取获大奖；要多争取专利，特别是发明专利。学术带头人要发表高水平的学术文章，特别是学术影响因子高的文章；要争取做国家"973"首席、国家"863"专家、国家自然科学基金的"杰青"，以及国家和省部级重大专项的牵头人。可能会有同志觉得这样的要求太高了，其实并非如此，只要我们努力了、用心了，就很可能达到。我们可以不当名师、不当专家，但起码要成为让学生敬佩的好教师。

管理干部，就是要把你负责的事情弄清楚搞明白，要以服务的心态和服务的行动搞好管理，要加强精细化管理，达到领先的管理水平。党务干部，就要用改革创新精神加强和改进党的建设，并和全校师生员工一道投入学校的中心工作，同时要为学校的中心工作保驾护航。校办产业干部，就是努力搞好经营工作，保证完成上缴学校的综合效益目标。后勤服务单位，就要积极努力想方设法，保证好全校师生员工的工作、学习和生活，如此等等。

当然，现实当中的情况往往是非常复杂的，要想在复杂多变的环境中有所作为并非易事。学校各级领导班子和领导干部，要想在今后工作中有所作为，我认为还要注意处理好下面几个关系。

1. 要处理好规范管理与适应发展变化之间的关系

应该说规范化管理是十分必要的，从一定意义上讲，它是科学化管理的重要基础。我们常讲，"没有规矩，不成方圆"。但是，也要看到，事物总是处在发展变化之中，有时机会稍纵即逝，如果所有事情，我们都完全按原有规矩办，可能会失去很多机会，挫伤很多人的积极性，这方面的事例是有的。比如，在引进人才方面，以前，我们决策的程序多、时间长、效率低，使得应该引进的人才被别的单位截走的事例时有发生。再比如，一位教师或学生要想办一件与规定有些不一致的事，要经过八九个环节的审批。因此，有人只要办一件这类的事，以后就不会再想办第二件了。原因很清楚，这么多环节，既费工，又费神，自讨苦吃，何必呢？结果是，久而久之，所有人都在这个规矩里边办事，谁也不会去"坏"规矩。所以，谁也不去想新东西，谁也不去办新事物。那么我们提倡的创新又如何实现？我们的教训是值得总结的。特别是，我们久坐机关的同志要很好地总结，因为有一些同志养成了一种习惯，凡事就找规定，没规定的就先放下。定完规定再办事，看似很完美，殊不知，等你定完了规矩，该办的事早已时过境迁了。总之，要研究并处理好规范管理与适应发展变化之间的关系。原则是，要以有利于基层为前提，要以有利于教师和学生为前提，要以有利于发展为前提。

2. 要处理好集体领导和个人分工负责的关系

经过多年不间断的培育和建设，我们学校在坚持统一思想，坚持集体领导，发挥整体合力方面，已经有了很好的基础，今后要进一步巩固和发扬。但同时，也要进一步强调个人分工负责制的落实。要处理好集体领导和个人分工负责的关系。要根据集体做出的决策，不等不靠抓紧推进具体工作的落实。具体做法是：关系重大和关系全局性的工作和事情，都要坚持通过会议集体研究决策，一旦定下来的事，就要按分工去做，发挥班子每个成员的积极性，让他们放心地、大胆地、独立负责地去开展工作。这样既坚持了集体领导，体现了决策的民主化和科学化，又发挥了个体的主观能动性，调动了大家的积极性和创造性，同时也提高了工作和办事的效率。在这里，我要强调的是，要敢于负责、要勇于负责。我感到我们有些干部，特别是有些领导干部，怕负责，怕承担责任。办了一两件坚持原则的事，就开始说什么"这下考评要丢选票了，要打'C'打'D'了"。我知道有时候这是一种调侃，但这也反映出一种倾向，坚持原则秉公办事是要得罪人的。的确，有时候你坚持原则，坚持秉公办事就会丢一些选票。但是，我常说不坚持原则，不秉公办事，要我们这些干部干什么？我评价干部从来不唯选票取人，向来是看你是否有工作成效。我常说，不干事的人毛病最少，只有一条——懒。想干事、多干事、能干事、干成事的人毛病就不会是一条，只会更多。因此想干事就不要怕得罪人，不要怕丢选票。我想，只要我们真正地坚持原则，真正地秉公办事了，我们得罪的只能是少数人，保护的是绝大多数人，那么丢几张选票，又有什么了不起的呢？

3. 要处理好工作质量和工作效率的关系

我们很多工作效率不高，特别是有些已经决定的事情，总是拖拖拉拉，进展很慢。有些布置了的事，过后你要是不追问，就是没回音。工作的质量和效率是辩证统一的，牺牲质量的效率和没有效率的质量都不是我们所希望的结果。近几年我们对提高质量讲得多一些，但并不是不要效率。今天就想强调一下效率问题，在不降低质量的前提下，要进一步提高我们的工作效率。我们工作效率不高的一个重要原因，就是会议太多。有些同志习惯于事事开会，好像是不开会就不能工作，不开会就没工作一样。现在大家工作都很忙，时间都很紧，精力都很有限，不可能拿出那么多时间和精力陪着开会。因此，可开可不开的会就不要开，开会也要尽量采取开短会、开小会，让我们的领导和骨干能把更多的精力和时间用在深入基层、深入实际、了解情况、分析问题和解决问题上。上学期，对于校级领导牵头开的会，我们已经开始控制了。每周的会议表我们都要事先过目，我们要求每个校级领导每周涉及全校性的会议一般就是一个，绝不能超过两个，如果发现哪位校级领导排会多了，我们都要提醒和干预的。可能有人会认为管得太细、太具体。面对这么强大的习惯开会的惯性，主要领导不干预是很难改变的。这学期还会坚持办这件事，等到大家习惯了新的要求以后，我再放手不干。会议过多，不仅影响工作效率，还会带坏工作作风，因此，必须彻底扭转。

4. 要处理好坚持理性和投入情感的关系

没有理论的指导，没有理性的判断是无法工作的。因此，理智的和理性的思维是每个同志做好工作的基础。但是，没有情感和激情的投入，也是很难做好工作的。特别是对待一些特殊的（所定规定之外的）或久拖不决的问题，特别是大家总说又总没有解决的事情，如果没有情感和激情的投入，是无法完成的。这样的事是很多的。比如我们上半年给老家属楼的楼道粉刷的问题，看着是很平常的事，但是，这里面有感情投入的问题。我们大多数在职的领导干部都住进了新楼，既宽敞清洁，又赏心悦目。而退下来的老同志大都住在这些老楼中，别的不说，楼道的门坏了，楼道中黑乎乎的。如果没有感情的投入，我们就会见怪不怪，习以为常。如果我们投入情感的话，就会感到心里不安，就会有解决这个问题的激情。上学期初，有关领导提出，把粉刷老家属楼的楼道列入办实事、好事计划之中时，得到大家的支持，我也完全同意。建议今后我们也要形成制度，过两三年就要把楼道刷一刷，把坏门窗修一修，积极主动一点，不要等人家提意见再动。我们有些同志在工作中缺少一些情感的投入，缺少激情发挥。情感和激情是一种境界、一种精神。在客观物质条件已经基本具备的前提下，要成就一项业绩，精神状态往往具有决定性意义。精神状态不一样，工作的标准、劲头、效果都会不一样。世间凡是有作为的人，大多是有情感有激情的人。当然表现形式不同，有人外露，有人则内敛。鲁迅讲过，"无情未必真豪杰，怜子如何不丈夫"。

四、促发展

当主人、办实事、有作为的标志就是你的所作所为促进了学校事业的发展。也就是说，无论你提什么样的要求和主张，检验的标准只有一个，那就是看是否有利于学校事业的发展。凡是有利于学校发展的事就要多干，还要干好，干出成效来；反之，对学校发展没有促进作用，甚至有副作用的事就坚决不能干。

促进学校发展，要求我们认清形势，抓住机遇。今年6月底，工业和信息化部正式挂牌。国务院将国家发改委的工业行业管理有关职责，原国防科工委核电管理以外的职责，信息产业部和国信办的职责，划入该部。我们国防口的七所学校划归工业和信息化部管理。这就给学校今后的发展带来了新的机遇，我们一定要抓住机遇，乘势而上，使学校有一个更大的发展。

我国正处于工业化加速发展的重要阶段，走新型工业化道路，推进信息化和工业化融合，推进高新技术与传统工业改造结合，促进工业由大变强，是当前和今后一个时期的重要任务。工业和信息化部涉及的领域非常广（国家科技发展16个重大专项中，工业和信息化部就占了9项），这为七所高校的发展提供了过去任何一个时候都不能比拟的更加广阔的空间。学校要组织力量，积极参与建设新型工业化国家的进程。我们要认清形势，抢抓机遇，在自己的工作岗位上，发扬主人翁精神，以人为本，实事求是，真抓实干，形成合力，促进学校又好又快地发展。我们全校各职能部门和各个学院都要行动起来，特别是信息类、机械、材料等相关学科都有较好的基础和较强的竞争力，要瞄准目标，主动出击，争取工业和信息化部相关主管司局的支持和帮助。总之，通过努力，要逐步达到如下的学校发展目标：适应创新型国家的发展战略、适应新型工业化的发展道路和适应新军事变革的需要，大力加强学校内涵式发展，全面提升学校的核心竞争力。适应大学特色化的发展趋势，调整学科结构布局，促进学科之间交叉融合，达到理工为主、工理文管协调发展的学校定位。适应多校区办学需要，按照统筹规划、分批建设的原则,达到多个校区功能划分合理,管理和运行协调,符合人才培养和科学研究规律的办学模式。适应国际化办学的趋势,借鉴国内外著名大学的办学经验并开展各种方式的有效合作,促进学校不断攀登新的高峰。适应新形势下对人才培养和科学研究的需要,努力探索人才培养和科学研究的新形式和新方法,为培养出更多拔尖创新型人才,研制出更多高水平科研和学术成果而努力。

最后,我们要不断地努力和拼搏,使建设"国内一流、国际知名"高水平研究型大学的奋斗目标早日实现。

古人云:"孰不欲奋发有为,成不世之功。"争一流,需要我们保持一种奋发有为的精神状态,而保持奋发有为的精神状态的关键,是要坚持不懈地加强思想理论武装,坚持以科学发展观为指导,坚持正确的理想信念,坚持对事业的成功抱有充分的信心。每一位党员领导干部和全校师生员工都要围绕上述目标,切实做到"想干事、敢干事、会干事、干成事",勤勤恳恳,扎扎实实推进学校各项事业的健康发展。

实施"6+1"发展战略[①]

一、今后五年学校发展的指导思想、发展思路和奋斗目标

当前,我国正处在全面建设小康社会的关键时期,高等教育事业的发展面临着重大机遇和严峻挑战。今后五年,将是我们学校十分重要的战略发展期。建设创新型国家和人力资源强国,大力推进信息化与工业化融合,需要学校进一步拓展服务面向,培养更多的创新型高素质专门人才,产生更多的创新性科技成果,为工业化、信息化和国防现代化建设作出新的贡献。面对新形势,学校需要全方位地保持和发扬学科与队伍优势,突出特色、提高质量,优化资源、创新机制,完善制度、强化管理,进一步加强和改进党的建设和思想政治工作,发展大学文化,促进校园和谐,推进民主政治建设,全面提升综合实力和办学水平,为高水平研究型大学建设奠定坚实的发展基础。

学校中长期发展目标是:到2015年,经过"十二五"建设,在学科专业建设、人才队伍建设、学生培养质量、人均科研产出、学术论文质量等方面居于国内研究型大学前列,成为国内一流理工科大学;到2020年,经过"十三五"建设,学校在特色学科建设、领军专家会聚、创新人才培养、原创科研成果、校园文化建设、社会服务贡献等方面都有较大提升,若干重点发展领域跻身亚洲领先地位,成为理工为主的亚洲一流大学;到2040年,把学校建设成为特色鲜明、理工为主的世界一流大学。

为落实学校中长期发展目标,我们研究确定了今后五年学校工作的指导思想、发展思路和奋斗目标。

指导思想:高举中国特色社会主义伟大旗帜,以邓小平理论和"三个代表"

[①] 2009年11月26日在中国共产党北京理工大学第十三次代表大会上的报告摘录。

重要思想为指导，深入贯彻落实科学发展观；面向现代化、面向世界、面向未来，主动适应国家重大战略需求和经济社会发展需要，大力提升为工业化、信息化、国防现代化建设服务的能力，为走中国特色新型工业化道路提供更多的高水平创新型人才和原创性科研成果，努力办成让人民满意的中国特色社会主义高水平研究型大学。

发展思路：始终瞄准国家重大战略需求和世界科技发展前沿，凝练发展方向，坚持"理工并重，工理管文协调发展，多学科交叉融合，打造天、地、信主干学科"的特色发展路径，将构建引领国防科技发展的主干学科、打造一流的师资队伍和干部队伍、建立高水平创新平台、大力推动体制机制创新作为工作的切入点和突破口，进一步搞好"一提三优"工程，努力发挥好党建和思想政治工作的导向、动力和保证作用，全面提高教育教学质量，提升科学研究水平，形成文化引领、学术优先、培育英才、开放办学的良好局面。

奋斗目标：重点学科优势更加突出，理工融合更加紧密，各学科发展更加协调，部分学科成为国内引领学科，并跻身国际先进水平行列；队伍建设实现新突破，形成一批以院士、国家教学名师、长江学者奖励计划特聘教授和国家杰出青年科学基金获得者为骨干，以中青年教师为主体的创新团队和教学团队，同时打造一支素质高、能力强的管理干部队伍；人才培养质量明显提高，为国家工业化、信息化和国防现代化建设培养高素质拔尖创新人才的能力更加突出；学术氛围浓郁、创新能力突出、平台建设成效显著、科研成果丰硕，部分科学技术研究位居全国领先地位，直接服务于国民经济建设的能力和贡献率大幅提高；党建和思想政治工作实效明显加强，校园文化建设全面推进，国际化办学水平和影响力不断增强，教职工生活待遇逐步提高。学校综合办学水平稳居国内理工科高校前列。

二、为实现学校今后五年发展目标的六大战略

为实现上述奋斗目标，未来几年，学校将重点实施以下六个方面的战略。

1. 强化优势特色，实施学科优化战略

持续优化学科结构，学科方向上"强地、扬信、拓天"，打造引领国防科技发展的主干学科和服务于工业化、信息化的优势学科，努力形成主干学科力量雄厚、优势学科特色鲜明、基础学科前景广阔、交叉学科活跃强劲、新兴学科不断生长的学科体系。

聚焦重点建设，打造学科高峰。工科要以优化发展为主，以增设国家重点一级学科为目标，突出内涵建设，勇于摒弃陈旧的学科方向，敢于开创国内乃至世界上无人涉足的新学科方向和交叉学科，形成若干率先跻身国内外一流行列的强势学科群。理科要以加快发展为主，瞄准前沿及应用性问题开展科学研究，建设1~2个国家重点学科，逐步形成集群优势。管理和人文学科要以特色发展为主，其中管理学科要扩大博士点覆盖面，争取将管理科学与工程建成国家重点学科；人文学科要以建设马克思主义理论一级学科博士点为牵引，努力建成有特色、入主流的学科群。要对比同类国内外一流学科，加大交流与合作，加强平台和队伍建设，合理配置资源，建立激励和约束机制，形成适合学科发展的建设模式和学术氛围。

优化学科结构，促进学科融合。要加强基础及应用基础研究，发挥基础学科对其他学科的支撑作用，营造理工并重、多学科融合发展氛围；大力推进交叉学科创新平台建设，结合重大科研方向和研究领域，通过建立跨学科研究的组织体系，组建更多高水平学科，形成未来学科竞争优势；重视培育新兴学科，围绕国家重大科技专项和产业结构调整升级的重大需求，聚焦微纳、光电、生命、医药、信息化学品等领域，不断催生和占领新的学科制高点。

2. 会聚高端人才，实施强师兴校战略

以调整结构、提高质量为目标，以会聚高端人才为着力点，坚持培养和引进并举，努力造就一支师德高尚、业务精湛、教风优良、结构合理、充满活力的高素质教师队伍。

重点扶持青年教师成长成才。以35岁以下的副教授和有发展潜力的博士后为重点，为他们量身定制学术培训计划，每年派出50人左右到国内外一流大学

进行为期半年至一年的学习培训；加大在 35 岁以下副高职教师中破格提拔正高职的力度，并在同等条件下优先考虑有国内外著名高校学习培训经历的教师；加大聘用期满考核工作力度，引导青年教师潜心学术、争创成果。要着眼于在国家重大项目中培养青年教师，帮助他们树立强烈的责任意识和使命意识，成为科研创新的主力军；着眼于在教育教学实践中培养青年教师，加强师德建设和能力建设，培养一批教书育人的骨干力量；着眼于在创新团队中培养青年教师，使他们由追随大师进而成为大师。

聚焦高层次人才和创新团队建设。统筹各类高层次人才，大力推进"徐特立讲座教授计划"，在引进院士、长江学者奖励计划特聘教授、国家杰出青年科学基金获得者的同时，要特别关注"973 计划"首席科学家、"863 计划"领域专家、国家重大专项专家、国家教学名师以及《自然》《科学》学术期刊论文作者等领军人才的引进，重视全国优秀博士学位论文获得者、"新世纪优秀人才支持计划"入选者等基础扎实、潜力突出的青年教师的引进；积极参与国家"千人计划"和北京市海外人才聚集工程，加大海外一流大学博士学位毕业生的接收力度；坚持高层次人才培养与创新团队建设的有机结合，以学术带头人为核心，强化"大师+团队"的队伍建设模式；建立杰出校友特别是海外杰出校友的数据库，重点追踪在学术上有成果的杰出校友，形成杰出人才的追踪、引进、服务体系。

完善人才激励和约束机制。按照"按需设岗、以岗定薪、评聘合一、非聘即转"的原则和要求，全面实行教职工岗位聘任制，逐步实施高级专业技术人才面向海内外公开招聘制度；严格教师准入制度，建立转岗和退出机制，推行合同制聘用；建设合同制专职科研队伍，实现科研人员合理流动；改进教师考核评价机制，完善教师绩效工资制度，逐步设立学术业绩奖励，引入年薪制目标责任管理体系；建立人才特区，使现有人才和引进人才都有广阔的发展空间。

3. 坚持质量为本，实施教育创新战略

以培养学生具有"高远的理想、精深的学术、强健的体魄、恬美的心境"为目标，以创新能力和实践能力为重点，深化具有北京理工大学特色的创新人才培养模式改革；牢固确立以质量为导向的办学理念，通过强化教师职责、实施质量

监测、开展质量评估、建立质量保障体系等,形成长效机制。

坚持育人为本、德育为先。科学确立德育内容和目标,将学习规划、人生规划与德育答辩活动紧密结合,进一步创新德育工作方式方法,引导学生将个人成长与国家命运、社会责任紧密结合;重视马克思主义理论学科建设,创新思想政治理论课形式,深入开展理想信念教育、国情教育和形势政策教育;关注学生健全人格、良好心理品质的养成,提升心理健康教育的针对性和实效性;发挥新兴媒体的育人功能,推动党团和学生组织建设,实现学生自我教育、自我管理和自我服务;推进学生工作队伍专业化建设,改善队伍结构,提升工作水平。

把本科生教育作为学校人才培养的首要任务。以培养"基础理论扎实,专业知识宽厚,学术思想活跃,勇于实践创新"的科学家和工程师为目标,加大精英人才和复合型人才的培养力度,科学确立人才培养方案;加强基础教育学院建设,逐步完善学生管理和教学组织有机结合的新方式,建立基础课教师的资格制和聘任制;积极探索多模式本科生培养和本硕博连读培养体制;大力推行以探讨问题、启迪思维、师生互动、双向交流为基本特征的研究型教学模式,倡导校院领导和知名学者为本科生讲授导论课程,引导学生热爱专业、投身科学,培养学生的好奇心、想象力和洞察力;推行助教制度,安排优秀博士生为本科生进行课业辅导;注重发挥科研团队、知名教授的育人作用,积极探索"学习+生活"的双导师制;加强课程体系建设,努力打造一批名牌专业和精品课程;总结并推广光电创新实验基地的成功做法,建设一批高水平教学实验中心和实习实践基地。

把研究生教育作为培养拔尖创新人才的重要实现形式。以研究生培养机制改革为契机,强化导师在研究生培养中的责任,建立提高研究生教育质量的激励机制和资助制度;加大教学改革力度,优化学位课程体系建设,实施研究生教育创新工程,建立健全优秀博士学位论文的培育、资助和奖励制度;按照一级学科或学科群整合共享研究生教育创新基地和研究平台,加大研究生参与科研项目的广度和深度;培养研究生的科学素养、批判精神和创新意识。按照质量优异、特色鲜明、规模适度、结构优化的指导思想,发展好研究生专业学位教育。

推动招生就业体制和机制创新。认真总结和完善自主招生工作,建立稳定可靠的优秀生源基地,通过校院领导带队走访宣传等方式,进一步提升本科生生源质量；总结经验，进一步发挥导师的积极作用，面向"985 工程""211 工程"等高校做好宣传和选拔工作，提升研究生生源质量。要建立毕业生就业基地，把毕业生输送到既能为国家发展建设作出贡献，又能最大限度发挥其聪明才智的关键岗位上，为他们建功立业打下良好的基础。

努力打造继续教育品牌。以需求为导向，发挥专业优势与特色，整合成人教育、网络教育、继续教育培训等优质教育资源，加强规范化与内涵建设，提高继续教育的层次、质量和效益。

4. 突出基础研究，实施科研提升战略

以突出基础研究为重点、高水平科技成果为标志、引领国防科技发展为方向，加强科技创新体系建设，推动科技工作逐步实现"自主创新、重点跨越、支撑发展、引领未来"的目标，服务国家战略目标，服务区域经济发展，全面开创学校科技和产业工作新局面。

增强自主创新能力。进一步加强基础性和前沿性科学研究，引导教师申报作为首席的"973 计划""863 计划"项目、国家杰出青年科学基金、国家自然科学基金委创新研究群体、重大研究计划和重点项目，通过基础理论的源头创新促进技术创新；巩固和拓展应用研究，从"探索一代、预研一代"的高端切入，争取作为总设计师的重点型号研制及演示验证项目；注重从工程项目中提炼科学问题，进一步提高 SCI 论文数量和质量，实现从基础研究、应用研究到工程研制、成果转化的良性循环。

强化创新平台建设。科学规划、整合资源、完善体制、统筹建设，在"985 工程"三期中提出国家实验室、国家重点实验室、国家工程实验室培育和申报的新思路，在若干关键领域建成国家和行业依托的研究基地；推进公共基础科研平台建设，把各类科技创新平台建设成向全校和社会开放的、共享的、高水平的科研创新基地。

转变科研发展模式。在保持科研经费增长的同时，转变科研发展模式、优化科研结构，更加注重提高科研质量和创新能力。积极参与承担国家重大专项、支撑计划等有重大影响力的项目，争取解决国民经济建设和社会发展中的重大科学

技术问题；增强抓总能力，争取在雷达、车辆、火药炸药等领域或重大项目成为牵头或总体单位；从重要项目的立项着手，积极培育国家科学技术奖和高水平学术论文，尤其是国家科学技术奖一等奖和发表在国际高影响因子刊物上的论文。

积极推进产学研合作。充分发挥我校科研成果的溢出效应，瞄准产业共性技术和关键技术，以学科群、人才群和信息群对接产业群，建立技术转移体系；积极参与国家和区域技术创新体系建设，拓展和深化与航空、航天、电子、船舶等军工领域的全面合作；发挥我校在车辆、数字表演与仿真技术等领域的影响力，开拓与北京市、天津滨海新区和环渤海地区的产学研合作；巩固与工业和信息化部所属企业及珠三角、长三角、云南、内蒙古等地方政府和企业的合作关系；加快进度，建设好国防科技园。

5. 扩展国际视野，实施开放发展战略

把扩大开放作为推进学校教育事业发展的战略性举措，瞄准世界教育发展变革的前沿，借鉴世界先进教育理念，开展全方位、多层次、宽领域的教育交流与合作，建立有利于推动办学国际化的体制机制，全面推进国际化的进程，提高学校国际化水平。加强国际交流合作。以学科为主体，强调教授的主导作用，不断提高国际合作的整体水平。加强对学科带头人的国际化能力培训，每个学科方向都应有世界一流的高水平参照对象和国际合作伙伴；引导和鼓励师生积极参与国际科技计划和国际学术组织，积极向世界名校、名实验室、名专业、名导师派出留学人员；广泛参加国际学术会议和各类国际竞赛，在深入的对外交流与合作中提升学术国际影响力。推进培养国际化人才。多模式推进与国外大学的教育合作，为学生提供更多的海外学习机会，提高本科生留学比例，推进研究生国外访学计划，扩大公派研究生特别是博士生留学规模；进一步增强青年教师英语授课能力，完善目前两个全英语教学本科专业建设，进一步增加全英语授课专业；扩大招收留学生特别是学位生比例，提升人才国际化水平；办好孔子学院。

6. 创新体制机制，实施深化改革战略

坚持解放思想，坚持改革创新，建立与社会主义市场经济体制和政治体制、

文化体制、社会体制相适应的校内管理体制，形成公正高效、权责明晰、开放多元、充满活力的新格局。

推进现代大学制度建设。不断完善和改进党委领导下的校长负责制，积极探索教授治学、民主管理的有效形式，建立符合国情、与学校发展相适应的现代大学制度。健全党委常委会与校长办公会的决策程序与运行机制，实现决策的科学化、规范化；坚持和完善学部制度，发挥教授委员会等学术组织在学科建设、教育教学与科研评价中的作用；规范重大立项、研究、决策的议事程序；完善和发挥院系功能，调动师生员工的积极性；研究改革管理人员聘任制度，探索建立职员制度和职级制。

构建高效规范的管理体系。按照有利于学科建设和发展的原则，规范学科建设和学院设置；推动管理重心下移，实施扁平化管理，扩大基层自主权，增强基层办学活力；健全财务管理体制，推行全额成本核算，建立以衡量投入产出比为核心的绩效考核机制；完善管理机构设置，厘清工作职责，有关政策要继续向一线教师倾斜，实现"小机关、大服务"。

推进依法治校和民主监督。依法履行教育教学和管理职责，建立并不断完善符合法律规定的学校章程和各项规章制度，正确行使办学自主权；加强教职工代表大会和学生会建设，强化民主管理和民主监督；尊重教师和学生权利，完善校内申诉调解机制和内部救济制度；开展普法教育，教育师生遵守公共生活秩序，做遵纪守法的楷模。建立符合发展的支撑体系。按照多校区功能定位，加快中关村校区国防科技园、信息科研楼、公寓楼和良乡校区学院楼、实验楼、文化体育设施、公寓楼建设，力争用 5 年左右的时间，基本解决办学资源不足和布局不合理的问题，教师的办公条件、学生的学习生活条件都有显著改善；努力探索和完善布局合理、功能互补、运行高效的多校区办学管理体制和运行机制；加快信息化建设，提高信息化管理和服务水平；积极争取国家和地方政府的财政投入，争取企业和社会各界的支持，合理利用各种办学资源增加办学经费；继续推进后勤体制机制改革和服务质量的提高，推动产业规范化管理和发展建设。

真抓实干，务求实效[①]

今年是贯彻第十三次党代会确定的重要战略部署的第一年，也是实施"十一五"规划的最后一年，还是建校70周年大庆之年。因此，做好各项工作至关重要。

一、聚焦中心、服务基层

第一要聚焦中心。在学习、实践科学发展观活动中，我们在表述实践载体时用到了"聚焦"这个词，提出"聚焦特色谋发展、激情进取创一流"。今天又讲"聚焦"，叫"聚焦中心"，所谓"聚焦"，就是要举全员之合力，就是要投入全部之精力。"聚焦中心"就是要举全校之合力和全校师生员工的全部精力搞好学校的中心工作，即完成好"人才培养、科学研究和社会服务"的任务。具体地讲：首先，要统一思想认识，把握精神实质。要深刻地领会学校中心工作的总体思路和指导思想，这是我们今年工作的纲领和方向，并围绕其谋划全年工作。同时，要根据学校的总体要求，结合本单位的实际情况制订落实方案。因为，学校提出的中心工作是面向全校的，对于各基层单位而言还是宏观了一些，所以，各基层单位还要结合自己的实际情况制定具体措施。

其次，要坚持统筹兼顾，突出工作重点。要把握学校各项中心任务的基本内容、具体要求和完成任务的时间节点。在此基础上，要分析制约本单位发展建设的核心问题和关键因素，学会"弹钢琴"，抓住重点，各个击破。

再次，要服从中心工作，服务中心工作。各个单位和部门，都要有全局观念，不要局限于自己的小单位和小集体，遇到复杂问题要着眼全局、着眼中心，要自觉主动地服从中心、服务中心。当中心工作和其他工作发生冲突的时候，其

[①] 2010年3月12日在2010年学校工作会上的讲话摘录。

他工作要主动为其让路。

第二是要服务基层。近年来，我们各级领导班子和领导干部为基层服务的思想作风和工作作风有了很大的改进。但是，也不能估计过高。我们注意到，去年年终考核时，有一个指标普遍不高——那还是"服务基层、服务师生"。无论是领导班子，还是领导干部，无论是先进单位，还是先进个人，这个指标相比于其他指标都低一些。这就告诉我们各级领导班子和领导干部，我们的思想作风和工作作风还有差距，我们要始终把服务基层和服务师生放在重要的位置，并且要认真做好。否则，我们的工作进展和成果的取得就要受影响。我们还要继续把好的政策、好的资源向教学和科研一线倾斜，进一步调动基层师生的积极性，保证他们以舒畅的心情、有良好的条件做好人才培养、科学研究和社会服务工作。要继续推动机关工作重心下移，引导干部员工自觉做到"心向基层想，眼朝基层看，腿往基层跑，事为基层办"，深入教学科研一线，倾听师生呼声，把师生工作的难点作为自己工作的重点，把解决教学科研工作中的问题作为管理工作的主要内容。

二、真抓实干、务求实效

实践证明，一个好的工作思路和打算只是一个基础，要想取得成效，关键是要抓好落实。也就是说，一切工作的完成，一切成绩和成果的取得，都来自真抓实干，都必定是真抓实干的结果，这是被实践反复证明了的、颠扑不破的真理。因此，在中心工作明确之后，就是要抓好落实，最关键的是要脚踏实地、真抓实干。而且，干就要干好，做出成效来。"真抓实干、务求实效"，这是一个老生常谈的话题，也是我们近期强调比较多的，为什么在今天的工作会上还要继续强调，我想源于两个方面的原因。

第一方面，是源于思想层面。好的工作作风源于好的思想作风，而好的思想作风的核心就是要有脚踏实地、真抓实干的精神，这来不得半点虚假。应该说，目前我们在解放思想、实事求是等方面已经取得了较大的共识，尤其是经过开展深入学习实践科学发展观活动、召开第十三次党代会后，"激情进取、科学发展"

的理念已经被广泛接受。但是，我们还是不能满足，还应该看到我们的不足，在极少数单位，在极少数干部身上，还或多或少存在问题：比如，工作浮在面上，没有沉下心来、没有深入下去；又比如，工作缺乏"实干"的精神，缺少闯劲；再比如，工作拖沓，遇到问题就搁下或久拖不决；等等。这说明我们有的同志在思想根源上紧迫感不够，责任心不强，缺乏"主人翁"意识。我们全体干部都要认清自己肩负的使命，牢记上任之初对本单位教职员工做出的承诺，自觉做到"为官一任、造福一方"。要把心思用到干事业上，把精力集中到做实事上，把功夫下到抓落实上，主动增强执行力，狠抓各项工作的落实，决不能碰到问题不解决，遇到矛盾绕着走。

第二方面，是源于工作层面。我们要看到，近年来，学校在一些方面取得了比较好的成绩，比如师资队伍建设方面，通过一系列举措，以"长江""杰青"为代表的高层次人才数量快速增长；科研工作方面，每年获得国家级科技奖励的数量明显增加并保持稳定，年到校科研经费突破10亿元，自然科学基金项目数量和金额显著提高；人才培养方面，基础教育有所加强，生源质量和就业率明显提高；资源调整上，教学科研用房增加了54%，进一步保障了中心工作。总结这些工作，我们深刻地体会到，我们之所以在这些方面进展较快，或者说取得的成果比较大，很重要的一个原因，就是有脚踏实地、真抓实干的精神，就是有坚持"咬住"工作、不见成效不放松的劲头。但是，我们也不能盲目乐观，再来看看我们的兄弟院校，远的不比，就比身边的北航，近年取得的成绩应该说比我们更突出——2007年至2009年连续三年获得4项国家技术发明一等奖，创造了一所大学连续获得国家高等级奖励的纪录，极大地提高了学校声誉；人才队伍建设上，院士、"长江"、"杰青"这两年的增量比我们多；在自筹资金能力方面，北航也在工业和信息化部部属高校中遥遥领先。看到这些差距，我们真的要以等不起的紧迫感、慢不得的危机感、坐不住的责任感来加快转变思想观念，把推动学校又好又快发展落到实处。要看到差距，激情进取，敢想、敢做、敢为人先，敢于攻坚。做到勇于承担责任不推诿、敢于直面困难不退缩、善于解决问题不守旧、甘于做好服务不懈怠，抓紧一切时间，针对存在的薄弱环节和突出问题一个一个采取措施，加以推动，务求突破。

有几个方面的工作，在这里再强调一下。

学科建设方面，要争取在重点学科和博士点建设上取得新的突破。研究生院要会同人事、科研、规划和国资处等部门一道，与我们各个学院的学科带头人、骨干教授一起，对每个学科逐一进行会商会诊，看需要在哪方面去下功夫，是要凝练方向，还是建设平台；是增加设备还是引进人才……要针对问题对症下药，把方案做细。

基础条件建设上，我们目前面临的形势是既要注重发展内涵上的水平，又要为搞外延建设创造条件。因此，任务很重。"十一五"期间，我们的建设资金主要投入在良乡校区的建设上，中关村校区的开发与建设相对滞后。下一步在继续搞好良乡校区建设的同时，必须抓紧中关村校区的开发与建设。通过基础条件的改善，进一步保障教学与科研中心工作；同时，增强我校自筹资金的能力，为解决一些与教职工切身利益相关的问题，如住房集资款返还、退休较早的教师收入偏低等打好基础。

体制机制创新上，近年来我们做出了一些有益的尝试与探索，例如，探索基础教育管理体制改革、科研学术管理体制改革、后勤管理体制改革、产业系统管理体制改革、收入分配权力下放等。目前看，都在发挥积极的作用。今年，我们还要继续推进改革，根据新形势和新要求，不断探索适应学校发展的新的体制机制，例如，为推进学校产学研工作，加快科技成果转化，要对学校校办科技企业进行调整，还要对学校教育教学服务支撑体系进行完善等。

还要特别强调的是，抓好工作落实，就要力求在工作中形成"闭环"，也就是说各项工作都要有部署、有督促、有检查。纪检监察部门要和新成立的督办室一道，督促各级领导班子和领导干部，特别是主要领导干部，认真落实、积极推进学校党委和行政的各项决策部署、计划措施，创造性地开展工作，全力以赴完成各项任务，切实发挥好监督保障作用。

三、党组织要作保障，党员同志要当表率

各级党组织和全体共产党员要当先锋、做表率，要带头"激情进取、科学发

展";切实做到"围绕中心抓党建、抓好党建促发展"。各基层党组织要组织好对校长工作报告的学习讨论,积极配合行政,结合本单位的实际情况制定具体贯彻落实的方案,并在实际工作中带领广大党员同志发挥好先锋模范作用。

党员干部要继续改进思想作风和工作作风,把"读书、学习、思考、钻研、行动"贯穿工作始终。自觉增强洞察预见的能力、统领决策的能力、聚集人才的能力、融资建设的能力、营造环境的能力、思想政治工作能力、学习提高的能力、拒腐防变的能力,做"深入基层、服务基层、狠抓落实"的模范。

党员教师要继续提高自身的学术和教学水平,努力产生高水平的学术和教学成果,以更深厚的专业基础知识、更扎实的科研本领、更出色的教学能力,真正把所在专业和学科做优、做精、做强,做"教书育人、默默奉献、甘为人梯"的模范。

党员工勤人员要立足本职岗位,自觉为基层师生、离退休教职工解决困难,以科学的管理、优质的服务为教学、科研中心工作做好保障,做"爱岗敬业、勤奋工作、热情服务"的模范。

党员学生要带领和影响身边的同学,共同树立良好的学风、校风,做"志向远大、学术精深、体魄强健、心境恬美"的模范。

关于今年的党建和思想政治工作,首要的还是要继续坚持"围绕中心抓党建、抓好党建促发展",各级党组织都要把是否有利于推动本单位的中心工作,作为开展党建工作的根本出发点和落脚点,力争在与行政一道抓好中心工作方面,更加有所作为。

"三服务"理念[①]

"培养什么人,怎样培养人"是高校的根本任务。大学的价值,根本体现在为社会培养了多少杰出人才。大学的科学研究与社会服务的实践决不能偏离"人才培养"这一根本任务。目前,我国高校存在人才培养意识不强,干部和教师在人才培养体系中的角色定位不明晰,人才培养在学校整个系统中的地位没有得到强化等突出问题。以人才培养为核心的"三服务"理念提出了解决这些问题的思路。

一、以人才培养为核心,理顺干部、教师和学生的关系

有这样一个比喻:高校如同一个大食堂,干部是端盘子的,教师是炒菜的,学生是吃菜的。这个比喻可以理解为:干部要为教师服务,教师要为学生服务,全校为人才培养服务。要在实践中落实以人才培养为核心的"三服务"理念,就要理顺干部、教师和学生的关系,大力营造尊重知识、尊重人才、关心教师、爱护学生的良好氛围。只有营造这样的氛围,树立这样的理念,才能真正把学校办好。干部为教师服务,以服务的心态做好管理工作。高素质的教师队伍决定着学校的核心竞争力,培养、使用、凝聚好高层次人才是学校管理的重心,也是学校实现科学发展的关键。管理干部要做到"心向基层想,眼朝基层看,腿往基层跑,事为基层办",深入教学科研一线,倾听教师呼声,把教师工作的难点作为自己工作的重点,把解决教学科研工作中的问题作为管理工作的主要内容。管理干部要以服务的心态做好管理工作,将"管理就是服务,服务就是责任"落实在日常工作中,最大程度地调动和激励广大教师的积极性、主动性和创造性。

教师为学生服务,努力提高人才培养质量。教学是人才培养的重要环节,是

[①] 刊于 2010 年 8 月《中国高等教育》第 24 期。

高校教师的首要任务。在教学实践中，教师要不断思考教学工作如何适应时代对人才的需要，如何适应学生多样化成长成才的需求，把主要精力放在不断深化和创新人才培养模式上。高校开展科学研究和服务社会的根本目的也是更好地培养人才，教师只有通过科研工作和社会服务，不断提炼新知识、新理念并将它们融入教学中，才能真正提高人才培养质量，为社会培养德才兼备的合格人才。

全校为人才培养服务，创建全方位育人新局面。大学的根本任务是培养高质量的优秀人才，必须把提高教学质量放在首位，并切实落到实处。大学所有工作都要为培养人才服务，把"教书育人、管理育人、服务育人"作为落实"教育以学生为本"的途径，教学、科研、管理和后勤服务等方方面面都要体现"教师主导、学生主体"的地位，与人才培养衔接，切实发挥育人作用。

二、以人才培养为核心改革学校工作机制

人才培养为核心的"三服务"理念，突破了目前高校办学实践过程中的瓶颈，为创建高水平研究型大学提供了重要的思想基础。如何将"三服务"理念融入办学实践中，并被高校广大师生员工接纳和认同，成为师生自觉的行动，学校工作机制配套改革必不可少。

精简机构编制，提高管理机构的服务和效能。目前，我国高等教育已经实现了历史性的突破，政府职能的转变，大学规模的扩大，大学人才培养的多样化和大学功能的扩展，使得大学工作机制的改革更加迫切。但是，我国大学的管理理念、管理体制和机制并没有适应新形势新发展的需要，学校工作机制的改革必须坚持以人才培养为核心理念，适应学术发展的基本规律，创建中国大学的管理理念、管理体制和机制。近年来国内大学工作机制改革进行了许多有益的探索实践，深化机构改革，按照"大部制"思路，不断精简、完善管理机构设置，压缩管理人员数量，厘清行政学术工作的职责和责任范围，强化效率和效能，实现精细化和柔性化管理，从根本上建立为学生、为教师、为学术服务的机关，提高了工作效率。

完善培训环节，提高青年教师的理念和水平。青年教师是大学发展的希望，

高校必须把青年教师的发展和成长放在极其重要的地位。为提高青年教师培养机制的针对性和实效性，建立助教制度，视助教岗位为青年教师接受专门职业训练的重要环节，立足"当好学生，再当先生"；加强教学方法研究，坚持开展教学基本功比赛，把提高教学质量落到实处；信任青年教师，委以重任，促使优秀青年教师不断脱颖而出，充实教师梯队和质量。北京理工大学要求教学单位从"怎样培养人"的高度重视教师特别是青年教师的培养，建立助教制度，把做好助教作为青年教师培养的必要环节；组织新任教师培训，教学考核和模拟教学不过关的不允许上讲堂；高度重视青年教师教学基本功比赛，推行以探究问题、启迪思维、师生互动、双向交流为基本特征的研究型教学模式；通过海外培养、阶梯目标、过程监督等政策机制，促进优秀青年教师不断脱颖而出。合理倾斜政策，引导部门和教师践行"三服务"。在现有制度的基础上，加强包括职务评聘、考核标准、资源分配等相关政策的导向性，充分体现"教师主导、学生主体"的地位，创建"教书育人、管理育人、服务育人"的全方位育人局面。在教师职务聘任上，确立教学中心地位，建立健全教师从事本科教学工作的竞争、激励和约束机制，从根本上引导教师做好教育教学工作。在行政工作的评价机制中将"教师是否得实惠"作为衡量政策、制度优劣和工作好坏的主要标准，把学生满意不满意作为最高标准。在人才评价激励机制中，对于干部，突出以服务对象为考核主体，将为教师服务的质量作为考核的重要依据，增强干部考核的科学性和客观性；对于教师，实施团队考核和目标管理，减轻考核压力，激励教师潜心学术、精心教学。

下移管理重心，发挥以教授为代表的教师群体的治学作用。学校管理体制要不断深化"党委领导，校长负责，教授治学，民主管理"的理念，实现管理重心下移和管理的扁平化，坚持教授治学，不断完善学术委员会、学位委员会、教授委员会的组织机构，健全议事规则。北京理工大学创新管理理念，进一步完善了校级学术委员会、学位评定委员会的议事规则和决策程序，增加了专职教授和科研人员的比例，并成立了校院两级教授委员会，强调学校在决定重大事项时要听取教授的意见，保证教授治学理教的知情权、参与权和决策权，有效调动了以教授为代表的教师群体在学术事务管理中的积极性。与此同时，探索建立教授为主体的学部制度，有效协调学术权力和行政权力，发挥好各学部在制订发展战略规划、创新型人才培养、学科交叉融合、人才引进等方面的作用，切实维护教师在办学中的主体地位。

分析成长需求，实施分类的多样化人才培养模式。根据经济社会发展对人才的多样性需求，分析学生成长需求的多样化，以"贯通培养、加强基础、突出创新、强化德育"为指导思想，打破单一的人才培养模式，实施分类培养，制订了"订单式"培养方案，形成了集学习文化、参与科研、锻炼品行于一体的人才培养新机制。北京理工大学启动了本硕博连读、基础科技实验班和"2+2"跨专业培养等新的培养模式，实施分类培养；成立基础教育学院，专门负责一、二年级本科生的发展，取得很好效果；全面推进研究生教育创新工程，启动研究生培养计划修订、基础课教学团队建设、研究生创新能力培养与指导团队建设试点。

改进科研机制，发挥科研团队的人才培养功能。研究型大学的教师特别是教授大多是教学加科研型，科研团队是高水平师资的聚集地，主要存在"重科研、轻教学，只见物、不见人"的问题。发挥科技创新团队在育人中的作用，把科技工作与育人工作结合起来，就要推动"双团队，双结合"建设，既产出高水平科研成果又培育高质量人才，是科技团队同时更是育人团队。北京理工大学在"双团队"建设中，要求教师特别是科技创新团队在科研中吸引、吸收研究生和高年级本科生参加，有的团队对应一个本科生班，让学生零距离接触科研课题，并积极参与学生的思想教育和生涯规划，实现传帮带；有的团队为学生科技活动、社会实践、参加学术会议提供经费支持，吸引本科生毕业后在团队内进行研究生阶段的学习。

三、以人才培养为核心加强作风建设

体制机制建设是一种"硬"管理，作风建设则是一种"软"管理，是一种注重人的思维、行为规律的管理。以人才培养为核心的"三服务"理念最终将内化为师生员工的作风，成为学校精神的重要体现。

首先，领导带头，率先垂范。学校领导和干部要树立"师生问题无小事"的观念，各职能部门要明确关心师生利益问题，就是关心学校发展，就是关心教育事业，并且要深入学生群体，关心、关注、关怀学生的思想和道德修养、学习和生活困难、生理和心理健康，指导、引导、辅导学生德智体美全面发展。

其次，立德树人，言传身教。师德师风建设重在以高尚的道德情操熏陶人，以广博高深的知识培育人，以严谨的治学态度影响人，引导教师自觉做到"学为人师、行为世范"，培育高质量人才。北京理工大学经过多年的师德师风建设取得了显著成效，很多教授坚持本科生教学和科研指导工作，以人才培养为重，提出了若干有价值有效果的教育观念，受到青年教师和学生的爱戴。

再次，主动策划，服务为先。职能部门要主动深入基层，了解师生的需求，并在科学发展观的指导下探讨解决问题的办法，策划方案，真正做到"以人才培养为核心"，建设服务型机关。北京理工大学基础教育学院建在良乡校区，为给低年级学生创造优越的校园环境，学院领导和干部将教学、教育、管理、后勤融为一体，提出"教师即为导师，管理就是服务，保障转化保证"的一系列新制度；将教学工作与学生管理工作有机结合，协助教务处安排教学计划、教学考核，为适应多校区办学，提高本科学生培养质量搭建了良好的平台；根据两校区运行特点，逐步实行"三类课程"和"两种模式"的选课方法，保障教务运行秩序稳定；建立了教师与学生、干部与学生的互动机制，收效显著。

想细,抓紧,做实[1]

要以扎实的工作作风抓好各项工作的落实。第一,要细想想细。我们的学术骨干和管理骨干要养成细想的习惯,从而达到想细的目的。毛主席讲:"世界上怕就怕'认真'二字,共产党就最讲认真。"[2]注重细节既是一种意识和态度,更是一种理念和文化,其核心在于将细节贯彻到工作的始终。前面提到的实验室安全事故,从根本上讲是管理工作不细致造成的,包括设备的安全标志不清楚或根本没有标志,加之工作人员不细心或心中没数,这些都是安全隐患。此外,"凡事预则立,不预则废",如果我们做工作时敏感性不强,预见性不够,出现问题就会不知所措。比如网上恶意炒作事件,看似偶然,但也是一个矛盾不断积累的过程,在长达3年的时间里,如果我们相关部门负责人的敏感性强,开展细致工作,做好有关预案,可能就不会发生网上恶意炒作的不良后果。因此,我在这里强调,工作中要注重基础、打好基础,关注细节、抓好细节,细之又细、慎之又慎,来不得半点马虎;对事情要有敏感性,凡事都要有预案,对潜在的问题不能视而不见,不能存在侥幸心理。只有这样,我们在工作中才能游刃有余、有的放矢。

第二,要紧抓抓紧。我们的学术骨干和管理骨干要有紧抓的紧迫感,从而达到抓紧的效果。毛主席讲:"对主要工作不但一定要'抓',而且一定要'抓紧'。""抓而不紧,等于不抓。"[3]我体会,"不急办不成事,太急办不好事",首先要急起来,要行动起来。现在的问题是紧的程度不够,缺乏雷厉风行的作风,缺乏该办就办、办就办好的劲头。工作的质量和效率是辩证统一的,牺牲质量的效率和没有效率的质量都不是我们所希望的结果。干事不雷厉风行,不风风火火,

---

[1] 2010年9月1日在2010年年中工作会议上的讲话摘录。
[2] 《毛泽东同志论青年和青年工作》,中国青年出版社1960年版,第27页。
[3] 《毛泽东著作选读》(甲种本),人民出版社1965年版,第278页。

而是慢慢悠悠、四平八稳，很难干成事，特别是对棘手的事、老大难的事，不急不抓紧，很难推动，很难奏效。比如，基本建设、资源调整、预算执行中存在的问题，都与执行力不够、缺乏雷厉风行的作风有关系。如果工作一直不到位，效果不佳，就不能总是按部就班，要主动沟通，想招、想特殊办法加以突破。当然，在办事的环节上要一环扣一环，环环相扣，但每个环节的节拍可以加快，这是辩证统一的关系。我们都要做到勇于承担责任不推诿、敢于直面困难不退缩、善于解决问题不守旧、甘于做好服务不懈怠，着眼于解决突出问题，发扬当机立断、雷厉风行的务实作风，要事快办，急事急办，特事特办，所有事认真办，抓紧一切时间，针对存在的薄弱环节和突出问题一个一个采取措施，加以推动，务求突破，力求使工作有新的局面、新的亮点。

第三，要实做做实。我们的学术骨干和管理骨干要有实做的理念，进而形成做实的作风。毛主席说过："扫帚不到，灰尘照例不会自己跑掉！"① 这说明，工作要想取得成效，关键是要认真做，要抓好落实，来不得半点虚假。第十三次党代会对学校的发展目标、发展思路、战略举措都有了清晰的描述，应该说我们的方向任务都很清楚了。现在的关键是要把好的思路和想法变成可操作的实施方案。比如说，我们提出了"高远的理想、精深的学术、强健的体魄、恬美的心境"的育人目标，广大师生是认同的，也在社会上取得了一定反响。那么如何抓好落实，我认为，"高远的理想"要以德育答辩、政治理论课、社会实践活动等为载体，"精深的学术"要靠课堂内、课堂外创新人才培养模式、提高人才培养质量来实现，"强健的体魄"要通过加强体育、开展全民健身运动、把体育锻炼贯穿本科四年直至研究生学习期间来实现，"恬美的心境"要借助加强美育、开展心理健康教育、在各类活动中磨炼意志来实现。此外，干工作要讲实绩、讲实效，要看工作的增量和质量，看工作的创新。前半年已经过去了，要认真总结一下：我们在工作上有哪些实实在在的推进？推进的幅度、推进的效果如何？承担的学校年度工作任务完成得怎样？任期规划实现了多少？建议各单位领导班子都要开会总结一下上半年的工作，看哪些还没有落实好，同时对下半年的工作部署

---

① 《毛泽东选集》(第四卷)，人民出版社1991年版，第1131页。

进行思考,把这次学校工作会议的精神落到实处。

第四,要带头头带。我们的学术骨干和管理骨干要有带头的意识,进而形成骨干带头的局面。毛主席讲:"政治路线确定之后,干部就是决定的因素。"① 这句话落实到高校,"干部"就是一个广义的概念,包括管理骨干和学术骨干。在推进工作、抓好落实的过程中,我们的处以上领导干部要带头,主动抓好管理、做好服务;我们的教授、研究员、博导也要带头,在人才培养上做模范,在科研攻坚中做先锋,在服务社会中做表率。我们的管理骨干、学术骨干都要严格要求自己,不仅要模范遵守保密、安全生产、出国出境等各类规章制度,更要以主人翁的态度把自己摆进学校的工作大局中,用责任心和使命感把学校的工作部署落实到自己的本职工作中,真正做到以振兴北理工为己任,牢记兴校之责,常思荣校之路,切实树立在各项工作中争创一流的意识,以昂扬向上的精神状态励精图治,抢抓机遇,创造机遇,利用机遇,实现学校的跨越式发展。只有这样,我们的事业才有希望,才能取得一流的业绩。

---

① 中共中央文献研究室编:《毛泽东思想年编:1921—1975》,中央文献出版社2011年版,第210页。

想干就有办法，真干就有成效[①]

现就"十一五"特别是近年来学校发展取得的成效、存在的问题和"十二五"如何开好局、起好步谈点想法与大家交流。

一、谈成果、话经验

"十一五"时期，特别是深入开展学习实践科学发展观活动以来，我们坚持"聚焦特色谋发展、激情进取创一流"，以贯彻落实学校第十三次党代会提出的"6+1"发展战略为目标，带领全校师生员工努力拼搏、奋发工作，取得了可喜的成绩。

在学科建设方面取得了新进展。坚持理工并重、工理管文协调发展、多学科交叉融合的理念，以"强地、扬信、拓天"为特色发展路径，学科布局更趋合理，学科实力不断加强。

在师资队伍建设方面取得了新突破。坚持人才资源是学校发展第一资源的理念，强调以会聚高端人才为着力点，坚持培养和引进并举的原则，师资队伍质量不断提高。

在人才培养成效方面取得新提升。在"高远的理想、精深的学术、强健的体魄、恬美的心境"的育人目标指引下，积极推进学生培养模式改革，教育教学质量显著提升，毕业生的社会竞争力明显增强。

在科技创新方面取得新成绩。坚持"强化基础、着力创新、调整结构、协调发展"的指导思想，学校的科技综合实力快速提升。

在国际交流合作方面呈现新亮点。围绕"提升合作层次、提高合作质量、优化合作结构、注重合作效益"的工作思路，学校国际化水平等方面取得了可喜的

[①] 2011年3月9日在学校工作会上的讲话摘录。

成绩。

在体制机制创新方面呈现新特色。不断深化体制机制改革，推动管理重心下移，增强基层办学活力。探索以业绩和能力为导向的人才评价和干部考核机制。成立科学技术研究院、基础教育学院、火炸药研究院，调整学院设置，建立科学规范的管理与服务体系。建立学部制度，推进教授治学、民主管理。大力推进基础设施建设，着力改善办学资源紧张状况，完成了良乡校区前两期、西山实验区二期，中关村校区教学楼、出版楼、学生食堂和公寓以及体育馆等工程建设，办学条件得到了较大的改善。

党建思想政治工作保持稳步发展。坚持"在改革中完善、在创新中发展"，把"围绕中心抓党建、抓好党建促发展"的要求落到实处，通过开展学习实践科学发展观等活动，不断提高领导班子及领导干部的治校理教能力。"党群零距离"和"德育答辩"工作不断深化，进而推动基层党建创新。2010年，以优秀成绩通过工业和信息化部"党建创优工程"评估，并在第十九次全国高校党建工作会议上作了典型发言，我校荣获"北京市党的建设和思想政治工作先进高等学校"称号。

深化干部选任改革，不断提高选人用人满意度。推进校园文化建设，确立了校训、校风、学风等精神文化体系，开展学科专业发展史的研究和出版工作，完成校史馆、校训石刻和钱学森像等一系列文化景观建设。

总之，"十一五"以来，特别是近年来，学校发展建设取得的成绩相当喜人，从数据看，有的指标成倍增长。可以说是我校历史上各项指标提高最快的时期之一。但是，我们更看重数字之外的东西，特别是，我们的教师努力开展教学科研的劲头在提高，我们的干部主动服务基层的作风在转变，我们的党员干部、党员教师、党员学生的骨干作用在发挥。无疑，这些更具有根本性，更具有长远意义。

那么取得这些成绩的原因是什么？应该说是多方面的因素，但我们体会比较深的是：思想观念的不断转变、政策措施的不断调整和务实作风的不断增强。

1. 思想观念的不断转变是先导

实践证明，做任何事情，要想取得成功就必须首先转变思想观念。几年来，我们的工作正是从抓思想观念转变入手的。我们提出"要跳出兵器看兵器","要跳出北理工看北理工"。我们的想法是：要把学校的发展始终置于国家战略需求和经济社会发展的大背景之中，始终置于世界科技发展前沿和国际高等教育发展趋势的大背景之中，判断形势，明确目标，把握机遇，推动发展。因此，我们既要充分肯定成绩，更要客观查找不足。我们学校有着光荣的历史，取得了辉煌的成就，这是我们进一步发展的基础，更是我们前进的动力，但绝不是我们沾沾自喜的资本。况且当今社会各行业竞争如此激烈，"缓进则退，不进则亡"。所以，我们必须重新认识自己，重新审视自己，自觉树立危机感和紧迫感，振奋精神，真抓实干，不断推动学校又好又快发展。

几年来，我们通过党委理论学习中心组深入学习，举办研讨班，以及召开各种会议等方式，引导领导干部和师生员工不断增强忧患意识和使命意识。明确提出要在新的历史起点上实现学校新的跨越，为此就必须坚持解放思想、改革创新，不断冲破传统观念的束缚，在工作内容、发展方式、体制机制、评价体系等方面进行大胆探索；要紧紧抓住建设创新型国家和人力资源强国，以及划归工业和信息化部管理的历史性机遇，自觉把学校的发展融入国际、国内和行业的大局之中。实践证明，这样的思路对我们的发展起到了积极的推动作用。

比如，我们坚持解放思想，对高层次人才队伍建设，采取引进和培养并举的办法，使"长江"和"杰青"人数，仅仅几年的时间就实现了200%—300%的增长。

又如，我们坚持解放思想，对学院的院长采取校内外公开招聘的办法选任，并把一批有学术背景、有管理能力的干部选拔到学院党委书记岗位上，显著改善了学院院长、书记群体的结构，为学院的发展带来了新气息、新气象。

再如，我们坚持解放思想，整合分散在几个学院的火炸药学术力量，组建了跨学院的火炸药研究院，为我校全方位介入"×××工程"这样的重大项目，奠定了良好的基础。

还有，我们坚持解放思想，积极探索学术民主制度建设，组建了四个学部，为充分发挥专家学者在学术建设和民主管理工作中的作用，进行了积极的探索。

2. 政策措施的不断调整是保障

实践证明，要解决制约学校发展的问题，就要保持勇于创新的锐气和攻坚克难的干劲，就要根据事业不断发展的需要及时调整政策导向，大力推动体制机制创新。几年来，我们不断对不适应发展需要的政策措施进行了调整。

比如，我们在领导干部选拔任用上，不断扩大透明度和广大师生员工的知情权、参与权。目前，学校除了基层党委书记以外，凡是要提拔的领导干部都必须参与公开招聘，并在网上和有关媒体公布，让广大师生员工都知道，并逐步扩大群众的参与程度。在公开招聘院长时，组织有关的学术骨干组成专家组，组织所在学院的骨干教师代表组成评议组，与学校领导一起对应聘者进行考评。

比如，我们推进管理重心下移，不断扩大基层单位在经费使用和岗位津贴分配上的自主权。近年来，学校在职称评定、岗位津贴调整和发放等工作中，都强调向一线骨干教师倾斜、向海内外高端人才倾斜、向优秀青年教师倾斜，这个力度是很大的。2010年，我们还取消了对学院超编费的收缴，据说有的学院教师听说后热烈鼓掌，表示对学校决策的赞赏。

比如，面对办学资源分散、教学科研用房不足的问题，我们组织有关部门和单位攻坚克难，积极推进资源调整，通过细致工作，把机关部门使用的主楼、新后勤办公楼和老1号楼分别腾给管理与经济学院、软件学院和继续教育学院，新出版楼也全部用于教学科研。通过资源调整，全校教学科研用房面积增加了54%，机关、后勤和产业系统的房屋面积减少了18%，实现了办公用房向教学科研一线倾斜的目标。

比如，创新产学研用相结合的运行体制机制，很好地解决了个人、集体和学校之间的产权关系以及分配原则，大大调动了各方面的积极性，顺利注册成立了雷科电子信息技术公司等两家学科性公司，不仅解决了很多制约发展的问题，而且仅一年的时间科研经费就翻了番，为支持学科的发展探索出了新的路子。

比如，在总结近几年干部考核工作实践基础上，我们不断建立和完善体现科学发展观要求的干部考核评价机制。2010年干部考核工作，突出两个"为主"、体现两个"结合"，即以领导班子和各单位"一把手"的考核为主，以服务对象和管理对象的评价为主；将单位年度考核工作与干部年度考核工作相结合，将单位主要领导干部的考核评价与单位整体工作业绩评价相结合。实践证明，这种考核办法，既扩大了民主程序，又可以引导干部更多地关注基层、关注服务对象，实实在在地做好工作。

3. 务实作风的不断增强是关键

实践证明，保持激情进取、求真务实、真抓实干的作风，是推进学校又好又快发展的关键。尤其是，我们的干部要不断增强为师生、为一线搞好服务的意识，并以实际行动为师生和一线同志做好服务工作。

因此，我们宣传"食堂理论"，阐述了学校中干部、教师和学生之间的关系。之后，又提出了"三服务"的办学理念，即"干部要为教师服务，教师要为学生服务，学校所有工作要为人才培养服务"；强调干部"要以服务的心态搞好管理"；强调机关工作人员要养成"起身迎送，把话听完，意见明确，抓紧办理，必有回音"的习惯和修养，进而解决"门难进，脸难看，事难办"的老大难问题；等等。

几年来，我们班子的同志带头坚持聚焦中心、服务基层，自觉做到"心向基层想，眼朝基层看，腿往基层跑，事为基层办"；带头把教师工作的难点作为自己工作的重点，把解决教学和科研工作中的问题，作为管理工作的主要内容；带头少开会、开短会，简化工作程序，提高工作效率，为基层单位减轻负担；带头努力钻研并精通本岗位业务，着眼于解决突出问题，发扬当机立断、雷厉风行的务实作风，切实做到察实情、讲实话、出实招、办实事、求实效。

我们也欣喜地看到，近年来，干部队伍为教师服务的意识与能力也在不断地提高。

比如，科研院这几年在"主动服务、策划服务、上门服务"上做了很多工作，与他们改变工作作风是有很大关系的。但并不是说只有他们干得好，我们只是想强调，他们的做法有很好的代表性。更可喜的是，近年来，这样的部门和单位不断涌现。比如，国资部门在国有资源管理、盘活和调整有限的资源和解决教学科研用房方面做了大量的调查研究工作。比如，人事部门在引进高层次人才、职称评定和岗位津贴发放等政策调整方面做了大量耐心细致的工作。比如，保卫部门主动与离退休教职工党委联系，成立"'北理同心'创先争优党建工作室"，与老同志一起互帮互助，开创创先争优活动新方式。比如，后勤集团主动克服困难，为师生排忧解难，搞好饮食服务，搞好后勤保障。

同时，我们的专业学院在学院领导班子的带领下，在全体教师的努力下，务实进取，在人才培养、科学研究和服务社会等方面都取得了可喜的成绩。比如，机车学院、自动化学院和管理学院的干部教师都团结协作，努力拼搏，使学院和学科都发展得比较好。又如，软件学院、信息电子学院和宇航学院的发展势头也不错。还有，理学院、人文学院和设计艺术学院也有比较大的进步。另外，基础教育学院工作也非常努力，继续教育学院也在积极地为学校作贡献。

二、看形势、找不足

校长的报告中，已经分析了国内外经济形势、国防科技工业形势和高等教育形势。这里仅对国内外高校之间的激烈竞争形势谈点看法。从国际视角看，国外知名高校日益重视提升自身的国际竞争力，在全球范围内扩大影响，他们寻求的不仅仅是完成大学社会服务的功能，更强调时代精神和社会文化的作用，注重以大学的精神影响和引领人类文明和世界未来。拿我校确立的"985工程"建设国际参照对象的佐治亚理工学院来说，该校于去年10月正式对外发布了《未来规划（2011—2035）》。该规划就佐治亚理工学院未来25年的发展愿景、使命和战略目标作了详细的阐述，突出体现了他们面向全球、引领世界的雄心，确立了"成为全球最受瞩目的以技术为重心的高等学府"的战略目标，值得我们借鉴。

从国内看，随着全国教育工作会议的召开及《国家中长期教育改革和发展规划纲要（2010—2020年》（以下简称《教育规划纲要》）的颁布，高等教育将迎来又一轮重要战略机遇期，国内各知名高校纷纷推出改革举措，相互间的竞争更加激烈。拿上海交通大学来说，这些年凡是去过的同志，都可以感受到该校蓬勃的发展态势，他们的干部、教师都有一种昂扬向上的精神头，各方面的工作抓得很紧，也很有成效。近期，在分析"十二五"面临的新形势、新挑战基础上，该校又提出,"学校正处在新的历史方位,学校发展的战略突破点正在发生战略性转移,要顺利实现'十二五'发展目标,必须在思想观念、组织文化、体制机制上实现新的突破"。

从以上对形势的分析中可以看出,形势逼人,竞争激烈。去年参加工业和信息化部组织的"办学水平提升工程"汇报会,我突出感受到,尽管我们学校近几年来各项指标都增速很快,但从质量和水平上讲仍然有差距。相对于哈工大、北航,我们的实力仍然显得"单薄"。虽然我们在一些项目上已经追得很接近,然而,很多我们在抓的事情,在哈工大、北航都已经很有基础了,他们的"羽翼"更显丰满,他们的综合实力更为厚实(这次评估的结果已经揭晓,从分数上看,哈工大和北航属于第一个量级,我们和西工大属于第二个量级,其他几所"211"学校属于第三个量级)。

从一些能够量化的指标来看,我们同高水平兄弟学校还是存在一定的差距,比如中青年学术骨干的数量、国家重点学科数量、国家级实验室平台、国家科技一等奖、"百优博"论文数量等,这些是"看得见、摸得着"的"软肋"。但是,我认为这些都是属于表层的距离,我们要透过这些现象从深层次思考我们的不足。

1. 思想解放还不够,开放、多元的理念仍然欠缺

在我们的文化和氛围中"封闭和保守"的思想多一些,"开放和包容"的心态还不足。比如,近年来,我们从校外引进学术和管理骨干多一些,应该说,从总体上看,效果是不错的,打破了我们学校原先相对封闭的环境,带来了开放、多元的新气象。尽管有个别干部出了问题,但是,我想这不能动摇我们开放办学、多元发展的决心。看看我们的兄弟高校:上海交大始终把人才强校作为各项战略中的主战略,坚持全球公开招聘师资队伍,迅速增加具有国际水准的教师数量;哈工大始终把多元化的教师团队——"八百壮士"作为学校制胜的法宝,第二代、第三代乃至第四代"八百壮士"不断涌现;北航始终把引进高水平专家学者作为学校发展的重要任务,"长江""杰青"等中青年骨干教师数量增长之快,让同行赞叹。

从各方面的情况来看,"开放、多元"都要比"封闭、保守"强。毛主席早就

指出要搞"五湖四海"。我理解,我们提倡的延安精神和"两弹一星"精神的内涵都有"开放、多元"的内容。试想,延安时期,如果不是以"开放、多元"的心态吸引、吸收全国各地的知识青年加入革命队伍,哪会那么快形成全国解放的新局面?试想,我国在搞"两弹一星"时,如果不是以"开放、多元"的心态想方设法把钱学森、钱三强、王淦昌和邓稼先等科学家吸引回国,那还不知道这项工程推迟多少年呢。试想,我国当前这么好的经济社会形势,如果不搞"改革、开放",而搞"闭关、锁国"能取得吗?再看看我们学校七十年的发展历史,建校之初的第三任校长陈康白就是留学德国回来的,学校进北京城时还把中法大学的基础学部整合了进来,之后各个时期都有优秀的学术骨干和管理骨干加盟。因此,可以肯定地说,我们学校没有哪一天是"闭门、锁校"的,只是有的时候门开得太小,让外人进来费劲。现在是要把校门打开得大一些或者说是敞开大门的时候了。所以,我们仍要坚持开放办学,大力引进优秀的学术和管理骨干到校工作。当然,也要强调新引进的同志要主动融入北京理工大学大家庭中来,共同为北理工的事业发展作出自己应有的贡献。

同时,也要做好校内人才的培养,为他们的脱颖而出创造条件。我们要识才、爱才、敬才、用才,不求全责备、不论资排辈、不嫉贤妒能,不拘一格选拔和使用人才,让各类人才各得其所、用当其时、才尽其用。要像朵英贤老院士为了姜澜等中青年学者奔走呼吁那样,为学术骨干的成长创造更好的条件。

2. 一些政策和措施还不适应改革发展需要

我们大家都要进一步反思和清理一下,还有哪些政策和措施跟不上发展形势需要的。

比如,对于不同类型学科——工科类、理科类和人文社科类学科的评价体系是否需要抓紧建立起来;对于在不同岗位上工作的教师的分类管理和分类晋升问题是否已经很好地解决了;对于促进在管理岗位上工作的同志专业化、职业化发展的政策和措施是否还要认真地研究和解决;对于管理重心下移,给学院一些自主权后,机关的指导和服务是否还要努力跟上;对于到良乡校区工作的教职工住房和子女的入托、入学问题是否要尽快提出切实可行的解决方案。如此等等,都要求我们认真地思考，从制度设计和举措的制定上着手做细致的工作。

3. 激情进取、开拓创新还不够

我们的一些干部在工作中，有的按部就班有余，激情进取不足；有的执行力不高，工作效率较低；有的甚至不敢坚持原则，怕得罪人、怕丢选票的情况仍然存在。这些同志好人主义思想严重，奉行"多栽花、少栽刺"的处世哲学。在这里，还是要强调，我们评价干部从来不唯选票取人，向来是看你是否有工作成效。因此，想干事就不要怕得罪人，不要怕丢选票。只要我们真正地坚持原则，真正地秉公办事了，我们得罪的只能是少数人，保护的是绝大多数人，最终事业发展了，是会得到大家认可的。

在我们的一些教师中，有的人存在"小富即安"的思想有余，开拓创新精神不足。甚至还有的人有"等""靠"的思想，总是需要别人推着向前走，"争一流""争领先"的劲头不足。如此等等，需要我们认真对待，并积极加以改进。

三、提要求、明思路

"十二五"期间学校发展建设的奋斗目标和主要任务已经明确，当前最重要的任务是如何抓好落实，如何开好局、起好步。我认为首先是要树立"一流"的意识。

1. 一流的理念要求我们必须进一步解放思想、改革创新、高标准办学

一流的办学理念来自建设世界一流大学的目标。那么，什么样的大学可以称为"世界一流大学"呢？国内外著名专家学者有很多表述。前天，也就是3月7日，吴邦国委员长在视察清华大学时强调：一流大学应该成为基础研究和高技术前沿领域原始创新的重要源头，应该成为理论创新和文化创新的重要力量，应该成为汇集优秀创新人才的重要平台和培养创新人才的重要基地。这值得我们认真学习思考。我们从确立建设世界一流理工大学目标的那一天起，就要将自身置于国内外竞争的环境中，用一流的标准来衡量我们的教学工作、科研工作和管理工

作，我们就要把学校确定的"6+1"战略，逐一地去同国内外一流大学、一流学科以及国家重大战略需求"对标"，不仅要勇于追赶，更要敢于超越，只有这样，我们才能朝着世界一流理工大学的目标不断前进。

比如，在师资队伍建设方面，要继续花大力气从国内外一流高校和科研机构引进高水平学术带头人和有发展潜力的青年学者。同时，要想方设法把自己培养的年轻教师送到国内外一流的高校和科研机构去学习深造。这方面我们要加大力度，也要想办法给年轻的学术骨干压担子，使他们在实际工作中锻炼成长。

比如，在学科建设方面，我们的每一位学科带头人和团队都要树立一流的意识，要瞄准与我们学科方向比较接近的国内外一流学科，建立长期对口联系，要安排优秀学生和有潜力的青年教师去学习进修，要邀请人家的专家学者来校讲学，要争取与人家的专家教授开展合作研究，并联合组织国际学术活动。这样，我们就有学习和赶超的具体目标，我们建设一流学科的工作就更加具体、更加扎实。在这方面，我们的传统优势学科要带个头，一方面你们有很好的条件，另一方面，你们面临的挑战更严峻。

比如，在基础科研方面，一是，我们在选题时要关注国际科技发展前沿，提高选题的水准，二是，要尽量把理论研究与实验验证结合起来，以推动研究向纵深发展；而在工程研究或应用研究方面，要注意及时提炼科学问题，以引导研究质量的提高。在瞄准世界科技教育发展前沿"争一流"的同时，我们还必须始终瞄准国家重大战略需求"争一流"，搞清楚在自身研究领域内国家的重大需求是什么？国家有什么打算和计划？进而利用学校多学科交叉的优势，整合优势资源，锲而不舍地去争取承担重大国家专项任务。

在这方面我们已经在尝试。比如，我们最近成立了节能与新能源汽车研究院，也是从这方面考虑的。把机械车辆、化工环境、能源政策和法律咨询等学科的力量整合在一起，从国家制定节能和新能源汽车政策的阶段就开始介入，争取更多地承担国家的重大专项任务。

比如，在国际合作方面，我们交流合作的面已经不小了，今后要聚焦，即要注意针对各学院，特别是各学科创一流的需要，精心地选择一些国外一流或高水平研究型大学作为稳定的合作伙伴，长期地坚持组织教师和学生去开展合作与交流，俗话说要同"高手过招"，就是这个意思。

2. 一流的政策措施要求我们必须推动体制机制改革和创新

一流的大学要有一流的政策措施。要使工作跨越式发展，必须从源头上解决问题，必须用一流的标准审视我们的政策和措施，必须继续解放思想、真抓实干，大力推动体制机制创新、政策措施调整，而不能囿于条条框框之中，不能拘泥于常规做法之内。

比如，对于科技工作来说，很多学校都讲，现在是科技工作的发展倒逼机制体制改革，这说明机制体制的变化是必须做的事情。西安交大成立了交叉研究院，把从国外引进的人先放到这个学院，给予特殊的政策支持，使其尽快发挥作用。哈工大把从国外大量引进学术骨干的理学中心，改成了创新研究院，目的也是要更好地发挥引进人才在创新工作中的作用。最近，上海交大引进了诺贝尔奖得主来校工作，这位教授是很认真的，来之前，认真研究了上海交大提供的条件和给的政策，觉得到上海交大可以把自己的研究工作继续下去，才决定到交大全职工作，还把自己的团队也带来了。

这方面，我们已经起步，为了提高科研管理和服务水平，把科技处改建为科研院；为了整合科研力量，成立了火炸药研究院和节能与新能源研究院等单位。我想这仅仅是开始，今后还要根据开展高水平科学研究的需要，不断进行体制机制的改革和政策的调整。

又如，按照"理工并重"的学科定位和振兴理科计划的要求，如何从体制机制和政策上进一步创新，使理科的学科布局更加合理，更有利于理科的发展，要抓紧研究和部署。

再如，我校已成为首批进入教育部"拔尖创新人才培养"和"卓越工程师教育培养计划"的高校。下一步如何开展好工作，如何制定出符合我校实际的培养标准体系，如何把教育部的政策用好、用足，如何在体制机制、政策措施上保障好这项工作，这都是需要我们思考和积极推进工作的。

再如，如何进一步深化干部任用改革，不断提升干部队伍的战略思维能力、治校理教能力、应对复杂矛盾与问题的能力，使之适应世界一流理工大学建设需要。还是要从树立正确的用人导向入手，坚持把那些政治上靠得住、工作上有本事、作风上过得硬、广大师生员工信得过的干部选拔到领导岗位上，不断提高选人用人满意度。具体而言，就要坚持选拔"讲政治、顾大局"的干部，把那些对自己的岗位负责，对学校的事业负责，有广阔的视野和心胸，能团结带领班子其他成员一道，全力推动本单位工作科学发展的干部选拔上来；就要坚持选拔"有激情、想干事；有能力、能干事"的干部，把那些有思路、有干劲、敢创新、不怕得罪人、不做"老好人"、勇于攻坚克难的干部选拔上来；就要坚持选拔"作风实、服务好"的干部，把那些能够主动深入到师生中、深入到基层去，了解需求，解决困难，为师生员工服务有思路有方法的干部选拔上来。

总而言之，要按照学校第十三次党代会确定的"6+1"战略部署，认真思考如何通过体制机制创新、政策措施调整，来更好地推动工作。

3. 一流的务实作风要求我们必须实干、真干，"咬定青山不放松"

只要我们想干，就有办法；只要我们真干，就有成效。比如，我们这几年取得的成绩，正是因为我们对看准了的事情，铆足了劲，克服重重困难，踏踏实实地去做，所以，我们就做成了很多事情。要建设一流大学就是要这种务实的作风。

具体来讲，我们的干部，还是要继续增强服务基层的意识，不断提高工作效率和服务水平，为教师和学生提供一流的服务。有句话说得好，"一流的大学，就是把最好的教师和最好的学生请进来，并让他们学习、工作和生活得愉快"。这启示我们，无论是学校或学院领导，还是机关职能部门的工作人员，都要主动和专家学者，特别是引进的人才交朋友，给予他们更多的关心，帮助他们解决实际问题；都要关爱学生，为他们创造良好的学习和生活环境。在这里，我们还是要强调，对前来办事的老师和同学，起码要做到"起身迎送，把话听完，意见明确，抓紧办理，必有回音"，这是一个基本习惯、修养和作风养成的问题。真正做到了这二十个字，服务质量就会有较大的提高。

我们的教师，还是要增强责任心和使命感，同时，还要有紧迫感和危机感，以"做一流大学的一流教师"来要求自己，立足本职岗位，激情进取，奋发有为，以自身的努力为学校的人才培养和科学研究作出贡献。同时，还要关注学科前沿，拓展学科视野，以更加深厚的专业基础知识、更扎实的科学本领、更出色的学术水平，真正把所在专业和学科做优、做精、做强。

我们的工勤人员，还是要继续树立主人翁精神，以服务北理工的发展为己任，努力为全校师生的学习、工作和生活搞好保障工作。要更加关注服务对象的需求，特别要在精细化服务上做好文章。同时，还要进一步提高自己的业务水平和服务能力，提高效率，将科学严谨、求真务实、服务奉献贯穿于各项工作之中。要把我们工勤人员队伍真正建设成为一支"资源一体化、服务标准化、队伍专业化、管理纵深化"的"四化队伍"。

最后，强调的是，开好局、起好步，必须发挥好党建和思想政治工作的导向、动力与保证作用，特别是要把创先争优活动深入开展好。

关于今年的党建思政工作，党委将印发专门的工作要点加以部署，包括迎接建党90周年，落实高校基层组织工作条例，领导班子和干部队伍建设、党风廉政建设、基层党建创新和校园文化建设等多项内容。但是，重点还是要继续抓好创先争优活动。在此项活动中，我们要落实好党委提出的"五个三比"的工作要求，做好公开承诺、领导点评、党员群众评议等规定动作，但关键是要区别不同群体党员的岗位特点，大力开展"教书育人先锋岗""科研攻关创新岗""管理服务示范岗"等活动，发挥好党员干部、党员教师、党员工勤人员、党员学生等群体的带头作用，增强活动的针对性和时效性，真正树立一批榜样群体，让大家学有榜样、赶有目标。

美好蓝图，展示着广阔前景；宏伟目标，激发着奋进的力量。面对党中央、国务院对我们提出的建设世界一流理工大学的宏伟目标，我们全体学术骨干和管理骨干应该进一步增强使命感、责任感和紧迫感，要以对学校发展负责、对师生负责的精神，一步一个脚印扎扎实实工作。

积极地想，大胆地试，创造性地干[①]

回顾 2011 年的工作，应该说是为我校"十二五"建设开了个好头，用一句话概括，就是"开局旗开得胜、起步掷地有声"。广大师生员工瞄准一流、加快发展的意识更强了，抢抓机遇、紧追猛赶的劲头更足了，彰显实力、提高声誉的成果更多了，学校各项事业发展呈现出蒸蒸日上的好势头。面对这样的好形势，我们更应该深入思考一下今后的发展，尤其是 2012 年的工作如何百尺竿头、更进一步。

一、认真思考，准确定位

古人讲，"谋定而后动"，就是说凡干事必须先总结好经验、分析好形势、看清楚坐标、制订好规划、绘制好蓝图、制定好措施，行动才会有好的效果。其中，我认为非常重要的，就是要把握好我校当前发展呈现出的阶段性特点，找出缺项和不足。这样才能提出应对措施，才能把短板补长、把软肋加固、把漏洞堵严。

校长在工作报告中，已从纵向、横向、国际、国内等方面就我校的发展优劣势作了客观剖析。可以看到，学校自第十三次党代会以来，办学水平有了显著的提升，成绩喜人，但仍然存在比较明显的差距，值得重视。

总体来看，我们学校现阶段发展呈现出以下几个特征：一是，在发展的"量"上已有了明显突破，好多数据都是大幅度增长甚至翻番，但是，相比于同类学校还有差距；二是，在发展的"质"上有了显著提高，但是，高水平的成果仍显不足，综合实力还需要继续提升；三是，当前学校在快速发展中也出现了一些新矛盾和新问题，需要我们去认真地着力解决。总之，我们要深刻地认识到，

[①] 2012 年 3 月 5 日在学校工作会上的讲话摘录。

学校发展已经驶入快车道，在这条路上，不求速度、不求数量是不行的。当然，发展快了会有问题，但是，不发展或发展慢了问题会更大。要赶上别人，还要有一定的加速度。另外，更要重视"质"的问题，不能"萝卜快了不洗泥"，否则将欲速不达。总而言之，学校下一步发展，总的指导思想就是"既要保持一定的发展速度，更要在提升质量方面下功夫，还要及时解决新问题和新矛盾"。

二、大胆地试，着力地创

前面分析了当前我校发展呈现出的阶段性特征和我们应采取的方针。而要做到这一点，就不能墨守成规走老路，唯一的出路是"创新"。有些同志认为创新有风险。创新诚然有风险，但不创新也会有危险，不创新就会在激烈的竞争中落伍。

1. 思想观念的创新

思想观念的创新，核心是思想的解放，观念的更新。几年来，我们着力在这方面推进，提出了"四句话"的育人目标、"两个瞄准""三服务"的理念、"四个跳出"的思想、"五句话"的服务行为准则等，引导广大领导干部和师生员工解放思想，更新观念，大胆探索，推动发展。

实践证明，这些思想观念的创新，对我校的发展起到了积极推动作用。当前，要破解面临的新矛盾和新问题，就必须在思想上更加解放、观念上继续更新。比如既要规范管理程序，更要创新管理理念。我们在管理岗位上的一些同志习惯在常规中办事，因此养成了总是拿已有的规定衡量新生事物的习惯，久而久之，形成一种习惯说"不"的思维定式。搞好管理是为了提升服务，我们要从服务的角度谈管理，把"不行"改成"试行"，把没办法改成想办法，并积极和基层一起商量解决问题的办法。科研院提出的"主动服务""策划服务"就是管理理念的创新。在这方面，财务处也有进步。近几年学校发展速度很快，年科研经费已超过16亿元，年总经费进出有20多亿，接近30亿元，财务管理工作量大增。财务处的同志们每天忙得不可开交，但还是满足不了师生员工们的要求，大家意见很大，财务处的同志们压力也很大。在主管领导和处领导的带领下，财务处以服务为先，创新管理方式，在专业学院设专职报账员，开展专业培训，设立专门窗口，提高了效率，大大缓解了报账难问题。这是将管理与服务有机结合的范例。

既要"坐而论道"，更要积极行动。我时常感到一些干部和教师，有一些还是领导干部和骨干教师，在谈到别人的发展或项目时，津津乐道，既感到羡慕又有些忌妒，就是不想自己也学着干或者发动身边的人一道干，总是感到自己不行或周围人不行。这种妄自菲薄的人在我们的同志们中间不在少数。有位院士说，我们学校的人太老实，胆子小，不敢干，更不敢闯，我也有同感。哈工大和北航之所以比我们发展得快，很重要的一条就是有一大批管理和学术骨干作风硬朗，敢想敢干，雷厉风行。他们看准了就干，很少犹犹豫豫，拖泥带水。因此，他们在抢抓机遇、争取项目方面，总是走在前面。

我校凡是发展得比较好的学院、学科、团队，也都有相似的敢想、敢干和善干的特点。比如，毛二可–龙腾团队、汪顺亭–付梦印团队，他们不仅谋划得好，而且干得也好。还有孙逢春、王富耻、吴峰、杨树兴、王涌天、陈杰、黄强、黄风雷、李艳秋、项昌乐、陶然、吴思亮、魏一鸣、孙克宁、邓玉林、盛新庆、胡长文、丁刚毅、胡昌振、崔平远、杨荣杰等团队也干得非常出色，年轻的像姜澜、庞思平、程灏波、许廷发、王兆华等也是大有希望的。在这里，特别想说的是，年轻学者程灏波教授，投入全部精力于专业知识的学习和学科发展的方向性探索，努力促成北京理工大学与香港中文大学两校之间的先进制造技术合作的新局面。这样的年轻人都能这样干，我们其他人为什么不可以？如果我们都能像他们那样干，学校的又好又快发展是大有希望的。所以，要强调，不仅要"坐而论道"，更要积极行动。因为，只说不练是假把式。

既要请进来，更要走出去；既要到国内外高校去，也要到国内外研究院所和企业中去。我们有一些学术骨干喜欢关起门来自己搞研究，不愿意和同行们进行学术交流，怕别人把自己的好想法和好主张学去，结果是越干越小，甚至脱离主流，被边缘化。其实，沟通和交流是知彼知己、取长补短，碰撞出新火花、引发新思考的重要方式。近几年，我和学校的有关领导不仅到国内外高校进行学习交流,还重点调研了兵器工业集团的一些研究院所和企业,先后带队去了东北的建成、哈一机、和平、建华等企业,云南的 211 所、061 基地等,西北的一机厂、二机厂、203 所、204 所、206 所等单位,江苏的 214 所以及北京的 218 厂、618 厂,感触很深。特别是前不久,我们带队去 201 所学习考察,他们的无人作战平台和月球车的研制水平让我感到震惊,也感到汗颜。我们想发展无人机动平台,人家研制的无人战车项目已经列入总装的科研计划,让我们刮目相看;我们研究车辆是有优势的,但是无人想到研究月球车,人家的 21 个自由度的月球车已经被列入研制的序列。更触动我们的是,201 所研究无人战车和月球车的合作伙伴是清华、浙大、上海交大和中科院,还有南理工,唯独没有我们。同志们想一想,原本不研究车的南理工也研究起无人战车和月球车来了,这可怕不可怕。因此,要提倡,我们不仅要请进来,更要主动走出去学习、交流、合作。这要成为一种常态。另外,今后,干部教师走出去也要尽量带上自己的学生,让他们也参观学习开眼界,这也是很好的育人方式和平台。还有,201 所的武器博物馆应成为我校育人的一个基地,希望有关部门和单位组织师生去参观学习。

2. 方式方法的创新

方式方法的创新,核心是与时俱进。学校发展日新月异,很多旧的方式方法已不能适应新的形势,这就要求我们与时俱进,不断创新工作方式方法。比如:既要考虑内部创新,又要联合外部资源。当前,我们的生源质量不断提升,但一些学生学习状态欠佳、身心不健康问题逐步凸显出来,特别是个别学生的极端行为,让家长担心,让我们揪心,让社会痛心。再完全依靠传统的辅导员、班主任队伍对学生进行"保姆式"管理已经不行了,需要创新工作方法。去年,学校积极推进成立"中国高等教育学会大学素质教育研究会",并提出了立体式、网络化素质教育的理念。这一理念,就是既要集合校内学生工作部门、教务工作部门、工会、团委、后勤部门、各基层党组织等各方面的力量,创新方式方法,实现全方位育人,又要联合家庭、中学、企业、政府、社会各界的力量来探讨共同育人新途径,达到立体式、网络化育人的目的。这一理论方法创新,引起了部分专家学者、同行们的强烈共鸣。下一步,我们就要以召开学校人才培养工作会为契机，发动全校师生员工一起来思考立体式、网络化育人理念的实现途径，并着力抓好落实。

既要有常规措施，更要有超常规做法。学校发展离不开高层次人才，近些年学校下了很大功夫，通过"千人计划"等多种途径引进了一批人才，但与兄弟高校相比还不够。要想吸引人才、引进人才，就需要创新方式方法，比如基层和机关职能部门联动起来简化进人手续等。另外，在面对困境时，也要不动摇、不懈怠，要抓住机遇大胆采取超常规的做法。现在引进人才的关键是要解决好他们的工作和生活条件，特别是住房问题。这也是在校青年教师的愿望。校党委已经下了很大决心在推进自建房屋的情况下，要组织团购一大批住房，为引进人才和改善年轻人住房问题做好工作。目前已有方案，有关部门正在抓紧推进。

既要参与竞争，更要协同合作。今年，教育部将实施《高等学校创新能力提升计划》（"2011计划"），其主题是"协同"，关键是合作。我们一定要抓住这个大好机遇，通过协同合作，大力创新提升，快速提高竞争力和影响力。一要抓好校内协同创新。整合优势资源，促进交叉融合，占据前沿阵地。比如，我校新成立的火炸药研究院、节能与新能源汽车研究院、地面无人机动系统研究院和纳米中心等。二要抓好与外部的协同创新。不仅要与兄弟院校协同，还要与大型军工集团、公司企业协同。三要抓好国际协同创新。比如，管理学院与美国佐治亚理工学院公共政策学院、英国曼彻斯特大学创新研究所共同创办"技术创新联合实验室"，非常好，值得大家学习。

3. 体制机制的创新

体制机制的创新，核心是有利于事业的发展，关键是实事求是、敢于试验。高校的发展没有一成不变的模式，我们的改革也没有现成模式可以照抄照搬，要靠我们大胆地试。

既要学习先进，又要因地制宜。前几年，为进一步强化学术权力，发挥教授在学术发展中的作用，经过校内外充分调研、论证，我们成立了学部。但并未照搬别人的经验，而是将学部委员会设计为发挥学者的作用、推动学术发展的学术机构，更加注重突出"学者"的作用和"学术"的地位，形成了具有我校特色的学部制度。为进一步推动科技成果转化和产学研合作，我们带队到中南大学、同济大学、哈工大、西工大等高校调研学科性公司有关经验，并在认真分析我校资源情况和学科特色基础上，制定了《北京理工大学学科性公司管理办法（暂行）》。之后，才启动了试点工作。我们正是由于充分结合了自身特点，所以才实现了雷科公司的成功运行。这一举措不仅促进了产学研工作，还极大调动了学院、学科组、教师的积极性，对于科研工作、学科建设及人才培养都起到了很大的促进作用。

既要积极改革，又要分类实施。去年我们出台的《职员制实施暂行办法》，是结合学校发展实际，推进教职工分类管理、分类晋升的机制上的设计。今年下半年，要启动职员制改革试点工作，充分激发广大教职工的工作积极性，让他们在创建一流事业中实现个人的最大发展，不断增强其成就感和归属感。但是，在推进改革的过程中，也不能一刀切，要充分考虑到不同学院、不同学科、不同人群的特点和需求。比如，在条件比较成熟的学院，是否可以逐步下放学院内部机构的设置权，使学院根据自身实际自主设置内部机构；在学术职务聘任方面，是否可以进一步放宽博导评聘限制，为优秀年轻教师成长创造条件；等等。

既要谋求行政工作创新，又要思考党建工作创新。一说到体制机制创新，我们往往会想到机关、学院、系所等行政体系的创新，比较容易忽视党建工作的创新。其实，在当前社会经济形势快速变化的情况下，党建工作的创新显得尤为重要。比如，我校保卫处党支部和离退休教职工党委面对保安教育问题和老同志生活困难问题，创新党建工作方式，联合成立了"'北理同心'党建工作室"，既解决了年轻保安的思想教育问题，也使离退休老同志得到了年轻人的照顾，实现了"双赢"。面对目前学校党员队伍不断壮大的情况，我们是否也可以探索在党员人数较多的基层单位党委下建立党总支；面对学校党建工作"局部亮点频现、整体推进不足"的特点，是否可以考虑将多个相关单位和部门集合起来，在职能相近的情况下，建立党的专业工作委员会，形成合力，推动工作。

三、弘扬正气，打造精神

俗话说，人活一口气。这"气"，其实就是一种精神，是正气。人活着，没有精神头不行。一所大学,没有一种正气牵引着也不行。所以,无论是干部还是教师,都要有一种正气来引领,否则就容易偏离方向,不仅误事,还要误人。下面结合三项工作来谈谈。

1. 干部换届工作

按照学校发展形势及干部管理有关要求,党委决定在上半年进行处级领导班子换届工作。主要做好三点。一是要全面贯彻《党政领导干部选拔任用工作条例》等上级有关政策及学校党委有关制度要求。二是"不求全责备",树立正确的用人导向。对那些敢担当、有思路、想干事、能干成事的干部重点任用;对那些只发牢骚、不干事,甚至阻碍干事的干部坚决不用。三是本次换届以队伍稳定为主,调整补充为辅,重点是通过换届,换出新风貌、换出新气象、换出新思路、换出新干劲,为推动学校又快又好发展注入新的活力。

2. 党风廉政建设和工作作风问题

自学校党委提出"三服务"理念以来,这一观念已经深入人心,并在实际工作中得到了有效的贯彻执行,但同时,在一些干部、教师的身上,仍存在着按部就班有余,激情进取不足的作风,存在着重程序、守规矩、畏首畏尾的作风,不追求在最短时间内解决问题,导致工作拖延。今后,我们要进一步减少决策层次,简化工作程序,举全校之力破解难题。

3. 人的精神

人是需要一点精神的。在我们学校,有许许多多的领头人及其团队具有敢想敢干、求真务实、爱岗敬业的宝贵精神,这是学校发展的动力和基石。应该看到,这些精神在集体里,在工作中,处处有体现,归根到底,就是争一口气,把事业干好、把学校办好的一股精气神。今后,我们要不断学习、继承和发扬这股精神,有困难共同克服,有责任共同担当,用大爱之心,用内心高贵的品格和操守,共同推动学校事业的科学发展。

四、抓好党建，促进和谐

前面主要谈了如何发展的问题。而要又好又快发展，离不开党建工作的坚强保证，离不开广大师生特别是青年教师的觉悟提升，离不开教职工个人、家庭的和谐发展。

首要的一件事，就是以迎接党的十八大为契机，扎实做好党建工作。党的十八大，是我们党迈向科学发展新征程的重要时期召开的一次大会，是全党全国各族人民政治生活中的一件大事。全校各级党组织、党员、师生员工，都要增强政治意识、大局意识、责任意识，不信谣、不传谣，在思想、政治、行动上同党中央保持高度一致，以切实的措施推进学校党建工作向纵深发展。一要大力践行社会主义核心价值体系，激励师生员工牢固树立中国特色社会主义共同理想，始终坚持正确的政治方向。二要按照中央确定的"基层组织建设年"要求，深入总结创先争优"五个三比"活动取得的成绩和经验，思考和探索加强基层组织建设的有效途径。三要着力抓好思想文化阵地建设，加强正面宣传引导和学术管理，切断错误思想、有害信息的传播渠道，着力加强校园及周边治安综合治理，防范和排除影响校园稳定的因素，为党的十八大胜利召开营造良好氛围和环境。四要及时做好学习宣传贯彻党的十八大精神工作，把全校师生员工的思想认识行动统一到党的十八大精神上来，把力量凝聚到落实党的十八大确定的各项任务上来。

第二件事，要进一步抓好对青年教师的培养教育，不断提高他们的思想政治素质。去年，我牵头有关部门在全校范围内开展了基层党建调研工作。调研中，我们发现一些问题不可小视。比如，在回答"教职工思想上存在的主要问题"一题时，有一部分党员教师认为"价值观混乱，重利倾向较为严重""事业责任感不强""缺乏理想、得过且过"。调研显示，迫切需要在教职员工中加强思想政治教育、价值观教育和理想信念教育。近年来，随着学校事业的发展，青年教师不断增多。其中，从国外回来的青年教师越来越多，他们热爱祖国、钟情教育，其学术水平、业务能力都比较强，渴望在国内建功立业。但有些人由于在国外生活时间比较长，对祖国的基本国情和大政方针了解不够深入。因此，对他们在生活、工作和思想认识上要多关心、多帮助、多引导。我们一定要通过形式多样的培训加强对教职工特别是青年教师的思想政治教育，引导他们志存高远、潜心治学、倾心育人；要根据教工委印发的《北京高校学雷锋行动计划》，广泛开展学雷锋活动，倡导干部教师发扬奉献精神、敬业精神、创业精神、创新精神，大张旗鼓树立师德楷模、成才表率，引导广大师生成为弘扬雷锋精神的代言人、践行者。

第三件事，就是关心教职工个人的生活条件和身心健康。近年来，由于形势和任务的压力，我们提发展、提要求比较多，对教职工个人生活、身心健康的问题重视得不够。现在看来，这些方面要引起高度重视，要有切实的措施，要下功夫推进。比如，在房价持续高涨的情况下，教职工的住房困难问题日益凸显。那么我们就要创造条件，在国家政策允许的范围内尽力解决。北院的建设要加快推进，良乡校区团购房的机遇也要紧紧抓住，努力为教师们消除后顾之忧。随着教学、科研任务的逐渐增多，教师们的工作压力逐渐增加，再加上家庭、社会上的其他压力，教师的承受能力面临着极大挑战。我们各级党组织、校医院、工会、教师发展中心等单位高度重视这个现状，要采取有针对性的措施，让我们的教师能够愉快地工作、健康地生活。同时，我们还要关注、关心有困难的学生、教师、干部、工勤人员，特别是离退休老同志。我希望大家经常到老同志家中看看，给予关心、关注，提供力所能及的帮助，让他们能够舒心、快乐、和谐地度过晚年。

2012 年的工作依然艰巨，我们要坚定信心、积极谋划、大胆创新、和谐发展，不断提高破解难题、迎难而上的能力和水平，推动各项事业稳步上升，为建设世界一流大学筑牢基础，以更加优异的成绩迎接党的十八大胜利召开。

抢抓机遇，科学发展[①]

关于如何将党的十八大精神与我校实际结合，指导我校教育事业改革发展，特别是科学发展，有三个方面需要再次强调。

一、切实增强危机意识

关于增强危机意识，党的十八大报告在多处地方都作了强调。比如，报告指出："当前，世情、国情、党情继续发生深刻变化，我们面临的发展机遇和风险挑战前所未有。""必须清醒看到，我们工作中还存在许多不足，前进道路上还有不少困难和问题。主要是：发展中不平衡、不协调、不可持续问题依然突出，科技创新能力不强，产业结构不合理，农业基础依然薄弱，资源环境约束加剧，制约科学发展的体制机制障碍较多，深化改革开放和转变经济发展方式任务艰巨；城乡区域发展差距和居民收入分配差距依然较大；社会矛盾明显增多，教育、就业、社会保障、医疗、住房、生态环境、食品药品安全、社会治安、执法司法等关系群众切身利益的问题较多，部分群众生活比较困难；一些领域存在道德失范、诚信缺失现象；一些干部领导科学发展能力不强，一些基层党组织软弱涣散，少数党员干部理想信念动摇、宗旨意识淡薄，形式主义、官僚主义问题突出，奢侈浪费现象严重；一些领域消极腐败现象易发多发，反腐败斗争形势依然严峻。对这些困难和问题，我们必须高度重视，进一步认真加以解决。"

"全党必须牢记，只有植根人民、造福人民，党才能始终立于不败之地；只有居安思危、勇于进取，党才能始终走在时代前列。新形势下，党面临的执政考验、改革开放考验、市场经济考验、外部环境考验是长期的、复杂的、严峻的。精神懈怠危险、能力不足危险、脱离群众危险、消极腐败危险更加尖锐地摆在全

[①] 2012年11月19日在学习党的十八大精神座谈会上的发言摘录。

党面前。不断提高党的领导水平和执政水平、提高拒腐防变和抵御风险能力，是党巩固执政地位、实现执政使命必须解决好的重大课题。全党要增强紧迫感和责任感，牢牢把握加强党的执政能力建设、先进性和纯洁性建设这条主线，坚持解放思想、改革创新，坚持党要管党、全面从严治党，全面加强党的思想建设、组织建设、作风建设、反腐倡廉建设、制度建设，增强自我净化、自我完善、自我革新、自我提高能力，建设学习型、服务型、创新型的马克思主义执政党，确保党始终成为中国特色社会主义事业的坚强领导核心。"

"反对腐败、建设廉洁政治，是党一贯坚持的鲜明政治立场，是人民关注的重大政治问题。这个问题解决不好，就会对党造成致命伤害，甚至亡党亡国。反腐倡廉必须常抓不懈，拒腐防变必须警钟长鸣。"

应该说，报告中提到的上述问题，在我校也不同程度地存在。全校党员领导干部要深刻领会报告有关内容的精神，尤其要深刻领会报告指出的"四个考验"和"四个危险"，增强危机感和紧迫感，切实按照党中央的要求和部署，扎扎实实做好教育事业改革发展，为顺利解决这些问题和困难作出贡献。

近几年，学校发展很快，各项指标都有显著增长，校内外都给予了肯定。这让我们感到很受鼓舞，也感到自信、自豪。但是，正像习近平总书记在与记者见面会上所说的，"我们自豪而不自满，决不会躺在过去的功劳簿上"。我们还要找差距、找不足。比如，这几年我们的发展，我认为是追赶型的。有些工作已经到了极限，像国家奖项问题，已感到储备不足了。怎么办？需要我们去思考，下功夫去推进。

二、抢抓机遇

党的十八大报告指出，"综观国际国内大势，我国发展仍处于可以大有作为的重要战略机遇期。我们要准确判断重要战略机遇期内涵和条件的变化，全面把握机遇，沉着应对挑战，赢得主动，赢得优势，赢得未来，确保到二〇二〇年实现全面建成小康社会宏伟目标。"正如报告所言，我们的教育事业发展，也处于可以大有作为的重要战略机遇期。实际上，我们也可以从报告的具体阐述中，发现一些值得我们重视的机遇。

比如，报告指出，"要坚持教育优先发展，全面贯彻党的教育方针，坚持教育为社会主义现代化服务、为人民服务，把立德树人作为教育的根本任务，培养德智体美全面发展的社会主义建设者和接班人。全面实施素质教育，深化教育领域综合改革，着力提高教育质量，培养学生社会责任感、创新精神、实践能力。""推动高等教育内涵式发展，积极发展继续教育，完善终身教育体系，建设学习型社会。"这都表明了党和国家对教育事业的高度重视，表明了大力支持教育发展的坚定决心。这对我们高校来说，无疑是一个非常好的历史机遇。

比如，报告指出，"加紧完成机械化和信息化建设双重历史任务，力争到二〇二〇年基本实现机械化，信息化建设取得重大进展。""高度关注海洋、太空、网络空间安全，积极运筹和平时期军事力量运用，不断拓展和深化军事斗争准备，提高以打赢信息化条件下局部战争能力为核心的完成多样化军事任务能力。""坚定不移把信息化作为军队现代化建设发展方向，推动信息化建设加速发展。加强高新技术武器装备建设，加快全面建设现代后勤，培养大批高素质新型军事人才，深入开展信息化条件下军事训练，增强基于信息示范的体系作战能力。"这些论述充分表明了今后一个时期国家在国防和军队现代化建设上的工作重心，也为我们今后抢抓机遇，更好地服务国防现代化建设指明了方向。

还有，当前国家正在努力推进实施的"2011计划"和"高教30条"，都是非常好的机遇，我们一定要紧紧抓住，扎实做好。

三、科学发展

党的十八大报告里有27处提到"科学发展"，用较长的篇幅对科学发展观作了重要阐述。报告指出："总结十年奋斗历程，最重要的就是我们坚持以马克思列宁主义、毛泽东思想、邓小平理论、'三个代表'重要思想为指导，勇于推进实践基础上的理论创新，围绕坚持和发展中国特色社会主义提出一系列紧密相连、相互贯通的新思想、新观点、新论断，形成和贯彻了科学发展观。科学发展观是马克思主义同当代中国实际和时代特征相结合的产物，是马克思主义关于发展的世界观和方法论的集中体现，对新形势下实现什么样的发展、怎样发展等重大问题作出了新的科学回答，把我们对中国特色社会主义规律的认识提高到新的水平，开辟了当代中国马克思主义发展新境界。科学发展观是中国特色社会主义理论体系最新成果，是中国共产党集体智慧的结晶，是指导党和国家全部工作的强大思想武器。科学发展观同马克思列宁主义、毛泽东思想、邓小平理论、'三个代表'重要思想一道，是党必须长期坚持的指导思想。""全面建成小康社会，必须以更大的政治勇气和智慧，不失时机深化重要领域改革，坚决破除一切妨碍科学发展的思想观念和体制机制弊端，构建系统完备、科学规范、运行有效的制度体系，使各方面制度更加成熟更加定型。"

可见，科学发展观仍将是指导我们今后工作的重要纲领，是学校教育事业改革发展必须长期坚持的指导思想。一个时期以来，我校以科学发展观为指导，提出了一个育人目标、"两个瞄准""三服务"理念、"四个跳出"思想、"五句话"服务行为准则，并且在学校第十三次党代会上确立了"6+1"战略，等等。几年来的实践证明，这些理念是符合国情、校情的。所以，在今后的工作中，我们仍要坚持以此为指导，推动学校教育事业科学发展。

党的十八大报告内涵丰富、思想深刻，需要全校师生员工进一步仔细品读、深入领会。最近，学校党委将会专门发布文件，就学习贯彻好党的十八大精神作出部署。希望全校党员领导干部带头，与广大师生一道，主动开展学习研讨，把思想统一到十八大报告精神上来，把力量凝聚到实现十八大所确立的各项任务上来。希望我们的教师将学习与业务工作结合起来，以自身行动促进师德师风建设，以辛勤努力促进教育教学改革。希望我校的青年学生，积极响应党的号召，主动以社会主义核心价值体系武装自己，树立正确的世界观、人生观、价值观，为建设伟大祖国奉献力量。总之，全校师生员工都要以党的十八大精神指导自身学习、工作实践，全心全意为人才培养，一心一意谋科学发展，为早日全面建成小康社会和社会主义现代化国家做出不懈努力。

第一章　在解放思想和改革创新中寻求新的发展

凝聚共识，推动发展[①]

大家联系近半年来在网上和民间出现的对学校近年来发展建设的一些不切合实际的评价，谈了意见和看法，很有见地。

针对网上的这些评价，我们代表学校党委在两委会以及各基层党委书记、副书记和直属党支部主要负责人会议上讲了三点意见：一是我们欢迎大家提意见和建议，无论是师生员工，还是校友，谁提的意见我们都欢迎，好的建议我们都采纳；二是我们真心诚意地接受和采纳大家的意见和建议，并对存在的问题和不足进行认真的整改；三是我们不赞成用这样的方式提意见和建议。我们不怕"家丑"外扬，但是，那种不符合实际的评价，特别是那些既损害学校的声誉，又伤害很多人感情的不负责任的言论，我们是坚决反对的。

当然，从另外的角度看，我们也不要回避它，因为这些言论可以引发我们的反思。我认为，我们每一个北理工人都应该认真反思，也可以开展讨论。因为，这些评价和言论牵扯到近年来，特别是学校第十三次党代会以来，我们提出的发展理念、确定的发展目标、制定的发展战略、采取的政策措施等，是否符合北理工的实际，是否有利于学校的发展，是否还要继续坚持的问题。我们认为，"真理愈辩愈明"，有一些争论是好事，说明大家都非常关心北理工的发展建设。同时，这些争论，也让我们更加清醒地认识到，学校的发展还面临着严峻的形势，学校在发展过程中还存在一些问题和不足，从而激励我们更加努力地工作。我想借这个机会，谈谈看法，与大家交流，以谋求共识。

一、客观地评价近年来学校发展建设取得的成绩

如何客观地认识学校近年来的发展，如何正确评价学校近年来的进步，是我

[①] 2014年2月28日在学校工作会上的讲话摘录。

们首先要面对的问题。实践是唯一的检验标准。下面，我想用近年来学校取得的成绩来回答这个问题。近年来，特别是学校第十三次党代会以来，学校党委以科学发展观为指导，遵循教育发展规律，结合学校发展实际，积极探索，深化改革，凝聚全校师生员工的智慧，提出了一整套办学理念、发展目标和发展战略，也推行了一系列配套的政策措施，特别是动员和带领全校师生员工激情进取、真抓实干，取得了比较好的成效，主要体现在以下九个方面。

1. 学科实力进一步增强

2009年我们只有2个学科进入ESI排名，目前增加到5个，增长了1.5倍，数量与质量在工业和信息化部7所高校中位居第二。2008年以来，我们的一级学科博士点从11个增到22个，一级学科硕士点从23个增到38个，分别是原来的2倍和1.7倍；学校成为全国首批工程博士专业学位授权单位之一。在2013年公布的全国一级学科整体水平评估中，8个学科进入全国前10名，工科总体排名为第15名。

2. 师资水平不断提高

2008年以来，新增国家"千人计划"入选者16人，长江学者特聘教授从9人增加到22人，增长了1.4倍；国家杰出青年科学基金获得者从11人增加到20人，增长近1倍；"973计划"首席科学家从3人增加到13人，增长了3.3倍；教育部创新团队从2个增加到9个，增长了3.5倍。一批海外高水平大学博士毕业生加盟我校，青年教师队伍学院结构发生了巨大变化，呈现良好的发展势头。

3. 生源质量和培养质量不断攀升

2008年以来，学校理工科专业录取最低分（或投档分数）在80%以上的省份进入"985"高校前15强。理科录取平均分高于重点线100分的省份的比例逐年提高，2013年达到72%；硕士研究生生源中45.1%来自"985"高校，而2008年为40%，提高5个百分点，博士研究生生源中64%来自"985"高校。学校保持本科生就业率超过97%，研究生就业率超过98%，各项指标在全国重点高校中保持前列。学生创新创业活动取得进步，2013年第十三届全国"挑战杯"大学生课外学术科技作品竞赛团体总分位列第二，这是有史以来的最好成绩。研究生的培养质量也有了新提升，"全国百篇优秀博士学位论文"近几年我校也榜上有名，打破了多年挂零的尴尬局面。

4. 科研实力更加雄厚

2013年科研经费总投入20.51亿元，是2007年的3.2倍。2013年获批国家自然科学基金191项，获批经费1.47亿元，是2007年的9倍多，项目数量和经费数量均达到历史新高。2013年SCI收录论文数935篇，是2007年的2.6倍；2012年、2013年共获批两项创新研究群体项目，获得国家人文社科基金数持续位居部属高校第一；累计获得20项国家科学技术奖，创历史最高纪录。2013年获国家技术发明一等奖1项，实现零的突破。

5. 平台建设步伐加快

2008年以来，新增国家级科技平台4个，分别是冲击环境材料技术国家重点实验室、复杂系统智能控制与决策国家重点实验室、电动车辆工程实验室和国家阻燃材料工程技术研究中心，省部级科技平台从11个增加到33个，增长了2倍，其中包括北京市首个北京实验室——新能源汽车北京实验室，新增国家级教学中心2个，省部级实验教学中心8个。

6. 国际交流更加深入

海外合作院校规模由2007年分布在37个国家和地区的113所，发展到目前遍及六大洲57个国家和地区的200余所。本科生国际交流项目参加人数分别是2007年的5倍和4倍多；研究生派出人次是2007年的4倍多。

7. 体制机制改革力度加大

我们为加强大学生素质教育，成立了基础教育学院；为加强科学研究，成立了科学技术研究院；为发挥学术骨干的作用，建立了学部制度；为加强理科建设，成立了数、理、化三个学院；为推进学科交叉融合，先后成立了火炸药研究院、新能源汽车研究院、地面无人系统研究院、两化融合发展研究院等研究单位；为落实和扩大基层单位自主权，在物理学院开展职称评定试点工作；为加强拔尖创新人才培养，推出"明精计划"；等等。

8. 基础条件建设取得比较大的进展

中关村校区2万多平方米的信息实验楼去年已经投入使用；23.8万平方米的国防科技园楼群，已经初具规模，今年8月前将全部结构封顶，明年将投入使用，为学校下一步发展提供有力保障；2万多平方米的机电工程实验楼也已经开始启动建设。良乡校区的工业生态楼已经可以投入使用。还有，让兄弟学校羡慕的是良乡校区1252套团购住宅楼，本学期末将交付住户。

9. 党建和思想政治工作取得新成绩

我们结合学校实际情况，提出"围绕中心抓党建，抓好党建促发展"和"在改革中完善，在创新中发展"的党建思路，"德育答辩"和"党群零距离"等一批党建品牌活动项目的内涵进一步深化，创新了活动载体，如，"德育小导师"、"党建工作室"、"五个三比"，以及"德学理工"等活动。同时，我们加大了校园文化建设的力度，确定了校训、校风和学风；提出了"三服务"理念、"四句话"的育人目标和"五句话"服务行为规范；建设了校史馆和徐特立纪念馆，并竖立了钱学森塑像等校园文化实物景观；出版了部分学科专业史，使北京理工大学精神文化体系逐步完善，学校的优秀历史文化传统得到进一步继承和弘扬。2012年学校获得北京市高校先进党组织称号。

以上九个方面的数据和实例展现出的成绩让我们为之欣喜，而那些数据之外的变化——广大干部和教师的思想观念在转变、激情进取的劲头在不断提升、干事创业的思路越来越开阔、真抓实干的作风不断增强等转变更让我们为之振奋。

总体来说，学校近年来取得的成绩是实实在在的，各方面的评价也是不错的，国内外声誉和社会影响力也在不断提升。学校于2012年首次进入英国教育咨询公司QS世界大学排名"亚洲100强"和"世界500强"，在入选的19所内地高校中并列第 13 位，在工业和信息化部高校中排名第二。

近年来，一些来校检查指导工作的领导同志，一些兄弟单位的同人，也包括我们的一些校友，都对学校发展建设给予了充分肯定，都认为，近年来学校的发展建设变化是非常大的，特别是学校在内涵建设上有了质的飞跃。虽然他们的评价有客气的成分，有鼓励的因素，但他们对我们的主张、做法和成就给予了充分的肯定。分析学校所取得这些成绩的原因，主要有两方面：一方面既得益于中央和上级组织，以及兄弟单位、广大校友和社会各界的关心、支持和帮助，也得益于学校历届领导班子带领全校师生员工艰苦奋斗给我们打下了良好的发展基础；另一方面是近年来，特别是学校第十三次党代会以来，领导班子审时度势，在继承和发扬传统的同时，提出新的办学理念、新的奋斗目标、新的发展战略，采取了新的政策措施，并带领全校广大党员干部和师生员工改革开放、激情进取、努力奋斗。

二、系统地回顾学校近年来的办学探索和实践

"以史为鉴，可以知兴替"。我们回顾一下学校近年来的发展历程。2008 年初，我回到北京理工大学做党委书记工作时就感到担子很重，心里有如履薄冰之感，不敢有丝毫懈怠之念，全身心地投入工作。我和校长及领导班子同志一道，坚持"边调查研究、边思考总结、边推动落实"，注重在理念上引领大家解放思想、更新观念，注重在政策措施上向基层一线和学术骨干倾斜，注重在内涵建设上下功夫，鼓励师生员工激情进取、大胆探索，推动学校科学发展。

我们认识到大学的第一要务是育人，必须坚持以人才培养为根本任务。我们结合学校实际情况提出了具体的育人目标，即培养具有"高远的理想、精深的学术、强健的体魄、恬美的心境"，具有创新精神、实践能力和社会责任感的社会主义事业的合格建设者和接班人。同时，在育人的具体实践中，我们按照教学和管理"一体化"思路，强化教务部门和学生管理部门主动合作，为提高本科生培养质量搭建良好的平台。我们提出了立体式、网络化教育的理念，倡导集合校内外各方面力量共同育人。我们强调，要让学生快乐地学习、健康地成长、多样化

成才，积极支持和推动学生创新创业活动。我们强调教学改革，选择武器、信息、航天三类学科和专业作为试点，探索"本硕博贯通培养模式"，培养未来国防科技领军人才。

我们认识到教师是学校发展建设的主力军，必须突出教师的主体地位，发挥教授治学作用。我们按照这个思路，采取了一系列政策措施，调动教师的积极性。比如，在岗位津贴调整和发放中，我们强调向学术骨干倾斜，正职校领导低于院士，副职校领导低于"长江""杰青"。为解决教职工的住房困难，我们积极争取与上级及有关单位联系并筹措资金，在良乡校区附近团购住房，在具体选购时，一视同仁，校领导与教师一起参加摇号排队。为解决教师的教学、科研和办公用房紧张问题，我们把主楼、后勤办公楼、老一号楼和出版楼都腾出来用于教学科研。同时，为强化学术权力，发挥教授作用，我们成立了以学术骨干为主体的学部，将学科和学术建设方案、有关激励政策的制定和把关交给学部。实践证明，效果比较好，初步形成了具有我校特色的学部制度。

我们认识到学校是学术文化单位，必须克服行政化和官本位思想。为此，我们宣传了"食堂理论"，创造性地提出了"干部为教师服务，教师为学生服务，全校为人才培养服务"的"三服务"工作理念，强调"教书育人、管理育人、服务育人"，要求干部"以服务的心态搞好管理"，要求机关工作人员养成"起身迎送，把话听完，意见明确，抓紧办理，必有回音"的工作习惯和修养。在实际工作和生活中，我们减少应酬、减少会议，挤出更多的时间到教师和同学们中间去，座谈交流，帮助解决实际问题，并和教职工一起在食堂就餐，不搞特殊化。我们还经常带着有关教授和基层同志到有关部委、军兵种和军工集团及所属单位去推进合作工作。

我们认识到大学要开放发展，必须突破传统思维观念的束缚。我们提出了"四个跳出"的理念，即"跳出北理工看北理工""跳出兵器看兵器""跳出军工看全国""跳出国门看世界"；提出了"两个瞄准"，即"始终瞄准世界科技教育发展前沿，始终瞄准国家重大战略需求"；提出了"三个走进"的观念，即"走进国际科技教育前沿、走进国家经济社会主战场、走进基层和群众"；提出了"强地、扬信、拓天"的特色发展思路等，力求不断攀登科技教育高峰，不断创造出更多高水平科研成果，不断培养出更多拔尖创新人才，为推动经济社会发展和国防现代化提供支持。

我们认识到发展要有新突破，必须在体制机制改革上下功夫。我们针对制约学校发展的关键问题，大力推动体制机制创新。按照理工并重、工理管文协调发展的思路，调整学院建制；为进一步服务基层教师，调整部分机关职能，组建教学促进与教师发展中心；为提高设备和场地利用率，整合资源组建纳米中心等公共实验平台；为方便学生的学习和生活，组建学生事务服务中心；面向校内外招聘学院院长，引进了一批管理能力强、学术水平高的管理骨干和学术骨干；为促进学科交叉和协同创新，组建不同学科、不同学院组成的研究院或研究中心；为推动科技成果转化和产学研合作及创新创业人才培养，探索试点学科性公司；为调动基层单位的积极性，开展职称改革试点；等等。这些创新措施的出台，极大地推动了学校的发展。

我们认识到党的建设是学校发展的有力保障，必须"在改革中完善，在创新中发展"，把"围绕中心抓党建，抓好党建促发展"落到实处。具体实践中，书记和校长紧密配合，积极推进学校"6+1"发展战略的贯彻落实，坚决防止党建和中心工作"两张皮"问题的出现。同时，为落实党委领导下的校长负责制，总结多年来党建工作经验，组织制定了党委常委会、校长办公会和党群工作会的会议制度，有力地推动了学校领导制度建设。同时，在党建工作中注意与时俱进、推陈出新。不断深化德育答辩工作，总结推广了"德育小导师"活动成功经验，进一步完善了德育答辩工作体系。深入总结学校"党群零距离"活动，进一步提出了"五个三比"的具体措施，做到党建活动的分层次、全覆盖。

我们认识到学校要稳定快速发展，必须调动各方面的积极性和创造性。为激发党员领导干部工作的热情，我们创造环境、条件和机遇，让他们到更加广阔的岗位上去锻炼。近年来，我们先后把8位同志输送到国家部委和北京市机关及高校等单位局级岗位任职，把24位同志输送到国家机关和北京市有关单位处级岗位任职，既发挥了他们的特长，也为学校管理干部的发展拓展了空间；我们推出"职员制"改革，让一些长期没能获得发展或者发展受到局限的干部有了发展空间；为稳定辅导员队伍，我们出台了专职学生干部职务晋升的机制，为他们的发展提供了平台。为了发挥民主党派和党外人士在学校发展建设中的作用，近年来，我们加大了民主党派建设的力度，使民主党派成员有了较大的发展，组织有了成倍的增长，同时我们还安排有关人士到校外领导岗位上挂职，调动他们工作的积极性和创造性。

我们认识到一流的大学要有一流的文化，必须继承和发扬传统并与时俱进。我们认真学习研究了学校70多年的发展历史，对各个重要发展时期的特点进行了分析、研究，特别是对学校的办学理念、传统、精神进行了思考，对学校的学科专业史进行了调研。组织校训、校风、学风的研讨和认定工作；组织学科专业史编撰和出版工作；组织开展校史研究，建成了校史馆、徐特立纪念馆，并竖立了钱学森塑像等，比较好地展示了学校70多年办学历程的全貌。为增强学校的学术文化氛围，我们已经连续六年成功举办"科技工作茶话会"，增强了科研与学术氛围，大大地激发了各学院党员干部和教师投入科研与学术的热情。

以上"八个认识、八个必须"，是我们近年来对办好北京理工大学的认识和体会，也是我们近年来办学实践的总结。通过对学校近年来的办学探索和实践的系统回顾，让大家客观、全面地了解我们对办好一所大学的认识和实践，使大家进一步统一思想，进一步增强建设世界一流理工大学的信心。

三、实事求是地看待学校发展中存在的问题和不足

虽然学校近年来取得了很好的成绩，但是在改革和发展过程中难免还存在一些问题和不足，明其病理才能对症下药。我们要充分认识和明白产生这些问题和不足的原因。只有把好脉，找出影响学校发展的症结所在，才能用对药，推动学校又好又快地发展。查找问题和不足的方法有很多种，我赞成像"万言书"和"呼吁书"中提到的，可以与北航和哈工大等兄弟高校作比较，有比较才有鉴别，才能引起我们的反思。我曾先后在北航、北理工、哈工大工作过，对这三所学校较为了解，到北理工后，也一直关注北航、哈工大的发展。因此，与这些学校比较，我有一些体会，可以与大家进行交流。

实事求是地讲，北航、哈工大、北理工三所学校各有所长，也各有所短。但

是，就综合实力来讲，我认为北理工与北航和哈工大比，还是存在差距的，而且在某些关键性指标上的差距还是很大的，例如学科建设、科研获奖和师资队伍建设等方面。

先拿北航来比较。俗话说，"冰冻三尺，非一日之寒"。记得2002年我在北理工工作时，曾经参加过一个调查，主要是在我校干部教师中了解学校工作存在哪些问题和不足。调查中，因为北航和北理工两校刚刚同台汇报完"211工程"建设项目完成的情况，很多教师和干部不约而同地拿北理工与北航作比较，认为我们存在差距，特别是在人才队伍、学科建设、科学研究和科研产出方面的差距就更大一些。当时没有量化指标，这里拿2007年的数据作比较，也可以说明问题。首先，看国家重点学科，2007年，北航有8个重点学科，我们只有4个，北航是我们的2倍。其次，看科研获奖情况，2000年以来，北航几乎平均每两年至少有一个国家一等奖，到目前已有9个。而我校是1992年1个，今年年初的1个，总共有2个，北航是我们的4.5倍。最后，看师资队伍，2007年，长江学者，北航是20个，北理工是10个，北航是我们的2倍；"杰青"，北航是20个，北理工是5个，北航是我们的4倍。还有，同年毕业于同一学科领域并留校工作的中青年教授，北航的教授已经入选院士了，而我们的教授才刚刚当上长江特聘教授或"杰青"不久。

上面说了我们与北航相比的一些有形的、可以量化的差距，我以为更重要的是那些看似无形的差距，更应当引起我们的重视。比如，在办学理念上的差距、学校文化氛围上的差距、政策措施拿捏上的差距。

近年来，北航的同志说起北航的发展都情不自禁地谈起当年沈（士团）校长的贡献。我和沈校长在一个班子里共过事，比较了解他的特点，并从他的身上学到了很多好的办学理念和工作经验。我总结沈校长治学理校的特点是"学术中心，教授本位，二八率导向"："学术中心"是指学校的所有工作都围绕学术和学科转，都为其保驾护航；"教授本位"，沈校长曾说过"要培养一个好的教授很难，应该给他们比较好的待遇和保障"；"二八率导向"是指要把有限的资源重点投给20%的学术骨干。

在一些人看来，沈校长的这些主张不全面，甚至有些偏颇。但是，正是当年沈校长的主张和坚持，为北航的后续发展奠定了人才基础。在北航，年轻的学者都比较安心在教学科研岗位上工作，争取当教授做学问。近年来，获得国家一等奖、当院士的中青年学术骨干，都是当年沈校长关心、支持和帮助的重点人物。回想起来，也很不容易，当年，沈校长的这些主张与坚持并不是被所有人理解和接受的，甚至遭到一些人的强烈反对，曾有人往他家的门锁孔里灌胶水，还有人往走夜路回家的沈校长身上倒茶水。可见冲破传统观念和做法是需要付出代价，也需要很大的勇气和担当的。

再看看哈工大的情况。要说在重点学科、师资力量和科研获奖等指标方面，我们与哈工大比较，差得就更多一些。这里就不赘述了，主要看其特点。哈工大的特点是"服务为本，执着敬业，支持干事"。

"服务为本"，体现在历届校长、书记，特别是杨（士勤）校长和吴（林）书记，人们号称"吴杨时代"。他们带头为学术骨干服务，做到对于学术骨干的事是随叫随到。实质上，他们本人都是学术大家，特别是吴书记，他是我国焊接领域的著名专家，但是，为教授服务他们从来没二话。

"执着敬业"，在哈工大，教授们都有一股干事业的拼搏劲头，很多学术骨干几乎常年泡在实验室，而且绝大部分教授都执行着"5+2"和白加黑的作息时间表。人们都说，每一个与哈工大相关学科的科研学术会议上都有哈工大教授参与。为了跑项目，由哈尔滨通往北京的几乎每一列火车上、每一架飞机上都有哈工大教授的身影。这和领导带头干有很大关系，老张副校长为争取航天总公司机关的支持，出差去北京每天到机关上班，分担事务性工作。另一位老强副校长为给学校争取科研任务，经常坐在航天总公司机关干部家楼下蹲点堵人。他们的做法让机关的同志感动不已，不能不支持他们的工作。

"支持干事"，在哈工大，只要是干事创业都会得到领导的支持。有一位何教授当年都六十几岁了还牵头创建了一个新的学科方向——空间环境科学方向，那是在杨校长的亲自支持和帮助下完成的。谭教授是一个颇受争议的学者，但是他的执着敬业精神让人佩服，学校为了支持他的科研，配给他的团队一栋楼做实验室，他和他的团队不负众望，前几年获得了国家技术发明一等奖。去年底，获得国防科技发明特等奖的马教授和夫人谭教授，当年为解决实验用房也面临着极大的困难,虽然出现了"老婆夫妻店"等说法和议论,但学校认为他们的项目是个有前途的项目,下决心顶住压力给予支持,在动物园试验区给了他们很大的实验室面积。已经退休的老教授写书、讲课、指导研究生不在少数,我比较熟悉的一位85岁的老教授寒假前打电话告诉我,他才送走最后一名博士生。

以上讲的北航和哈工大的特点,是我个人对这些学校特色的理解,主观因素偏多,不一定全面,但都是我亲眼所见、亲身经历或亲耳所闻,今天讲出来同大家交流,也供大家参考。

由此也可以看出,一所好大学之所以能走在其他大学的前面,很重要的原因就是他们在对大学精神的理解和办学理念的凝练方面,在校园学术文化氛围营造方面,在有利于学术骨干发展政策制定方面,在保持脚踏实地的作风和激情进取的劲头等方面,特色是鲜明的,成效是显著的。

而相比之下,尽管近年来我们在不断调整,也有了很大的进步,但是还存在差距,还要解放思想,还要激情进取,还要改革开放。

四、以改革创新精神推动学校又好又快发展

"穷则变,变则通,通则久。"发展遇到了问题,问题分析透彻了,就要直面问题,采取改革的措施,使发展更加顺畅。改革本身是一个不断整合各种思想观念、调整各种利益关系的过程,矛盾是必然存在的,而且将会贯穿发展的全过程。"改革是由问题倒逼而产生,又在不断解决问题中而深化",因此要解决这些矛盾和问题,唯一的出路和选择仍然是改革。

改什么?怎么改?首先要明确大学的改革观。我认为有什么样的大学本质观,就有什么样的大学改革观,以及由此而形成的大学改革的理论、政策和策略。从大学的性质来看,大学是学术单位,文化单位,不是行政部门;从大学的功能角度上来看,大学的第一要务是育人;从大学运行管理的角度来看,大学的本质是学术本位。因此,大学的改革应以转变工作作风为前提,以人才培养为核心,以强调大学的学术为本位,以实施综合改革为切入点。

1. 改革首先要解决"四风"问题，突出领导带头、立行立改

去年下半年开展的党的群众路线教育实践活动，取得很好的效果。上学期末，我们召开了教育实践活动总结会，制订了整改方案，也提出了一系列的整改措施。俗话说，"一分部署、九分落实"。我们一定要履行好我们对师生所作的庄严承诺，学校领导班子和党员领导干部，特别是主要领导，要率先垂范，切实履行好第一责任人的职责，以高度负责的态度，投入足够的时间、精力，带头把整改落实抓紧抓好，亲自谋划部署，亲自跟进督办，亲自制定整改"路线图"，坚决按照时间节点，真正把整改责任扛在肩上、落在实处，给师生员工一份满意的答卷。这里还要强调的是，我们一定要从只重说得好听、写得好看，不重实践、不重落实的思想作风中解放出来。要从只向上负责、只为领导负责的"官本位"思维定式中解放出来。特别是，我们有一些干部还是习惯看领导眼色行事。比如，有些人，在办事前先揣摩领导是什么意图，办事中要观察领导是什么举动，办完事要看领导是什么态度，总结时要求领导表扬或提到自己，完全是一种"唯上是从"的劲头。一定要引导党员干部以服务的心态做好管理工作，切实做到"心向基层想、眼朝基层看、腿往基层跑、事为基层办"，用实实在在的行动摒弃"四风"的影响。

2. 改革要强化育人理念，把培养人才作为学校的首要任务

思想观念的转变是强化大学育人作用的基础和前提。近年来，我们着力在这方面大力推进，提出了"四句话"的育人目标，提出了"三服务"的理念，这些工作都是在引导广大领导干部和教职员工解放思想、更新观念、大胆探索、推动学校在人才培养上有新的发展。通过努力，取得了比较好的效果。因此，下一步我们还要继续坚持并深化"四句话"的育人目标和"三服务"的理念，还要继续解放思想，从满足现状、自我感觉良好的思想状态中解放出来，要引导教师把主要精力放在不断深化和创新人才培养模式上，在科研和社会服务工作中，不断提炼新知识、新理念并融入日常教学中，为学生成长成才服务；要引导干部真心实意地关心教师、关爱学生，为教师和学生搞好服务，使所制定的各项政策、采取的各种改革措施都要坚持以立德树人和学生多样化成才为目标，为培养具有强烈

的社会责任感、创新精神和实践能力的高层次人才而努力工作。

3. 改革要简政放权,突出大学的学术本位

大学是学术性组织,学术权力是大学的核心,树立"学术本位"是大学管理的基本原则。综观国内外一流大学,都是"小机关、大学院"。学院才是学校教学与科研的实体。要通过进一步简政放权,促进管理重心下移,让学院等基层单位充满活力。简政放权、重心下移,既是一种办学理念的更新,也是一种管理方式的改革。要把简政放权作为改革的大方向,进一步理清学校机关与学院等基层单位之间的关系。学校机关的主要工作是宏观调控和搞好服务,具体在以下三个方面多做工作:一是多走进基层、多走近师生员工,多了解实际情况,把政策制定好,把指标分配好,把资源调剂好,把质量监控好;二是在日常工作中多帮助学院师生等基层单位同志解决一些实际问题;三是多走出校门,多走进上级部门,多走入兄弟单位,帮助学院等基层单位争取更多的政策支持和资源投入。通过进一步降低管理重心,进一步简政放权,进一步服务师生,调整管理跨度,规范管理行为,从而调动和发挥学院等基层单位的积极性和主动性,让学院等基层单位成为自主发展、自主负责的办学主体。

(1)稳步扩大职称评审试点范围

学校将物理学院作为职称评定试点学院,开展了以校内外同行评价为主的职称评定试点工作,取得了很好的效果。下一步,要扩大试点范围,选择有条件、积极性高的学院,稳步推广。下放权力的同时,还要将配套的保障条件下放到学院,保证有责有权有保障。这样学院的积极性才能得到保证,学院改革的效果才能凸显。

(2)加大基层考核和岗位津贴发放权

近年来,学校已经逐步下放了干部、教师和工勤人员的年度考核权和部分岗位津贴发放权,使考核和津贴发放更符合实际,更有成效。下一步还要继续加大岗位津贴发放与基层考核结果挂钩的比例,以防止"大锅饭"问题出现。

(3)探索下放经费统筹使用权

下移管理重心也应当考虑下放财务统筹权。建议各部门分配到学院的钱,学

院能有一定的统筹支配权。学校财务部门要会同有关部门一道，开展调研，想办法，让有需求的学院能有一定的统筹使用经费，以便集小钱办大事。还要探索在有条件的单位，例如继续教育学院，试行两级财务管理体制，通过预算制管理，通过派驻财务人员等办法，由学院自主"理财"，进而推动其更好更快地发展。

4. 改革要统筹兼顾，突出"6+1"发展战略的协同和互动

近年来，我们推动实施"6+1"发展战略，取得了很大的成绩，但是也还存在一些问题和不足，主要是缺乏"6+1"发展战略的协同和互动，更多的是单兵独进，在某些方面进行恶补，在某个方向或某个领域弥补学校发展的短板，尚未形成整体协同推进的局面。下一步要实现学校又好又快地发展，就要统筹考虑，以科学发展观为指导，更加注重改革的系统性、整体性、协同性，特别是强化"6+1"发展战略的协同和互动。

在学科建设上，要加强理工融合、多学科交叉，不断拓展传统学科新内涵。这里特别强调一下，要重视加强理科建设，加强理工交叉与融合。要咬住理科发展、理工融合不放松，逐步形成理科支撑工科提炼和解决科学问题、工科支持理科特色发展的格局。发展理科、实现理工交叉融合，不仅仅是数理化等学院的事情，也是所有工科学院的事情，要统筹考虑，在人才培养、师资队伍建设、平台建设、资源投入上给予倾斜。同时，还要拓展传统学科的新内涵。学校的兵器、光电、车辆、信息、电子等传统学科建设，要打破行业、地域、军兵种等局限，应充分发挥拥有传统优势学科话语权的优势，加强内涵建设，以开放的心态，在提升内涵的基础上，拓展学科外延。

在队伍建设上，数量和质量都要上去，要用特殊办法，舍得花大价钱，培养和引进高层次学术人才，尤其是要在青年高端学术人才培养和引进上发力，为实现"大师云集"奠定基础；要在团队建设上下功夫，实践证明，冲击国际科技教育前沿领域，完成国家重大需求任务，单兵作战几乎是不可能的，必须发挥团队的作用，必须加大团队建设的力度。干部队伍建设，要改革和完善干部选拔方式，要不唯票、不唯分、不唯资历选拔任用干部，要从严管理干部，实现素质能力双提升，为形成"战将成群"的局面奠定基础。同时，在人的精神面貌方面的激励还要加强,要使干部更加勇于担当,要使教师更加勇于创新。在人才培养上,我们既要继续扩大大类招生范围,鼓励学生多样化成才,加大学生转专业分流的力度;又要落实学校的育人目标,使学校的育人目标与学生德智体美全面发展的需求相吻合。德和智是大家容易关注的,但是体美容易忽视,我们要强化体育课和课外锻炼,改进美育教学,提高学生审美和人文素养,使得学生身心健康、体魄强健。作为研究型大学,学校应注重培养科学研究型人才,还要进行课程体系改革创新,尝试开展研究型课程的教学,在课程设置上应该突出基础课和专业基础课,同时,要鼓励学生积极参加创新实践活动,实现学生课内和课外相结合、相促进,进而提高学生的科学素养和实践动手能力。

在科学研究上,基础研究与应用研究要并重,质和量都要关注,量不能掉下来,质要下功夫跟上去,"质""量"要齐飞。要在科学问题的研究方面、在技术创新方面下功夫,在探索和预研方面下功夫。去年,学校在国家技术发明一等奖方面有了突破,今后还要以国家科技奖项为牵引,积极做好培育,争取在国家级奖项方面的新突破;"2011"协同创新更不能落后,要举全校之力大力推进;还要加强平台建设,特别是国家重点实验室建设,"铁打的营盘,流水的兵",我们应加大资金支持、人力投入等,以国家重点实验室建设为重点,推动重点实验室建设。

在国际化建设上,要加大推进力度,做好政策引导,逐步形成教师国际化、学生国际化、管理国际化、教材及教学模式国际化相互促进并协调发展的局面,特别是教师的国际化,要加大我们的教师和国际学者交流的力度,要鼓励教师在国际一流的学术组织、学术期刊等任职,要与国际一流的专家学者进行合作研究、合作培养人才;要加强与国际一流大学的合作,利用现有资源,创办国际合作大学或者学院。

在体制机制创新上,要加强机制改革,简政放权。回顾近年来在体制机制上的改革,体制改革要快一些。我们建立了一些交叉研究平台,比如,火炸药研究院等;我们组建了一些服务平台,比如教学促进与教师发展中心等;我们成立了一些科技成果转化平台,比如,学科性公司等。而在运行机制的改革上还尚显不足,下一步还要在这方面发力。另外,我们经常强调学校机关要把管理中心下移,要简政放权,但是也要考虑,放权不能只下放干事权,而不下放条件保障权,那也不能调动学院等基层单位的积极性和创造性。

在党建和思想政治工作上,还是要把"在改革中完善,在创新中发展"和把"围绕中心抓党建,抓好党建促发展"落到实处,并将其作为学校党建和思想政治工作的指导思想。还是要把进一步提高学校党建和思想政治工作水平和工作质量,作为今年和今后一段时间的中心任务。今年党建和思想政治工作,除了做好日常工作之外,还要把学习贯彻党的十八届三中全会精神和习近平总书记一系列重要讲话精神作为工作重点。同时,结合学校党建和思想政治工作的实际,筹备召开"党建和思想政治工作会",系统梳理和总结学校近几年党建工作取得的成绩、存在的问题和不足,提出今年和今后一段时间学校党建和思想政治工作的总体思路和具体任务,进而为提高学校党建和思想政治工作的水平和质量奠定良好的基础。

在资源利用和建设上,要想尽办法,做好资源的统筹协调,提高资源使用率。目前看,学校的办学资源,既存在短缺的问题,又存在利用率不高的问题。因此,一方面,要做好现有资源的优化利用工作,要通过行政和经济的办法,提高中关村和良乡校区以及西山实验区资源的利用率。同时,也要考虑,把珠海校区和秦皇岛分校等资源使用好。另一方面,要加大基础建设力度。中关村校区的容量已经饱和,只能是拆旧建新了。今后要以良乡校区建设为重点,加大推进力度。总之,要采用非常手段、非常办法,切实解决因资源紧张影响学校发展这个瓶颈问题。

实践一再证明,要克服当前的困难,要有大的发展,必须从观念、思路、政策上进行改革。改革"只有进行时,没有完成时"。我们要坚定道路自信、理论自信、制度自信、文化自信,凝聚共识、推动发展,用改革的办法来解决发展中的矛盾和问题,为推进学校又好又快发展,为实现建设世界一流理工大学的目标而努力奋斗!

第二章 高素质人才培养是学校的核心任务和根本职责

人才培养是学校的根本任务。要大力推进教育改革，全面实施素质教育，构建"立体型、联动化、交互式"的素质教育体系，紧紧围绕"高远的理想、精深的学术、强健的体魄、恬美的心境"的育人目标，促进学生全面成长成才，为中国特色社会主义事业培养合格的建设者和可靠的接班人。

第二章　高素质人才培养是学校的核心任务和根本职责

以育人为中心①

从一般意义上讲，人才培养、科学研究、社会服务以及文化传承和创新是高校的任务。但是，这几者之间的关系在实际工作中往往并不为人们所关注，特别是谁为主、谁为辅，在实际运行中是不清晰的，甚至是颠倒的。

一所大学的使命或价值，归根结底在于高质量的人才培养——"育人"。要把育人作为学校的根本宗旨和根本使命。那么，科研工作、社会服务工作及文化传承与创新都应与育人结合起来，都应为育人服务——要把科研的最新成果，文化创新的成果纳入育人的内容之中。

育人要以"教学为中心"，这里强调本科教育要以"教学为中心"的思想，其实质是把"育人"放在学校一切工作的首位。

大家知道，部队以作战训练为中心，工厂以生产为中心，科研院所以研究为中心，学校是培养人的地方，理应以育人为中心。特别是本科教育必须以"教学育人为中心"。从一定意义上讲，教学工作是育人的核心环节，因此，必须搞好教学工作。这里有三个层次：第一个层次是按照培养计划把知识传授给学生，这是最基本的要求；第二个层次是不仅传授知识，还教给学生学习的方法，能够引导他们去主动学习和钻研；第三个层次是在传授知识的过程中潜移默化地感染学生，使他们从教师精深的学问、严谨的学风、高尚的品德中吸取精神营养，真正达到"教书育人"的目标。我们要努力向第三个层次靠拢。

教学质量的衡量标准要以提高学生的自主能力为核心。对于学校教学质量的评价有两种意见：主观性相对质量标志和客观性绝对质量标志。前者通常指的是学校、学院、系、专业、课程、教学环节、自我组织的考试、考查、考核、答辩的相对成绩或名次等；后者是指毕业生走上工作岗位后在实际工作中所表现出的

---

① 2009年7月7日在学校本科教学工作研讨会上的讲话摘录。

能力、成绩和贡献，以及用人单位对毕业生基础理论、专业知识、动手能力和德智体的综合评价。显然后者，即学生的独立工作能力或自主能力强不强是主要的，因此学校教学一切措施的目的都在于培养学生的自主能力。学生自主能力强，毕业后就能胜任他所承担的工作，有办法完成各项具体任务，并在实践中发挥主动性、创造性，推动事业的发展。自主能力不强，在工作岗位上就庸庸碌碌、无所作为，处理问题拖泥带水、敷衍塞责，甚至可能酿成事故，造成损失。

自主能力是指自学能力、独立完成作业能力和独立运用所学知识分析解决实际问题的能力。自主能力是由多种因素决定的。自主能力强的学生，主要是因为基本知识学得扎实，基本理论学得深透，基本概念明确，基本技能熟练，中外语言文字工具和现代运算工具运用自如，而且，理工科学生还应善于逻辑思维，并在各种形式的独立作业、科学试验中进行所学知识和技能的综合运用训练。

影响教学质量的基本因素有三点：一是学生的自身素质和条件，二是师资水平、教材质量和实验室条件，三是教学管理水平。因此，教学质量管理的任务就是要利用一切手段，提高学生学习的起点和素质，激励和调控师资建设、教材建设、实验室建设和实践基地建设，提高质量，加强教学管理的自身建设。

下面谈一谈教师与教学管理者的职责。

对于教师而言，要充分发挥其在教学过程中的主导作用，这里的关键是要配备好教师，要把那些学术造诣深、师德好、关爱学生的教师吸引到本科生讲台上来。

首先，在思想观念上要树立"北理工的讲台不是什么人都能随意上"的观念；其次，在政策引导和制度安排上要激励好教师上讲台；最后，在管理服务上要有利于好教师上讲台。

教师应该在教学过程中处理好几个关系。一是正确处理理论与实际的关系，这对于学生独立工作能力的培养意义重大。教师讲课注意理论联系实际，学生学习也注意理论的实际运用，这两方面都是十分必要的。

二是正确处理教与学的关系，这是培养自主能力所不可忽视的。教学关系的要害是教师主导作用的发挥，一方面，要保证讲课和辅导的质量，调动学生学习的积极性，解决好传授知识和接受知识的矛盾。另一方面，要提倡教学相长，尊师爱生，建立新型师生关系。加强对学生基本理论、基本知识、基本技能的训练，在此过程中贯彻"少而精"的教学原则，注意把课程最核心的内容、知识最精华的部分传授给学生，提高学生学习的主动性，如此会更有利于学生独立工作能力的培养。

三是要严格要求，这是培养学生自主能力必不可少的环节。任课教师要在教学过程中对学生进行严格、严谨、严密的作风训练，一丝不苟，在这些作风方面做表率。同时学生干部要支持教师严格训练学生，配合教师做好班级管理工作，不要偏听同学的意见，忽视他们的缺点。

四是正确处理基础与专业的关系。这对学生独立能力培养意义很大。本科教育的基本任务是打好学业基础，基本理论、基本技能学得越好，毕业生的适应性就越强，后劲就越足。然而，学海无涯，学制有限，学生入学后必须明确学习方向，以便在短暂的学制年限内专攻某门技术（专业），才能有所成就。

对于教学管理人员而言，首先，要想方设法提高教学质量。为此，应经常搜集有关教学质量的各种情况和信息，包括期中考试、期末考试、竞赛、升学考试等成绩情况；形成教学过程的监督和检查，建立期中教学检查制度，定期或不定期地进行课堂教学、实验教学、实习教学等教学环节检查；进行不同层次（多级、专业）的教学综合评估或各单位（如课程、教材、实验室、实习、毕业设计和毕业论文等）教学内容的评比和评估，并由此不断采取措施，改进教学工作，努力提高教学质量。

教学质量的提高，有赖于四个方面。一是管理：组织教学计划的制订和执行，组织课程教学和实验等环节的实施。二是督导：开展旨在引导和控制教学质量的各类评估、评比和检查。三是服务：为教师、学生和教辅人员提供各类服务——如教材、试验设备、教室、经费等。四是参谋：通过教学调查和教学研究，为学校提出改革和改进教学工作的方案和意见；为各类教学人员提供教学咨询。

其次，要定期组织毕业生质量的跟踪调查，注意各方面（社会咨询组织、用人单位、毕业生本人等）的反馈信息。

"四句话"育人目标[①]

长期以来,学校高度重视人才培养工作,始终把人才培养作为学校的中心工作来抓。在 2009 年召开的学校第十三次党代会上,学校党委明确提出了"把本科生教育作为学校人才培养的首要任务",并向同学们提出了具有"高远的理想、精深的学术、强健的体魄、恬美的心境",努力成为中国特色社会主义的优秀建设者和可靠接班人的要求。

作为学校党委的主要领导,也作为你们的老师,借此机会,我同大家谈一谈为什么提出这样的要求,以及如何达到这个要求,供你们参考。

一、理想有多远,我们就能走多远

"理想有多远,我们就能走多远。"这是一句广告词,我认为它讲得很好。因为,高远的理想是引导一个人锲而不舍、不断追求、不断攀登的引擎,是人生的动力。一个人最后能达到什么样的境界,他在事业上能走多远,很大程度上同他的理想和志向是相关的。一个人从青年时代起,就要志存高远,有理想,有信念,有追求,有人生大目标,这样才能登得高、走得远,才能提升人生的品质、品位,才能活得豁达、乐观、积极、有意义。遇到坎坷,迈得过去,不会因为困难和挫折而失去或改变自己人生的大方向。这些听起来好像很虚,其实是实在的,是根子上的东西。

高远的理想,使人正直、高洁,而不猥琐、世故;使人具有灵魂,而不是行尸走肉;使人学习、生活有激情、有动力,而不懈怠、颓废;使人敢于勇敢面对困难,自信地去克服,而不是牢骚满腹、怨天尤人。树立高远的理想并为之不懈努力,是一种积极、健康、向上的人生取向,是一个青年学生应有的人生态度。

[①] 2010 年 6 月 20 日在北京理工大学第三十次学生代表大会上的讲话摘录。

树立高远的理想，要把握好以下三点。

1. 高远的理想应该与祖国和社会的需要联系在一起

我们北京理工大学诞生于延安，是我党创办的第一所理工科大学。在70年的办学历程中，无数有志青年在这片沃土上立下为民族的解放、祖国的富强和人民的幸福而奋斗的理想与志向。他们在高远的理想激励下，励精图治、发奋有为，在各个历史时期、在各行各业都作出了自己的贡献。70年来，我校师生为革命事业努力学习、艰苦奋斗，用马兰草造纸，发明新方法制盐，参与中央大礼堂建设，组建延安第一个气象台，以及为抗战、为新中国的建立培养了一大批技术专家和革命人才。新中国成立之后，我校师生又为国民经济和国防建设培养了大批优秀的高级专门人才，还在科学研究方面创造了若干个第一。时光荏苒，北京理工大学已经跨越70个春秋。今天，我们正行进在推进社会主义现代化、实现中华民族伟大复兴的征程上，我们面临着全面建设小康社会、建设创新型国家的关键时期。同样，这个使命也需要同学们像前辈一样，将自己的前途命运与祖国和社会的需要紧密联系在一起，实现远大的抱负，书写瑰丽的人生篇章。

为大家列举几个我校校友，从他们身上，我们能够找到北理工人的特质，能够感受到一股"胸怀天下，报效国家"的力量。

校友冯长根教授，现任中国科协党组成员、书记处书记。1975年，22岁的他进入了北京理工大学，他十分珍惜上大学的机会，立志奋发图强、报效祖国。1979年，他到英国利兹大学留学，1983年9、10月间，冯长根同志在英国顺利地完成了博士学位论文。在装订博士学位论文时，他在论文的最前面加了一页，上面用中、英文工工整整地写上："本论文献给我的祖国——中华人民共和国"。博士学位论文答辩几天后，他就按时回国，回到了北京。学成回国，报效祖国，他认为应该把自己的青春、智慧和创造力献给自己的国家。这一年，冯长根同志30岁。多年来，因为冯长根教授在科技工作领域的突出贡献，他获得了全国"五一劳动奖章""94全国十大杰出职工""中国青年十大杰出人物"等多项奖励和荣誉称号。

校友徐克俊将军，是中国载人航天发射场总设计师、中国酒泉卫星发射中心原副总工程师、"神舟七号"载人飞行任务质量控制组顾问。1967年9月，徐克俊从我校毕业，1968年来到了地处巴丹吉林大漠深处的中国酒泉卫星发射中心。那时，发射中心初创不久，条件十分恶劣，举目四望，视线所及皆是茫茫无际的巴丹吉林沙漠。面对荒漠，徐克俊从未彷徨和动摇过。他庆幸自己来到了这个中国组建最早、任务最重、技术最先进、承担中国航天发射史上历次重大试验首飞任务的航天基地。他高兴自己所学有了用武之地，有了报效祖国的机会。他被分配到第一试验部，从事导弹、卫星的发射试验工作，从此扎根在艰苦的大西北，躬身于轰轰烈烈的中国航天事业，一干就是40多年。

值得高兴的是，在我们新一代的北理工学子身上和同学们中间，这种精神在延续。2008年，我参加了机车学院一个班级的德育开题报告会，其中就有一名同学谈到他的理想是要做一名优秀的军队科技工作者（这名同学是我校国防生）；还有一名同学说，作为一名学车辆的学生，他的目标是为制造我们自己民族品牌的汽车而努力。2009年，我参加了人文学院社会工作专业学生的德育开题报告会，其中有几个少数民族同学都表达了学成之后回到家乡，用所学知识改变家乡面貌的愿望。前几天，我又参加了法学院某班的德育开题报告会，有的同学讲到了从现在开始就要树立正确的世界观、人生观、价值观，掌握良好的思想方法的问题，让我感到很欣慰。

去年5月份，我参加了由中央军委总参谋部主办、我校承办的"当代军人核心价值观"主题演讲活动。参加比赛的六名选手均是我校国防生，有大一、大二的，有博士研究生，还有刚毕业在部队工作的军官。他们从自己的经历、从自己内心的感受说起，将"忠诚于党、报效祖国"的鸿鹄之志体现得淋漓尽致，让每一个在场的听众都感到鼓舞和振奋。会后，总参的首长激动地对我说："北理工的学生好样的，你们的国防生都是当将军的苗子！"我深感自豪，为我们的北理工学子无比骄傲，因为从你们身上，我看到了一代代北理工人精神的传承。

2. 高远的理想要与脚踏实地的务实精神相结合

理想和志向有虚实之分，高远的理想与空洞的理想的本质差别在于立志之人是否能够脚踏实地去落实。"不积跬步，无以至千里"，有了高远的理想和目标，如果我们只是每天沉浸在梦想中而不去付诸实际行动，不去脚踏实地地为之奋斗，或者是眼高手低，那么我们的理想就会成为永远飘浮的空中楼阁。

2008年，有一家咨询公司对我们北京理工大学的毕业生进行了追踪调研。调研结果显示，我校学生很大的一个共性特点就是工作很踏实，能够脚踏实地、固守初心，普遍得到用人单位的好评。这也是我希望北理工学子所拥有的品质，即把高远的理想与脚踏实地的精神结合起来。

大家都知道我们北京理工大学有着浓厚的军工国防背景。这两年多来我走访了很多军工企业，有在东北哈尔滨、齐齐哈尔的，有在内蒙古包头的，我发现这些企业中有很多的中高层领导干部都是我校校友。回顾他们的成长历程，大部分都是在80年代初怀揣着富国强军的理想，到生活条件相对艰苦的兵工企业，从技术员做起，踏实工作，默默奉献，经过点点滴滴的积累、一步一步的成长，才逐渐成为我们这些军工企业的骨干和中流砥柱。

3. 高远的理想要与自己的特点、长处以及兴趣结合

曾经有人问过周总理，一个人怎样才能成就一番事业，周总理回答道："要发挥你的所长。"的确，我们每个同学都要认识到自己的特点和长处，以及兴趣爱好。有的同学可能擅长钻研科学问题，有的同学可能动手实践能力突出，还有的同学对于管理经营情有独钟，认清自己的特点和所长是成功的一个重要前提。

将高远的理想与自己的特点、长处及兴趣爱好相结合，能够有效地缩短成功的时间和距离，既能让人更快取得成功，也能让人更长久地成功。一个人如果能从事自己擅长而又喜欢的事业，那么他必然是非常幸运的。否则，他就会轻视自己的工作，而且总是保持应付差事的态度，绝不能从工作中享受到乐趣，也不会有人尊敬他。如果一个人认为自己的工作辛苦、烦闷，那么他的工作绝不会做好，这一工作也无法使他发挥内在的特长。

去年我出席了在学校举行的一个活动，是"北京理工大学-易才大学生创业中心"揭牌仪式。这个创业中心是易才集团和学校联合办的，主要是面向大学生进行创业教育、普及创业知识、开展项目培训，这个项目也得到政府的高度重视，人社部、工业和信息化部的领导都出席了活动。在活动中，我结识了我们的优秀校

友——易才集团的总裁李浩先生。李浩是我校 96 级金属材料专业毕业的学生,应该说年龄比在座的各位同学大不了多少。通过和他聊天,我了解到,他在校读书期间就对人力资源非常感兴趣。他大一时参加了学校的勤工助学协会,并利用课外时间进行了很多实践活动,积累了经验。毕业后,李浩进入人力资源企业工作,一年后自己创立易才公司,后逐渐发展成为集团公司,主要从事人力资源外包服务。这项业务在国内属于新兴行业,他所领导的这个集团目前在行业内属于领先地位,短短几年时间迅速发展壮大。应该说,李浩的成功与他的兴趣爱好是分不开的,因为喜欢这个行业,自己也适合做这份工作,他就用心去钻研、去努力并获得回报。

当然,在现实社会中,我们所从事的工作,不是能同每个人的特点、长处及兴趣相吻合,那就要处理好两者的关系。我想首先要服从工作和事业的需要,再从中培养我们的兴趣和爱好,并不断地提高我们的本领和水平。

二、掌握精深的学术是我们每个大学生服务国家和社会的本领

前面我们谈了要有为国家、为民族、为人们作贡献的高远的理想,那么紧接着就是我们要有本事,要有真本事,要有大本事。我以为,掌握精深的学术就是我们每个大学生服务国家和社会的真本事、大本事。

对于一个想要成就一番事业的北理工学子而言,必须通过学习掌握精深的学术这个真本事、大本事。北航的原校长李未院士曾和我交流过,他说像北航和北理工这样的学校,招收的本科学生绝大多数都是所在省份高考成绩的前 1500 名,基础和天分在同龄人中都是出类拔萃的。所以,大家要有信心,只要通过努力,同学们都能掌握精深的学术。

首要的一点,同学们要掌握好学校、学院和系里给我们安排的各门课程的内容。这一点我不展开讲,我想这是最起码的要求。在此主要强调下面三点。

1. 要学会学习,要提高"学习的能力"

大家留意一下可以发现,很多成功的人士,在谈到自己成功的心得时,大都把在大学期间学会了学习,提高了"学习的能力"或者"掌握了学习的方法"作

为一个很重要的因素。一提到"学会学习",可能有同学不禁要问,难道我们学了这么多年,成绩这么好,还不算会学习吗?其实,成绩的好坏并不能说明学习能力的高低,善于学习的人,不在于掌握知识的量,而是在于掌握学习知识的方法。所谓"举一反三",就是指这种能力。有这种能力的人,我们通常称其"有学问"。

当前,我们正处在一个信息爆炸的时代,18世纪知识更新的速度大约在80~90年,19世纪知识更新的速度大约在30~40年,20世纪70年代以前知识更新的速度约是15~20年,70年代知识更新的速度约是5~10年,20世纪90年代知识更新的速度约是3~5年,21世纪知识更新的速度约是1~3年。因此,联合国教科文组织提出:"未来社会的文盲不再是不识字的人,而是不会学习的人。"

其实,学习是一个很快乐的过程,当我们掌握了正确的学习方法后,学习可以变得非常有趣。试想,如果我们能在浩如烟海的信息中游刃有余地找到我们想要的知识,并能自由驾驭它去解决各种困难和问题,是一件多么幸福的事情。

一所大学,特别是一所好的大学,能让学生们学习生活得快乐,那也是一件值得庆幸的事。记得前几年,国内很多大学都在讨论:"一流大学的标准是什么?"有学者讲,一所好大学,关键是把最好的教师和最好的学生请进学校,然后,让他们生活、学习、工作得快乐——这是一所大学特别是一所好大学办得成功的关键因素之一。这也是所有大学追求的目标之一。我们北理工最好的教师、最好的学生这两方面都有了。目前的任务是要进一步做好我们的工作,让我们的教师和学生生活、学习和工作得快乐。让我们共同努力来实现这一目标。

2. 要培养良好的阅读习惯

随着现代信息技术的发展,尤其是互联网的普及,极大地改变了我们获取信息的方式,我相信在座的每位同学会经常利用网络去获取信息、获取知识。但是,我还是要向大家强调我们传统的学习方式:阅读。

来自网络的知识有不完整、不规范、不系统的特征,要系统学习知识,读书才是最重要的渠道。此外,阅读本身就是一种非常高雅的休闲方式,非宁静无以致远,在喧闹的都市中,读书是让我们从浮躁的生活中沉静下来的最好方式。

去年，我们参加了一个学术活动，与中国社科院马克思主义学院的院长程春富教授交流，他是我国著名的政治经济学家和马克思主义理论专家。谈到阅读，他介绍，他每年要读5000篇左右的论文，要看近300本书，所以他能够对一些学术上的代表性观点了如指掌，自己做学问也能够成竹在胸、游刃有余。他谈了自己的读书体会，主要是处理好粗读和精读的关系。他还说，如果要做一名国家级有影响的学者，至少要有5000本藏书。我想，程教授的阅读方式，也为大家树立了一个做学问的标杆。

在同学们中间也有阅读的典范。前一段时间，在学校论坛上有一个我校毕业年级的同学发了一个帖子，内容是列出了他大学期间读过的书。我数了一下，足足有604本之多，涵盖了经济管理、历史、社会、自然、科学等近十个门类，其中有75%是他粗读的，15%是精读的，另外10%属于工具书。我相信这位同学所列的都是他的真实经历。他还总结了"读书四部曲"：读厚，细查而斟酌之；读薄，归纳而取其精华；读空，化其精华而舍书；读实，学以致用而成事。他还有自己的"读书之境界"：博而多深是极品，广而少深是绝品，少深而窄是合格品，广而无深是次品，窄而无深是废品。我很佩服这位同学，我并不是说要求大家去把他所罗列的书都找出来读一遍，而是希望同学们学习这种读书的精神和做法，你身边的同学能够做到，你也一定可以做到，甚至做得更好。

3. 要有勇于"质疑"和"创新"的科学精神

每当人们提起"质疑"和"创新"这个词时，总喜欢在前面加上一个修饰语，那就是"勇于"，所以我们经常听到"勇于质疑""勇于创新"这类词。质疑和创新的确是需要勇气的，这种勇气既是对以往权威的挑战，也是对质疑和创新者自我的挑战。质疑和创新的道路必然很曲折、很艰苦，但是也必然充满了挑战和乐趣。有志的青年学生应当有意识地培养自己的质疑和创新意识、能力和勇气。前不久，在南京举行的中外大学校长论坛上，美国斯坦福大学校长和耶鲁大学校长在谈到中国高校在人才培养方面的不足时，讲的就是质疑和创新方面的问题。

思想家孟子说："尽信书则不如无书。"他绝对不是反对大家读书，而是在告诫人们不要读死书、死读书。孔子也讲:"学而不思则罔。"是因为不思考的话,所学的知识就会发酸发霉,变成一摊糨糊。只有勤于思考、善于思考、勇于思考才能将所学的知识内化为自身的能力,才能由一个有知识的人变成一个有学问的人。

敢于质疑、勤于思考是从事科学研究工作的基本素质,这样的素质需要我们有意识地去培养和锻炼。学生干部要注意多组织一些有益于提升同学科技创新能力的活动,在学校里营造出更加浓厚的科技创新氛围。近年来,我校连续在"挑战杯"全国大学生课外学术科技作品竞赛中捧得"优胜杯",在刚刚结束的第五届"挑战杯"首都大学生课外学术科技作品竞赛中,我校以团体总分第三名的成绩荣获"首都优胜杯"。我校的"世纪杯"学生课外学术科技作品竞赛的作品质量和水平也连年提升,有越来越多的同学参与科技创新活动。学校高度重视学生科技创新活动,并愿意积极为大家创造更多更好的科技创新条件和机会,希望同学们能积极主动地参与到这些活动中来锻炼和提高自己。

三、强健的体魄是我们完成学业、为祖国和社会服务的重要基础

大学四年时间是人生从青少年步入成年的重要时期,同学们应该在这样的黄金时期打造出一副好体魄,你们在以后的生活中将会获益无穷。在当今竞争如此激烈的社会,人与人之间的竞争是综合的比较,而好的身体素质是你发挥能力、展现才华的根本所在。

1. 要培养科学的生活习惯

我知道现在有很多同学把大量的业余时间,特别是夜里的时间花在上网、打电脑游戏、唱歌上,甚至有的同学在一定时期内干脆过起了欧洲时间、美洲时间,久而久之,睡眠质量越来越差。还有的同学,在校四年就没有吃过几顿像样的早餐,午餐和晚餐也相当地不规律。这些习惯不仅不利于自己的学业,还为将来埋下了巨大的健康隐患。

从高中到大学,同学们经历的一个重要转变就是从父母的庇护下渐渐独立。在没有了父母的约束后,很多人在叛逆心理的怂恿下,开始尝试各种无拘无束、

自由自在的生活方式。我们不反对同学们按照自己喜欢的方式去生活，但是希望大家认真地审视一下自己的生活习惯是否科学，习惯决定性格、性格决定命运，生活中的坏习惯并非小事，它们甚至会影响到一个人的前途和命运。

2. 要坚持体育锻炼

50 年代的时候，清华有一句话很流行，"每天运动一小时，健康工作 50 年"。近年来，有人做了修改，又增加了一句，叫作："每天锻炼一小时，健康工作 50 年，幸福生活一辈子"。其实运动并不需要很多时间，每天只要步行 25 分钟或做下蹲运动 5 分钟，就可以起到锻炼的作用，关键是要养成良好的运动习惯。根据统计，美国大学生每周要进行 12 个小时以上的课外体育锻炼，80% 的人参加了各类体育俱乐部。

体育锻炼不仅能强身健体，更能磨炼我们的意志。我们学校 2002 级本科生中，有一个非常优秀的毕业生名叫牛传欣，他曾获得过国际数学建模竞赛二等奖、全国"挑战杯"竞赛二等奖等荣誉，毕业后获得了美国芝加哥伊利诺伊大学全额奖学金，直接攻读人体信号处理学博士。他身材比较胖，高中时，他最讨厌上体育课，但是为了能通过我们学校的体育课考试，他对自己说，别管能不能通过，去做、去跑。每天跑一圈，再跑一圈。当他坚持了一学期后，发现自己能够跑完 2000 米全程了；坚持了一年以后，他不但通过了考试，而且被聘为北京理工大学长跑健身俱乐部助理教练！从此以后，他不再惧怕长跑、登山等大体力消耗的运动，甚至开始爱上了它们。也正因为有了"上一程，再上一程，就能够登顶"的信念，他才在大学生活中取得了一项又一项骄人的成绩。

相信在座的有些同学在经济上比较节俭，但是大家对于自己体力和精力的使用是否依然"节俭"呢？许多人都认为年轻的时候身体结实，怎么折腾都不要紧，但是殊不知，再多的财富也经不起挥霍，一个挥金如土的富人终究会沦为穷光蛋。希望大家要像银行储蓄一样，不停地通过锻炼身体储存自己的健康，越早储存越好，越能坚持越好，这样才能达到收支平衡，为以后真正拼体力的时候做好准备。

四、恬美的心境是我们快乐学习、努力工作和幸福生活的保证

1. 要有宽广的胸怀

《道德经》中写道"上善若水,水善利万物而不争",意思是说,最高境界的善行就像水的品性一样,泽被万物而不争名利。一个人如果能胸怀宽广,容忍别人的过错,像水一样"利他却不争",就能达到"上善"的心境了。

我们经常说"宰相肚里能撑船",为什么宰相肚里能撑船而平常人却不能呢?我有一个理解,如果一个人认为一件事情已经无法忍受不得不发怒时,那么这件事情的大小似乎就已经超过了这个人胸怀的边界了。人的胸怀并不是天生就很大的,都是被一件件事情给撑大的。当我们面对一件不愉快的事情时,能成功地控制住情绪,先"冷却"下来,等弄清事情原委之后再作"处理",就能不断地拓展自己的胸怀。

前不久,我校的某博士生因为与同宿舍的同学关系处理不好而要求调换宿舍,并声明绝食,引发了两人在网上相互攻击,最终的结果是休学一年。这件事情引人深思。《南方人物周刊》记者这样写道:"评论此事的人总会提到 loser 一词。"loser 一词的意思是损失者、失败者、输者,指做不成事的人。按理说,作为一名博士生,智商应该是不低的,为什么做不成事,不仅做不成事,甚至连学都不能继续上了呢?这里面有非智力的因素,与情商有关。因为,导致这一事件的主要原因是宿舍关系,即人际关系的问题。这个事情告诉我们智商是取得成功的必要条件,但是仅有较高的智商是远远不够的。大学生还要有健全的人格、良好的心理素质,要能够和同学共同营造和谐的学习生活环境,要能融入集体,与大家同乐。同学们可能在大学里会遇到各种困难,比如生活不适应、同学关系难相处、学习困难、谈恋爱失败等,当遭遇到这些不如意的时候,我希望大家能够学会去面对,与同学们多交流,多沟通;与大家一起分享快乐、分担忧愁。要有团队精神,要团结互助,"不让一个同学掉队"——这是与大家同乐的前提。同学们在一起要相互支持、相互理解、共同努力——要正确地对待自己、正确地对

待他人。

2. 要学会面对困难

同学们面对的困难，不外乎学习上的困难、经济上的困难、心理上的困难等，要用"天将降大任于是人也"来激励自己。历史上很多有名的成就，都是当事人受苦经年才搞出来的。著名的有"西伯拘而演《周易》"——西伯就是西伯侯，周文王称王之前是西伯侯，由于商纣王嫉恨他，把他囚禁在羑里城七年。（我去过羑里城，据讲解员介绍，当年西伯侯摆八卦图用过的那种蓍草，至今每年还在城里生长着。）在此期间，他没有消极颓废，而是抓紧时间修改完善了《周易》。还有"仲尼厄而作《春秋》；屈原放逐，乃赋《离骚》；左丘失明，厥有《国语》；孙子膑脚，《兵法》修列；不韦迁蜀，世传《吕览》；韩非囚秦，《说难》《孤愤》；《诗》三百篇，大抵圣贤发愤之所为作也"[①]。这些历史人物的经历说明了一个道理，就是"艰难困苦，玉汝于成"。当然，我们不希望这些"难"和"苦"发生在大家身上，但也不要惧怕"难"和"苦"，更不能在"难"和"苦"面前低头。真正遇到了"难"和"苦"，要把它们看作一种财富，在与"难"和"苦"作斗争中不断提高自己，完善自己，实现自己的人生价值。正如有一首歌中唱的那样："不经历风雨，怎么见彩虹，没有人能够随随便便成功！"

3. 学会放弃

放弃也是一种收获。所谓"舍得"，"不舍不得，有舍有得"。我们党决定离开苏区根据地开始长征，就是我们主动采取的一种放弃策略，这种短时间的放弃，却赢得了中国革命的最终胜利。同学们千万不要在乎一时、一事的得失，要能用一种睿智、豁达的方式选择最适合自己的道路。

以上这些，既是代表学校，也代表老师对大家的殷切希望和要求，相信大家能够在以后的学习生活中付诸实践。最后，祝同学们学习进步，在新的起点上勇攀高峰，再创辉煌！

---

① 司马迁：《报任安书》，载《古今文学名篇》（上），人民出版社2002年版，第47页。

以素质教育为导向，促学生全面成长[①]

教育部高等学校文化素质教育指导委员会在我校举办"文化素质教育——体制、机制与制度创新"高层论坛，这是贯彻落实全国教育工作会议精神的重要举措。

一、认清当前高校推进素质教育面临的形势

我们都知道，20 世纪 90 年代，教育界一批有识之士适应形势发展需要，创造性地提出了富有中国特色的文化素质教育理念。1999 年，第三次全国教育工作会议召开，中共中央、国务院发布了《深化教育改革全面推进素质教育的决定》。从此，素质教育正式成为我国教育领域的一项重要指导思想和工作举措，并在教育部的大力推动下，在全国各级各类学校普遍开展起来。

十多年来，在素质教育思想和理念的引领与推动下，人们的教育思想和观念发生了深刻的变化。与 80 年代人们上大学的主要目的是"掌握一技之长，成为专门人才"相比，进入新世纪，人们对上大学的目的有了更为深入的理解。前两年我校的调查结果表明：高达 98.5% 的教师认为"大学生上大学最重要的目的"排在前三位的是让学生"学会如何做人""学习基础知识，打牢基础""提高综合素质"；73.3% 的大学生认为"上大学的首要目的是受到全面教育，提高综合素质"，同时也很看重"掌握一门专业知识和技能，找到一份好工作"。与此同时，各高校普遍建立了文化素质教育的组织制度和运行机制，形成了由通识教育课程、校园文化活动、社会实践等构成的文化素质教育内容体系。2008 年中国高等教育教学质量发展报告表明，大学生的知识结构有所改善，专业面狭窄的状况大为改

[①] 2010 年 8 月 22 日在教育部高等学校文化素质教育指导委员会"文化素质教育——体制、机制与制度创新"高层论坛上的讲话摘录。

观；大学生思想比较开放活跃，知识面广，善于交际。88%的大学生认为"文化素质教育"对他们影响很大。总之，文化素质教育引发了我国高等教育深刻而全面的变化：人们的教育观念发生了深刻变化，大学生的文化素质大为提高，教师的文化素养大为改善，高校的文化品位大为改观。

在肯定多年来开展素质教育取得成绩的同时，我们也应该看到，随着改革开放的进一步深入，社会对人才综合素质提出了更高要求，也更加强调社会责任感、创新精神、实践能力等构成人才综合素质的要素，素质教育的内涵需要进一步深化。分析国际高等教育的发展历史，我们也可以清楚地看到，重视提升学生的全面素质，培养他们学会做人、学会做事、学会生存已经成为世界教育潮流，一些做法值得我们借鉴。例如，美国的本科教育着眼于培养富有社会责任感的公民，非常注重培养大学生的独立思考与判断能力、有效表达与沟通能力、道德推理和判断能力。为了避免知识狭窄、思维偏颇，他们将通识教育、专业学习和职业教育有机地融合以保持知识体系在各学科内容间的联系。为此，麻省理工学院为学生开设了两百门之多的人文、艺术、社会科学课程，目的在于"使学生对人类社会及其传统、制度有宽广的理解，加深各种文化和专业知识的理解，激励他们作为一个人、一个专业人员、一名社会成员很好生活而拥有必需的情感和能力"。哈佛大学的通识核心课程更是影响深远，通过课堂讲授、经典阅读、小班研讨、科学实验、角色扮演、案例研究等富有参与性、启发性、发展性的教学方法，为学生创造了极为宽松自由、有利于培养独立思考能力的学习环境。日本于20世纪40年代开始即大力倡导教养教育。

综合国内外的情况，我们必须清楚地认识到，国内高校开展素质教育虽然取得了很大进展，但还存在一定的不足。这就需要在实践中不断深化对素质教育的认识，不断丰富素质教育的内容，不断完善有利于开展素质教育的体制机制。具体而言，有以下三个方面需要我们认真思考。

第一，人才培养的中心地位在一些高校还没有完全确立。由于大学精神受到社会不良文化的侵蚀，大学教育尚存在一定的功利导向，急功近利的浮躁之风不同程度存在；重名利轻学术、重科研轻教学、重专业轻基础等现象还较为普遍。科研课题、科研经费、科研获奖、发表论文数量依然是大学教师的指挥棒。受这些因素的影响，一些教师没有把教书育人放在首位，而是把更多的精力放在了自身的发展上，忙于争取项目，忙于各类评奖，忙于职称的评定和职务的晋升，忙于在校外兼职，等等。一些干部没有把为教师和学生服务放在首位，教师的主体地位落实不够，对学生的思想状况和利益诉求关心不够，等等。人才培养的中心地位如果得不到真正落实，学校和教师不把主要精力放到搞好教学和培养好学生上，则全面推进素质教育更无从谈起。

第二，素质教育理念需要进一步深化，工作力度需要进一步加强。20世纪90年代中期，我国针对大学教育重理轻文、人文教育薄弱等问题而将素质教育作为大学教学改革的指导思想。自此以后，很多高校开设了文化素质教育课程，开展了丰富多彩的文化素质教育活动和讲座等，对学生加强了人文知识的传授，取得了较好的成效。但是，如何把知识内化为做人的素养还有很多工作需要做，文化素质教育课程建设还比较薄弱，教学方式方法还急需改革。在新的历史阶段，要适应经济社会高速发展、科学研究日新月异对高等教育深化改革提出的新要求，素质教育的内涵必然会更加立体和综合，也必然要求素质教育在人才培养中的全过程参与和全要素渗透。单纯的文化素质教育还不能体现素质教育的全部内涵，应构建促进学生全面发展的综合素质教育体系。

第三，就管理体制而言，本科教学和大学生思想政治工作两线分离，不利于整体育人工作。长期以来，我国大多数高校的教学工作和学生工作分属两个校领导管理，自上而下形成了两个管理系统，即所谓两线分离。在这样的体制下，好处是各自管理、细致规范，不足是教学系统和学生工作系统之间信息沟通不及时，教学管理工作与思想政治工作相互脱离，甚至教育、教学两个管理系统"各自为战"，不利于形成育人合力。我们开展素质教育也包括课堂内教学和课堂外教育两个渠道，两者都致力于提升学生的全面综合素质，必然要求教学管理、学生工作系统密切配合，形成整体，不可相互割裂。以上这些都需要我们进一步改革人才培养体制，创新大学生思想政治教育，并将两者有机结合起来，变"两线分离"为"两线合一"，形成整体育人的格局，为综合素质教育的开展提供体制保障。

综上所述，进入新的历史时期，我国高等教育的内部和外部环境已经发生很大变化，培养高素质创新人才的任务更为迫切，素质教育的进一步深化和提高必然涉及大学教育理念、人才培养模式的整体改革，也终将引发大学管理体制、运行机制和组织制度等更深层次的变革。这是一条漫长的路，会越走越艰难，但也必然会越走越宽阔。我们应该从理论和实践两方面进行深入研究和积极探索。

二、明确大学生综合素质教育的目标

2010年7月13—14日，党中央、国务院召开了新世纪第一次全国教育工作会议。这次会议的召开与此前中央政治局会议审议通过的《教育规划纲要》，是我国教育改革发展史上一个新的里程碑，不仅对推动未来10年教育事业科学发展具有重要意义，而且对全面建设小康社会、加快推进社会主义现代化、实现中华民族伟大复兴将产生重大而深远的影响。《教育规划纲要》把"坚持以人为本、全面实施素质教育"作为教育改革和发展的战略主题，这是一个非常高的定位。全面实施素质教育是贯彻党的教育方针的时代要求，核心是解决好培养什么人、怎样培养人的重大问题，重点是面向全体学生、促进学生全面发展，着力提高学生服务国家服务人民的社会责任感、勇于探索的创新精神和善于解决问题的实践能力。

要开展好素质教育，首先必须明确素质教育的目标。培养目标是人才培养的标准，是人才观在高校的集中反映，是"培养什么样的人"的具体要求，也是人才培养活动得以发生的基本依据和人才培养制度安排的基本原则。美国高校人才培养最成功的经验就是对素质教育目标的高度重视。如"培养有教养的人"是最具哈佛大学人才培养共性的教育传统，为了使其具有教学操作意义，早在20世纪70年代，博克校长就授命研究制定哈佛本科生培养目标和课程的哈佛文理学院院长罗索夫斯基，为"有教养的人"制定了具体的培养目标：必须能够清晰而明白地书写；对认识和理解宇宙、社会以及人自身的方法具有一种判断鉴别的能力；对其他文化不能狭隘无知；懂得并思考伦理和道德问题，在价值选择时有正确的判断；在某些知识领域里拥有较高的成就。

要确定符合中国国情的素质教育的目标，首先就要明确——素质教育的核心就是强调学生的全面发展。"人的全面发展"是马克思主义的基本原理之一，也是我国教育方针的理论基石。马克思把全面发展的人称为"把不同社会职能当作相互交替的活动方式"的人，恩格斯称为"各方面都有能力的人，即能通晓整个生产系统的人"。胡锦涛总书记在全国教育大会上也谈到了"人的全面发展"，他指出："我们要全面加强和改进德育、智育、体育、美育，坚持文化知识学习和思想品德修养的统一、理论学习和社会实践的统一、全面发展和个性发展的统一，不断促进人的全面发展。"古往今来的许多事例证明，杰出人才应该是全面发展的人，应该是在理想信念、专业知识、身体素质、心理品质诸方面均衡发展的人。因为他是全面发展的人，知识广博，能够融会贯通，举一反三，从而有所发明，有所创造。因为他站得高，看得远，前瞻未来，能开风气之先，引领发展潮流。中外历史上许多杰出人才，尽管从事的职业不同，但他们往往有一个共同的特点，就是集科学、文学、艺术、哲学于一身，表现出全面的良好素质。究其原因，科学、文学、艺术、哲学的结合使他们想象力更丰富，视野更开阔，善于抓住事物的本质和掌握事物的规律，因而获得广泛的成就。

正是基于"学生全面发展"的考虑，结合大学生的时代特点，我们认为，大学素质教育的最根本目的就是：在培养大学生具备一定专业知识和能力的基础上，具备全面发展所必需的思想道德素质、胜任工作并有所创新的专业素质、能够应对艰苦工作考验的身体素质、适应社会变化的心理素质等，从而使他们既能仰望星空又能脚踏实地。因此，"文化素质教育"应该与时俱进，扩展为更全面的综合素质教育，使德育、智育、体育、美育成为一个有机的整体。

北京理工大学在2009年召开的第十三次党代会上，对学校的中长期发展进行了科学规划，提出了六大发展战略。其中，在人才培养方面确立了"坚持质量为本，实施教育创新战略"，明确提出要"把本科生教育作为学校人才培养的首要任务""把研究生教育作为培养拔尖创新人才的重要实现形式"，并有针对性地提出了大学生的综合素质教育目标，即"培养志向高远、学术精深、体魄强健、心境恬美，富有社会责任感、创新精神和实践能力的社会主义建设者和接班人"。这一培养目标，是对党的教育方针认识的深化，是对德育、智育、体育、美育内涵的拓展，是思想道德素质、科学文化素质、身体素质、心理品质等素质教育要素的有机结合。"高远的理想、精深的学术、强健的体魄、恬美的心境",这四者辩证统一,体现了"做人"与"做事"、"身"与"心"等方面的完整发展、和谐发展,对高校如何推进素质教育给予了新的注解。

第一,高远的理想是一种积极、健康、向上的人生价值取向,是青年大学生应有的人生态度,是引导一个人锲而不舍、不断追求、不断攀登的引擎,是人生的动力。要树立正确的世界观、人生观、价值观,坚定对中国共产党领导、社会主义制度的信念和信心,确立崇高的人生目标,有高尚的道德情感,成为有责任心、有正义感、有奉献精神的人。高远的理想应该与祖国和社会的需要联系在一起,高远的理想要与脚踏实地的务实精神相结合,高远的理想要与自己的特点、长处以及兴趣结合。

第二,精深的学术是宽厚基础与精专技能的有机组合,是每位大学生立身社会、服务社会之本,需要大学生具有乐于求知、敢于求真、勇于创新的精神和能力。要不断优化知识结构,丰富社会实践,着力提高学习能力、实践能力、创新能力。要在学好专业课程的同时,不断提高"学习的能力"。要培养良好的阅读习惯,博览群书。要有勇于"质疑"和"创新"的科学精神,进行创造性思维,积极主动地去追求新知识。

第三,强健的体魄是大学生完成学业、更好地服务社会、报效祖国的重要基础,也是在激烈的社会竞争中发挥能力、展现才华的根本所在。要牢固树立健康第一的思想,通过强身健体运动,磨炼坚强的意志和顽强的毅力,培养坚毅勇敢、吃苦耐劳和团结协作精神,要真正做到"每天锻炼一小时,健康工作50年,幸福生活一辈子"。

第四,恬美的心境是大学生茁壮成长、快乐学习、幸福工作和生活的源泉。要有良好的人文素养和审美情趣,不断陶冶情操,保持对真善美的追求和对美好未来的向往。要拥有良好的心理品质和自尊、自爱、自律、自强的优良品格,增强克服困难、经受考验、承受挫折的能力。要培养宽广的胸怀、宽容的态度,与他人和谐相处,学会做人,学会生存,学会生活,主动适应社会。

此外,学校党委还集全校师生智慧,不断总结凝练,提出了"德以明理,学以精工"的校训。"德"是指具有良好的道德修养、完善的品质人格和高尚的理想情操；"学"是指具备渊博精深的学问、探索求知的意志和勇于创新的精神；"明理"是指明白、掌握客观事物的规律，包括做人的道理、做学问的规律和增强身体素质的规律等；"精工"是指在科学之路上精益求精，具备精湛的技能，追求卓越，臻于完美，在奉献科学、报效祖国、服务人民中实现人生最美好的价值。"德以明理，学以精工"的校训与"高远的理想、精深的学术、强健的体魄、恬美的心境"这一综合素质教育目标相统一，充分体现了德智体美全面发展的要求，成了指引广大学生求学、求知、创新、创业的明灯。

三、创新大学生综合素质教育的体制机制

全面推进素质教育，涉及高校办学的诸多深层次问题，必须通过体制机制创新，依靠制度保障把大学育人的第一要务落到实处，构建起开展大学生综合素质教育的平台。我们的做法主要有以下三个。

1. 转变管理服务理念，落实人才培养的中心地位

许多高校存在人才培养意识不强，干部和教师在人才培养体系中的角色定位不明晰，人才培养在学校整个系统中的地位没有真正得到强化等突出问题。在去年学习实践科学发展观活动期间，校党委提出了"干部为教师服务，教师为学生服务，全校为人才培养服务"的"三服务"办学理念。要求全校师生员工真正把人才培养作为学校办学的根本任务，把提高人才培养质量作为学校改革发展的永恒主题。打个比方：高校如同一个大食堂，干部是端盘子的，教师是炒菜的，学生是吃菜的。以人才培养为核心的"三服务"理念旨在理顺干部、教师和学生的关系，大力营造尊重知识、尊重人才、关心教师、爱护学生的良好氛围。

为此校党委要求，管理干部要不断改进工作作风，将"管理就是服务，服务就是责任"落实在日常工作，以服务的心态做好管理工作，自觉做到"心向基层想，眼朝基层看，腿往基层跑，事为基层办"，主动深入教学科研一线了解师生的需求，为师生服务。教师要适应学生多样化成长成才的需求，把主要精力放在不断深化和创新人才培养模式上。大学所有工作要与人才培养相衔接，充分体现

教授治学，发挥学术骨干的积极性，把"教书育人、管理育人、服务育人"落实在教学、科研、管理、服务的方方面面，创建全方位育人新局面。

学校还通过一系列的政策导向，体现"教师主导、学生主体"思想，保障落实人才培养的中心地位。如按照"大部制"思路，整合一些机关职能部门，完善管理机构设置，压缩管理人员数量，厘清行政学术工作的职责和责任范围，强化效率和效能，实现精细化和柔性化管理，建立为学生、为教师、为学术服务的机关。下移管理重心，发挥以教授为代表的教师群体的治学作用，通过进一步完善校级学术委员会、学位评定委员会的议事规则和决策程序，增加专职教授和科研人员的比例，保证教授治学理教的知情权、参与权和决策权，有效调动以教授为代表的教师群体在学术事务管理中的积极性；探索建立教授为主体的学部制度，有效协调学术权力和行政权力，发挥好各学部在制订发展战略规划、创新型人才培养、学科交叉融合、人才引进等方面的作用。在行政工作的评价机制中将"师生是否满意"作为衡量政策、制度优劣和工作好坏的主要标准；对干部的考核，以服务的对象为考核主体；在教师职务聘任上，建立健全了教师从事本科教学工作的竞争、激励和约束机制，引导教师做好教育教学工作；引入了团队考核和目标管理，激励教师团结协作、潜心学术、精心教学。在资源优化配置中，将有限的办学资源、优质资源向教学一线倾斜，压缩非教学科研用房，优先改善教师工作环境和条件等。

2. 尝试教学工作和学生工作一体化的管理体制

2008年底，在新一届党政领导班子分工调整中，我校大胆尝试，由一个校领导同时主管教学工作和学生工作，实现两线合一。在这一理念的指导下，学校及各学院的教学和学生工作常常同布置、同检查、同研讨、互促进，有的学院的教学工作副院长和学生工作副书记也由同一人担任。目标只有一个，就是培养德智体美全面发展的人。

按照教育、教学、管理"一体化"思路，2008年7月，我校成立了基础教育学院，由40多名教育管理人员专门负责全校一、二年级6000多名本科生的教育教学及管理工作，成为国内率先进行本科教育管理模式改革的高校之一。成立基础教育学院，基于三点认识：一是通过一支精干、高效的专职队伍，专门管理本科一、二年级学生，关注他们的学习，引导他们的成长，改善对本科教学重视不实、对学生关注不细的状况，有效地提升育人工作在学校的中心地位；二是通过体制改革，基础教育学院将学生的思想政治教育与学业督导相结合，实现思想政治工作与教学管理两线合一；三是探索多校区办学的新模式，通过基础教育学院将教学、教育、管理、后勤融为一体，形成了"品德教育、学业指导、生活引领、宿舍育人、咨询服务"工作特色，初步构成了教育教学一体化的体制机制。

3. 构建大学生综合素质教育平台

学校把道德品质教育和理想信念培养，基础理论教育和实践能力培养，专业技能教育和创新精神培养，体育、美育与良好生活习惯养成结合起来，构建了课内和课外、第一课堂与第二课堂相结合的综合素质教育内容体系，致力于培养全面发展的创新人才。

（1）创新大学生思想政治教育，培养志向高远、脚踏实地的学生

德育答辩制度是教育和引导大学生在四年的学习生活中，从思想、道德、理想、学业、人际交往等方面出发，以书面形式对大学生活和个人发展进行全面规划、实施、修正和总结，以班级为单位开展交流答辩，同时接受评价和指导的系统体系。我校不断深化德育答辩工作，通过大一时的德育开题、大二和大三时的深度辅导和中期考核检查、大四毕业时的德育答辩等环节，引导学生在四年成长经历中对人生不断规划、审视和总结，树立正确的人生观、世界观、价值观。历经七年的不断发展与完善，我校已经形成了从入学到毕业"首尾相连"的全过程德育教育体系。2007年8月，时任中共中央政治局常委李长春同志对学校创造性开展德育答辩工作做出重要批示："北京理工大学开展毕业德育答辩，创新大学生思想政治教育的经验很好，有助于把育人为本、德育为先的要求落到实处，请教育部重视他们的经验，请中宣部总结宣传他们的经验。"在今年5月召开的全国加强和改进大学生思想政治教育工作座谈会上，李长春同志在讲话中再次肯定了我校的德育答辩工作。在此基础上，我们又总结深化"德育答辩"工作，创立了"德育小导师"制度，即从"德育答辩"优秀毕业生中选聘若干同学担任"德育小导师",联系低年级学生并对他们的成长成才进行指导。这一做法受到中央电视台《新闻联播》、《人民日报》、《中国青年报》、新华网、《北京日报》等多家媒体的关注和多次报道。

作为联系班级的校领导,我多次参加大学生的德育答辩活动。值得高兴的是,我看到了富有延安精神和军工文化特色的北理工精神在当代学子身上的延续和传承。2008 年,我参加了机车学院一个班级的德育开题报告会,其中一名国防生谈到他的理想是要做一名优秀的军队科技工作者;还有一名同学说,作为一名学车辆的学生,他的目标是为制造我们自己民族品牌的汽车而努力。2009 年,我参加了人文学院社会工作专业学生的德育开题报告会,其中有几个少数民族同学都表达了学成之后回到家乡,用所学知识改变家乡面貌的愿望。前不久,我还全程参加了法学院某班的德育开题报告会,认真听了每一位同学的发言,一些同学也表现出了远大的志向和正确的世界观、人生观、价值观,让我感到很欣慰。

在德育答辩工作的引领下,学校还大力倡导丰富多彩的主题教育活动,形成了"聆听智慧""共青讲堂""名家讲坛""时事论坛"等一系列教育品牌。以学生军训和各种国防教育活动为载体加强军工文化传统教育,激发学生的爱国之情和报国之志。我校学生参加了奥运场馆志愿者服务工作和国庆 60 周年群众游行活动,他们身上体现出的爱国之情、责任意识和拼搏精神令人感动。2009 年 5 月,我参加了由解放军总参谋部主办,我校承办的"当代军人核心价值观"主题演讲活动。参加比赛的六名选手均是我校国防生,有大一、大二的,有博士研究生,还有刚毕业在部队工作的军官,他们从自己的经历或内心的感受说起,将"忠诚于党、报效祖国"的鸿鹄之志体现得淋漓尽致,让每一个在场的听众感到鼓舞和振奋。会后,总参的首长激动地对我说:"北理工的学生好样的,你们的国防生都是当将军的苗子!"为此,我深感自豪和骄傲!这也充分说明了我校以德育答辩为载体,创新大学生思想政治教育、推进大学生综合素质教育取得了明显的成效。

(2)推进人才培养体制改革,培养学术精深、勇于创新的学生

以更新人才培养观念、创新人才培养模式、改革人才评价制度为核心,不断深化人才培养体制改革,全面提升人才培养质量。以培养"基础理论扎实,专业知识宽厚,学术思想活跃,勇于实践创新"的科学家和工程师为目标,加大精英人才和复合型人才培养力度，科学确立人才培养方案，多种人才培养模式并进：建立以长学制培养（本硕博一体化培养实验班为代表）为依托的拔尖创新人才培养模式，建立以弹性课程体系和学分制有机结合为抓手的创新型工程人才培养模式，建立以通识教育和创业教育为突破口的复合型人才培养模式。大力推行以探讨问题、启迪思维、师生互动、双向交流为基本特征的研究型教学模式，倡导校院领导和知名学者为本科生讲授专业导论课程，引导学生热爱专业、投身科学，培养学生的好奇心、想象力和洞察力。推行助教制度，安排优秀博士生为本科生进行课业辅导；注重发挥科研团队、知名教授的育人作用，积极探索"学习＋生活"的双导师制。实施卓越工程师培养计划，主要支持本硕博实验班的全面教学改革，包括课程体系、授课方式、考核方式、学生实践创新计划与课程体系的结合、国际化教学等。建立与国际接轨的先进课程体系，不断更新教学内容，开展精品课程建设，实现课程体系的整体优化。将大学生实践创新活动由课外引入课内，大力推进课程学习的考试考核模式改革。推进产学研一体化教学模式，建立真正与企业联合的校内校外实践基地等。

学校人才培养体制改革进展顺利，综合素质教育成效明显。由我校发起的全国大学生电子设计竞赛，自1995年起每两年举办一次，已成为我国电子信息领域举办时间最长、实施范围最广、参与学生最多、颇具影响力的大学生学科竞赛。2009年全国29个赛区共有27000多名学生参赛，北京理工大学学生在历次竞赛中成绩均名列前茅。近三年我校学生有11641人次参加国际级、国家级、北京市级学科知识和科技竞赛，获奖2067项。2008、2009连续两年共三个项目获得全国大学生创新性实验计划之"我最喜爱的十佳作品"称号。学校连续在"挑战杯"全国大学生课外学术科技作品竞赛中捧得优胜杯。在刚刚结束的第五届"挑战杯"首都大学生课外学术科技作品竞赛中，我校以团体总分第三名的成绩荣获首都优胜杯。

（3）努力培养体魄强健、意志坚强，心境恬美、乐观向上的学生

学校加强体育工作，牢固树立健康第一的思想，面向全体学生，提高体育教学质量，使学生掌握长期锻炼的知识和技能、促进身心获得全面发展。广泛开展课外体育活动，学生积极参加跆拳道协会、长跑俱乐部、"风信子"踏青俱乐部、自行车协会、武术协会等学生社团,体育锻炼氛围浓厚。在学生中广泛开展"北京理工大学体质健康大赛",旨在大力宣传和弘扬"每天锻炼一小时,健康工作五十年,幸福生活一辈子"的理念,引导学生养成良好的生活习惯。践行"体育回归教育"的理念,探索体育竞技人才培养的新机制和新模式,我校足球队这支学生军连续三届获得全国大学生足球联赛冠军,代表中国大学生参加第22届世界大学生运动会并获得第七名的好成绩,以第一名的成绩从中国足球乙级联赛中成功晋升甲级,并在2009年取得了中甲第8名的好成绩。

加强美育工作,设立艺术教育中心,加强学校公共艺术类选修课程体系的建设,力求形成门类齐全(音乐、舞蹈、戏剧、视觉艺术)、层次多样(理论课、鉴赏课、技巧实践课)、内容丰富的课程体系,课程受到学生欢迎和好评;师生共同参与的艺术节、新年音乐会已成为每年的例行活动;师生自编、自导、自演的反映我校历史的大型话剧《从延安走来》颇受师生和校友好评,学生的审美情趣和人文素养不断提升。学校高度重视大学生心理健康教育工作,不断完善大学生心理健康教育平台建设,整合资源,创新机制,逐渐形成了学生整体心理健康教育系统化、心理危机干预体系完善化、个别咨询专业化、心理中心管理规范化、注重大学生心理健康教育工作研究等显著特点,以"5·25"心理健康节为重点,开展各类专题教育活动,形成"母亲节送温情""心理论坛""宿舍向心力大赛"等精品特色活动,引导学生养成自尊、自爱、自律、自强的优良品格。2008年12月,学校获得"北京高校学生心理素质教育示范基地"称号。

素质教育是教育改革发展的战略主题,是贯彻党的教育方针的时代要求。全面推进素质教育,使命光荣,任务艰巨。让我们携起手来,加强理论探索,创新工作机制,努力开创高校素质教育工作新局面!

第二章 高素质人才培养是学校的核心任务和根本职责

实施素质教育是高等学校的重大使命①

20世纪90年代初,我国开始在高校探索推进大学生文化素质教育工作。在周远清、杨叔子、张岂之、王义遒、胡显章等教育名家的积极倡导下,一大批教育界专家学者投身大学文化素质教育的研究和实践中,开创了大学文化素质教育的先河。十六年来,在教育部领导下,经过试点探索、建立基地和普及推广,大学文化素质教育在促进高校教育思想观念的转变、深化教育教学改革、提高人才培养质量等方面发挥了重要作用。面对世界高等教育日新月异的形势和我国建设教育强国和人力资源强国的新目标,如何全面提升素质教育的质量和水平,已成为摆在我们面前的一项刻不容缓的重要任务。由此可以说,中国高等教育学会大学素质教育研究会的成立是大势所趋、恰逢其时。

一、素质教育是古今中外教育家的共同理想

素质教育的理念和实践在我国由来已久。孔子主张礼、乐、射、御、书、数"六艺"施教,即包含了德、智、体、美全面发展的思想。《大学》《学记》中都有反映素质教育观念的叙述。宋代思想家朱熹主张"格物、致知、诚意、正心、修身、齐家、治国、平天下",这些代表着古代朴素素质教育的观念。清代教育家颜元认为,教育要培养"通儒"与"专才"相结合的"实才实德之士",阐明了当时的素质教育观。到了近现代,陶行知先生提出"健全人格须包含:一、私德为立身之本,公德为服务社会国家之本。二、人生所必需之知识技能。三、强健活泼之体格。四、优美和乐之感情"。蔡元培先生提出军国民教育、实利主义教育、公民道德教育、世界观教育、美感教育"五育"并举的教育方针。徐特立先生则提出:要塑造一定立场、一定方向而无限生动发展的人格,培养有理想、有道德、

---

① 2011年11月20日在大学素质教育研究会成立大会上的讲话摘录。

有知识、有创造力的年青一代。20世纪90年代以来，高等教育界以文化素质教育为重点，推动素质教育理论和实践问题的研究，出版了近百部学术专著，发表了数万篇学术论文，召开了近百次学术研讨会，形成了初步的素质教育理论和实践体系。

在西方，素质教育思想也有久远的历史。苏格拉底主张教育要培养有德有才、深明事理、具有各种实际知识的人。柏拉图的理性教育观、亚里士多德的自由教育观，都是要使人格得到全面发展。中世纪大学的"博雅教育"，旨在培养具有广博知识和优雅气质的人，打造百科全书式的学者。18世纪，瑞士教育家裴斯泰洛齐提出：教育的目的在于发展人的一切天赋力量和能力。19世纪，纽曼创立都柏林大学，提出的教育目标是培养具有广博的知识、批判的智力、高尚的品德和很强的社会责任心的"绅士"。美国现代教育家杜威认为最好的教育，就是从生活中学习、从经验中学习，并主张把园艺、纺织、木工等人类基本事务引进到学校课程中来。美国当代教育家罗杰斯则提出培养"全面发展的人"的理念，并在实践中推行"以人为中心的教学"。此外，日本的教养教育观念，以及德国正在实施的"关键能力"或"关键素质"的培养，也是素质教育在不同国家的不同体现。

所以说，素质教育是高等教育的本质要求，也是符合高等教育发展规律的应有之义。实施素质教育不仅符合人类社会发展进步的基本规律，也符合每个受教育者提升自我、塑造自我、超越自我的现实需求。也正因此，古今中外教育界的有识之士无不将素质教育作为孜孜以求的教育理想，无不将培养具备全方位素质的人作为教育的终极目标。

二、素质教育是高等教育改革发展的时代呼唤

从全球高等教育发展趋势来看，面对世界战略格局中以国民素质为核心的综合国力竞争，面对新技术革命对高等教育提出的新挑战，重视提升学生的全面素质，优化知识结构，丰富社会实践，已成为世界高等教育改革潮流。美国的本科教育着眼于培养富有社会责任感的公民，非常注重培养大学生的独立思考与判断能力、有效表达与沟通能力、道德推理和判断能力。为了避免知识狭窄、思维偏颇，他们将通识教育、专业学习和职业教育有机地融合以保持知识体系在各学科

内容间的联系。为此，麻省理工学院为学生开设了两百门之多的人文、艺术、社会科学课程，目的在于"使学生对人类社会及其传统、制度有宽广的理解，加深对各种文化和专业知识的理解，激励他们作为一个人、一个专业人员、一名社会成员很好生活而拥有必需的情感和能力"。哈佛大学的通识核心课程更是影响深远，通过课堂讲授、经典阅读、小班研讨、科学实验、角色扮演、案例研究等富有参与性、启发性、发展性的教学方法，为学生创造了极为宽松自由、有利于培养独立思考能力的学习环境。

当前，我国正处于全面建设小康社会的关键时期和改革发展的关键阶段，经济建设、政治建设、文化建设、社会建设及生态文明建设的全面推进，工业化、信息化、城镇化、市场化、国际化的深入发展，经济发展方式的加快转变，都对提高国民素质、培养创新人才提出了强烈要求。在此背景下，国家 2010 年出台了《教育规划纲要》，将"坚持以人为本、全面实施素质教育"作为我国今后教育改革发展的战略主题，素质教育从高校教育行为提升为国家教育战略，并得到广泛认同和贯彻落实。2011 年 4 月，胡锦涛总书记在庆祝清华大学建校 100 周年大会上又强调指出，要"坚持育人为本、德育为先、能力为重、全面发展，着力增强学生服务国家服务人民的社会责任感、勇于探索的创新精神、善于解决问题的实践能力，努力培养德智体美全面发展的社会主义建设者和接班人"。

可见，大力实施大学素质教育，是紧跟世界高等教育发展浪潮的必然选择，更是我国经济社会发展对高等教育提出的客观要求，是新的历史条件下落实以人为本的科学发展观、贯彻党的教育方针的集中体现，也是从人力资源大国向人力资源强国迈进的时代呼唤。

三、素质教育是高等学校的重大使命

大学作为创新型人才培育的基地，作为创新型科研成果的源头，作为科技第一生产力和人才第一资源的重要结合点，是实施素质教育的主体，必须在素质教育的理论和实践方面担当排头兵、走在最前沿。而对于大学本身来说，素质教育是一项系统性工程，应当贯穿和渗透在大学教育教学活动的每个环节，需要全体师生共同参与，在"培养什么样的人"上有充分的认识，在"怎样培养人"上有切实的推进。

第一，要重申人才培养核心地位。教育以育人为本，人才培养是大学四项职能的核心。然而，由于近年来过于强调建设研究型大学，强调产学研合作，强调为社会服务，大学人才培养的职能一定程度上受到忽视。因此，大学必须重申教育要回归人才培养的中心地位并始终秉承。否则，素质教育将会是无本之木、无源之水，素质教育的目的也无从实现。

第二，要明确素质教育的目的。素质教育的核心就是实现学生的全面发展，将德育、智育、体育、美育融合为有机的整体，坚持德育为先、能力为重、全面发展，注重学思结合、知行统一、因材施教，努力培养具有"高远的理想、精深的学术、强健的体魄、恬美的心境"，富有社会责任感、创新精神和实践能力的社会主义建设者和接班人。

第三，要推动体制机制改革。大学全体师生员工要树立"人人都是素质教育的主体，事事都是素质教育的载体，处处都是素质教育的课堂"的观念，以人才培养为核心转变管理服务理念，扎实做到"干部为教师服务，教师为学生服务，全校为人才培养服务"，主动创建全方位育人新局面。要不断深化人才培养体制机制改革，在招生考试制度、人才培养模式等方面积极探索。比如，最近，清华大学推出了"新百年计划"以实现人才选拔的多元化，北京大学在全国211所中学实施了"中学校长实名推荐制"，就是有益的尝试。

第四，要加强教师队伍建设。教师队伍的整体素质决定着素质教育的成效和水平，也是当前深入推进素质教育亟待突破的瓶颈。要不断加强教师职业理想和职业道德教育，建立和完善教师培训制度，研究制定教师资格标准，改革创新教育教学评价体系，搭建教师交流素质教育经验的研究平台。同时，也要积极引进高层次、高素质人才，优化师资队伍结构。

第五，要将课内与课外紧密融合。把创新思维和社会实践紧密结合，是胡锦涛总书记在庆祝清华大学建校100周年大会上对全国青年学生提出的"三点希望"之一。要落实胡锦涛总书记的殷切期望，就要把基础理论教育和实践能力培养、专业技能教育和创新精神培养结合起来，把课内外科技创新和社会实践活动紧密结合起来，实现教学、科研、实践多种方式结合实施，构建课内和课外、第一课堂与第二课堂相结合的综合素质教育内容体系。

第六，要营造浓郁的大学文化。大学的整体文化氛围在育人过程中具有潜移默化的作用。高校应不断加强物质文化、制度文化、精神文化等文化建设，大力弘扬大学精神，形成良好的校风、教风、学风，为师生创造良好的生活环境、舒畅的感情环境、宽松的心理环境和活跃的学术环境，培育有利于激发学生创新热情和创新精神的浓厚文化育人氛围。

四、素质教育需要社会各界合力推进

前几年，有一个针对素质教育实施情况的专题调研，结果认为"实施素质教育的相关制度建设仍不完善，各项政策措施的推进还面临诸多体制性障碍，妨碍素质教育实施的体制性障碍和深层次社会根源并没有消除，现有教育条件和体系结构制约着素质教育的推进，教育工作领导方式和新闻舆论环境有待改善"。这说明，大学素质教育的深化落实，只有在外部环境与内部机制相互协调配套、整体推进的情况下才能达到，素质教育有赖于政府、高校和社会各方面的协同联动。应该说，党和国家已经看到了素质教育的这一特点。胡锦涛总书记在全国教育工作会议上深刻指出："实施素质教育不仅涉及教育各个阶段和领域，更涉及文化传统、经济发展、社会结构、用人制度等方方面面，必须统筹兼顾、协调推进，切实把实施素质教育这件大事抓紧抓好、抓出成效。"因此，推进素质教育不能仅限于高校本身，必须打开校门，与社会各界联动，共同努力推进。我们高兴地看到，参加今天大会的就有来自TCL集团、国防工业出版社、中国教育电视台、中央教科所，以及《中国高教研究》《中国大学教学》《北大教育评论》《高校教育管理》《光明日报》《科学时报》《中国青年报》《中国教育报》等期刊和报社的各界人士。

从政府层面来讲，应该确立正确的教育政绩观，制定有利于引导、推动素质教育的政策，改革创新体现素质教育宗旨的教育教学制度体系，研究制定科学的办学育人水平评价体系，建立科学的教育质量保障体系。

从社会层面来讲，应该形成合理的人才观，真正树立"不唯学历、不唯职称、不唯资历、不唯身份"的人才观和选人、用人制度，强化人才选拔使用中对实践能力的考察；要大力宣传素质教育的必要性和重大意义，积极为大学生的社会实践活动提供便利条件；要逐步净化校园周边环境和网络环境，营造良好的素质教育氛围。

从家庭层面来讲，家庭是社会的细胞，是青年学生受教育的起点。德国著名教育家福禄培尔就指出："国家的命运，与其说是操纵在掌权者手中，倒不如说是掌握在母亲的手中。"家庭要树立正确的教育观念，掌握科学的教育方法，培养子女的良好习惯，加强与学校的沟通，配合学校努力提升大学生的素质水平。

从学校层面来讲，要树立系统培养观念，努力推进大学、中学、小学的有机衔接。大学素质教育对中小学教育具有风向标的意义，要在素质教育中发挥领军作用，影响带动中小学素质教育改革方向。中小学教育要进一步深化素质教育改革，为高等教育输送素质全面的优秀人才。

五、素质教育质量和水平的提升需要理论与实践互动

十六年来，大学实施文化素质教育的观念已深入人心，全面实施素质教育、培养创新型人才，已成为高等教育领域的一个热门话题。各高校，从名牌大学到高等职业学校，都普遍开展了实践探索，涌现出通才教育模式、KAQ 模式（Knowledge 知识、Ability 能力、Quality 素质并重）、SSR 模式（Study independence 自学，Seminar 课堂讨论，Research 研究探索）、宽口径大类模式（前三年或二年半不分专业，高年级设置柔性专业方向）、跨学科复合型模式（实施主辅修或双学位制）、产学研合作模式、"整合"模式（系统论思想）等多种模式，积累了丰富的经验。但是，当前素质教育在理论探讨上还不够成熟、不够深化，在实践创新上还不够丰富、不够深入，理论与实践也尚未实现十分有效的对接。比如，有些理念和模式是从境外移植过来的，"中国特色"和高校的"个性特色"体现得还不够，与我国高等教育的实际结合不够；有的高校在专业教育之外另起炉灶搞素质教育，割裂了两者的联系；有些高校对素质教育工作重视不够，各高校之间也存在发展不平衡的现象；文化素质教育有了很大起色，但不能体现素质教育全部内

涵，综合素质教育体系需要进一步构建等。

今年10月，中共十七届六中全会审议通过《中共中央关于深化文化体制改革　推动社会主义文化大发展大繁荣若干重大问题的决定》，指出要培养高度的文化自觉和文化自信，提高全民族文明素质，增强国家文化软实力，弘扬中华文化，推动社会主义文化大发展大繁荣，努力建设社会主义文化强国。这一宏伟目标，对高等教育界的文化建设提出了新要求，也给大学的素质教育带来了新挑战。我们要抢抓机遇，乘势而上，不断开创大学素质教育的新局面。

一是要充分利用大学素质教育研究会这一广阔的平台，集合各级各类教育界专家学者的智慧，共同为推动素质教育开展深入的理论研究和实践探索、创新。

二是要鼓励带动更多教育实践工作者参与到理论探讨中来，加强教育理论界与教育实践工作者之间的交流与合作，不断丰富和完善素质教育的理论，进而指导实践取得实效。

三是要紧扣时代主题，不断加强对素质教育内涵、目标、要求、途径、方法的研究，逐步建立具有中国特色的、符合我国国情和高等教育实际的素质教育理论体系。

四是要系统总结素质教育十余年来的宝贵经验，深刻反思当前素质教育面临的困境与难题，切实转变不适合不适应素质教育本质要求的教育观念，勇于开拓、不断深化素质教育改革试验，扎实推动素质教育实践取得新突破。

五是要研究制定推动素质教育实施的法律法规制度，建立科学的评价制度和用人机制，对政府和教育部门、学生家长、教师真正起到督促指导作用，保证全员素质教育的有效实施。

此外，作为国家大学生文化素质教育基地，各高校要在理论和实践探索方面更加主动、敢于创新、形成特色、创造经验，大力发挥示范、引领、辐射作用。

大学素质教育是一个系统工程，需要学校、家庭、社会、政府的共同努力。我们成立大学素质教育研究会，就是要总结高校开展素质教育的经验，探索实施素质教育的理想模式，集中方方面面的力量来共同推进大学素质教育。我们的研究和探索，将对开创我国高校素质教育新局面、寻求适合中国国情的高等教育人才培养方略产生积极的理论和实践影响。在此，我也提三点希望。

希望研究会成为素质教育专家学者交流争鸣的平台。《教育规划纲要》颁布实施以来，教育改革发展的形势非常好，理应出现更多的素质教育名家、专家。我们研究会有着独特的优势，集中了全国和各高校的专家学者，希望大家在这里多交流、多争鸣，探索经验、分享成果。希望学会能更多地发现、扶持、造就素质教育方面的优秀人才，推进教育家办学，开展素质教育的实践。也希望今后有更多的优秀校长、优秀教师、优秀教育理论工作者，充分利用研究会提供的环境和条件，在教育改革发展中走在前列，脱颖而出，做出杰出成绩，成为名副其实的素质教育专家。

希望研究会成为素质教育先进成果的策源地。这里讲的成果，既包含理论成果，也包含实践成果。研究会要积极倡导理论与实践紧密结合，从教育改革发展实践中提出问题，从理论与实际结合上提出解决的思路和方法。要鼓励实实在在的有针对性的研究，课题不在求多，贵在创新，不在求大，贵在求实。要创造条件，大力开展学习、调查、研究，深入高校一线，从素质教育的改革实践中找问题、找答案，进一步加强对大学素质教育的固有特点和特殊规律的认识和探讨，创造和凸显研究的个性化特征。教育需要实验，希望研究会勇于创新，抓一些素质教育的实验区、改革点，从实验中寻求解决问题的思路和途径。

希望研究会成为素质教育向外看的窗口。根据一些学者的研究，世界高等教育的中心，大致经历了由意大利到英国、从英国到法国、从法国到德国、从德国到美国的4次转移。而每一次转移，都是他国经验与本国实际相结合的创造性产物。中国高等教育的素质教育在诞生之初，也曾借鉴了西方的成功经验，此后才走上本土化创新的道路。素质教育的发展离不开世界，希望研究会成为各位专家向外看的窗口，要多开展对外交流，多参加国际性的教育学术论坛和会议，争取自己的话语权，吸收其他国家素质教育的好经验，拿回来大家讨论，为我所用。希望研究会成员们在素质教育的探索中，能始终站在国际国内的前沿来看问题、想问题。

培养一流人才，需要一流教育。在新的历史起点上，让我们充分利用研究会的资源，继往开来、开拓创新，大力推动素质教育改革和发展，为创建有中国特色的现代高等教育体系，为培养更多高素质、高层次、多样化的拔尖创新人才，为建设教育强国和文化强国、实现中华民族伟大复兴作出更大贡献。

第二章　高素质人才培养是学校的核心任务和根本职责

构建"立体型、联动化、交互式"大学素质教育体系[①]

多年来,在教育部高等学校文化素质教育指导委员会的指导下,大学文化素质教育观念深入人心,全面实施素质教育、培养创新型人才,成为高等教育领域的一个热点。从高校到高等职业学校,都普遍开展了文化素质教育模式的实践探索,积累了丰富经验,极大提高了高校人才培养的质量和水平。尤为值得一提的是,去年11月,在教育部领导大力支持下,在广大教育界同人的热心帮助下,中国高等教育学会大学素质教育研究分会得以成立,为推动落实胡锦涛总书记在清华大学百年校庆时的讲话精神和党的十七届六中全会精神,进一步深化大学素质教育的新思路新举措打造了平台、奠定了基础。

作为中国高等教育学会大学素质教育研究分会第一届理事会理事长单位,我校认真贯彻全国教育工作会议精神,积极思考如何在新形势下切实推动大学素质教育的理论探讨和实践探索。在实践中,我们越来越深刻地认识到:所谓素质,就如同爱因斯坦所说"把学校所学的知识都忘了之后剩下的东西",也就是说,是人经过后天的教育和环境的影响,在人的心灵和行为中所保留下来的东西,是"存乎心,形乎四体"的,是影响人的一生的东西!

正是基于这样的认识,我们认为,素质教育不应仅仅是大学的事情,必须将影响和制约人才培养的各种因素都考虑进来。比如,大学前教育(包括中小学,尤其是中学)、家庭、社会各界特别是企事业单位、政府等不同层面,努力发挥校内外各方面的力量共同来育人。用一句话说,就是"育人是全社会的事业"。因此,在探索推进素质教育的过程中,我们进一步总结北京理工大学在素质教育实践中的经验,提出了构建"立体型、联动化、交互式"大学素质教育体系(以下简称体系)的理念。今天,我就把这一理念提出来,与大家一起探讨。

[①] 2012年4月13日在"高等学校文化育人研讨会暨第五次高等学校文化素质教育工作会议"上的讲话摘录。

一、体系的基本内涵

立体型,就是始终围绕培养德智体美全面发展的人才这一目标,既要发挥大学内部教育教学部门、行政管理部门、后勤服务部门、学生组织的作用,又要发挥大学之外的大学前教育(包括中小学,尤其是中学)、家庭、社会各界特别是企事业单位、政府等多方面力量的作用,从不同方向、不同侧面、不同渠道为素质教育提供条件和保障。

联动化,是指在实施素质教育过程中,大学内部各部门、各组织之间要联动起来,共同探索深化素质教育的新模式;同时,大学也要主动联合中学、家庭、企事业单位、政府等外部主体,发挥他们在德育、智育、体育、美育各方面的作用,形成素质教育的合力。

交互式,是指在实施素质教育过程中,大学内部各部门、各组织之间要建立经常交流沟通的机制,共同思考育人的新方法、新途径;同时,大学与中学、家庭、企事业单位、政府等外部主体之间,也要建立固定的沟通交流渠道和机制,充分利用现代化的网络技术手段和平台,及时沟通信息、交流经验,共同探索新形势下的大学素质教育新模式。

简言之,这一教育体系就是要通过将与人才培养有关的多个主体贯通、联结,推进人才培养过程中的校际互动、校企互动、校家互动、校政互动、师生互动、管学互动,为人才全面发展提供更加广阔的平台和更丰富的模式,全面提升素质教育的效果。

二、体系的培养目标

教育家陶行知说:"真教育是心心相印的活动,唯独从心里发出来,才能打动心灵的深处。"构建"立体型、联动化、交互式"大学素质教育体系,最终目的,是要通过掌握学生成长的一般规律,不断完善学生健康成长所必备的条件与环境,由外而内激活学生自身的潜质,激发学生向德、增智、健体、尚美的内在积极性（或称"内因"），促使学生实现自我管理、自我服务、自我教育、自我成长，进而让每一个学生都成为具有德智体美基本素养，同时又具备不断追求德智体美更高层次的能力的人。

在具体目标上，努力使学生实现"四个一"。

德育方面，培养一种志向高远、明辨是非的素养和能力。培养学生的公民意识和道德修养，让学生能胸怀远大理想，树立正确的世界观、人生观、价值观，立志为国奉献、为民服务，牢牢把握人生正确航向，把个人成长成才融入祖国和人民的伟大事业之中。

智育方面，培养一种终身学习、勇于创新的素养和能力。培养学生强烈的学习爱好，掌握正确的学习方法，锻炼科学的思维方式，运用知识的能力，使学生具备不断创新的能力，进而形成终身学习的精神追求，掌握精深的学术。

体育方面，培养一种热爱运动、积极锻炼的素养和习惯。挖掘每一位学生的体育运动潜能，激发其体育锻炼的兴趣爱好，使其掌握一种适于自身条件的运动技能，养成受益终身的运动锻炼习惯，保持强健的体魄。

美育方面，培养一种和谐自身、鉴别美丑的素养和能力。教给学生审美的方法，使学生树立正确的审美观，懂美、爱美、追求美、鉴赏美、创造美；让学生拥有健康的心理、恬美和谐的心境，不断美化自己的心灵，塑造完美的人格，自觉地塑造自身的美的形象，实现自身"和谐发展、全面发展"。

三、体系的实施途径

大学素质教育体系，是针对大学素质教育提出的，其实施主体当然要以大学为核心，通过大学的主导作用，引导大学前教育（包括中小学，尤其是中学）、家庭、社会各界特别是企事业单位、政府都积极参与到育人事业当中来。

1. 大学本身必须发挥主导作用

从大学内部来说，要充分调动教学、科研、管理服务等部门的积极性，发挥教师、学生、干部和工勤人员的主动性、创造性，共同为高层次人才培养服务，将素质教育贯穿到人才培养全过程、各环节。

首先，在德育上，要考虑将德育工作贯穿到学生成长全过程，体现到学习生活各方面，实施全员全方位育人。教务部门要与马克思主义理论教研部、公共课程授课学院合作，开设令学生喜闻乐见的思想政治教育课程、通识教育课程，抓好德育主阵地建设。学工部门、党团组织要通过富有教育意义的实践活动，实施有效德育；要加强大学生的入学教育、人生规划教育；要加强学生班级文化、宿舍文化氛围的营造，打造良好的德育环境。组织人事部门要把好进人关口，进校教师既要学术水平高、又要道德素质强，当然也要不断加强教师队伍的师德建设，以此影响带动学生德育。

其次，在智育上，要将传授知识、形成技能、发展智能、培养学生创新精神和创造能力有机结合。教师要不断追求前沿的学术眼光、渊博的知识、精湛的科研能力、巧妙的教学艺术，影响带动学生热爱学习、追求知识。就业部门要与学生工作部门联动，在入学之初就对学生进行专业发展教育、职业生涯规划教育，同时又要创造更多的实习、实践机会，锻炼学生的动手能力、创新能力。教务部门、国际交流合作部门要与学生工作部门合作，将具有学习潜力、创造潜质的学生送到国外去交流、历练。科研部门要制定合适的政策，鼓励学生参与到科研中，提高其运用知识解决问题的能力、创新发现的能力，开阔其学术视野。团委要积极引导学生社团组织，开展并参与丰富多彩的科技创新活动，激发学生的求知欲。

再次，在体育上，学校管理者首先要重视突出体育锻炼的理念，清华老校长蒋南翔就提出了"为祖国健康工作50年"的口号，鼓励倡导学生积极开展体育锻炼。体育教学部门要转变传统的教学观念与模式，由注重体能技巧的训练向富有思想性、挑战性和趣味性的新型体验式教学转变。团学部门要做好各类体育社团活动的组织引导工作，大力开展群众体育运动。规划、基建、后勤、体育教学部门要联合起来，在校园建设中考虑体育场地的规划建设、考虑体育设施的配备和场地的维护。

建立体育教育研究室，支持体育学科的发展，开展体育科学研究，丰富体育教学内容和形式。尝试以兴趣爱好班的授课方式，让学生根据自身兴趣爱好主动加入体育教学中,发现一种或几种适于自己的体育兴趣爱好,最终达到以体育爱好带动体育锻炼的目的,让体育锻炼成为学生终身受用的生活方式之一。

体育部要考虑与教务部门合作,在最适宜体育运动的时段安排课程,达到最佳教学效果。

最后,在美育上,要努力实现美化、升华人的精神世界这一大学美育的主要目的。美育,不仅仅指音乐、美术、影视、戏剧、舞蹈、书法、戏曲、设计等艺术教育,大学的所有学科、课程都与美育有直接或间接的关系,正如蔡元培所说:"凡是学校所有的课程,都没有与美育无关的。"同时,大学美育还要包括美学、审美实践等内容,包含艺术审美、自然审美和社会审美。所以,大学美育是渗透在大学教育的各个环节的。那么,大学中实施美育的主体,也就不仅仅限于团委、艺术教育中心、学生艺术社团等,还涉及教务部门的美育课程设置,人事部门对教师师德的培育和对教师高超教学技艺的培训,规划基建后勤部门对校园环境的美化、对标志性建筑物的美学设计、对教室食堂宿舍的美化和科学设计,宣传网络部门对网络环境的净化和引导,团学部门对学生艺术活动的积极引导,心理健康工作部门对学生健康心理的引导和支持,等等。

2. 外部组织需合力共建

从大学外部来说,要发挥家庭、中学、政府、企事业单位作用,形成素质教育合力。

首先,大学与家庭的联动。在人才培养中,应充分动员家庭力量,引导社会成员高度重视、主动自觉、科学正确地参与到大学教育中去,通过学校和家庭间全方位、即时性的联结互动和交流反馈,共同促进学生成长成才。一是建立家长定期联络制度。新生入学时,辅导员、班主任可以通过查询学生家庭信息、电话家访、直接见面等途径,与学生家长建立定期联系沟通渠道。建立学生"情感心理档案""学习档案""健康档案",以便出现突发情况时及时应对。二是探索分片联动管理制度。在华北、华南、华中、东北、西北、西南等行政大区设立家长委员会,推选家长代表委员,集中收集反馈家长意见建议,定期与校方相互发布学生成长情况通报。在有条件的地区,建立网上家长学校,与家长加强网上交流互动，开展有针对性的指导服务。三是强化家庭监督。引导、鼓励家长在学生假期开展家庭监督，提醒纠正学生不良生活、学习习惯；在学生成长的重大事件、重大节点中，家长能及时发现变化，进行交流引导和监督支持，及时与校方沟通解决问题。

其次，大学与中学的联动。大学与中学处于实施素质教育的最前沿，两者最应当联动起来，共同提高人才培养质量。一是培养理念的贯通。大学作为主导，要以自身的人才观、教育观引导、影响中学素质教育方向和目标，推动中学素质教育教学改革创新。二是评价筛选机制的贯通。大学要通过自主招生选拔考试、生源基地建设工程等途径，推进招生咨询、就业指导、生涯规划、学术交流等活动深入中学，以大学人才评价体系和选拔标准，引导中学人才培养。三是培养过程的贯通。在生源基地建立学生培养全过程追踪机制，充分掌握学生在中学时期的学习状况、个性特长、发展方向，进而因材施教、因人施教，将素质教育外在拓展为一个连续不断的终身教育过程。通过中学、大学之间的"三个贯通"，从源头上打好素质教育的前哨战和基础，形成系统的、整体的、长效的人才培养贯通机制。

再次，大学与企事业单位的联动。用人单位是检验素质教育成果的实验场，也是检验人才质量、发挥人才价值的终端。企事业单位为大学人才培养提供有效的创新创业、学习实践的平台，因此大学应积极主动和企事业单位实施联动，开展协同创新合作和相互交流，实现人才培养和人才评价相统一，实现社会发展需要与大学生发展需要相统一。一是加强大学在企事业单位的实习、实践基地建设。提升实习、实践平台的层次和质量，鼓励学生在实践中加强专业技能、磨砺精神意志、锤炼创新能力。二是加强资源互补配置。加强校企合作、协同创新的深入与力度，推动企事业单位设立学习、科研和实践课题项目，设立相应奖学金，为人才全面发展和个性创造提供支持。如我校与中国兵器工业集团开展协同创新合作，共同培养学生课内外实践能力、协同推进双导师制、加强干部交流、联合培养博士后以及科研成果转化和共建前沿实验室等。三是推进就业单位进校园活动。开展目标性、针对性较强的就业咨询、职业规划及企业理念宣传，为学生全面发展提供方向性指引。

最后，大学与政府的联动。大学是素质教育的实施者，而政府是高等教育的管理者，为高校素质教育的实施提供资金支持和政策保障，是素质教育必须充分动员的力量，因此，开展素质教育，大学就必须与政府充分联动起来。一是政府要倡导社会教育观，将终身教育理念落实到全体社会成员中，引导各级党委政府主要领导真正落实教育优先发展战略；引导社会舆论正确理解素质教育的内涵，合理研判素质教育及其改革，包容素质教育探索中可能出现的失误。二是大学要在素质教育上积极开拓、创新模式、打造特色，为政府制定素质教育政策提供先期经验、基本范式、科学依据，使政府能采取有针对性的资助和支持。政府也要根据不同层次类别的大学实施素质教育的特点，鼓励探索、创新，不搞一刀切，为素质教育特色发展提供宽松环境。三是大学要通过素质教育培育高素质人才，引领社会风气之先，为政府各项政策的贯彻落实做好人才铺垫和文化铺垫，政府也要通过强化社会环境治理、网络环境治理营造积极向上的育人环境和氛围。

四、北京理工大学的实践探索

正是基于"立体型、联动化、交互式"大学素质教育体系这一理念，北京理工大学近年来动员各方力量共同开展了一系列素质教育实践项目，取得了良好的育人效果，树立了知名的教育品牌，赢得了广泛的社会赞誉。

在德育方面，北京理工大学在利用好思想政治教育主课堂的基础上，近几年比较成功地树立了"德育答辩"这一品牌。主要是教育和引导大学生在大学四年过程中通过德育开题、中期检查和答辩三个环节，对大学生活和个人发展进行全面规划、实施、修正和总结。在这项活动中，我们的学生工作处牵头组织，以班级为单位开展交流答辩，校领导和中层领导干部定点联系班级，学院党委、团委、教务部门积极提供资源和平台。作为德育答辩的扩充，还开展了"德育小导师"试点工作，聘请优秀毕业生作为低年级学生成长的引路人，这样，就将全校与德育相关的部门力量都联动了起来。下一步，我们还要组织校友会、招生就业处、宣传部门参与到这项工作中，邀请知名校友、知名企业、媒体等参加学生德育答辩，共同为高校立德树人的工作贡献力量。

在智育方面，我校开展"大学生创新计划"，建立学校、学院、实践教学基地和科技类社团四级联动机制，并开展校内、北京市和国家三层"大学生创新计划"，建立以问题和课题为核心的教学模式，注重在实践中发现、培养、造就人才。此外在创新教育教学方法的同时，加强沟通交流和信息反馈，设立科技奖学金、大学生科研创新训练计划基金、实验室开放基金，充分调动学生的主动性、积极性和创造性，激发学生的创新思维和创新意识，实现课堂教学和实践教学的相互补充。目前"大学生创新计划"已培育项目1432个，已逐步形成了学校、学院、实践教学基地和科技类社团四级联动，教师和学生两方交互，各类人才辈出、拔尖创新人才不断涌现的局面。

在体育方面，北京理工大学始终坚持走课内外一体化学校体育模式。体育课教学实现"三自主"的授课形式（学生自主选择课程、自主选择教师、自主选择时间），教学内容以适应学生兴趣、爱好为主，共开设三十五门课。其中，瑜伽、野外生存、塑身减脂、轮滑、健美、普拉提尤其受广大学生的喜欢。为达到最佳教学效果，体育部与教务部门合作，在最适宜体育运动的上午和下午四点前时段安排体育课程。体育课外以学院体育为依托，以体育社团为牵引，开展丰富多彩的群众体育活动。体育教师发挥自己专业之长，深入到学院、社团中去进行指导、扶植。以学生会、研究生会为依托继续开展"延河杯""共青杯""新生杯"足篮球比赛等传统学生体育赛事。大力支持优秀体育社团参加全市全国的比赛。学校连续多年荣获北京市大学生阳光体育联赛优胜评估获奖单位。

在美育方面，学校以共青团、艺术教育中心为工作主体，注重发挥大学生艺术团和艺术类社团在校园文化活动中的带动作用，推动交响乐、话剧、传统曲艺等艺术形式接近青年学生、感染青年学生，开展以"艺术直通车""年度演出季""周末文化工程"为代表、面向广大团员青年的文化艺术普及活动，努力推动艺术教育活动由"精英化"向"群众化"方向发展。加强大学生艺术团自身建设，完善硬件设施，推动对外交流，提高艺术水准。多年来，学校坚持举办深秋歌会、艺术文化节、新年音乐会、"秋之韵"专场演出、"在北理的幸福生活"音乐试听会等形式的艺术活动，提升了同学们的文化素养，大学生艺术团也曾多次获得国际、国内荣誉。

各位领导、专家，大学素质教育包括文化素质教育，是培养国家所需要的素质全面的人的重要途径和手段。我希望所有高校都能积极行动起来，联合中学、家庭、企事业单位、政府，共同构建、丰富、完善"立体型、联动化、交互式"大学素质教育体系，着力培养德智体美全面发展的社会主义建设者和接班人。

中国教育需要"好声音"[①]

一、客观认识和评价中国教育现状的声音还比较少

记者： 当前，教育成为老百姓最关注的民生问题之一，但人们对教育的意见和批评很多。您怎么看待这个问题？

郭大成： 教育是关系国计民生的大问题，人们给予关心、评价甚至言辞激烈的批评，我认为这是好事，教育工作者应该表示欢迎。特别是随着经济社会的发展和人民生活水平的提高，人们对教育的需求越来越高，对教育的关注度也越来越高，人们对改善当前教育的现状充满期待。我们作为教育工作者很理解，也很支持。要回答这个问题，我认为首先要对当前我国教育现状有一个基本估计。我认为，尽管我国教育发展水平与发达国家相比存在一定差距，但总体来看，我国教育发展与本国经济社会发展水平是基本相适应的，这是我的一个基本看法。改革开放30多年来，我国经济飞速发展，取得了举世瞩目的成就，很大程度上是由于有强大的人才资源做支撑，而教育则为人力资源的储备提供了源源不断的动力。

当然，同时我们也应该正视我国教育存在的问题和不足，并积极努力地去调整、去改革，努力办成"让人民满意的教育"，以满足人们的需求。

记者： 从横向来比，您认为应如何看待中国教育在世界教育领域的发展水平？

郭大成： 很多人经常拿中国教育和发达国家的教育比，得出的结论往往总是负面占多数，甚至容易妄自菲薄、信心不足。实际上，我认为客观地认识和评价中国教育发展现状的声音还是比较少。客观地讲，我们的教育，以高等教育为例，有很多方面是做得比较好的，是得到国际同行认可的。比如，近年来，美国的一些专家学者开始关注和研究中国的高等工程教育，认为中国的高等工程教育

[①] 刊于2013年6月9日《人民政协报》。

办得还是比较成功的，我们培养的高等工程技术人才，适应了当前中国"世界工厂"地位的需要，很多世界500强企业在中国扎根，并向全世界提供一流的产品，足以说明中国高等工程教育为此提供了大量高质量的高等技术人才。再比如，我们的素质教育、思想政治教育对培养人才也产生了多方面的效果。我曾看过一本名为《印度理工学院的精英们》的书，这本书里面讲到，印度精英大学的毕业生一般都能进入华尔街、硅谷或者其他世界上有名的大公司，享受着丰厚的薪金，但是他们一旦出去，几乎很少回国，即使有人回国也很少久留。究其原因，是印度教育对于爱国等德育内容的缺失。而随着中国经济的飞速发展，我们可以看到越来越多的留学人才回流，这不能不说是我国从基础教育就开始重视对人才进行爱国主义教育、民族情怀教育产生效应的例证。另外，我们培养的学生的适应能力、实干精神和开拓精神也越来越被国内外同行认可。

二、改革是一个渐进过程，不能急躁

记者：社会各界包括家长对学校寄予很大希望，希望能把孩子培养"成才"，学校、家庭都备受压力。您认为我们需要有一种什么样的人才观？

郭大成：很多家长都望子成才、望子成龙，但什么是"才"？需要我们辩证地去分析。其实，家长"望子成龙"是好事不是坏事，我很理解。但"龙生九子，各有所长"，"龙"不应只是"家"——科学家、政治家、企业家，也可以是"匠"——高级技能人才也是人才，也就是我们通常说的"三百六十行，行行出状元"。如果只按照一种"龙"的标准培养人才，教育会走向极端，经济社会发展也会出问题。另外，我认为学校教育只是成才的一个环节，是打基础的阶段，不是成才的全部。很多人成才除了通过学校教育之外，还要通过自己在实践中的努力，加上家庭教育、社会教育，最终成为某方面的人才。这可以称为"大人才观"。全社会如果都能树立这种观念，就会给教育"松绑"，否则教育会不堪重负，受教育者也会承受很大压力。因此，社会各界要转变人才观，给孩子和教育营造一个宽松的环境，并和学校一起努力培养孩子成人成才。

记者："钱学森之问"曾掀起了社会各界对教育的大讨论。您如何看待这个问题？

郭大成：首先，我们要肯定，钱老提出的问题是非常重要的，确实应当引起教育界人士警醒和深入思考。我认为，对这个问题也要实事求是地看，不能说我们没有培养出高水平的人才。但要正视，我们培养的高水平人才确实还比较少，这也需要一个比较长的过程。中国改革开放才短短30多年，真正意义上的现代大学发展才100年左右，发展教育不能太着急。把回答"钱学森之问"作为未来教育发展的一个目标，我们才会有发展教育的动力。教育界人士既要只争朝夕，又不能太急，否则不利于出好成果；外界也不要太急，否则教育界压力太大，没有发展空间，欲速则不达。

记者：从人才培养的角度看，您认为当前应当在哪些方面进行改革？

郭大成：就高等教育来说，一方面，大学应该着眼于挖掘学生成才的潜质，最重要的是调动学生的"内因"，想方设法让学生学会自我学习、自我激励、自我管理、自我服务。这就需要大学从内部机制上进行改革，保证所有工作都要为人才培养服务，让学生成为学校的"主人"，从而激发学生的内因。另一方面，就像我刚才提到的，人才是多样化的，人才培养的任务不可能完全由大学来完成，大学应该打开校门办学，和家长、用人单位、科研机构各个方面建立联系，和社会各方面联合共同培养人才。在这方面，我们北京理工大学正在尝试建立学校与社会各界合作培养孩子成才的渠道，从去年开始我们创建了学校与家长的网上交流平台，叫"家校彩虹"——学校把孩子在校学习生活的信息通过平台与家长共享，共同探讨孩子培养问题。另外，我们还与100多个中学建立联系，探讨大学教育与中学教育衔接问题。特别是我们与理工附中共同举办中学科技实验班，我校的知名教授到中学去开科技讲座课，使孩子们在中学阶段就感受科技和学术的魅力，效果很好。

记者：近些年来，中国教育综合改革正在稳步推进，您认为如何才能真正取得改革成效？

郭大成：就像刚才所说，首先社会要树立一种全新的育人观、教育观，然后是制度设计，最后是操作层面，教育和人才培养才能走向良性循环。当然，在改革过程中，要允许有条件的学校进行试点，也要允许一些学校根据实践主动提出试点内容并加以试点，然后逐步放开推行。教育改革要着眼于整个教育体系，不能就某一领域单兵突进，而且改革是一个渐进过程，要给其足够的时间，不能急躁。

第二章 高素质人才培养是学校的核心任务和根本职责

"钱学森之问"与大学教育改革[①]

《大学》：郭书记，您好！虽然"钱学森之问"的词频热度略有减弱，但它带给大学教育的追问却未曾停止。您如何理解钱老的问题及人们的追问呢？

郭大成书记（以下简称郭书记）：我以为要重视"钱学森之问"以及人们对"钱学森之问"的追问，这背后反映的是教育之于中国发展所具有的重大作用和重要地位。第一，这样的"问"是符合我国发展需要的。钱老站在国家和民族发展的高度，提出教育要培养更高层次的拔尖创新人才，更好地为国家发展服务，这既是我们目前教育发展的一个瓶颈，也是我们下一步深化教育改革和发展的方向。第二，解答这样的"问"，需要一个渐进过程来充分实现。从教育的发展规律来看，教育本身就是在打基础，所谓"十年树木、百年树人"，就是说教育对人才的培养，是一个渐进的过程，是一个积累的过程，不是一蹴而就的事情。钱老提出了这个想法以后，我们要去努力，要去完善，而且要不断地去推进，但不是说我们马上就能实现，这是不符合人才培养规律的。第三，这个问题不应仅仅由大学来回答，也需要政府、社会以及家庭和大学共同来回答。

《大学》：应该说，一方面，社会屡屡向大学抛出"钱学森之问"；一方面我们大学培养的高端人才也在为国家发展作出重要贡献。如何看待两者的共存？

郭书记：我想，钱老之问，可以从狭义和广义两个层面来理解。从狭义来讲，主要是指取得重大基础理论创新成果的杰出人才，如诺贝尔奖得主等。从广义来讲，既包括前者，也包括在应用领域涌现的杰出人才。在这方面我们培养出的杰出人才，已在国家发展中作出重要贡献。从"两弹一星"到"神九"上天；从太空行走到"蛟龙"下水，在这些高精尖端领域作出重大贡献的杰出人才，绝大多数都是我们自己培养的。特别是去年获得国家最高科学技术奖的王小谟院

[①] 刊于2013年5月《大学》。

士，就是北京理工大学的校友。他20世纪50年代末入学，60年代初毕业，是我们国家截至目前所有最高科学技术奖得主中唯一没有任何国外留学背景的学者，号称"中国预警机之父"，他现在的技术和他的水平应该是世界最高水平。因此说，从狭义来讲，我们还需要努力。从广义来讲，我们已经有了很好的基础。

社会屡屡向大学抛出"钱学森之问"，首先，反映了社会对高层次创新人才的迫切需求。其次，也反映了人们对目前教育的状况还存在不满意的地方。这种不满，一方面反映出人们对目前教育存在问题的批评，我们应该表示欢迎；另一方面，这种不满的背后折射出一些人长期以来对教育评价的认识偏颇。比如，人们往往高度肯定经济社会的发展，却忽视或否定教育对经济发展的贡献。我认为这样两种截然相反的评价是不科学、不合理的。因为，从认识论的角度来看，经济发展是人干出来的，绝大部分人都是我们自己的教育系统培养出来的，既然如此，我们就不能一边赞扬经济发展高歌猛进，一边贬低教育一无是处。教育发展和经济社会发展好比是人的两条腿，不但相互支撑，而且相互匹配，不可能一边奇高，一边过低。

我们国家经过改革开放三十多年来的经济发展，成就巨大。同期，我们的教育也得到了巨大的发展，我认为，我们的教育发展是与经济发展基本相适应的。所以，既然认可了经济社会的发展，就应该认可三十多年来教育改革发展的成就。有证据表明，目前我们的教育在世界上也是受到高度认可的，联合国教科文组织曾经组织了500位专家来考核我国的基础教育，其中三项指标都是世界第一，特别是我们的数学教育，让美国人刮目相看。我们的职业教育和高等教育发展势头总体上也很好。所以，我的基本观点是，我国的教育制度、教育工作的质量以及培养人的水平和我们国家的经济社会发展是基本同步的。

《大学》：那您觉得钱老问题触及的实质是什么呢？

郭书记： 我认为，钱老问题触及的实质不仅有人才培养的质量问题，而且还有支撑人才培养的文化层面问题。在我们的传统文化中，家长制的观念深入人心。中国传统文化中，"君君、臣臣、父父、子子""三纲五常"等伦理观念，代代相传，已经深入骨髓，融入血液之中，内化为我们国人的精神共识。在这样的文化背景下，家庭中家长处于绝对的主导地位，孩子从小就被训练成听话的机器，不管他愿意不愿意，都要在严格的控制下成长，而不是按照自己的兴趣和一些爱好自由地去发展。传统文化的影响是深刻而深远的，它对学校教育产生了重要影响。我们的学校体制复制了家庭中的"家长制"模式，课堂教学以教师为中心，教学方法上以灌输式、填鸭式为主，学习方法上强调死记硬背。这种教育模式在基础知识的习得，尤其是知识的整体性和系统性上，有一定的优势，国际学生评估项目（PISA）就是有力的证明，但在知识的创新性上显得乏力。我想，这是钱老向教育发问的一个重要诱因。因为，我们的教育是一种压迫式的教育，在学校，教师处于绝对的中心地位，而教学又按照教学大纲严格执行，学生没有任何学习的自主性和主动性。在家庭教育方面，也受到学校教育的影响，实际上我们的家庭教育和学校教育，老师和家长已经形成了价值捆绑并衍生为价值捆绑文化，家庭成为学校的延伸，家长成为学校教育的看护者，每天监督学生有没有按照老师的要求完成各项学习任务。这样，我们的家庭教育和学校教育就形成了一个完整的、可怕的捆绑网络体系，学生被牢牢地、死死地控制着和监视着。可以说，我们的家庭教育和学校教育体系，在应试教育的指挥棒下，继续这样发展下去，弊端还会愈演愈烈。

《大学》：您是认为，学校与家庭的价值捆绑文化，导致学校教育培养不出拔尖创新人才？

郭书记：从一定意义上讲这是有道理的，但还不完全。因为人才培养不仅是学校和家庭的责任，更是政府、社会、学校、家庭、个人努力以及机遇等诸多因素共同作用的结果。学校不可能直接培养出科学大家、学术巨匠。也就是说，要想从学校直接走出来就是科学家，就是大师，那是不可能的。比如"两弹一星"研究、预警机研究等，如果不是国家需要，根本不会有这样的锻炼机会，也不会诞生一批这些行业领域的专家和大师了。所以说，大师的培养既需要丰富的教育积淀，更需要实践的积累和机遇的垂青。也就是说，学生走出校门之后，结合实际工作岗位的需要，不懈地刻苦努力，并把握住国家发展带来的机遇等因素，才有可能久经砥砺而成为大师。

人才培养是个系统工程，政府、社会、学校、家长和学生本人都有各自的责任。学校作为人才培养的专门机构，在人才培养上一定要遵循教育规律，按照国家教育方针和政策办学。我们的家长和社会也要扮演好自己的角色,要主动地与学校一块遵循教育规律,按照国家教育方针和政策培养孩子。比如,我们目前推行的素质教育,学校很希望严格按照教育行政部门的要求积极推进工作。但是,家长方面的阻力很大,对学生发展导向的影响力也很大。学校给学生减负,家长就去社会上找家教,报辅导班,给学生加负。社会出于利益驱动,同时缺乏有效监管,便通过各种方式迎合家长的这种需求。奥数屡禁不止,就是这个因素,家长支撑了强大的教育辅导市场,同时也消解了学校教育的正能量。试想,学生在各种监控源汇集的压力中被动地学习,能成才吗?就人才成长过程而言,学校只是基础,还需要家庭、社会等方方面面的支持,也包括学生自己的努力这个因素,所以我们应该追问学校,但不能只追问学校。我们必须连带问一问社会,也要问一问家庭,能否配合学校一起来搞好育人工作。

政府更要积极地推进教育教学改革,特别是各种升学考试制度的改革,这是非常重要的政策指挥棒,当然也要推进教育教学方式方法的改革。我知道近年来教育部陆续出台了一系列的改革措施。最近,袁贵仁部长又提出了16个字的教育梦:"有教无类、因材施教、终身学习、人人成才"。这是他的教育梦,是一种教育的理想状态,也是我们教育的发展方向。从我的角度来说,我也愿意简单地概括我的教育梦,就是"让学生们快乐地学习,健康地成长"。我坚信,只要学生能快乐学习、健康成长,就一定会冒出钱老所盼望培养的拔尖创新人才。

《大学》:如果说家庭影响学生的力度在基础教育阶段比学校大的话,相对于中小学,大学在人才培养过程中是否更具主动性和能动性?

郭书记:的确,在大学阶段家庭的影响有所减弱,但是,家长对大学生的影响力量仍不可低估。我们曾经做过问卷调查,问学生当遇到问题的时候,你先找谁?特别是一、二年级学生,他们选择的顺序依次是,第一是朋友或同学,第二是家长,第三才是学校教师,就是说家长还是处在比较靠前位置的。有的同学说,家长几乎每天都要跟她(他)通话。说明家长同他们的孩子联系还是非常密切,影响还是很大的。

另外,到了大学教育阶段,学生绝大多数都是18岁的成人了。在这个年龄阶段,学生的学习习惯和思维方式已经基本成型,他们缺乏反思精神和质疑能力，缺乏独立思考和自主学习的能力的现象比较突出，这种状况要想改变是很有难度的。

加之，大学本身在管理制度、课程设置、教育教学的方式方法等方面还未从根本上改变传统应试教育的模式。因此，课堂上，老师讲什么学生就听什么，学习教条化、书本化的现象还不同程度地存在。教师和学生之间已经形成了类似"集体记忆"那样彼此适应的惯性。这种惯性很可怕，是我们人才培养面临的一个大问题，也是影响教育质量提升的一个症结。

《大学》：那您认为，今天的中国大学应如何摆脱这样的惯性，形成人才培养的活力呢？

郭书记：必须改变人才培养模式。例如，北京理工大学已经开始尝试构建纵向、横向、交叉、立体式人才培养模式。在纵向上，设立基础教育学院以做好大学与中学的联结，推动教师帮助大学生完成从中学人变成大学人的过程。我们和北京理工大学附属中学共建了一个科学实验班，请院士、教授们去给中学生讲科学课，使教师的人才培养活动延伸到中学。我们不是拔苗，而是通过教师定期与这些中学交流以了解学校孩子的特点，并就我们学校的特色与他们沟通和互动，让中学生了解大学的情况，将来可以选择我们学校，即使不选择我们学校也可以借此加强对大学的认识，有助于他们更好地选择和适应大学新生活。我们还广泛地加强和中学的联系，目前已形成100多个优质生源校，目的还是想与中学联起手来育人。在横向上，一方面，加强教师和家长的合作，共同联手培养人才，我们的基础教育学院在网络上建立"家教彩虹"平台，把大学生们的成绩、表现放到网上，让家长可以随时看到自己孩子学习及在校的情况，推动家长主动和教师沟通，把家长关心孩子的热情带到大学阶段。但这个阶段的学校与家庭的关系不是价值捆绑，而是价值共生。因为今天的大学教育需要进行个性化的人才培养，越是个性化的培养越是需要创建人才成长的个性化环境。而在中国，家庭依然是一个大学教育不可忽视的教育环境。另一方面，加强与用人单位的联系。我们经常请用人单位的负责人或者他们的专家到学校来宣讲。这个过程是学校在培养人才上与社会互动的一个重要环节，大学生在校园里就能够与他的就业方向及单位接触。所以，我们一方面是要和家长联系，一方面要和社会包括用人单位联系，形成学校与家庭与社会的互动人才培养模式。

《大学》：企业能做到与学校办学思想的统一与协调吗？

郭书记：这需要大学与企业建立长效的合作机制。以实习基地为例，计划经济时代反而不用管这些。但在市场经济条件下，企业按照经济最大化原则，需要进行成本核算，因此学生们到企业里实习的机会是有限的。这一点上，通过教师跟企业经常一块儿搞合作，建立研发基地，给学生们创造这种实习的机会。这就要求学校主动去联系企业，并在与企业合作过程中让企业了解学校，支持学校。同时，也让企业了解学校确实是能够帮助企业发展的。另外，在校企合作的过程中，教师带领自己的本科生、研究生得到了参与实践的机会，也提高了分析和解决实际问题的能力。通过实习的表现，也让企业看到，学校培养的学生到了实习岗位，确实能够发挥作用，是有能力胜任工作岗位的。这一点才是真正打动企业接受学生实习的关键因素。另外，也建议政府在政策上要给企业一些优惠措施，比如说在税收方面，如果建立实习基地，政府就在税收上减免一些。

《大学》：作为受教育的主体，学生这股力量该怎么去吸纳他们呢？

郭书记：我一直坚信"外因是变化的条件，内因是变化的主要因素"的观念。大学教育也不例外，我们的教师要引导学生学会自我教育、自我激励、自我管理和自我约束。目的就是让他们发挥主观能动性，自主、自愿、自觉地参加到育人的全过程中来。课堂教学是这样，课外活动也是这样。要引导学生们自己去组织各种活动，让他们在这些活动中，真正能够发挥他们自身的能量和创造性，这样才能够把他们的潜能激发出来。我一直主张学生干部不要搞终身制，应让学生都有机会去做干部。无论他们走出校门，是搞管理，还是从事学术，以及做企业，有一点学生干部的经历，对他们的成才都是非常有好处的。

在这方面，我们学校比较有特色的是搞了一个德育答辩活动。针对毕业季学生们各种非理性的行为，一些学院和学生辅导员就开始组织毕业生开展德育答辩活动。学生毕业不仅要完成学业答辩，个人品德也要答辩合格才能毕业。目前这项活动基本都是学生自己在组织，已经举办十年了。从最初的大四德育答辩，已经演变成新生入学之后四年成长规划。大一下学期开题，之后，到三年级要检查一次，然后四年级要答辩。每年都会专门请已毕业的学长学姐，来与学弟学妹们交流如何规划四年的大学生活。以此来促进学生学有方向、赶有目标，进而主动地参与到育人的实践中来，效果也是比较明显的。

《大学》：在多种力量联合互动培养人才的过程中，什么是最难的？

郭书记：我认为最困难的还是学校自身对人才培养的理解和认识。从理念的形成，到制度的设计，最后采取措施等，这一系列过程，需要大学自己先做起来。只有大学有所行动，家长才愿意和学校保持联系并参与大学的人才培养活动，企业也才愿意接受我们的合作邀请。所以，难点和切入点还是在大学自身。首先学校领导者要有这样的理念和意识，其次制度设计要跟上，再次需要教师真正地全身心投入，最后把学生动员起来。这样就形成了家长、社会、用人单位与大学联合协同培养人才的局面。比如，大学到中学开设科学班，引导孩子们从小树立爱科学、奉献祖国这样的一种理念，当孩子进了大学以后就有了相应的思想基础。大师们的讲解绝不是为了解题技巧、争分数的高低，而是真正地培养学生的科学兴趣、科学精神。这样的人才培养理念就会影响和带动中学教育，学生和家长们也都欢迎。再如与企业合作，很多大学教师通过自己研究的产品救活一个企业，这样的事例很多，企业能不支持我们的人才培养合作要求吗？所以，难点和关键还是在我们自身。

《大学》：您认为大学自身在人才培养方面存在问题中，学校对教学的投入不足是不是问题之源？

郭书记：实际上教育作为一个社会子系统，受到了多方面的影响。一方面受传统文化和教育观念的影响，另一方面也受到了办学条件，特别是资金不足的影响等，这些因素制约了对教学的投入。

目前，国家对学校日常经费的投入仅占30%左右，加上学费收入总共不超过60%，远远不够学校支出，其他差额部分需要学校通过开展对外服务加以解决。另外，现在国家的拨款方式是按照生均经费补贴的办法，即招一个学生就配一笔钱，而不是按照不同类型的学校特点、所承担的任务要求及教师的能力和水平来配钱。生均经费补贴的拨款方式会促使一些学校盲目地扩招，以获得更多的拨款和资源。对于我们这类研究型大学而言，面临的问题更严重。我们既要承担并完成好大量的科研任务，又要保证人才培养质量，因此绝不能盲目扩大招生规模。

但是，一旦生源减少，那么教育经费就可能捉襟见肘了。尽管国家还设立了一些教育专项经费，但这些专项经费是必须专款专用，即"买醋的钱不可以买酱油"，有些经费还限时花完，不然就要收回。这样不利于学校统筹用好经费，经常是要么突击花钱，要么重复采购。还有，科研经费又不允许列支从事科研教师的人工成本，所以，研究型大学很大一部分经费比例，要用于从事科学研究教师的薪金和岗贴。这样一来，学校在整体上用于教学的投入就会相应减少。

学校的教育经费投入不足，也使得教师队伍的数量和质量受到影响。要想提高教育质量，保障课堂教学水平，就要保证师资的数量和质量，首先是要将生师比降下来，控制到 10∶1 以下，从而实现小班化教学。目前，很多高校的生师比都很高。像我们工业和信息化部系统的高校也存在这样的问题，我知道前些年，有一所高校最高时达到 25∶1。近些年师资力量得到改善，大都维持在 13∶1、14∶1 的水平。但是距离 10∶1 以下的比例还有相当大的差距。这样的师资力量，只能采取大班授课的方式，教师和学生之间没有足够的交流，教学质量会大打折扣。

《大学》： 有外国校长认为，当前中国大学的生源是优秀的，尤其是高水平大学的生源已经与国外高水平大学的学生不相上下，培养不出创新人才的关键是中国教师的问题。您认同吗？

郭书记： 国外大学认可我国的生源优秀这点我也有同感。前不久，我接待了一位得克萨斯州立大学的副校长。在交流中，我问他对中国学生的印象，他认为中国学生非常好，有不少学生并不缺乏质疑精神和创新精神。

应该说，今天中国大学的学生在智力发展及接受新生事物的能力等方面，确实不输国外大学的学生。但能不能把他们培养成拔尖创新人才，却不仅仅是教师的问题。就大学教育而言，影响人才培养质量的因素，首先还是传统的教育理念和教育方式方法。我们的大学教育还未突破传统的教育教学模式，还是以灌输式的知识学习为主，离基于问题的讨论式教育教学还有差距，很难激发学生自主学习、自由探索的精神。必须打破现有的压迫式、填鸭式的教育模式，改变传统课堂上教师占主导地位的局面，提升学生的主体地位，把学生被压抑的天性的东西激发出来，让学生的潜力和想象力迸发出来。

当然，我们的教师队伍也存在一定问题。一是，我们的教师，绝大部分是我们传统教育教学模式下培养出来的人才。因此，习惯于传统的教育教学方式方法。俗话说"老话顺嘴、老路顺腿"。如果不加以改变的话，很难适应创新人才培养的需求。二是，实践证明，要想让学生学会创新和创业的本事，首先要有具备创新创业能力的教师。然而，目前我们教师本身的创新意识不强，尤其是创新能力不足，所以在开展创新创业教育中有一些教师就力不从心。三是，教师既要搞科研，又要搞教学，而且科研任务比较重，因此可以用在教育教学上的精力就比较有限，也就是说，我们的教师，特别是骨干教师在教育教学工作中投入不足。

近年来，我们北京理工大学非常重视教师建设，为提高教师队伍的综合素质和教育教学水平，采取了很多行之有效的措施。比如，我们通过开展青年教师教学基本功比赛，促进教师教学水平的提升；通过建立教学促进与教师发展中心，帮助教师提高教育教学水平；通过制定政策和措施促使教授和高水平的教师上讲台为本科生上课……诸如此类的举措都取得了较好的效果。另外，我们还支持一些教师创立一些学科性公司，提高创新创业能力和水平。比如，我校信息电子学院雷达技术研究所创办雷科公司。他们在创业的过程中实现了人才培养、科学研究和产品转化，进而服务社会的融合模式。创业的过程其实是一个非常复杂的过程，也是非常能够锻炼人的过程，需要经历很多的环节和程序，也需要各方面的素质和能力。在参与项目的开发和研究过程中，教师和学生的创新能力和创业精神都得到了提升。

《大学》：您认为，拔尖创新人才的培养需要什么样的大学教育？

郭书记：需要能够促进学生素质和能力发展的大学教育。爱因斯坦认为，教育就是把学校所学的知识都忘了之后剩下的东西。实际上教育传授给学生的东西，就是内化在每一个学子内心深处的素质和能力，这是永远也不会忘记的东西，这就是教育最基础性的作用。引申来讲，就是培养学生独立思考、独立行动的能力。大学教育非常需要实施素质教育。

有必要建立一套大学的素质教育体系，以培养"高远的理想、精深的学术、强健的体魄、恬美的心境"为目标的全方位人才培养模式。高远的理想、精深的学术、强健的体魄、恬美的心境,这四者辩证统一,体现了做人与做事、身与心等方面的完整发展、和谐发展,对高校如何推进素质教育给出了新的注解。首先,高远的理想是引导一个人锲而不舍、不断追求、不断攀登的引擎,是人生的动力。一个人最后能达到什么样的境界,在事业上能走多远,很大程度上同他的理想和志向是相关的。其次,掌握精深的学术是每个大学生服务国家和社会的真本事、大本领。对于一个想要成就一番事业的学子而言,必须通过掌握精深学术来实现这一目标。再次,强健的体魄是完成学业的有力保障和基础。最后,恬美的心境是幸福生活的保证。

大学教育的第一要务就是要调动学生内心的学习兴趣和热情,以此才能够促使学生主动、自主地学习,快乐地学习。只有从学习中获得快乐,才会发挥出创造性的思维,这样就进入了一个良性的循环。学校教育应该营造一个良好的环境,提供有利的条件让每一个学生发自内心地主动学习,并让自己的潜力迸发出来。能实现这样教育结果的大学教育,才是最理想的教育状态。

《大学》:素质教育的主阵地是在大学课堂还是在课堂之外?

郭书记:我认为,两者都重要。针对当前情况,我建议要将一部分比较成熟的课外活动纳入教学体系,全面打通课堂教学与课外教学。这是大学实施素质教育的重要措施,也是非常重要的大学教育改革。

课外活动这个大课堂的育人功能非常重要。要减少课内学时,增加课外活动。从教育实践层面来看,很多校友在和我们交流中都提到,自己在进入社会之后,真正能够给他留下印象的就是自己在校期间参加的各种社团、各种形式的比赛,因为这些是他的兴趣使然,最能激发他内心的学习热情。从教育理论研究来看,印度理工学院一个杰出校友写了本书叫《印度理工学院的精英们》,很多和他一样从这里毕业的学生,在多年后回忆起自己的大学时光,认为对他们成功发展的重要因素,就是在大学阶段参加的各种活动。因为这些活动激发了他们的学习热情,让其印象深刻。前不久,我和2012年度国家最高科学技术奖得主、我校校友王小谟院士聊过,他也认为:在大学里面真正留下的东西,真不是课堂里讲的这些东西。王小谟回忆他在念书的时候并不是门门5分的好学生,学习成绩中上等。但是他是个活跃分子,参加了很多社会活动,他是摩托车队、剧社、演出队的骨干。在他走上科研的道路之后，看似大学里参加的活动与他的实际工作风马牛不相及，但是正是在这些活动中锻炼出来的组织能力、沟通能力、领导能力，为他以后的科研工作、管理工作打下了很好的基础。可以说，课外活动是一种很好的学习方式，也是很好的教学方式，对于参与其中的教师和学生都有很大的帮助。

目前高校课外活动的形式是多样的，但都处于"副业"状态，仅是个别学生和老师的爱好而已。以我们学校的车模比赛为例。我们学校的车辆工程专业是全国最好的，我们的车模队在全国高校中也是最好的。我们有个光电创新中心，每年参加国家组织的大型创新竞赛，都会取得不错的成绩。我主张把这种课外活动纳入教学体系之中，目的是从学校政策层面上进行一种引导，使这种课外活动常态化，教师和学生在参加课外活动的时候不用担心花费了大量的时间和精力，却不能算作课时和研究成果。

所以，大学教育应该把课外活动纳入到教学体系中去。基于这样的认识，我们学校在课程体系的设计上，就特别希望增加实践活动的课时量，把社团等形式的课外活动纳入教学体系中来。这将是令后工作的一个重要方向。

《大学》：大学及政府如何从各自角度强化大学的人才培养重任？

郭书记：学校要处理好人才培养、科学研究、社会服务和文化传承创新之间的关系，要明确自身工作的重心是培养人才，包括拔尖创新人才。不要就科研论科研、就社会服务论社会服务，要明确教师从事科研和社会服务都要有利于人才培养这一核心任务。不要把精力都用在教师自身发展上，放在教师升教授、教授当博导、博导当院士等环节上，而要把重心放在培养学生成才上。这一点特别需要转变。

政府部门在宏观层面上要把握好教育的政策方向，充分发挥宏观监督和引导的作用。在中观和微观层面上，给学校更多的发展自主权。例如，改革经费拨款方式，减少项目经费，增加经常性教育经费，让学校根据自身的特点和需要去配置资源。这样就给学校松绑了，学校可以真正自主地去设计和谋划自身发展，教师也可以从烦琐的课题申请中解脱出来，专心地做好教学工作。

《大学》：感谢您接受我们的采访！

扎实工作，提高人才培养质量[①]

听了刚才几个部门和学院的情况介绍，很受触动。现在就加强学生培养工作，谈几点想法。

一、反思

回顾和反思近几年的人才培养工作，可以说我们下了不少力气，也取得了一些成效。我们提出了"高远的理想、精深的学术、强健的体魄、恬美的心境"的人才培养目标，提出了"立体型、联动化、交互式"大学素质教育体系的构想；也提出了"三服务"理念，以及机关服务"二十字"方针；要求把人才培养作为学校工作的重心，各部门、学院的服务工作都要围绕人才培养来展开；等等。

在实践中，我们也开展了一系列改革试验，比如：为了帮助新生尽快转换角色、适应大学生活，我们成立了基础教育学院；在机制改革方面，实行教育教学管理一体化，把传统的学生教学管理和学生教育管理分别由两个校领导分管的体制，合二为一，即由一个校领导分管，同时配一位校长助理协助管理，并将教务处、学工处、团委（含艺教中心）和体育部归其统一管理，这就从管理体制上保证了德智体美教育的统一规划、统一部署、统一实施。

同时，我们还实施了"明精计划"，组建了徐特立学院；开展了"德育答辩""五个三比"等活动，并发展成为北京高校中的知名品牌；建立了校领导、处级干部联系学生班级制度；不断对学生工作队伍给予政策、资金支持。

可以说，人才培养的这些工作，总体效果是不错的，也得到了师生的肯定和认可。

尽管学校从上到下千方百计要做好学生教育管理和培养工作，但是，近年来，我校学生当中出现学习困难、生活困难、交往障碍、心理困扰的人数有增加

[①] 2013年6月28日在学校加强学生培养工作会上的讲话摘录。

的趋势。这不能不引起我们的深刻思考，究竟我们的人才培养工作出了什么问题？在哪些环节出了问题？

诚然，我们也知道，人才培养是一个从小学、中学到大学的系统工程，在大学出现了问题，并不意味着完全就是大学的责任。有的同志说，学生的问题都是一步步积累起来的，在中学期间积累的问题，到大学爆发了。这一点，我们也承认。但是，也要反过来想一想，为什么被称为"象牙塔"的大学反而成了学生问题爆发的地方，而不是学生问题化解的地方呢？是不是我们在教育工作中的缺陷和失误恰好给了这些矛盾和问题爆发的燃点呢？

从实践来看，我们提出的一系列人才培养的理念是正确的，对此，要有坚定的"理念自信"。但从学校发生的一些情况来看，我们在这些理念的执行和落实方面，确实还有不到位的地方。我们的理念，是不是还没有转化为指导实践的具体方案？各部门、各学院是不是按照这些理念调整、完善了相关规章制度？或者这些规章制度是不是从人才培养的大局出发而设计的？广大教师、学生是不是还没有产生强烈的理念认同？这些，都是值得我们反思的地方。

二、分析

结合我校的具体情况，我想人才培养中存在的问题可以大致归纳为如下四点。

学生方面，我们的学生从高中进入大学后，会出现观念上的误导，认为可以放松了可以玩耍了，不适应大学的学习，不会管理时间，不会约束自己，不会独立生活，不知道有更多更大的挑战和冲击。这就容易出现目标缺失和动力不足的情况，非常需要理想信念的教育和引导，我们对于学生理想与现实对立统一的教育、挫折教育、心理健康教育还不够充分，使得部分学生尚未适应大学生角色的转变，心理准备不够。

干部方面，包括我本人，我们的确在顶层考虑和理念层面已经提出了有针对性的目标描述，比如"三服务"理念、"四句话"育人目标、"五句话"服务行为规范、"五个三比"等，但是在推进实施方面发力不足。如"四句话"育人目标，如何在实际工作中变成可操作、可考核评价的抓手，现在看有差距。具体部门、单位对党委提出的这些理念和要求是否下功夫落实了？恐怕还是有差距的。

辅导员、班主任和导师方面，我们教书育人的责任感总体比较强，但也存在对学生的关心帮助不够，与学生的交流欠缺的问题，对学生的思想、心理、学习等方面的情况掌握不够深入，为学生服务、着想的意识还不足。此外，过于强调学生智力因素的培养，容易造成学生学习压力过大，从而导致学生心理不健全发展的问题。

具体管理和服务工作方面，也有不到位的地方。比如：与学生工作不直接相关的部门觉得人才培养与自己无关，存在重管理、轻服务的现象，不能从全盘角度思考，在政策制定、政策导向上不能从培养学生出发；一些管理部门的人员对于学生反映的问题、学生的正常诉求不了解、不调研、不回应，甚至相互推诿，不予以解决，导致学生受到冷落、产生怨气；一些学生工作人员自身的能力素质也还需要再上台阶。

可以说，学生培养中的问题及其原因是多方面的，需要从全校各个层面来分析和思考。

三、改进

刚才主管校长谈到了关于加强和改进人才培养工作的意见，我很赞同。人才培养是一个链条式的工作，不是单个部门学院的事情，它不仅涉及学生、教师，也涉及管理部门、工勤部门、团学组织等等，因此，需要发动全校力量开展全员育人、全方位育人。关于改进人才培养工作，我认为也要从四个方面下功夫。

1. 扎扎实实做好工作

这不能只是嘴上说说、墙上挂挂、网上发发、报上登登、会上讲讲，而要扎扎实实落在行动上。我们的学生，在大学以前，都处于"家"的呵护、控制之下，来到大学，一下子没有了约束感、也缺失了归属感，很容易在心灵上走失。这时就需要我们的干部、教师、工勤人员、离退休老同志来给予帮助。除了一线学生工作者的帮助，更重要的还是需要各部门、各个岗位上的教职工一起来营造"家"的氛围，给予学生情感上的关怀，让他们有归属感。比如，一个学生来办事，你满面春风、细致周到地帮他办完了，他觉得得到了尊重，会很高兴、很开心、很感激，精神饱满，学习状态自然好。如果他来了，你耷拉个脸，爱理不理，学生刚说了一句，你就说"不行，这不符合学校规定"，给堵回去。那学生能有好心情吗？他除了郁闷之外，恐怕还要对学校产生怨恨，对学校所有政策都产生抵触情绪。所以，我们才提出了"起身迎送，把话听完，意见明确，抓紧办理，必有回音"这个工作规范。目的就是要大家一起来营造好的育人氛围，让每个学生、每个员工都有"家"的感觉，从而心情愉快地学习和工作。

2. 改进创新制度

我们已经有不少好的理念，关键是将好的理念落到实处，落到细微处。在工作中，要继续探索服务师生、服务人才培养的一些好做法，以制度的形式固化下来。比如，我们提出的"高远的理想、精深的学术、强健的体魄、恬美的心境"育人目标，我们的各部门就要针对这四句话深入思考一下：我们的规章制度中，哪些是符合这个目标的？哪些是不符合的？哪些是有缺项需要补充完善的？要一句一句地对，一条一条地捋，把四句话细化为指导工作的具体措施和可操作的方案。这方面，教务处已有所思考，很好。希望大家一块儿来思考，提出具体可操作的办法，并在实际工作中落实。

我们的"德育答辩"活动，现在已经发展为常态化机制，下一步还要深入探索；校领导和中层干部定点联系班级等制度，为领导干部了解学生学习、生活、心理等方面的问题提供了渠道，下一步还要坚持。一方面处级以上干部自己自觉主动，另一方面主管部门和学院也要督促落实；比如学校各项科技创新和竞赛活动，都要有鼓励性的政策；比如教务管理、学生工作、后勤、图书馆等窗口服务部门，要把办事指南、服务流程、服务规范做得再细一些，再人性化一些，让师生感受到北理工校园的温暖。

3. 改进工作方法

我觉得，最重要的就是刚才主管校长提到的"全员育人、全方位育人、全过程育人"。教学、科研、管理、服务和后勤保障等部门以及各类学生组织都要动起来，主动往育人上想，工作方式上主动往育人上靠，也要相互沟通、相互纠正，共同把不利于人才培养的一些老传统、老做法摒弃掉，真正做到一切工作为人才培养服务。

同时，也要主动让学生参与到教学、科研、管理、服务当中来，与学生互动起来，调动学生的内因，让学生教我们怎样做好教学、管理、服务工作。我们各部门各单位和学生之间，要建立有效的沟通交流机制，既充分发挥外在因素的激励引导作用，又充分调动学生内因，实现学生自我教育、自我管理、自我服务、自我约束，不断增强育人效果。

4. 改进工作作风

我们常讲，工作路线确定之后，干部就是决定因素。能否实现培养德智体美全面发展的社会主义建设者和接班人，决定于我们的干部，特别是领导干部，能不能真心实意地为广大师生服务好，能不能创造人尽其才、才尽其用的环境条件，充分调动师生的积极性、主动性、创造性。所以，我要再次强调，干部，特别是领导干部仍要坚持"心向基层想，眼朝基层看，腿往基层跑，事为基层办"，以服务的心态做好管理工作。这次中央在全党开展的党的群众路线教育实践活动，是一个很好的契机。全校党员领导干部、广大教职员工都要借此机会，好好对照人才培养的要求照照镜子，查找一下我们在人才培养工作中的缺点和不足，认认真真听取师生的意见建议，对症下药、查缺补漏，真正把工作重心放在培养人上。

全体党员，尤其是领导干部，在作风上，要更加扎实深入，真正走近师生，倾听他们的呼声和诉求；要更加雷厉风行，该办的马上就办，克服"等、靠、要"的思想；要更加注重实效。"喊破嗓子，不如甩开膀子"，如果能真正抓好落实，抓好服务，实实在在为学生做些实事，我想，学校的教育教学和风气氛围，肯定会是呈现新面貌。

人才培养是个大课题，责任重、困难多，希望在座的全体同志齐心协力、多下功夫，共同把这项良心事业做好。

搞好素质教育，使所有学生成才[①]

金秋时节，很高兴能和大家在南开大学校园里欢聚，共同探讨素质教育的话题。这次大会的主题是探讨素质教育和中国梦，围绕这个话题，我想谈谈自己的一些想法。

中国梦是党中央在新时期、新形势下对我们的奋斗目标的新描述。什么是中国梦？习近平总书记指出，实现中华民族伟大复兴的中国梦，就是要实现国家富强、民族振兴、人民幸福。中国梦是民族的梦，也是每个中国人的梦。我理解，中国梦是国家梦、民族梦、个人梦的统一，是国家政治、经济、文化发展各个方面梦想的合集。当然，其中也包含了教育强国梦，而且这个梦是实现中国梦的基础和保障。"有教无类、因材施教、终身学习、人人成才"是整个教育战线、教育系统的梦，对于高校特别是结合素质教育来讲，我认为我们的教育梦是让学生"快乐地学习、健康地成长、多样化成才"。总而言之，要实现教育强国梦，进而推动中国梦的实现，最根本的还在于大力推动素质教育这一战略主题，培养出大量具备学习创新的能力、拥有健康完善的身心、在某方面有一定专长、甘于奉献的人才。

因此，位于素质教育工作一线的我们，要想方设法帮助学生"快乐地学习、健康地成长、多样化成才"，培育实现中国梦所需要的各类人才。这是我们每个从事教育工作特别是素质教育工作者的共同理想。

一、让学生学会快乐地学习

学习，特别是大学的学习，是一个探索未知世界的过程，应当是充满新奇、挑战，不断带来成就感和快乐感的。但从实际情况看，很多大学生并未感觉到学

[①] 2013年10月25日在大学素质教育研究会第三届年会上的讲话摘录。

习是一件快乐的事。这有学生的原因,更有教师工作不到位的责任。要想改变这一现状,我认为,就要从教育和培养树立明确的学习目标、掌握良好的学习方法、培养浓厚的学习兴趣、养成刻苦的学习习惯等方面的教育引导入手。

1. 让学生明确学习目标,培养正确的学习观

据多年的观察和了解,我们新入学的大学生,大多存在目标缺失、动力不足的问题。有学者针对湖南省本科院校学生做了抽样调查,学习目标"很明确"的仅占17.26%,"一般"的为54.31%,"不明确"的高达28.43%。我曾经联系过本科2007级的一个班,全班30多人,刚入学进行德育开题时,只有不到10%的新生对大学学习生活有比较明确的目标,其他人则目标模糊甚至没有目标。后来,在我校开展的德育答辩活动中,经过辅导员、班主任和老师的帮助指导,大多数同学都树立了比较明确的目标。在毕业时,这些同学的升学、就业情况都非常好,这正说明了帮助学生树立学习目标的重要性。

作为素质教育工作者,我们应当帮助学生分析自身特点,提出适合自己的学习目标和学习规划,并监督其逐步实施。同时,更要帮助他们树立正确的学习目标,鼓励学生将个人的梦想、家庭的期望同实现中国梦统一起来,最大可能地实现其人生价值。

2. 让学生掌握正确的学习方法,培养学习能力

我们经常说,授人以鱼,不如授人以渔,就是说教给人方法的重要性。大学教学,更要重视方法的传授,正确科学的方法可以让学习事半功倍。要创新教学方式,启发学生独立思考;要教给学生辩证唯物主义和历史唯物主义的方法论,以及归纳演绎、类比推理、抽象概括、思辨想象和分析综合等方法;鼓励学生提出不同的见解,以促进学生的独立意识、批判精神和创新能力的发展。我校在这方面有所体会,例如"教育部新世纪优秀人才"曲良体教授,就注意引领学生接触国内外最新科技成果、紧跟科技发展前沿,鼓励学生走进实验室,将理论学习与实践创新紧密结合,他指导的三名本科生已在国际重要期刊发表三篇SCI论文。

3. 培养学生的学习兴趣，使其享受学习的过程

兴趣是最好的老师。大学教育的第一要务就是要调动学生内心的学习兴趣和热情，这样才能促进学生积极主动、自主快乐地学习。其中，很重要的一点，就是学生对自己专业的认可度要高。但目前，很多同学对自己所学专业认可度并不高，例如，曾有人在某高校做过调查，选择"喜欢"自己专业的学生占37.04%，不到一半；选择不喜欢的占13.85%；选择"一般"的占47.89%；选择"其他"的占1.22%。结果表明，很多学生在进大学时选专业都是盲目的，或是父母帮忙选的，并非根据个人的目标、喜好、强项来选专业，进而造成了学习兴趣的低下。

所以，大学应允许学生根据自己的个性、爱好、兴趣，特别是专长，比较自由地转专业。在这方面，中国科技大学的做法很值得借鉴。他们从2002级本科生开始，在全国高校中率先推出学生自主选择专业，即学生入校以后，学生有多次机会调整专业。例如，在第一学年结束前可以在全校范围内选择专业，在第二学年结束前可以在学院或学科内重新选择，大三后还可以在学科范围内进行专业调换。事实证明，只有让学生做自己感兴趣的事，特别是能发挥自己专长的事，他们才能全身心地投入，充分地调动起学习和创新的潜能。

4. 培养学生良好的学习习惯，为终身学习打好基础

叶圣陶先生说："什么是教育？教育就是培养良好的习惯。"这说出了教育的实质，说明了培养学生良好的学习习惯的重要性。如果一个人养成了良好的学习习惯，那么他就会从心底里把学习当成第一需要，当成一种乐趣，从而获得很大的成就感。

培养好的学习习惯，很重要的一点，就是要利用好的教育方式，对学生进行强化训练。我校一位北京市教学名师，坚持在课余时间让学生阅读数学领域经典作品并组织讨论，每位同学都必须轮流在全班面前进行讲解、演算或证明。"以经典阅读为纲"的思路贯穿于整个教学过程中，十年来，一大批优秀的学术人才在他的班上收获了广博深厚的数学基础知识。

二、要让学生能够健康地成长

健康地成长，就是实现人的德智体美全面发展，使学生拥有高远的理想、精深的学术、强健的体魄、恬美的心境，并在创新思维、实践能力方面不断提升和完善，全面发展。

德育和智育是素质教育的首要环节，在这方面的研究和实践中，我们已经积累了许多经验。这里，我想重点谈谈体育、美育和实践创新能力培养。

1. 关于体育

首先，要使学生明确和理解拥有强健的体魄的重要意义。毛泽东曾有名言："欲文明其精神，先自野蛮其体魄。"强健的体魄是大学生完成学业、更好地服务社会、报效祖国的重要基础，也是在激烈的社会竞争中发挥能力、展现才华的基本保障。

其次，要教会学生能受用终身的技能，要针对不同体质、不同爱好的学生教给他们适合自己的体育技能。

最后，要让学生养成体育锻炼的良好习惯，想方设法保证学生坚持每天锻炼一小时以上。

2. 关于美育

首先，也是要让同学们理解，拥有一个恬美心境的重要性，恬美的心境是大学生茁壮成长、快乐学习、健康工作和幸福生活的源泉，是完美人生的基础。对于一个快乐、幽默、乐观的人来说，他的生活是积极向上的，他的工作也必然是不断成功的。

其次，要指导学生积极参与各种艺术实践活动，通过这些活动让学生体验生活中的美。我们北京理工大学一些老师开设了工艺手工课，教学生去做手工、做家务、搞剪裁，很受大一、大二学生的欢迎。

再次，要根据学生年龄、生理的特点开设指导课程。比如，我校人文学院一位教授专门开了如何对待友情、爱情、婚恋,如何面对困难、应对各种变故等的课。这些课可以是教师讲授,也可以请广大校友来讲,既可以请成功者讲,也可以请失败者来现身说法。

最后,要把大学生心理排查和咨询工作常态化。如遇问题,要及时处置,不能拖延。

3. 关于创新能力教育

引导学生走出课堂、走出校园,培养他们的实践创新能力,应当坚持"三个走向"。

一是走向课外,大力推动课外科技创新、各类竞赛、大学生社团等创新实践,锻炼学生的创新思维。北京理工大学特种机器人科技创新团队的指导老师,探索并实施书本内外结合、课堂内外结合、校园内外结合、理论实际结合、继承创新结合、动脑动手结合的新型教学模式,并把这一模式贯彻到指导大学生开展课外科技创新活动中。他们指导学生发明的"新型节肢机器人"被中宣部、国家发改委确定为"科学发展、成就辉煌"大型图片实物展展品,成为教育系统向党的十八大献礼的一个代表性成果。

二是走向实验室,要坚持实验室向所有学生开放、全天候开放,让学生有机会把课堂内学到的知识放到实验中去检验,切实提高学生的动手能力。

三是走向社会,鼓励学生参加社会实践、社会志愿服务、社会调查等活动,倡导学生走进社区、走进农村、走进普通人的生活,使他们深入社会、认识社会,在切身的行动和感悟中,净化灵魂,接受人文精神的洗礼。

三、要让学生实现多样化成才

什么是人才?定义可能有很多种。《国家中长期人才发展规划纲要》指出:"人才是指具有一定的专业知识或专门技能,进行创造性劳动并对社会作出贡献的人,是人力资源中能力和素质较高的劳动者。"我认为,只要热爱祖国,有社会责任心,有较好的道德素质、健康的身心素质,具备一定专业知识和创新能力、勤奋努力，为社会作出一定贡献的就是人才。面向新时代，要树立正确的教育观、科学的成才观、合理的人才观，要牢固树立人人都能成才、人才不拘一格的观念，相信每个学生的成才潜质，尊重每个学生的成才选择，赋予每个学生成才的机会。那么，如何实现多样化成才？

我一直主张"不让一个学生掉队"，这一观点可能会遭到某些人的反对。因为我们大多数学校都有学业奖惩规定，比如我们学校规定如果挂科超过30学分就要退学。俗话说，没有规矩不成方圆，这样的规定是有必要的、是有道理的。但是，大家设身处地想一想，中国的国情、中国的文化、中国的政策，一个孩子的好与坏，关系到一个家庭、一个家族的兴衰。每当处理一个退学的孩子时，看到家长、孩子无助的目光，真是令人心碎。

我们能不能既坚持高标准，又能妥善处理因各种原因面临退学的学生呢？答案应该是有的。

首先，大家要树立"有教无类、因材施教、终身学习、人人成才"（袁贵仁部长讲的）的观念，不要都走"独木桥"，支持多样化成才。我们的学生可以成为科学家、工程师、文学家、教育家，也可以成为高级技师和"卖肉大王"（北大高才生陆步轩即是一例）。

其次，要给出路。一是实行全学分制，不要设定四年的限制，只要学生在一定年限内修够学分，即可给予毕业和学位。二是开设技能型课程，让那些学习吃力但动手能力强的同学考等级证书（北方工业大学即是如此）。三是可以转学校，允许学生找到可接收的学校后继续学习到毕业。

四、要大力弘扬爱的教育

前面，从操作层面谈了如何让学生成长、成才。但我觉得，要实现上述目标必须有一个强有力的保障：对学生无私的关爱、无限的关怀。

苏联著名教育家马卡连柯说："爱是一种伟大的感情，它总是在创造奇迹，创造新的人。"教育是一项人之于人、灵魂达于灵魂的工作，在此过程中，必须以情感为媒介。对学生无私的关爱、无限的关怀，是教育力量的源泉，是教育成功的基础。中国著名文学家、教育家夏丏尊先生在翻译意大利作家亚米契斯《爱的教育》时也说:"教育没有情感,没有爱,如同池塘没有水一样。没有水,就不成其为池塘,没有爱就没有教育。"

近年来,不少大学生出于学习遇困、情感受挫、就业受阻、心理障碍、人际交往难等原因而走上暴力甚至犯罪歧途,甚至酿成自杀惨剧。如果他们在遇到困难时,能及时得到教师、辅导员、班主任、学校所有员工的关爱、呵护,或许就会大大地减少此类极端事件的发生。所以,我们讲的素质教育,其前提必须是爱的教育,是关爱、关怀学生,时时处处为学生着想、为学生解困的教育。要做到这一点,首先,大学应当将对学生的爱作为全校最核心的教育理念,真正确立以人才培养为核心的教育观,干部为教师服务,教师为学生服务,全校为人才培养服务,所有政策都围绕提高人才培养质量而制定和实施。

其次,我们的教师要具备爱心,并将爱心教育始终贯穿于教学和育人全过程当中。教师不能仅将教育当成是一种谋生的手段、一种职业,要将其视为一生的追求。我们要关爱每一名学生的学习和成长,根据每一名学生的特点进行教育教学;不仅要关心学生的学识培养,更要关心学生的内心世界,培养其正确的人生观、价值观、世界观。

再次,每一位教职员工都要像对待自己的孩子一样,去关心、呵护和疼爱所有学生。用自己的一言一行向学生表达自己的爱,从日常教学和生活的各方面给予学生无微不至的关心与爱护,让每个学生都能在友爱的环境中茁壮成长。我记得,在2011年南京信息工程大学的毕业典礼上,有一位普通的宿舍管理员被邀请上台发言,她说,她十多年中都把学生当成自己的孩子一样看待,学生见到她时都会喊一声"阿姨,您好!",亲切地称其为"最给力的宿管阿姨"。可见,大学中的每一个岗位都是育人的平台,每一个员工都是育人的参与者。

最后,我认为学校是为学生成才打基础的,在校时要关爱,毕业后更要关心,要将育人工作延伸下去。关心学生一辈子,保证他们真正成才,"百年树人"恐怕也有这层意思。我曾收到一名新疆哈萨克族学生的来信,反映其在校期间因数学基础差,虽然很努力,但毕业时仍有两门数学课未补考通过,没能获得毕业证和学位证,希望能在新疆进行补考。教务部门按规定在当地对她进行了补考,并在成绩合格后颁发了毕业证。现在这个学生考上了当地公务员，还专门打电话、发短信感谢学校。还有一位家长在学校给予其孩子补考机会拿到毕业证并找到工作后专门写信，感谢学校对孩子的关爱，还表示，虽然他们是工薪阶层，但也愿意资助一名西部特困学生完成学业。所以说，育人工作是千秋大业，值得每一位教育工作者做一辈子。

同志们，朋友们，大学素质教育之于中国梦、教育梦的实现，意义非凡，使命重大。需要凝聚每一位同人的力量，齐心协力，以改革创新的时代精神继续探索和实践。我也相信，通过大家的努力，素质教育必将有更加美好的前景，并为实现我们的教育梦作出更大的贡献。

大学应培养"大写"的人[①]

党的十八届三中全会《关于全面深化改革若干重大问题的决定》中提到的"社会责任感、创新精神、实践能力""身心健康、体魄健康""审美和人文素养",在启发我们思考培养什么人,以及怎样培养人的重大问题。在高等教育的范畴内,大学教育的本质就是培养全面和谐发展的人,教人如何做一个大写的"人"。而能否培养这样的人,与大学精神有关。

大学之所以成为大学,不仅在于硬件建设,更在于它独具的精神气质。名牌大学之所以能够吸纳各种人才,不是因待遇、条件,而是源自一种精神的呼唤。不同大学对价值的认识各具特色,从而产生了个性化的大学精神,但无论它们的差异多大,其主要特征都相同,即独立与自由的思想、批判与创新的精神和为社会追求真理的使命感。

纵览各个大学的精神,我们发现,大学精神恪守的以人为本的价值,就是始终把教育和人的幸福、自由、尊严、终极价值联系起来,尊重老师的个性,尊重学生的个性,使教育真正成为面对人的教育。大学精神展现人文精神与科学精神的统一,其目的是培养一个全面发展的人,科学精神讲求的"求真"、人文精神追寻的"求善",都是人全面发展的具体表现。

大学的办学目标之一,就是将大学精神传授给学生,从而使学生成为大学所希望的理想人才。但遗憾的是,由于市场经济价值观的冲击和学术功利主义的泛滥,一段时间以来,"重功利,轻正义;重物质,轻精神"的现象日益泛滥,大学深受实用主义和功利主义的冲击,教学方式重实用、轻长远,理想信念方面的教育弱化;同时,由于浮躁情绪与功利思想的侵蚀,优秀的大学学术精神缺失与薄弱,从而严重影响了学生的学术信仰。还有一些大学强调知识传授而忽视能力培养,重视人力资源开发而忽视学生个性发展,从而导致科学与人文、知识与素质、物质与

[①] 刊于 2013 年 11 月 28 日《人民日报》。

精神、理性与情感之间的分裂，从而培养了一大批"工具人"，而非"大写"的人。

那么，我们究竟如何以大学精神为指引，培养"大写"的人呢？

首先，应该以爱国精神为主线，完善价值观教育，引导学生成为具有高远的理想、富有社会责任感的人。要在课堂教学中浸润爱国精神，增加生命伦理教育、公民教育、生命教育的环节，要培养学生以天下为己任的责任精神，诚实无欺、言行一致的诚信精神，引领潮流、引导未来的创新精神。真正使学生成为一个和谐发展、人格独立，具有责任意识、道德意识和法治意识的合格现代公民。

同时，要以创新精神为主线，加强课外实践，引导学生成为敢于创新、富有创造能力的人。大学要将研究型课堂教学、创新型自主学习和课外科技实践结合起来，鼓励学生积极争取参加教师的科研项目，鼓励学生自主学习、自主管理、自主实践。要推进大学教育和社会教育相结合，推进校企共建协同创新基地和实践实验基地，让学生在实习实践中提高解决实际问题的能力。还要充分利用现代教育科技手段，通过丰富多彩的教学模式，激发学生的参与意识和创造热情，推动以"教师为中心"的教学模式向以"学生为中心"的教学模式的转化。

还要以科学精神为主线，引导学生成为脚踏实地、追求真理的人。要不断深化教学方法改革和教学考核评价体系改革，让大学教师不再满足于上课满堂灌，只讲规律定论，不谈原理来源。要鼓励教师采用创造性的教学方法，引导学生树立大胆质疑、勇于思考、敢于求真的精神，不迷信权威并敢于向权威挑战。

最重要的是，还要以人本精神为主线，引导学生成为身心健康、全面发展的人。《关于全面深化改革若干重大问题的决定》强调了体育和美育的重要性。一方面，我们要探索改革高校体育教学模式，将体育教学的重点放在激发学生参与体育锻炼的兴趣和培养学生参加体育锻炼的习惯上，不仅仅进行竞技体育的训练，更要注重提高学生的体育素养，让学生养成终身锻炼的习惯。在促进大学生心理健康养成上，加强对大学生心理健康的教育和引导，引导大学生正确认识自己、认识社会，培养其正确的人生观、世界观和价值观，并通过大学与家庭、大学与社会的联动配合，引导大学生提升承受和应对各种挫折的能力。

一所大学只有拒绝诱惑、固守品格、坚守阵地，才能秉持自己的独立精神，而只有秉持独立精神的大学，方能真正培养出符合时代要求和合格的"大写"的人。

拒绝诱惑，固守品格，坚守阵地[①]

"一所大学只有拒绝诱惑、固守品格、坚守阵地，才能秉持自己的独立精神，而只有秉持独立精神的大学，方能真正培养出符合时代要求和合格的'大写'的人。"

这是 2013 年 11 月 28 日《人民日报》第 18 版文教周刊刊登的我校党委书记郭大成撰写的《大学应培养"大写"的人》中的一句话。此言一出即被多次转载，短短一天，仅仅我校校园网上这篇文章的点击量也已经达到 1790 余次。该报同期刊登的介绍我校人才培养工作的文章《一所大学与一个创新梦》校园网点击量更是超过了 5200 次。师生员工通过微信、微博等纷纷转发，有老师评论说"认真读了，觉得很振奋"，也有老师评论说"改变了对党报党刊的看法"，还有老师给校报打电话或者在教工群中谈到了非常想对话郭书记的愿望。

于是，怀揣着这些愿望，笔者拨通了书记的电话，采访请求得到了书记的支持。

笔者来到书记办公室，书记先送了他新出的两本书《高校促进产学研用结合理论与实践》《素质教育与大学精神》，拿着沉甸甸的书，笔者忽然觉得对于今天的对话心中没底了。郭书记看出了笔者的忐忑，主动微笑示意，缓解了紧张气氛。笔者又舒展心情，以校报记者的身份开始了今天的采访。

笔者：郭书记，近日《人民日报》报道了我校的创新人才培养，并刊发了您的一篇言论，师生们群情振奋，特别是对您关于人才培养的观点特别认同，非常想与您进行更深入的对话和交流。今天，我权且代表大家做一次专访，感谢您百忙之中支持我们的工作。

郭大成：谢谢老师们、同学们对这次报道的关注，非常愿意与大家进行这样的沟通和交流。

笔者：我们看到此次《人民日报》的报道谈到了我校一系列围绕产学研的合

[①] 2013 年 12 月 16 日《北京理工大学校报》"对话党委书记郭大成"摘录。

作项目，从人才培养、机制创新等多方面介绍了我校很多卓有成效的实践经验。刚刚结束的党的十八届三中全会《关于全面深化改革若干问题的决定》（以下简称《决定》）中也强调了"建立产学研协同创新机制"，请问您是如何理解《决定》中的这一精神的？

郭大成：《决定》中的这一提法为我们进一步推进产学研结合，特别是促进产学研用结合或融合，指明了方向。我理解这一精神主要有三个方面。一方面，"用"是出发点和落脚点。也就是说技术创新的目的是应用，从一定意义上讲如果没有应用，也就失去了产学研结合的意义。另一方面，"用"的提出，使高校由被动结合变成了面向市场的主动结合、融合，进而使教师手中和实验室中尘封的众多技术成果，能够和科研院所、企业结合，变成生产力和高科技产品。再一方面，高校在推进体制机制创新方面也会作出新的贡献。例如，大学科技园、合作研发实体、独立研发实体、战略联盟机制、人员互用机制等，会激发出新的活力。

笔者：在《人民日报》的报道中提到了我校的学科性公司。我们看到，它的产生是需求牵引——没钱、没人，但是有技术、有成果。我们学校给了一些支持、给了一些政策，就办起来了，而且势头很好。对此，您能否具体谈谈我们的经验和想法？

郭大成：我们的学科性公司可以说是"需求＋基础"后的碰撞，关键是在"思维＋政策"中给予支持。需求是院系科研团队对于人员和经费的需求，我们的基础就是我校现有的科研成果和学科背景。在此情况下，我们要在这个问题上有所突破，必须改变固有的思维，给学院和学科寻得强有力的政策支持，将学校现有的科研成果推向市场和应用领域，产生效益，解决投入不足的问题，并从社会上吸引高层次的技术人才。我们的思路打开了，再加上政策上的支持，我们的学科性公司就应运而生了。

笔者：现在大家一听到教授进入经济领域，都非常敏感，同时，也会关心利益如何分配等问题。我们应当如何看待这些问题呢？

郭大成：首先学校支持任何有益于学校、学院、学科和教师发展的探索。在研究政策的时候，我们就进行过相关的调查和研讨，之所以同意我们的学科性公司按照企业机制去组织，刚才说过了，也是因为他们在发展中面临一些现实的问题。当然，在解决这些现实问题的过程中，我们也看到，如果学校不出面，以后也可能会带来这样那样的问题。比如，前些年一些高校的教授开公司，由于没有妥善处理好各方利益关系，导致要么公司离开母体成为独立于学校之外的企业，要么公司偃旗息鼓。所以，我们在制定政策时考虑到了各方利益。具体就是我们规定按股份分成，学校占30%，学院占10%—20%，个人占50%—60%，这样就调动了学校特别是学院的积极性。学科性公司能够将利益同学院、学校分享，既支撑了基础研究和学院原有教师的深造，又有利于推动学科发展，提升科研和人才培养水平。

笔者：郭书记，这个政策最后实施效果如何？

郭大成：在实施过程中，有一个如何实现学院持股份的问题，因为国家规定自然人或者法人才能持股。所以，学校签好协议，帮助学院持股，规定好该部分股权使用权归学院。最后效果喜人，学科性公司运行以来经济效益还是不错的，第一年产值六七千万元，第二年已经上亿了。

笔者：很多老师都特别关心，学科性公司对学校的人才培养工作有何推动作用？

郭大成：我认为，大学的所有工作都要围绕人才培养来开展，学科性公司同样也要与人才培养这一中心任务有机结合起来，通过科研来促进高水平人才的培养。我们把学科性公司定位为科技成果转化的平台、推进学科发展的支撑平台，更看作培养学生实践动手能力和创新创业能力的平台。学科性公司创新了人才培养方式，实现了有目标地、系统地、分类培养人才。对于本科生，其培养目标是面向产品、面向应用、面向就业，其毕业设计一般侧重于应用，与公司的产品项目及应用结合。而对于已保送研究生的本科生的毕业设计则偏重于科研，与公司的工程项目研究或基础课题研究结合。对于硕士生，其培养目标是具有独立工程设计、研究能力。硕士生在读期间，平均每人要参与3—5项工程、型号项目。对于博士生，在公司成立前，大部分博士生的研究方向及论文以工程项目为主。公司成立后，博士生的培养目标确定为理论研究、基础研究及创新能力的培养。博士生在读期间，作为"973""自然科学基金""863"项目组的成员直接参与项目的研究工作，培养标准也相应提高。博士生毕业答辩前，必须发表2篇以上SCI

论文（学校的要求是 1 篇 EI 论文）。在培养方式上，采取双导师制、项目导师制，即公司的项目负责人作为副导师以"师傅带徒弟"的方式参与到人才培养中。通过这些方式，培养出的高水平人才深受用人单位欢迎，研究生在京就业率达 90% 以上，大多数人去了国有大型研究院所和企业。

可以说，学科性公司不仅直接促进了研究型大学的科研及学科建设工作，而且也创新了人才培养方式，促进了高水平人才的培养，形成了科学研究与人才培养密切结合、相互促进、同步发展的良性循环。

笔者： 教育部"2011 计划"倡导产学研合作协同创新，我校在这方面除了您刚才提到的学科性公司外，还有没有其他比较典型的有益尝试？

郭大成： 我校一贯重视协同创新工作，并且有很好的基础。多年来，我们一直坚持两个"始终瞄准"，即"始终瞄准国际科技教育发展前沿，始终瞄准国家重大战略需求"，通过产学研合作不断推进协同创新。大约从 20 世纪 80 年代开始，我们就根据优势互补的原则，与居行业前列的内蒙古一机集团开始了最初的产学研合作。我校主要从基础理论和关键技术改造方面提供支撑，集团主要从工程试验、专家组论证、产品验证等方面加以实施。通过这种产学研合作模式，我校车辆工程学科得以稳步发展，为我国国防领域技术水平提升到一个更高层次做了很好的探索。另外还有一个比较典型的例子，就是我校与原"218 厂"的合作，使得以我校光学和飞行器控制优势学科为基础的新技术得以转换，企业的新型制导产品得以更新换代，为企业带来了巨大的经济效益，也调动了我们不断进行产品研发的积极性。这些和学科性公司一样，都是产学研合作的成功典范。

笔者： 谢谢郭书记，您今天从不同方面给我们讲述了我校产学研合作的一些情况，相信大家会和我一样从中受到鼓舞。您在《人民日报》发表的言论中表达了您对人才培养的观点，特别谈到了大学应该培养"大写"的人。从教育系统来说，您认为应该如何培养这个"大写"的人呢？

郭大成： 党的十八届三中全会《决定》中谈到了深化教育领域综合改革的问题，从《决定》中不难看出，这个"大写"的人的培养应该着眼于系统、整体、协同。首先，不能割裂大、中、小学教育和学前教育以及大学后教育，而应着眼于整个教育系统。其次，要从育人的整体过程出发，抓住招生、培养和就业这三个环节，提出改革措施。强调"招生"制度改革，这是多年来大家议论较多的问题，从一定意义上说，招生是推进教育改革的关键，是指挥棒，是"牵牛鼻子"的问题。强调德智体美全面"培养"人才，这是学生成人成才的核心问题。强调"就业"，这是用好人才的关键环节。把这三者统一起来部署是非常重要的。再次，要着眼于教育与社会，特别是与政府等外部要素的协同配合。实践证明，要想搞好教育改革，必须全社会都来关心和支持才行。

笔者：那您认为政府、社会、学校和家庭在其中都应该承担何种责任呢？

郭大成：教育领域的改革是一项综合系统的改革，既需要教育系统内部不同要素之间的协调，更需要加强教育系统与外部各要素的配合。教育改革要取得成效，人才培养质量要真正提高，必须统筹处理好教育系统内外各种复杂的关系，整体谋划设计，整体推进实施。

从政府层面来讲，应该树立正确的教育政绩观，制定有利于引导、推动素质教育的政策，改革创新体现素质教育宗旨的教育教学制度体系，研究制定科学的办学育人水平评价体系，建立科学的教育质量保障体系。

从社会层面来讲，要树立并倡导"不唯学历、不唯职称、不唯资历、不唯身份"的人才观和选人、用人制度，强化人才选拔使用中对综合素质尤其是实践能力的考察；要大力宣传素质教育的必要性和重大意义，积极为大学生社会实践活动提供便利条件；要逐步净化校园周边环境和网络环境，营造良好的素质教育氛围。

从家庭层面来讲，家庭是社会的细胞，是青年学生受教育的起点。德国著名教育家福禄培尔就指出："国家的命运，与其说是操纵在掌权者手中，倒不如说是掌握在母亲的手中。"家庭要树立正确的教育观念，掌握科学的教育方法，培养子女的良好习惯，加强与学校的沟通，配合学校努力提升大学生的整体素质水平。

从学校层面来讲，要树立系统培养观念，努力推进大学、中学、小学的有机衔接。大学素质教育对中小学教育具有风向标的意义，要在素质教育中发挥领军作用，影响带动中小学素质教育改革的方向。中小学教育要进一步深化素质教育改革，为高等教育输送素质全面的优秀人才。

笔者：郭书记，刚才您说到了很多理念，在实践中，我们学校在这些方面进行了哪些改革探索和尝试呢？

郭大成：我校在推进大学教育改革的过程中，非常注重与家庭、中学、政府、用人单位的合作。我们与同济大学等高校建立了"卓越联盟"，推进大学教育改革与卓越人才培养；与易才集团联合创办了国内第一家校企合作模式的创业中心"北京理工大学-易才大学生创业中心"，计划帮助超过10000名大学生创业人成长；重视与家长的联系沟通，邀请家长参加开学典礼、毕业典礼，创建"家校彩虹"平台，建立与家长的网上沟通平台，已有3200多位家长成功注册；加强与用人单位的合作，推出"青春试航"——非毕业生就业见习计划，已同260多家用人单位建立了合作关系，提升大学生的就业竞争力；加强与中学的互动，与北京理工大学附属中学合作组建了国内首个"理工实验班"，院士、专家、教授参加授课，与北京八一中学开展合作育人，组织优秀教师进中学授课、讲座，广受好评。

笔者：您刚才谈的是我校与外部的协同联动。具体到我校内部，我们的内部联动又是如何做的呢？

郭大成：首先，我们提出了"三服务"的育人理念，即"干部为教师服务，教师为学生服务，全校为人才培养服务"，并以此作为我们所有改革和探索的出发点，调动全校师生员工的力量，来共同育人、全员育人。

在"三服务"理念指导下，我们又提出要建立一种"立体型、联动化、交互式"育人模式。立体，是说既要发挥学校内部教学部门、行政管理部门、后勤服务部门、学生组织的作用，又要发挥大学之外的大学前教育（包括中小学）、家庭、社会，特别是用人单位、政府等多方面力量的作用。联动，是说学校内部的招生就业、人事、后勤、保卫以及学院等各部门、各组织之间，全体教师、干部、后勤人员以及离退休职工都要联动起来，共同探索学校发展的新模式，避免自己成为一个个孤岛；同时，学校也要主动联合中学、家庭、用人单位、政府等外部主体，建立经常交流沟通的机制，形成育人合力。

总之，我们进行"立体型、联动化、交互式"的改革，就是要以学校为主导，以育人为核心，让学校内部各部门之间、学校与学校、学校与企业、学校与家庭、学校与政府都联合起来，各种力量都围绕深化教育改革行动起来。

我们还注重发挥校内各方面的力量来共同育人。从改革创新管理体制入手，把传统的学生教学管理和学生教育管理分别由两个校领导分管的体制,合二为一,即由一个校领导分管,同时配一位校长助理协助管理,教务处、学工处、团委(含艺教中心)和体育部归其统一管理。这就从管理体制上保证了德智体美教育的统一规划、统一部署、统一实施。我们建立了校领导和中层干部定点联系班级等制度,每位校领导和处级以上干部负责联系一个学生班级。充分发挥离退休老教师和老干部的作用,择优聘请一部分老教师和老干部作为低年级学生的德育答辩辅导员,帮助和引导同学们成长。我校基础教育学院和青年科协共同创办了"科研培育坊"和"青年科学家工作坊",引进青年教师科研团队和实际科研项目,吸引青年教师和青年科技工作者投入到指导学生科技创新的工作中来,切实提高大学生的实践创新能力。我们重视发挥学生宿舍的文化育人作用,探索以学生为主体建立学生宿舍楼委员会和党团小组进宿舍制度,引导学生自我管理、自我服务、自我约束。

笔者: 您在文章中谈到应该以爱国精神、创新精神、"人本"精神等为指引,培养"大写"的人。在具体实践中,应当从哪些方面着手呢?

郭大成: 习近平总书记在中共中央政治局第九次集体学习时强调,要深化教育改革,推进素质教育,创新教育方法,提高人才培养质量,努力形成有利于创新人才成长的育人环境。所有教育改革,必须以素质教育为方向和指南,着眼于培养具有高远的理想、精深的学术、强健的体魄、恬美的心境,富有社会责任感、创新精神和实践能力的人才。今年,我们也一直在谈"中国梦",其实"中国梦"包含了教育强国梦。关于教育梦,教育部袁贵仁部长曾表述为"有教无类、因材施教、终身学习、人人成才",这个讲得非常好。

结合中央的精神,我想今后我们要以培养学生"快乐地学习、健康地成长、多样化成才"为目标。

关于快乐地学习。学习是个"苦差事",这种观念已经在大多数人的脑海里扎根了。因为,我们的学生升入大学之前,已经辛辛苦苦奋斗了十几年,饱尝了学习的辛苦。如何才能让他们感受到学习是快乐的呢?这就要求我们的大学教育必须改革教育方式方法。首先是要改变以教师为中心的传统思维和做法,树立以学生为中心的新理念,真正根据学生的时代特点、成长特征和需求因材施教。其次，在具体做法上，要让学生参与教育教学全过程，包括专业的选择上要让学生有更多的自主权。最近，由我校任理事长单位的中国高教学会大学素质教育研究会在南开大学举办年会，大会在这方面有很深入的讨论和交流。中国科技大学这方面做得比较好，第一年全校选，第二年学院选，经过两轮挑选，学生们挑选了真正适合自己特长和特点的专业，就会逐步增强学习的兴趣和爱好，有助于今后更加轻松快乐地学习。

关于健康地成长，我想谈的是身心健康的问题。这就涉及体育、美育和心理健康教育的问题。之前，我们一谈体育，就想到跑、跳、投，这些都是竞技体育，不能持久，很难形成固有的兴趣爱好。所以，我认为体育应该根据每个学生的特点，教给学生适合他发展的体育技能，增加趣味性的体育活动，摒弃单一的竞技活动，促使学生养成体育锻炼的习惯。我认为，这应该成为未来体育教育改革发展的一个方向。

谈到心理健康教育，这是一个比体育教育更为复杂的问题。我们强调人文关怀，也强调心理疏导，特别是在遇到这样的问题时，我们强调"不让一个同学掉队"。从中国国情出发，一个考上大学的孩子身上，寄托了一个家庭甚至是一个家族的期望，这个孩子甚至还是所在村、乡、县、市的佼佼者。所以，我们不让一个孩子掉队，也是对孩子、家庭和社会所肩负的责任。学校相关部门要根据学生的不同类别，更加细致地开展工作。另外，班集体的力量也是无穷的，现在很多心理有问题的同学都比较"宅"，不爱参加集体活动，白天不起，晚上不睡，这时候我们的班干部就要千方百计地把他们拉出来参加集体活动。原来我们说"三困"，现在我认为应是"五困"（学习困难、经济困难、交往困难、发展困难、心理困难），对于这样的同学，我们要更加关心，更加注重他们的心理疏导。

多样化成才，这一点北方工业大学就做得非常好。他们是一所教学研究型的大学，在他们学校有的学生可以8年毕业，有的拿不到毕业证书的同学可以退而求其次，拿职业证书，为自己走向社会开启另外一扇门。所以，我想今后我们在解决相关问题的过程中也要打开思路，更多地强调满足同学们多样化成才的需求。

笔者： 感谢您接受我们的采访，相信大家读完您的叙述和见解，一定会受益匪浅。希望今后我们有更多的机会与您交流互动，谢谢您！

第三章 科研和学术是高水平大学发展的动力

大学是学术文化单位，要摒弃官本位和行政化思想，构建良好的学术文化环境和氛围。要引导学术骨干站在学术高端，深入开展基础理论研究；要改革科研管理体制和激励机制，释放教师开展科学研究的活力，创造有利条件来提升教授的学术水平和影响力；要创新合作模式，促进产学研用紧密结合；要加强对外合作，助力区域技术和经济发展。

第三章 科研和学术是高水平大学发展的动力

谈科技，话学术[①]

听了前面的发言很有感触，也很受启发，有几点想法，在这里说一说。

首先，是对于新年科技茶话会的感想。这是我校第二年举办新年科技茶话会，应该说，我是这项活动的倡导者和积极推动者。我认为，这是一项很好的活动，是一项增强学术氛围、突出中心工作的具体举措——在岁末年初，老中青科技与学术骨干和有关单位与部门的代表同志们，在轻松的氛围中谈科技，话学术，这是一件很惬意的事情。同时，还有 PK 的内容——各学院一年的科技成果都被"晾晒"出来，既有自身的纵向比较，又有和兄弟学院之间的横向对照，既轻松又有紧迫感，很有激励作用。因此，我建议，一定要坚持把新年科技茶话会办下去——"坚持数年必有好处"，可以成为校园学术文化建设的品牌。今后再扩大一些规模，使更多的人当面受益。

其次，是对于无形的科研精神的感想。会议中大家说得比较多的事，是科技的项目、获奖的情况以及一些有形的数据等，但是我感觉到，它们隐含着无形的科研精神，这种精神更值得我们汲取。因为，我们这些教师获得的奖项，都是经过多年辛勤努力而收获的科研成果。据我所知，要想获得国家级奖项，从立项到出成果，一般都要有十年左右的时间，甚至更长一些。其间，他们要克服各种困难，进行脚踏实地的拼搏，没有心浮气躁，也没有急功近利，这种精神是值得我们学习的，特别值得我们的青年学者和青年学生学习。

第三，是对那些为获奖教师提供保障服务的同志们工作的感受。因为相关单位和部门很多，由于时间关系，我不能展开讲，主要是想说一说——科研院所做的"策划（主动）服务"工作。我认为，他们的工作很有代表性。前面我讲了，取得成果不容易，但是，有了成果，能否获奖特别是获得国家级奖项，也同样是

[①] 2010 年 1 月 21 日在新年科技茶话会上的讲话摘录。

不容易的事，还需要努力做很多的工作。近两年科研院的同志们主动服务、靠前服务、策划服务，为科研骨干们量体裁衣，并带头攻关、全力支持。据了解，他们对我校今后3~5年内有希望得奖的同志都有计划、方案和打算，这是非常好的事情和做法。因此，科研院也逐步被教授和学者们认可和接纳。目前，有很多人愿意找他们商量具体申报事宜。应该说，他们主动为教师服务的做法，为我们做出了榜样。我们从事管理工作的同志要像他们那样，超前谋划、及早培育。也就是说，要主动了解情况，主动掌握需求，主动提供服务。

第四，如果说还需要努力的话，那就是高水平的学术活动还需要继续加强。例如，高水平的学术会议、高水平的学术讲座还需要更多地举办。特别是以诺贝尔奖、图灵奖、菲尔兹奖和沃尔夫奖等奖项的获得者，以及国内外的院士等为代表的高水平大师级学者参加和出席的会议与讲座，要争取突破。总之，我们要努力把国际国内各有关学科的学术大师请进学校，让我们的教师和学子更多地、面对面地感受大师们的智慧与风采，进而提高我们队伍的整体水平和素养。

第三章 科研和学术是高水平大学发展的动力

进一步增强学术竞争力

对于大学而言，学术成就、学术声誉和学术地位一直是大学发展水平的重要标志。为此，不断增强学术竞争力，是我们应该着力推进的一项重点工作。

一、进一步会聚高端人才，提升教授的学术影响力

建设一流大学，就要有一流的教师队伍。我们要大力推进"徐特立讲座教授计划"，在培养和引进院士、长江学者奖励计划特聘教授、国家杰出青年科学基金获得者的同时，要特别关注"973计划"首席科学家、"863计划"领域专家、国家重大专项专家、国家教学名师以及《自然》《科学》等国际知名学术期刊论文作者等领军人才的培养和引进，重视全国优秀博士学位论文获得者、"新世纪优秀人才支持计划"等基础扎实、潜力突出的青年教师的培养和引进。要抓紧抓住国家"千人计划"和北京市海外人才聚集工程的机遇，引进国际著名学者。我校目前已正式签约1名"千人计划"特聘教授。同年第一批"千人计划"申报中，我校共申报4名教授；同年第二批"千人计划"申报中，我校拟申报4~6名教授。今后要进一步加大这方面的工作力度。

要成为一流的教师，就要提升学术水平和学术影响力。一流的教师不仅要在国际国内学术会议上发声，还要做特邀报告；不仅在国际国内学术期刊上要发文章，还要当编委、主编，起码是审稿人；不仅在国际国内学术组织中有位置，当理事，还要当理事长，当轮值主席；不仅在国际国内科技奖励中有名次，还要做主要完成人。我们要有这个高标准，要鼓励一批学术骨干走出去，与一流大学建立联系，结成伙伴，鼓励广大教师参加著名的全球性或区域性学术会议。只有这样，才能始终站在国际学术前沿，才能为学术水平的提升打下坚实的基础。

二、进一步加强基础研究，始终站在学术高端

建设一流大学需要我们更加重视基础研究。在这方面，我们已经取得了一定的成绩，要认真总结经验，进一步推进基础研究工作。例如自动化学院通过精心组织策划，采用聘请专家进行预答辩等方式严格把关，在函评中得到专家的好评，提高了基础研究项目申报的成功率，去年申报的项目中有60%得到批准。又如，机械学院在保证科研总量的同时，通过政策激励，鼓励教师多拿基础研究基金，基金总量由2007年的45.5万元增加到2009年的1059.2万元，成效显著。

我们要进一步加强基础性和前沿性科学研究，引导教师作为首席申报"973计划""863计划"项目、国家杰出青年科学基金、国家自然科学基金创新研究群体、重大研究计划和重点项目，通过基础理论的源头创新促进技术创新；要巩固和拓展应用研究，从"探索一代、预研一代"切入，始终聚焦技术发展的前沿，站在相关领域的高端；要注重从工程项目中提炼科学问题，实现从基础研究、应用研究到工程研制、成果转化的良性循环。

三、进一步提升学术论文的质量，做到量质齐升

要引导教师不仅进一步提高SCI论文数量，而且更要提高质量；不仅要在核心期刊发表文章，而且要在影响因子高的期刊上发表文章。我校很多教授近10年SCI收录论文被引用次数都超过100次，值得很好总结。

另外，值得关注的是，SCI本身正在不断探索设定更客观的新指标。2010年1月，SCI推出了一个新指标：特征因子，它正是针对SCI统计中的一些"漏洞"（比如：影响因子不足0.1的杂志也被收录；有学者在权威刊物上发几个"简讯"，就能获得不错的影响因子；一些期刊"自引率"过高；有些导师为了增加论文引用次数，暗示学生引用自己过去发表的论文；等等）做了修订。比如它的计算扣除了期刊的自引率、将论文被引用年限从2年延长到5年，甚至考虑到引文所发

表的杂志。他们认为，引了这篇文章的论文如果发表在高水平杂志上，那么被引用的论文相应地水平也高一些。比如，英国《自然》杂志2007年度的影响因子为28.76，而一本名为《临床医师癌症杂志》(*Ca-cancer-J Clin*) 的期刊影响因子高达69；但计算它们的特征因子，后者只有0.034，《自然》杂志却是1.838。这些日趋严格的评价方法表明，我们需要付出更多的努力，才能不断提升SCI论文的质量，我们在今后的工作中应该予以关注。

明理精工　铸魂育人：高校建设探索与实践

谈成果，话收获[①]

今年是第三次以茶话会这种形式盘点总结我校的科技工作。作为这项活动的主要倡导者，我欣喜地看到茶话会的筹办越来越细致，吸引力越来越强，给大家带来的收获也越来越多。今年我的感受有两方面。

第一方面，关于成果。在全校专家、学者的努力下，在学院、机关和保障单位一年来的辛勤工作下，我们2010年的科研工作又上了新的台阶。有一些成果是实实在在的，可以从数字方面反映出来：科研经费从三年前不足10亿元增长到2010年的15亿元。其中，自然科学基金和基础研究持续增长：获批国家自然科学基金167项，项目经费超过6000万元，排名全国高校第29位；获批国家杰出青年科学基金重点项目数排名全国高校第13位；此外，人文社科项目获得新突破，获批教育部人文社科项目19项，居工业和信息化部七所高校首位；国际科技合作项目总经费首次突破千万，达到1306万元；基础研究经费总计达1.27亿元。科技创新平台建设取得重大突破：获批1个国防科技重点实验室，获批教育部和北京市重点实验室及工程中心5个。科研成果丰硕，获国家技术发明二等奖2项；获国防科学技术奖20项，其中技术发明一等奖1项；获北京市科学技术奖3项，其中一等奖1项；获高等学校科学研究优秀成果奖（科学技术）2项，其中技术发明一等奖1项。这些沉甸甸的数字让我们感到自豪，同时也让我们感到继续奋进的动力。

第二方面，关于收获。首先，我体会到：只要我们想干，就会有办法；只要我们真抓实干，就能成功。我刚回学校工作时，校长提出"要跳出兵器看兵器"，我加了一句"要跳出北理工看北理工"。我的想法是：要肯定取得的成绩，更要查找不足，要有危机感和紧迫感，要振奋精神，要真抓实干。今天看，这样的思

[①] 2011年1月21日在新年科技工作茶话会上的讲话摘录。

路对我们的发展起到了很重要的作用。

比如今年我们获得了1个国家级平台和5个省部级平台,这是过去所没有的,正是因为我们看准了不足,铆足了劲儿,大家齐心协力去做,克服重重困难,所以我们就做成了。

还有自然科学基金,这两年呈跨越式增长,也正是因为我们下决心在这方面要取得突破,所以有针对性地做工作,各学院也广泛动员起来,出激励政策或请大量专家来举办讲座,以此提高教师水平等。

再如,我们两年前设立火炸药研究院,就是认真调研和分析了我校在这方面的优势、面临的困境,一经论证可行就作出决策,整合力量集中建设。实践证明,这项举措加快了学校在这一领域的发展,没有研究院的成立和整合学校火炸药领域的力量,就不可能全方位介入"×××工程"这样上百亿元的重大项目。

所以,我们要更加坚定地按照认准的道路走下去,要有我们能继续取得更大成绩的自信。

其次,数字表现的成果让人振奋,但是"教师安心教学科研、干部主动服务教师"的局面更具有根本性和长远性。近几年来,学校积极调整政策导向,目的就是调动广大教师的积极性,让大家安心做好教学与科研工作,如今年的津贴调整,强调的是向一线骨干教师倾斜、向青年教师倾斜,这个力度是很大的。同时,我们还积极营造良好的氛围,在教师中形成"人人重视教学科研、个个比拼成果成绩"的环境。近年来,我们也欣喜地看到,干部队伍为教师服务的意识与能力也在不断地提高。我们要想取得持续的、更有后劲的发展,教师队伍和干部队伍必须各司其职,守好自己的岗位、尽到自己的职责。我提出"食堂论",有些同志不太理解;在教授骨干大会上,我讲"广大教师的积极性充分发挥时,就是北理工腾飞之日",有些人有不同看法;再后来又提出了"三个服务",即"干部为教师服务,教师为学生服务,全校为人才培养服务",有些人也有不同意见。我认为这是针对我们学校自己的情况开的"药方"。现在看来,正是由于机关工作理念发生了深刻的变化,才有了学校的快速发展。如果不能把一线教师的积极性调动起来,不能解决他们日常工作中的困难,而总是让他们担心这担心那,就不可能把工作干好。

最后，我们的成绩来自解放思想，下一步要全面提升实力还必须继续解放思想、真抓实干。要使工作跨越式发展，必须从源头上解决问题，必须继续解放思想、真抓实干，不能囿于条条框框之中，不能拘泥于常规做法之内。很多学校都讲，现在是科技工作的发展倒逼机制体制必须改革，这说明机制体制的变化是必须做的事情。西安交大就成立了交叉研究院，把从国外引进的人才先放到这个学院，给予特殊的政策，土壤变化太快不行。最近上海交大引进了诺贝尔奖得主来校工作，人家教授是很认真的，来之前把上海交大的制度都找人翻译了，觉得到上海交大可以继续把自己的研究工作做下去，就到交大全职工作，还把自己的团队也带来了。

希望我们的科技工作做得越来越好，希望我们的科技茶话会办得越来越红火！

第三章 科研和学术是高水平大学发展的动力

促进产学研紧密结合①

"产学研结合"也可称为"产学研合作",是企业和高校、科研机构之间为了创新目标而形成的研究、开发等合作关系。产学研结合是我国经济、技术和教育发展到一定阶段的必然选择。党的十七大报告指出,"提高自主创新能力,建设创新型国家"是国家发展战略的核心,是提高综合国力的关键;要加快建立以企业为主体、市场为导向、产学研相结合的技术创新体系,引导和支持创新要素向企业集聚,促进科技成果向现实生产力转化。

高校是我国培养高层次创新人才的重要基地,是我国基础研究和高技术领域的原始创新的主力军之一,是解决国民经济重大科技问题、实现知识转移、成果转化的生力军。产学研结合是高校在国家技术创新体系中发挥作用的重要抓手。本文从高校的角度出发,阐述高校投身产学研合作的意义、类型和典型模式、取得的成效、存在的困难和问题以及对今后工作的建议,希望对推动这项工作有一定参考价值。

一、产学研结合对高校具有特别重要的意义

1. 产学研结合,是高校服务于社会主义现代化建设的必由之路

为社会主义现代化建设服务,为人民服务,这是我国社会主义教育的根本宗旨。随着工业化、信息化的历史进程,高等学校的功能逐步从培养人才扩展到科学研究和社会服务,根本原因就在于高等教育已经从经济社会发展的外在支撑因素转变为经济社会发展的内在动力,对推动国家的现代化进程具有重要作用。在新时期新阶段,我国现代化建设对高等教育的最重要的要求,就是要为经济结构

---

① 刊于《中国高等教育》2010 年 13/14 期。

调整和经济增长方式转变服务,为建设创新型国家服务。高等学校坚持走产学研结合的道路,不断培养出善于创新的高质量人才,不断增强科技创新能力,才能服务于产业升级和企业技术进步,才能为社会主义现代化建设作出更大贡献。

2. 产学研结合,是高校在国家技术创新体系中发挥作用的重要抓手

高校是国家技术创新体系的"创新极",在当代科技创新方面具有独特的优势,比如多学科综合、学科交叉的优势,多学科人才会聚的优势等。观察美、日等发达国家,我们可以发现其中一个显著的特点,就是无不把充分发挥大学的创新潜力作为强化国家创新体系的战略举措。特别是在我国目前工业、科技发展水平不高,企业的技术创新能力普遍不足的情况下,高等学校不能闭门搞研究,必须主动以产学研为抓手,发挥好自身的人才优势、技术优势,与企业、研究机构一道,将创新资源整合起来,才能在国家技术创新体系中发挥更大作用。

3. 产学研结合,是高校实现自身科学发展的必然选择

高校走产学研结合的道路,以服务为宗旨,在贡献中发展,是实现自身科学发展的必然选择。斯坦福大学校长有一句名言:"人们都说没有斯坦福就没有硅谷,但我还要说另外一句话,没有硅谷就没有一流的斯坦福。"这就是贡献和发展之间的辩证统一关系。高校的发展需要全社会的支持,需要全社会的资源。高校坚持走产学研结合的道路,在服务经济社会发展的同时,对自身的反哺也很明显。高校不仅从产学研合作中获得了经费支持,更重要的是把学校的科技创新推进到经济与科技发展的最前沿,为学校的学科建设、教师队伍建设、人才培养乃至毕业生就业提供了强有力的支持,有力推动了学校的科学发展。

二、高校参与产学研结合的类型和典型模式

1. 高校参与产学研结合的类型

根据产学研合作各方经济利益关联程度,高校与企业的合作大致可分为三个

类型，即松散型、半紧密型和紧密型合作。

松散型合作主要是通过项目合作（用具体的项目）将高校和企业结合在一起。项目的提出者既可以是企业，也可以是高校。合作通常以技术开发、转让、咨询和服务等多种形式展开。企业是科研投入的主体和成果应用的主体，高校是技术研发的主体。这种合作方式通常是随项目合同关系的建立而产生，随项目合同关系的解除而结束，是一种有限时段的、动态的产学研合作。

半紧密型合作是在松散型合作基础上，进一步拓展合作的深度和广度，通过与企业或地方政府共建科研机构，开展持续稳定的合作，将产学研各方结合在一起。企业在高校建立工程研究中心、专业实验室等技术集成与扩散中心，开发高新技术产品；高校在企业建立研发中心，以企业生产技术的改造和新产品开发为目标，直接促进技术进步。在共建的科研开发机构中，科学研究、技术开发、中间试验、批量生产和销售服务紧密相连，技术创新成果适用性强，应用于生产的周期短、收效快。这种合作方式有利于高校与企业或地方政府之间保持长期稳定的合作关系，有利于将技术优势不断发展为规模经济优势。

紧密型合作主要是在前两种合作类型的基础上进一步加强结合，以开发出的产品作为支柱产品，创办生产、经营、技工贸一体化的经济实体，从而形成利益共同体联合创新，这是产学研合作最密切的一种形式。在合作中，双方责、权、利明确，合作积极性高，企业随着高校新技术的注入不断推出新产品，具有很强的市场竞争力和可持续发展能力。合作双方往往在各自的领域中具有显著的优势。这种结合方式实际上是一种强强联合。

2. 高校促进产学研结合的典型模式

高校投身于产学研合作以来，为了促进产学研项目、资金、人才等要素的进一步结合，不断提高成果的转化和产出效率，尝试了多样化的模式。以下仅简要介绍五种典型模式。在今后的发展中，我们还需要进一步深化这些模式的内涵和具体合作方式，以使高校与产业的合作取得更好的成效。

一是依托大学科技园。大学科技园是以具有较强科研实力的大学为依托，将大学的综合智力资源优势与其他社会优势资源相结合，为高校科技成果转化、高新技术企业孵化、创新创业人才培养、产学研结合提供支撑的平台和服务的机构。大学科技园是高校科技成果转化与产业化的重要通道，对于加速高校科技成果的转化与产业化，开展创业实践活动，培育高层次的技术、经营和管理人才都具有重要的意义。例如，北京理工大学科技园目前在园企业255家，引进国际专家10多人，留学归国人员260余人，其中入选中央"千人计划"领军人才2人，入选北京市"海聚工程"领军人才4人，创造就业岗位3000多个；累计吸引项目300余项，其中包括"863计划"项目纯电动汽车产业化项目等国家项目以及30多个省部级科技项目；目前在园企业年营业收入超过25亿元。又如，东北大学国家大学科技园是全国第一家依托大学创办的科技园，培育出了以东软集团为代表的一大批高新技术企业。截至2008年年底，在孵企业达112家，毕业企业26家，孵化及毕业企业的当年销售收入总额达到50.8亿元，年新增就业岗位3300余个，上缴税金3.58亿元，累计孵化面积达4.54万平方米。

二是与企业共建研发机构。与企业共建研发机构是指高校与企业共建联合实验室、教学实验示范中心、工程技术中心等研发机构。通过共建研发机构，企业对高校专业领域技术创新进行持续投入，有效缩短产品化周期，储备技术和人才；高校利用企业提供的充足资金，实现某一专业领域的攻关，保证科研的连续性，快速占领该领域的制高点。例如北京理工大学与东莞柏百顺石油化工有限公司共建"阻燃技术研究院"，依托北理工在阻燃技术方面的优势，服务于企业技术升级改造，在获得多项省部级产学研合作项目和国家"863"项目的同时，使企业的销售收入有了大幅提升，成功经受住了金融危机的考验。又如，北京大学与中国移动通信集团共建"移动数据仓库联合实验室"，北京大学信息学院提供联合实验室需要的开发技术力量、实验室场地，负责项目开发和日常管理；中国移动负责提供实验室所需的全部运行资金、海量移动通信数据实验环境和科研成果的应用与推广，目前该联合课题组已获得国家重点基础研究发展计划（"973计划"）、国家自然科学基金的支持。

三是在中心城市建研究院。在中心城市建研究院是指高校与地方政府共建的研发机构，主要是结合地方经济发展的热点对学校的技术成果开展中试、孵化工作，针对地方主导产业中的共性技术和关键技术开展研究，解决产业和行业的共性技术问题,从而推动产业升级。例如,北京理工大学与地方政府合作,在广东省中山市建立了研究院,着眼于广东省经济社会发展和科技需求,努力建立辐射珠三角地区的科技创新和高技术产业共性研发平台,重点为中小企业服务,收到了较好的效果。又如,深圳航天科技创新研究院是深圳市政府和哈尔滨工业大学于 2000 年合作创办,主要面向国家技术创新和国防建设的要求,面向地方经济建设和市场需求,依托哈工大的人才与技术研发力量,利用深圳改革开放的区位优势,产学研有机融合,持续开展技术创新、管理和经营创新,实现科研、产业和资本运作良性循环。

四是组建学科性公司。学科性公司是以大学科研人员为主体依法设立的集科研、生产、创新人才培养于一体的企业法人。最显著的特征是具有"知识创造"能力,主要任务是尽快将科研成果孵化为成熟的技术并形成产品,投入应用或生产,实现科技成果向现实生产力的快速转化,实现科研人员科技知识、科研成果的保值和增值。例如中南大学积极创办学科性公司,坚持"以人为本、激活资源、产权制度,保障利益,院士带头推动高新技术产业化"。学校提出了"两个70%",即以学校技术成果折资入股所获股份的 70% 奖励有关科技人员,以学校横向课题结余经费出资入股所获股份的 70% 奖励有关科技人员。此举有效激发了科研人员的积极性。此外,同济大学、浙江大学等都在组建学科性公司方面做出了有益尝试。

五是与企业共同创建经济实体。联合创建经济实体是高校与企业在多年项目合作或信息交流的基础上,建立产学研长效合作机制,将双方优势有机结合,利用经济杠杆把双方利益密切结合在一起,形成经济利益共同体。在具体实践中,可成立股份制企业(集团),学校以所开发的产品或技术(个别投入一定的资金)占有股份,以董事会的形式参与管理;也可以让高校与企业联合承担工程研制任务,以协议的方式明确联合体领导成员、办事机构及合作内容,具体合作以合同方式约定。例如北京理工大学与华北光学仪器厂组建成产学研联合体,把双方从事某机电产品研制、试验、生产、组装、调试等技术力量及试验生产条件有机融合为一体,统一调度、统筹安排,使这一联合体既有技术上的优势,又具备生产、试验的条件,成功完成了多项国家重点项目的研制工作。产学研合作中,北理工负责核心技术研究,成为技术源头,并针对核心部件及具有高附加值的部件进行研发,其他部分由企业研发并生产,进而与企业形成利益共同体,有效保障了合作双方的经济利益,也保证了长久、稳定的产学研合作关系。

三、高校投身产学研结合取得的显著成效

从20世纪50年代开始,我国就强调大学教育要与工农业生产相结合,鼓励教师和学生到生产第一线学习和从事研究,高等学校开始创办校办工厂。改革开放初期,政府提出高校要面向经济发展,开展技术转化工作,高校纷纷设立校办科技型企业。1992年,国家教育委员会开始实施国家"产学研联合开发工程",国家逐步制定关于产学研正式合作的文件。1999年8月20日,中共中央、国务院发布《关于加强技术创新,发展高科技,实现产业化的决定》,把产学研合作提到了国家战略的高度。2006年1月,全国科学技术大会部署实施《国家中长期科学和技术发展规划纲要(2006—2020年)》,提出了2020年把我国建设成为创新型国家的战略目标,对高校投身产学研合作提出了明确要求。伴随着这一历史进程,高校"社会服务"的职能和社会地位日益凸显,高校承担了越来越多的与企事业单位合作的科研项目,在为构建国家技术创新体系提供有力支撑、为企业发展提供人才支撑的同时,也极大地促进了高校自身发展。

1. 为构建国家技术创新体系提供有力支撑

高校积极投身产学研合作,为国家技术创新体系的建设作出了突出贡献。在国家"863计划"中有目标产品导向的项目强调产学研联合申请,首批项目中产学研联合承担的占36%。从2009年度国家科学技术奖获奖情况看,中央企业之间、中央企业与科研院所和高校之间积极开展产学研合作,效果明显。中央企业所获79个奖项中,58个为中央企业与其他企业、高校、科研院所共同完成,占73.4%。矿冶总院、中国钢研等多个科研转制院所通过与企业、高校开展科研合作,共获奖15项。以辽宁省为例,19个获奖项目中,有14项是产学研合作开发完成的项目,占获奖数的74%。在《国家中长期科学和技术发展规划纲要

（2006—2020年）》公布的16个重大专项中，高校参与了多个专项，清华大学还牵头负责主持"高温气冷堆核电站"专项的研制工作。

2. 为企业发展提供人才支撑

产学研合作过程中，高校充分发挥创新人才聚集地优势，在为企业输送大量高素质创新型人才的同时，还通过联合培养研究生等方式，帮助企业研究人员提升专业技术水平。一是提升人才培养质量，为企业增强核心竞争力提供充裕的人力资源保障。在教育部作出"卓越工程师计划""基础学科拔尖学生培养实验计划"以及加强专业学位硕士研究生培养等部署后，高校积极响应，不断推进教育教学改革，努力培养适应企业需求的拔尖创新人才。如北京理工大学致力于培养具有"高远的理想、精深的学术、强健的体魄、恬美的心境"的高素质拔尖创新人才，通过成立基础教育学院，专门负责一、二年级本科生管理，按照教育、教学、管理"一体化"思路，强化通识教育和素质教育，为提高学生培养质量搭建了很好的平台。二是通过与企业联合培养研究生，创新研究生培养模式，为企业输送优秀人才。2006年，国防科工委颁布了《关于进一步加强委属高校与军工科研院所和企业联合培养研究生工作的若干意见》，有力推动了国防科工委所属高校与军工科研院所、企业联合培养研究生工作。上海地区也建立了高校、企业、科研院所携手的5家"研究生联合培养基地"，截至2007年，联合培养研究生近530人。

3. 对高校自身发展发挥积极的促进作用

高校是产学研合作的主要参与者，同时也是产学研合作的受益者。在这个过程中，高校的创新人才培养能力不断提升，科技创新实力和水平不断提高，服务社会的能力不断增强。高校通过与企业共建实验室、实习基地等，为学生提供参与科研生产第一线工作的机会，激发了学生探索科学问题、参与前沿探索的积极性，锻炼了学生的创新思维和实践能力。产学研的发展也催生了更多的高校创新成果。

"十五"期间，高校共获国家自然科学奖75项，技术发明奖64项，科技进步奖 433 项，分别占全国总数的 55.1%、64.4% 和 53.6%。在 2009 年度国家科学技术奖获奖项目中，全国高等学校获得国家自然科学奖二等奖 16 项，占授奖总数的 57.1%；获得国家技术发明奖通用项目 31 项，占授奖总数的 79.5%，两项一等奖均为高校获得；获得国家科学技术进步奖通用项目 151 项（一等奖 5 项，二等奖 146 项），占授奖总数的 68.0%，其中，高校为第一完成单位的 94 项（一等奖 3 项，二等奖 91 项），占授奖总数的 42.3%。

四、高校在产学研结合中存在的问题和困难

虽然近年来高校在产学研合作中取得了显著的成绩，但高校与企业的合作层次还比较低，不能适应自主创新的需要；大学与企业合作动力不足，效率和效益不高。这缘于企业和大学从领导到参与人员对合作的认识尚有差距，在处理双方的利益关系上尚未建立合理的机制，以及政府在政策推进和创新环境建设上尚有缺陷。细致分析，高校在产学研合作中的问题和困难主要有以下几个方面。

1. 产学研各方的定位和应发挥的作用不明确

在产学研各方中，政府起协调、支持和推动的作用，但也存在领导和主力作用发挥过多的问题，有"越位"的情况，应该从发挥领导、指导作用向发挥引导作用过渡；企业是核心，起主体作用，但不少大企业在与高校合作中更多地想发挥"主宰"的作用，忽视了高校的应有地位和利益需求；高校是创新的源泉，但一些高校热衷于产品生产过程，想要从项目"设计、研制、生产"一竿子插到底，不仅忽视了高校本应在基础研究和原始创新方面发挥的作用，也在一定程度上侵占了企业的利益。

2. 校企合作的科学、合理的利益分配和协调机制还未建立

校企合作的目标之一，就是各个参与主体以及相关各方在合作过程中实现自身利益的满足和扩大化。因此，无论是企业，还是高校、政府，各方合作的目标之一在于利益的获得。在实际运行中虽然强调了"共同投入、利益共享、风险共

担"的合作原则，但由于高校和企业为了使自身获取更多的利益，难免出现难以协调的矛盾，特别是在合作研究和开发当中，各方的贡献往往也难以准确衡量，往往到了有可能获得成果、申报奖项的时候就开始出现问题，影响合作的进一步发展，严重时甚至由于矛盾不能化解而导致校企合作的失败。因此，校企合作的利益关系（主要包括经济利益和知识产权利益）协调不好、处理不当，都会导致合作双方的积极性不高、动力不足。

3. 缺乏科学合理的评价机制

从高校的角度来看，虽然政府和教育部门大力推动产学研合作，但在对高校的评价指标上却缺少这一项，往往强调论文和原始创新多于产学研合作，这在国家重点学科评审的指标体系中表现得尤为明显（产学研合作成果为"零指标"）。在这样的大环境下，高校对教师的评价机制也相应有所欠缺，缺乏鼓励教师和研究人员从事应用研究为生产服务、为企业服务的机制，加剧了应用研究成果脱离实际生产应用这一现象。从企业的角度看，由于国家的评价标准主要体现在经济增长速度上，导致部分企业的创新意识薄弱，眼光短浅，不愿意投资开发新产品和新技术，而希望依赖高校直接产出能够马上商业化的技术甚至是产品，这样的要求对于高校的实际情况而言是不现实的。

4. 当前我国国有资产管理的有关政策仍严重制约着科技成果转化工作

现有国有资产管理的有关政策，对技术类无形资产与有形资产实行同一标准，但技术类无形资产与有形资产却有本质区别。《国务院办公厅转发科技部等部门关于促进科技成果转化的若干规定的通知》（国办发［1999］29号）规定，将技术成果投资所获股权应以不低于20%的比例奖励给技术完成人，且经单位职工代表大会通过，奖励比例可高于50%。但现有国有资产管理的有关政策与该政策不统一，国有资产监督管理部门对该政策不予执行。在实践中，科技成果投资所获股权必须以较高比例奖励技术完成人，才能有利于技术类无形资产价值的实现，才能激发科技人员创新的活力。此外，国有资产评估项目核准与备案制度不适合技术类无形资产，因为科技成果并没有确定的价值。在实际操作中，科技成果的价值是由合作各方谈判而定，一般是先确定注册资本及科技成果在注册资本中的比例，再推算出科技成果的作价。如果科技成果转化失败，其所形成的股权资产就会变成零资产，对其股权资产的核销，目前没有可操作的办法。

5. 有市场应用价值的创新研究成果不足

虽然高校近年来发表的科技论文数量增加很快，经鉴定的科技成果不断增多，专利的申请量也逐年增加，但是高校大量的科技成果未用于生产，即使是应用型研究成果也基本上不具备开发应用的前景，研究成果与工业生产应用的差距太大。目前，我国的科技成果转化率在25%左右，真正实现产业化的不足5%，与发达国家80%的转化率相差甚远。总体来看，技术导向的科技成果比较多，市场导向的科技成果比较少；模仿、跟踪的成果比较多，原始性创新的成果比较少；"短、平、快"的成果比较多，反映长期科学积累的成果比较少。

五、对促进产学研结合的建议

1. 明晰校企合作中涉及的各个主体的地位和作用

在校企合作中，各参与主体应各司其职，坚持企业是核心，发挥主体作用；大学是主力，发挥其创新源泉作用；政府进行指导和引导，发挥其协调、支持和推动作用。对于高校而言，一方面，要充分重视企业的技术需求，并将其与自身的科学研究紧密结合起来，及时掌握企业发展中的新问题及行业发展新方向，使高校科研工作更好地为企业服务、为生产服务，决不能简单地将发表论文作为研发工作的主要目标；另一方面，要发挥多学科综合的优势，瞄准科学前沿问题，致力于原始创新，掌握核心技术，占领科学制高点，努力为企业10年、20年之后的产品升级换代提供技术支撑，而不能为了既得利益把精力投向某些产品的生产过程。这样才能从根本上发挥好高校的作用，使高校和企业建立稳定的合作关系。对于企业而言，应发挥其"技术需求主体、科技投入主体和创新成果应用主体"的作用，但"主体"不等于"主宰"，企业要尊重高校的应有地位和利益需求，特别要在学术成果方面给予高校应有的支持。对于政府而言，要深入研究并制定推动校企合作的政策、重大计划和配套措施，以充分调动企业、高校双方的积极性。

2．充分保证校企合作各方合理的利益分配

要通过制定相应的法规、制度来规范合作中的企业、高校、中介机构和金融（风险）投资机构等各方利益关系，制定专门法律，使之能涵盖合作的各个方面，形成全面的便于操作的政策体系，确保合作的成效。高校应支持企业通过合作研发，提高创新及人才培养的能力，其经济利益应体现为新产品、新技术进入市场或实际应用时取得的利益。高校的利益主要是学术成果和经济利益，学术成果主要是获取创新知识的增量。企业要保证高校应该获取的利益。在保证获得技术创新成果的目标或前提下，高校也应注意在与企业合作过程中，不要稍有成果就急于发表论文，这也往往会带来成果分配上的争议。

3．建立合理的评价机制

要建立对高校的科学评价制度，把服务和贡献作为评价高校工作的重要标准之一。要在质量工程建设、重点学科和学位点申报、人才计划、人事分配制度等方面进行相应的改革、调整和完善，形成促进产学研结合的激励机制和约束机制。在高校内部，要改革教师工作的评价机制，注重培养人才的实绩、科研的质量和产学研合作的成效，在鼓励教师把高校的科研成果产业化的同时，也要鼓励他们把新鲜、有用的知识带回课堂。要建立对企业的科学评价制度，扭转"唯经济增长"的倾向，鼓励企业设立研发中心，投入资金开发新产品和新技术，从根本上提高企业的自主创新能力。

4．规范无形资产管理与处置

要根据技术类无形资产的特性，制定国有技术类无形资产的相关管理政策。要提高高校促进技术成果转化的自主权，将技术类无形资产的处置权交予高校，取消繁杂的行政审批程序。在科学研究中要允许失败，对于科技成果转化失败的

情况，其所形成的股权资产不能按照实物和现金资产的处置方式，要探索更为合理的核销方式。

5. 进一步激发高校科研人员的积极性

科技人员是产学研合作中的最核心因素，要坚持"以人为本"，合理确定技术持有单位和技术成果完成人之间的权益分配，以充分调动科技人员的积极性，促进科技成果的转化。目前有关部门规定的奖励比例相对较低，对充分调动科研人员的积极性不利，比如 2010 年 2 月财政部、科技部联合发布的《中关村国家自主创新示范区企业股权和分红激励实施办法》中规定："高等院校和科研院所经批准以科技成果向企业作价入股，可以按科技成果评估作价金额的 20% 以上但不高于 30% 的比例折算为股权奖励给有关技术人员。"根据我在多个高校的工作经历，建议以科技成果等无形资产投资入股企业时，视在技术形成过程中国家投入的情况，给予技术持有人和其他主要人员不低于所占股权 20%、原则上不超过 50% 的奖励，从而在调动科研人员积极性的同时，有效保证高校占主要股权。

看得远，改得准，容得下，守得住①

做好"十二五"学校科技工作，需要大家共同发力。

一、要看得远

今年4月，胡锦涛总书记在清华百年校庆大会上发表重要讲话指出，高等学校特别是研究型大学"要积极适应经济社会发展重大需求，开展国家急需的战略性研究、探索科学技术尖端领域的前瞻性研究、涉及国计民生重大问题的公益性研究"，"瞄准国际前沿，加强基础研究，推动学科融合，培育新学科，建设重大创新平台和创新团队，以高水平科学研究支撑高质量高等教育"。与之相对应，我校第十三次党代会提出的科技工作"两个瞄准"，是符合中央的精神和要求的。这"两个瞄准"，要求我们要有广阔的视野和战略的思维，要看得远。

看得远，第一层意思就是要用敏锐的眼光观察、用聪明的大脑分析世界科技发展前沿的动向和需求，以及世界上顶尖级的科学家（也包括经济学家、政治家、教育家、法学家、社会学家等）都在想什么、关注什么。当前，世界经济增长模式面临深度调整，全球正在进入空前的创新密集时代，抢占战略制高点的竞争更加激烈。无论是发达国家还是发展中国家，都在着眼于未来和长远发展，把科技创新和新兴产业作为突破口，积极实施新的科技和人才战略，力争重塑国家竞争优势。我们要想站在世界科技发展的最前沿，就必须在科学研究的观念上实现新的突破，在科学研究的领域上有新的拓展。不但要"跳出北理工看北理工""跳出兵器看兵器"，也要"跳出军工看全国"，还要"跳出国门看世界"。既要看国际上的新发现、新发明，更要看新动向、新需求。因为，只看新发明、新发现是不够的，这大多只是跟踪型、模仿型的研究，而能看到新动向、新需求并

---

① 2011年11月25日在学校科技工作会闭幕式上的讲话摘录。

下决心去研究探索，才是原创性的。这就要求我们既要做好当前，更要着眼未来。比如，10月份我去美国哥伦比亚大学，有一位华裔教授就准备组织美国、以色列、中国等国家的一些专家学者，开展关于未来资源枯竭之后人类生存发展问题的科学研究，还邀请我们学校参与到研究中。这一研究，就是非常具有前瞻性的研究，也就是前沿课题，是别人没有做过的，将来做出来也必然是世界上最领先的。这也告诉我们，要想在科研上立于领先地位，就必须在思想和行动上超越别人，想别人所未想、干别人所未干。

对于科技发展的领域而言，从宏观来讲，一个是空间，一个是海洋。校党委根据学校实际在第十三次党代会上提出了"强地、扬信、拓天"的思路，现在已经有了一些新的发展。关于"探海"，我看也不要忘了。现在有几位教授在这方面已经有了一些开拓，这也是为我们探路，应该支持。从微观来讲，已经越来越小，微纳技术、电子质子技术、中子技术等方面我们也可以进行探索。我有一次同姜澜教授交谈，他就提出一种利用激光微纳技术来治疗癌症的设想，我看很有见地。我们都应该学习他的创新思维。

看得远，第二层意思，就是要看国家需求、国内空白，多看看国家发展需要什么，有哪些空白需要填补。在这方面我们要多考虑。如何捕捉国内需求、国内空白，一方面从科技领域中找，另一方面，我认为可以从政府的工作报告中找，从行业工作报告中找，也就是我以前常说的从学习政策和报告中可以读出项目来。例如，每年的政府工作报告、国家发改委的工作报告、工业和信息化部的工作报告等，都会有国家的需求介绍。今年11月8日，工业和信息化部苗圩部长在贯彻落实教育规划纲要工作会的讲话中明确指出，部属高校要在进一步加强国防科研工作的同时，发挥在基础机械、智能制造、复合材料、节能与新能源汽车、船舶与海洋工程、航空装备、卫星及应用、计算机、通信等领域的科研优势，针对制约工业和通信业发展的瓶颈问题，开展基础研究、应用基础研究、关键技术攻关。特别是要积极投入到产业关键共性技术研究开发当中（比如，近净成形高精特齿轮制造技术、特种工艺与精密制造技术、纯电动汽车总体技术、海洋工程结构物震动及噪声关键技术、先进航空空气动力学、先进航空材料应用技术、快速空间应急小卫星技术等）。苗部长的讲话已经非常清晰地告诉我们，高校科研的面向领域应当更加广阔，应当在攻克关键核心技术、突破基础研究和共性技术方面作出更多贡献。如果我们将这些信息和我们的专业学科优势结合起来分析、思考、调研，就会提出有质量的科研方向和项目来。

看得远，第三层意思，就是要多看看国内外顶尖的专家都在怎样做研究。世界前沿的科学研究，不仅是在知识、技术上保持领先，还需要有自制的具有世界先进水平的实验设备。目前，包括我校在内的高校，非常重视引进国外的先进设备，也花费了大量的资金。结果，往往是买进人家现成的设备，跟在人家后面做同样的研究，成果也想办法发表在人家的刊物上，少有自身原创性的东西。要想领先世界科技，必须自己探索、发明、制造实验设备，即使买进国外设备，也要在此基础上再度创新，设计出自己的仪器，从而产生自己的原创性成果。比如，新加坡南洋理工大学，有位教授就是完全自己研制高精尖的实验设备，他就自己需要的实验设备部件分别向世界上不同的一流企业提出需求，各家提供之后，他来组装成为世界上唯一的最高水平的实验设备。由此，他的研究成果也是别人搞不出来的。所以，自制实验设备也是搞好科研取得高水平成果的关键因素。南京航空航天大学校长朱荻教授的实验设备基本上都是自己设计制造的，因此，他能做出与别人不同的高水平成果，其研究成果"高性能精密微细电铸制造技术"获2007国家技术发明奖二等奖，朱荻教授最近通过了中国科学院院士的评审。

看得远，第四层意思，就是要多想想科研发展的可持续性和长远性。"十一五"期间，学校科技工作紧密结合第十三次党代会确定的科研提升战略，开拓创新，拼搏进取，亮点频现，成绩斐然。不过，其中还有一部分科研属于短期工程项目型的，项目完成之后，后续就断线了。这种科研方式是不可取的，是不可持续的，虽然解决了眼前的利益，但是从长远来看，对我们科研的促进作用最终还是有限的。《国家中长期科学和技术发展规划纲要（2006—2020年》指出："今后15年，科技工作的指导方针是：自主创新，重点跨越，支撑发展，引领未来。"引领未来，就是着眼长远，超前部署前沿技术和基础研究，创造新的市场需求，培育新兴产业，引领未来经济社会的发展。这一方针是我国半个多世纪科技发展实践经验的概括总结。要建设一流大学，就要有一流科研。但一流的科研绝不是跟踪式、短期任务式的，而是长远的、可持续的。这就要求我们既要干好眼前的任务，更要着眼于未来的发展。在这方面，我们还有很长的路要走。当前，在军品科研方面要关注"××"，这是龙头项目，后边有演示验证，有预研，还有型号研制等。一个项目可以做十几年、几十年，一定要下功夫搞好。另外，在其他领域也都有前瞻性、引领性的项目，我们也要时刻关注，争取主动。

二、要改得准

改得准，主要是讲科研体制机制要适应科研发展，科研政策要有针对性、实效性。渠清如许，为有活水。体制机制是保障，只要体制机制顺畅了，科研的活力和动力自然源源不断。

首先，从体制上来看，随着全球经济快速发展和信息化时代的到来，当代科技创新模式正由传统的线性组织模式演变为跨学科、跨区域、跨组织、跨国别的开放式合作模式，协同创新已成为提高科技竞争力的重要途径。

对于高校来说，要在未来的科技竞争中抢占先机，科技发展的协同创新或者说"举校体制"将是十分有效的模式。比如，麻省理工学院计算机系统生物学研究所跨学科组织模式，清华大学"200号"大规模科研组织模式，哈工大与航天科技集团合作的基础与交叉科学研究院等。这几年，我校已经开展了一系列卓有成效的体制创新，比如，成立了火炸药研究院、节能与新能源汽车研究院、地面无人机动平台研究院、微纳技术研究中心、新媒体文化研究中心等。尤其是节能与新能源汽车研究院，是由校领导牵头，由机械学院、化工学院、管理学院、法学院合作建立的，是工、理、管、文相结合的团队，他们必将在协同创新上取得突出成绩。

同时，校际协作体制也应运而生。2010年11月，北京理工大学、大连理工大学、东南大学、哈尔滨工业大学、华南理工大学、天津大学、同济大学、西北工业大学、重庆大学9所高校组成"卓越联盟"。这个联盟，就是旨在推进以人才培养、科学研究和体制机制创新为一体的高校组织模式改革。这是科研工作举校体制的又一表现形式。

另外，进一步推进产学研用紧密结合，大力促进校企协同创新也是大势所趋。苗圩部长在贯彻落实教育规划纲要工作会上特别指出，工业企业特别是中央企业要进一步关心和支持部属高校改革发展，加强产学研合作，以参加学校理事会、联手引进海外高层次人才、合作培养研究生、提供实践教学条件等多种形式，积极参与人才培养。这为我们加强与企业的联系提供了便利。我们已经与中国兵器工业集团、兵器装备集团、航天科技集团、航天科工集团、核工业集团等多家业内央企建立了合作关系，下一步也要考虑与船舶行业的两个集团[①]、中国航空工业集团公司、中国商飞公司等大型集团公司加强联系。我校往广东、西北地区派遣科技特派员的做法，也是很好的。

其次，在机制上，要积极引导和鼓励工科、理科、文科之间的交叉合作，建立激励各单位自由组织开展高、精、尖、前沿领域和具有重大应用价值的科学研究的机制，促使其主动联合、协同创新，切实发挥举校体制的作用。在人事管理上，要灵活多样，有针对性。对教师、科研人员实施分类管理、分类考核、分类晋升，激发不同类型人员的积极性。对基础研究、应用研究要有不同的考核评价体系，比如，对文科的考核，除了发表论文，还要看它能否形成对国家有用的建议报告或政策建议。

总之，我们在体制机制上不仅要下决心改，还要改得有针对性。要通过体制机制的灵活多样，为学校科研提升注入无尽活力。

三、要容得下

容得下，实际是讲科研文化的问题。科研文化构成了一个学校科学发展的土壤，决定了人们从事科研活动的思维方式和价值取向，也制约着政策的导向、科研的体制和学术传统的特质，给科学事业发展以持久而深刻的影响。科研文化，很重要的一点就是要"包容"。海纳百川、有容乃大，在学校科研文化中，除了我们常讲的鼓励创新、宽容失败，我认为当前很重要的还有三方面。

一要容得下其他人。尤其是在科研团队建设中，要坚持老中青结合（比如毛二可团队、王富耻团队、付梦印团队），要注意引进人才与培养人才相结合。这些年，我们引进了很多杰出人才，在学校和各单位的支持帮助下，他们都在工作

[①] 中国船舶和中船重工两家企业已于2019年联合重组为中国船舶集团有限公司。——编者注

岗位上发挥了模范带头作用。我们还要以共同科研攻关为平台，着力培养高水平创新人才，特别要大胆起用年轻优秀人才，帮助他们树立敢为天下先、勇攀高峰的自主创新的勇气和信心。在这方面宇航学院、机车学院、光电学院、管理学院等做得比较好，起到了示范和带头作用。

这里我还要强调一下，在队伍建设方面，要努力把我们的专家学者送往为国家"写本子"的机构和组织中，推荐到"863"专家组、"973"专家组、重大专项专家组、"杰青"和"长江"评审组中去，这是显示我们学者水平、能力的机会，也是为我们争取项目的关键。

二要容得下其他学科。教育部"2011计划"提出，大力推进协同创新，探索教育、科技、经济、文化融合发展的新模式。那么，我们讲协同创新，除了本学科、本专业内部的合作，更重要的是要坚持理、工、管、文各学科交叉融合。徐更光院士讲，交叉点就是创新点，我认为很有道理。工科团队要主动邀请理科等学科人员加入，理科等学科也要主动与工科合作，形成团队，共同攻关，不仅形成科学成果，还要促进理论水平的提升。同时，还要与其他高校、企业、科研院所协同，甚至与国外有关单位和人员协同。另外，在协同创新中，不一定事事都要做主角，还要甘于做绿叶、做配角，要有协同合作的精神。

三要尊重传统、传承历史。科研有其发展规律，只有研究并把握其规律，才能更好地推动工作。前两年，我们已经开展了学科专业史的研究和编撰工作，对学科建设是一个推动。今后，还要研究和撰写北理工科技文化史和科技工作发展史，总结不同时期科技发展的经验和深层次原因，从中继承好的传统并将其发扬光大。比如，我校历史上曾产生多个新中国第一，为什么会产生？产生的背景、条件是什么？当时是怎么干的？这些都要认真总结。同时，也要把在科研工作中作出贡献的人和事记载下来，予以彰扬，形成鼓励科研、激励学术的浓厚氛围和优良传统。

四、要守得住

守得住，第一层意思就是要坚持住人才培养这个核心。人才培养和科学研究是高校的两项职能，两者之间既有区别，更有联系。科学研究是强校之路，对人才培养起着至关重要的促进作用,但科研工作要始终服务于人才培养工作。人才培养始终是大学的核心任务,是立校之本。今后,对科研发展项目要有人才培养的要求,对于教师的考核也要更注重人才培养的成绩。明年,我们还考虑召开人才培养工作会,进一步促进高素质创新人才培养。

谈到关于培养人,特别是如何培养人,我们的王越老校长带头给本科生上课,梅凤翔老教授一直上讲台讲课,包括很多院长、学科带头人也是如此。他们为我们带了好头,我们要学习。这里,我还强调一点,就是要与同学们多沟通、多交流,这是人才培养重要的手段和方式之一,也是我们当前最为缺乏的方面。

一说如何培养人,大家都会想到如何讲好课,如何组织好学生实践活动。讲到科研,大家也会把科研项目中有没有学生参加作为考核内容。讲到关心学生,大家都会想到吃得如何、住得如何等。这都是必要的,但我要强调的是,我们能不能经常同学生们聊聊天,多沟通交流一下。这一点我看有很多人没有做到,但这是育人中非常重要的途径。

现在,我们强调素质教育,素质教育是我们教育的战略主题。什么是素质?我常引用爱因斯坦的说法,所谓素质,就是学生走出学校以后,所学的专业知识都忘记之后剩下来的那些东西。我们应该思考,除了知识、技能外,我们还应该教给学生们什么?大家想一想,一个大学生从小学到中学的12年里最缺的是什么?我观察,就是他们能非常轻松愉快地与人交流,就是他们有了问题和想法后能与别人讨论,有了委屈和不快能有人倾诉,取得了成绩后能与别人分享,就是他们的喜怒哀乐需要得到我们的关注。但是,我们还是只关注学习、上课、考试,重复以前中学的那一套。那怎么能行呢?另外,我想,我们提倡的学生要有理想和社会责任感,要学会学习,还要养成锻炼身体的习惯,养成开朗阳光、积极向上的心境。从一定意义上讲,这种交流沟通,就是行之有效的方式之一。这方面,我了解,有些教师做得很好。比如沈庭芝教授,她讲完课不走,要在教室中与同学交流一段时间。自动化学院在本科生中搞导师制,学校处级以上干部联系一个班级,诸如此类的举措都很好。关键是要坚持,我们搞科研的教师也要与同学们多交流。我提倡,学校领导要与学生会、研究生会等学生组织的骨干保持联系,了解他们,熟悉他们;学院的领导要与班长、班干部保持好联系,了解他们，熟悉他们；辅导员和班主任要了解和熟悉每一个学生，形成上下沟通的顺畅渠道。

守得住，第二层意思是要耐得住科研中的寂寞、清苦，板凳要坐十年冷。科学研究是非常苦的工作，仅仅依靠金钱刺激的科研是出不了大成果的，只有始终热爱科学、追求真理、甘于平淡、勇于进取的人才能不断攀登科学的顶峰。我们的校风"团结、勤奋、求实、创新"，正是包含了对科研人员这种攀登精神的总结和诠释。在这方面，这次受表彰的教师就是很好的榜样，是这方面的代表。哪一个国家级的奖项没有十年以上的时间磨炼？有些甚至是二十年。希望全校科研人员树立起对科研浓厚的兴趣，敢闯敢试敢攻坚，不待扬鞭自奋蹄，激情进取、追求卓越。

守得住，第三层意思是要保得住科研攻关的珍贵成果。科学研究出成果不容易，要保得住成果不被他人窃取也要引起我们的重视，要注意申请专利保护自己的发明，做好知识产权的保护工作。这也是世界通行的规则。这方面，法学院已经与有关学院开展了比较成功的合作，以后还要加强此项工作。另外，科研过程中也要注意查专利，别人已注册的专利成果就不要重复研究、做无用功。更不能忽视他人的劳动成果，剽窃他人的果实是可耻的，要受惩罚的，我们绝不能干。

守得住，第四层意思是要保持好甘心服务科研一线的理念和做法。近年来，我们大力倡导科技管理服务意识的转变，创新科技管理理念，科研院就实行了主动服务、策划服务，不断提升科技管理服务的水平，为学校科技工作迈上新台阶打下了基础。而且，科研院在这次表彰中还主动将荣誉让给他人，值得表扬。这种为科研工作甘于平淡、主动奉献的精神，值得在管理工作中大力倡导。另外，这些年，后勤集团、国资部门、保卫保密部门的工作也是比较令人满意的。希望我们的管理人员、工勤人员，继续保持好这一优良传统，在今后工作中主动奉献，努力提升服务水平和服务质量。同时，这几年学校科研工作进步很快，希望发展规划和基建等部门通力合作，加快基本建设进度，加大资源调整力度，为广大科技工作者提供更多更好的科研条件。

创新合作模式，促进产学研紧密结合[①]

北京理工大学的前身是延安自然科学院，是中国共产党创办的第一所理工科大学，是国家历批次重点建设的学校，也是首批国家"211工程"和"985工程"建设的高校。独特的历史地位赋予了学校在国家实现工业化、信息化和国防现代化的道路上，在知识创新体系、技术创新体系和国防创新体系构建中更多的责任。

北京理工大学在产学研用合作的过程中，发扬延安精神，秉承"军民结合、项目牵引、多层推动、平台提升"的发展思路，以转化一批重大科技成果、培育一批标志性创新型企业、建立一批公共服务平台为目标，着眼科学前沿原始创新能力的提升，不断提高学校国际国内的学术影响力；着眼国家重大战略需求科技攻关能力的提升，不断提高学校服务国家战略发展的本领；着眼国防、工业和信息化以及区域经济发展成果转化能力的提升，不断提高参与和服务经济社会发展的水平。学校坚持"立足国防、面向全国、服务地方"的定位，积极与省市地方政府、大型企业开展科技合作，与百余家企事业单位特别是军工企事业系统建立了产学研用联合体，形成了稳定持续的合作关系，探索了学校与地方政府、企业合作的新思路、新模式和新机制。

一、创新体制，试点先行，搭建产学研用协同创新合作平台

北京理工大学在产学研用合作过程中，创新体制机制建设，建立多部门协同创新工作平台，形成由学校科学技术研究院、专利与知识产权中心代理公司、先进技术研究院、大学科技园和国有资产管理处等各部门参与的产学研用协同创新体系，促进多部门连通与科技成果转化。学校在运行机制上进行改革和创新，解决了科技人才引进、科技成果转化、成果利益分配等产学研用的核心问题。学校

[①] 刊于《中国科技产业》2011年第12期。

不断创新人才引进机制，通过非事业编制聘用方式解决创新引进人才的户口、档案与待遇等问题；改革股权激励机制，对学科性公司实施股权激励改革，创建二次分配制度，进一步鼓励成果转化；建立人员特派机制，与地方政府深度合作，派出科技特派员挂职政府或企业，加强政学、产学合作；探索科技收入再投入的新途径、新机制，鼓励教师通过使用横向科研项目结余经费创办学科性公司来进行科技成果转化，提高横向科技经费的使用效率，解决公司初创期投资难的问题；建立团队利益与个人利益直接挂钩的利益分配机制，强化核心科研团队的责任心，形成组织之间、团队成员之间的日常监督、制约机制。

同时，北京理工大学成为承担国家教育体制改革试点任务的部属高校之一，承担了"高等学校推进产学研用结合改革试点"项目。自项目实施以来，学校方方面面高度重视项目的推动与落实，各院系与相关部门紧密协作，建立由科学技术研究院、教育研究院、研究生院、人事处、财务处、教务处和国有资产管理公司等多部门联合组成的学校推进产学研用结合改革试点办公室，并确定宇航学院、自动化学院、信息学院、光电学院、软件学院为产学研用结合试点学院。充分发挥学校各部门对产学研用结合的促进作用，在制定相关政策、建立工作机制、梳理实践经验、搭建合作平台、拓展合作领域方面不断推进工作，不断提升学校产学研用的合作范围与层次，更好地服务于国家战略需求、区域经济发展与高校人才培养。

二、校军结合，军民融合，开拓"校军民"协调互动格局

北京理工大学在秉承国防科技创新的良好基础和独特优势的同时，注重军用技术和民用技术的共同研发，并致力于通过"军辐射民、军带动民、民补充军、民促进军"实现学校在军用和民用领域的产学研用结合。学校发挥国防学科专业优势，深入开展民品研究，实现了军品、民品相互补充、良性互动的良好局面，形成了一批创新型科技成果，促进了学校自主创新能力的提升和科学研究的可持续发展，成功地实现了学校科研结构的转型。

在民用科技方面，北京理工大学在绿色能源、新型材料、电动车辆、生物技

术、弹药技术等领域形成了科研优势，涌现了一大批"军转民"项目成果。如孙逢春教授团队研制的纯电动大客车，其核心技术来源于某型号电动坦克关键技术，以其节能、环保、国际先进的技术水平实现了奥运场区"零排放"的目标，兑现了北京奥运会"绿色奥运"的承诺，并先后承担上海世博会和广州亚运会的运输任务；赵家玉教授曾加盟2008年奥运会焰火设计团队，担任北京奥运会、残奥会开闭幕式焰火团队专家组组长，首次实现焰火动态燃放，共申请奥运会焰火创新专利15项，其技术源于军用爆炸及特种能源技术研发。同时赵教授担任了国庆60周年焰火晚会专家技术组组长，负责国庆庆典的焰火燃放工作。

在"民转军"科技成果转化方面，北京理工大学也取得了令人瞩目的成绩。杨荣杰教授团队在研究民用有机材料的过程中，发现了其隐身特性，立即把其用于某装备的壳体，取得成功。在海水淡化研究、激光雷达研究、电磁辐射研究、机器人研究、药品研究、环境污染研究等领域，北京理工大学也都取得了大量类似"民转军"科技成果转化的成功，推动了我国国防技术的发展和创新体系的建设。

三、依托项目，共建平台，建立产学研用长效合作机制

北京理工大学瞄准国家科技、经济、社会、国防领域的战略需求，加强基础研究和前瞻性研究，努力承担国家重大专项和关键技术研究，充分发挥国防科技优势和特色，与多家军工集团建立了长期战略合作伙伴关系，并签署了关于教育、科技、经济等方面的合作协议，深入开展多层次合作。长期以来，北京理工大学一直同中国兵器工业集团、中国兵器装备集团、中国航天科技集团、中国航天科工集团、中国核工业集团等大型军工企业开展产学研用合作，合作领域包括机械、运载、动力、控制、探测、通信、计算机、材料、化工、能源等，为我国国防建设和社会主义现代化建设作出了积极贡献。

依托合作项目，学校与企业、科研院所共同进行科技攻关，实现了设备共享、优势互补、资源整合和人才交流。同时注重学校科技成果在军用和民用领域的交叉应用，拓展产学研用合作领域。目前，学校与湖南天雁机械有限责任公

司、长安汽车有限公司等多家企业、科研院所共建了研发中心（实验室）、实训中心等多种平台，依托平台基础，开展多个领域的深入合作，培养了一大批相关科技人才，形成了平台、项目、人才良性互动的百余个产学研用联合体，建立了稳定持续的合作关系，取得了良好的效果。

2007年，北京理工大学软件学院院长丁刚毅教授率领的科研团队承担了"北京奥运会开闭幕式全景式智能仿真编排系统"奥运科技项目，圆满完成奥运会、残奥会开闭幕式辅助创意编排、三维全景展示、交互式指挥排练和信息管理等工作任务，为北京奥运会、残奥会的成功举办作出了突出贡献。该团队以项目为平台，继续深入开展合作研究。2009年，该团队（60余人）又承担了"首都国庆60周年群众游行和联欢晚会"的数字仿真设计、训练和指挥辅助系统开发与服务工作。同时，北京理工大学智能仿真编排组受首都国庆60周年群众游行指挥部委托，进行"首都国庆60周年群众游行指挥调度仿真与决策辅助系统"的研制开发与国庆游行训练、分指合练及国庆当天的辅助训练、辅助指挥等技术服务工作。该项工作为北京理工大学赢得了首都国庆游行活动"支持贡献单位奖"和"创新成果奖"。

四、校地合作，服务地方，扩大产学研用合作领域

北京理工大学依托其学科优势和人才资源，面向国家重大战略需求与区域经济发展需要，积极开展与省区市各级政府产学研用的校地合作，密切关注长三角、珠三角、环渤海三大区域经济社会发展、振兴东北老工业基地、西部大开发等需求，扩大学校产学研用合作领域，显著提高了学校为区域经济发展服务的基础能力。

学校与多个省市签订省校、市校产学研用合作协议，建立全面合作关系，先后与北京市、云南省、吉林省、辽宁省政府，内蒙古自治区政府及全国40多个地市人民政府签订了合作协议，与珠海、中山、昆明、盘锦、乌鲁木齐等市建立了全面合作关系。合作从项目合作发展到共建科技园、研发中心等深层次的合作方式。例如北京理工大学与广东省的中山、珠海、东莞、深圳、广州、佛山、江门

等多个地市开展了各种形式的产学研用合作，合作企业超过40个，合作项目50多项，项目经费近亿元，涉及光电、软件、化工、动漫游戏、车辆、自动控制、信息等多个领域，项目类型既有国家级"863计划"，又有省部级的各类专项，既有地市级科技强企，又有企事业委托，形式多样且富有实效，带动（创造）地方经济产值几十亿元。同时学校在广东建立了光电信息技术实验室等多个研发机构，实现了仪器设备共享、优势互补和资源整合。

同时，学校与地方政府共建地方研究院，创新人才培养模式，共同促进地方社会经济发展。例如与北京市合作建立的北京理工先进技术研究院（北京），与广东省合作建立的深圳北京理工大学研究院、中山北京理工大学研究院、珠海北京理工大学研究院，与江西省合作建立的萍乡北京理工大学研究院，与苏州市合作建立的苏州北京理工大学研究院等。同时，学校派驻研发人员在研发中心开展科研工作，提供硬件和软件设备进行配套，双方开展了一系列的深入合作，取得了良好的效果。

五、聚集企业，共享技术，建立大学科技园

目前，学校已有北京理工大学科技园、北京理工留学人员创业园、北京理工创新高科技孵化器有限公司三家科技园单位，并取得较快发展，成为学校产学研用合作的一个亮点。

北京理工大学科技园于2003年10月经科技部、教育部批准成为国家大学科技园。目前已建有理工园、密云园、宁波分园、云南分园及房山石楼医药化工孵化基地。园区内有留学人员创业园、孵化器公司、共享实验室服务平台、学生创新创业基地等机构形成的孵化平台。2007年，北京理工大学科技园进入"国家级大学科技园"行列。

北京理工留学人员创业园成立于2003年7月，由北京理工大学和中关村科技园区管委会共建。创业园成立以来，积极发挥和利用学校和中关村科技园区的创新创业环境、人才、科研、设备等方面的资源优势，先后吸引了80多家留学人员企业入驻，成为中关村科技园区中最优秀的企业群体。企业涉及信息技术、

光机电一体化、车辆工程、生物医药、新能源环保、新材料等领域，并全部获得高新技术企业认定，正在健康发展。

北京理工创新高科技孵化器有限公司成立于 1999 年 6 月，由北京市科学技术委员会高技术创业服务中心和北京理工大学共同建立，是经北京市科委认定的孵化基地之一。公司的主要发展方向涉及机电、信息、新材料、医疗器械、节能产品、环保和军转民产品等。成立以来，该公司为高科技成果创造了良好的产业转化环境，提供了配套的硬件支持和软件服务，加快了科技成果的转化，促进了高科技产业的发展，促进了首都的经济建设。

六、依托学科，创新模式，促进科技成果转化与应用

北京理工大学在促进产学研用结合过程中，依托学科优势和科研人才资源，形成了一批具有影响力的学科性公司，大胆突破了现有的管理模式，创新性地提出了学科性公司的股权"二次分配"制度和科技收入再投入制度，解决了当前产学研用结合过程中的利益分配等诸多问题，缩短了高校科技成果转化周期，提高了科技成果转化效率和应用价值，增强了高校的社会服务功能。目前已注册成立了北京理工雷科电子信息技术有限公司、北京理工华创电动车技术有限公司、北京理工先河科技发展有限公司、北京京工大洋电机有限公司、北京理工中天地信测试公司等多家科技型企业。

我校国防科技创新团队组建北京理工雷科电子信息技术有限公司，依托学校雷达技术研究所的科研实力与资源优势，主要进行雷达系统、卫星导航、精确制导、采集存储、航天遥感等产品的研发和生产，研发团队硕士、博士占全公司人员的 90% 以上。目前公司承担了国家自然科学基金项目、"863 计划"重点项目等多项国家级项目，获得国防科技发明一等奖一项，发表 SCI 论文 10 余篇，科研力量雄厚，实现了产值的快速增长。

我校电动汽车国家工程实验室组建了北京理工华创电动车技术有限公司，主要任务是实现学校电动车辆技术成果的转化，包括各种类型的电动客车、电动特种车辆、电动乘用车等整车技术成果。公司主要董事和技术管理人员都来自北京

理工大学，目前在怀柔拥有工程化基地，作为主体承担了广州 2010 年亚运会、北京奥运会、上海 2010 年世博会等多个技术研发和服务项目。公司与北汽福田公司合作进行电动汽车的生产，2010 年产量达 1090 辆，取得了很好的社会和经济效益。

七、国际合作，横向拓展，促进产学研用深度结合

北京理工大学广泛开展国际交流与合作，不断拓展产学研用合作领域，充分利用自身先进的科研优势与对外交往的便利条件，先后与国外 100 多所大学或企业开展了广泛的学术交流与合作，共建了多家实验室和研发中心，取得了一批具有自主知识产权的国际领先科研成果，为学校和国家科研水平与创新能力的提高作出了贡献。其中与爱立信和 SMC 公司的合作最具代表性。

学校自 1996 年起与全球最大的电信设备制造商之一瑞典爱立信公司在数字移动通信领域开展了长达十余年的国际科技合作。双方成立了数字通信技术研究中心，对第二代 GSM、第三代 WCDMA、第三代增强型 HSDPA 和 B3G/4G 数字移动通信系统的基本理论和关键技术进行了深入而卓有成效的研究工作。在宽带语音编解码器、汉语语音识别、无线链路自适应等领域取得了国际一流的研究成果，部分成果国际领先。

学校与世界最大的气动元件生产厂家日本 SMC 株式会社于 1993 年 10 月合作创立了 SMC 北京理工大学技术中心，成为国际产学研用合作的一个成功典范。在国家自然科学基金和 SMC 公司的支持下，对一种新型的驱动器——气动人工肌肉的特性进行了分析与实验研究，然后采用气动人工肌肉作为驱动器，研制出了具有复杂肩关节结构的 7 自由度仿人手臂和采用内骨骼设计的仿人灵巧手，在外观和功能上都具有很强的仿生性，达到了国际一流水平。

纵观北京理工大学产学研用实践，学校在管理体制创新、运行机制建设和创新人才培养方面均取得了一定成就。今后，学校将充分发扬延安精神，大力促进军民融合，紧密围绕建设创新型国家、发展战略性新兴产业和深化科技教育体制改革的国家重大战略需求，面向国防科技创新体系建设和区域经济社会发展，本

着构建平台、科技创新、铸造团队、服务社会的发展方向,积极推进产学研用结合和科技成果转化,构建协同创新模式,整合学校、企业和科研院所的优势资源,成为国家科技领军人才和创新团队培养的重要战略基地,为国家创新体系建设作出更大的努力和贡献!

从国家战略高度推进"两化融合"[①]

非常高兴有机会代表北京理工大学参加此次高层研讨会，听了前面各位专家的发言，很受启发。下面，我以"从国家战略高度推进'两化融合'"为题，与大家一块儿交流探讨。

一、"两化融合"是国家面向未来发展的战略选择

当前，我国正处于工业化中期，工业化进程尚未完成，而与此同时，信息化在全球范围内迅速发展。从经济社会发展进程看，发达国家是在工业化完成或基本完成以后进入信息化，并把信息化作为国家发展的优先战略，成为推动本国经济加快发展的重要动力。而我国则是在工业化还没有完成的情况下又遭遇了信息化的巨大挑战，这使得我国的工业化进程必须与信息化同时展开。因此必须考虑到与信息化的融合发展，走出一条与发达国家不同的实现工业化的发展道路——有中国特色的新型工业化发展之路。

为此，党的十六大作出了"以信息化带动工业化，以工业化促进信息化"的重要论断；党的十七大又提出了大力推进信息化和工业化"两化融合"的重大命题；党的十七届五中全会进一步做出"推动信息化和工业化深度融合，加快经济社会各领域信息化"的战略部署。

信息化与工业化融合发展，是我国新型工业化的必由之路，它既是重大理论问题，也是重大现实问题。信息化与工业化融合发展是新型工业化道路的鲜明特征，是经济社会转型发展的重要动力。因此，我们认为，"两化融合"是国家面向未来发展的战略选择。

[①] 2012年6月29日在工业和信息化部"两化融合"会议上的发言摘录。

二、我国推进"两化融合"工作的现阶段特征

自党的十七大提出"两化融合、五化并举"以来,在工业和信息化部的大力推动下,"两化融合"所取得的成绩有目共睹,其在转变经济发展方式、驱动工业转型升级、构建现代产业体系等方面的作用日益凸显。现阶段,我国推进"两化融合"工作呈现出以下三个特征。

一是体制机制逐步建立,政策导向日益清晰,但有待进一步完善。我国"两化融合"工作在工业和信息化部"点、线、面、体"的整体部署下全面推进,"深度融合"正在布局,出台了《关于加快推进信息化与工业化深度融合的若干意见》等指导性政策和一系列实施办法;评估体系初步建立,并分两批在17个重点行业的近1000家大中型企业试点开展了具有行业特色的"两化融合"评估工作,强化了对企业的引导;省级主管机构已基本组建完成,各省、区、市政府都组建了经信委、工信厅、工信委或信息化局等管理机构;两批16个国家级"两化融合"试验区示范带动效果明显。总体看,在"两化融合"工作上,推进力度大,成效显著。但与我国"两化融合"的迫切需求相比,体制机制尚须完善;有些地区和企业对中央"两化融合"战略部署认识还不够到位,在"两化融合"的投入上也有较大差距;市场环境还不成熟,需要加快培育等。

二是融合成果不断产生,其影响日益显现,但区域、行业、企业间融合水平参差不齐。工业和信息化部会同各有关部委相继开展"两化融合"区域、行业和企业层面的试点示范,总结和推广经验,促进了区域工业发展方式转变,提升了重点工业行业发展水平,增强了大中型企业核心竞争力,改善了小微企业生存发展环境,涌现了一批具有发展新模式的企业,企业内生动力进一步增强,产业基础进一步夯实。"两化融合"在转变经济发展方式、促进工业转型升级中的作用日益显现。据不完全统计,首批8个国家级"两化融合"试验区3年中工业增加值年均增长15.9%,生产性服务业年均增长23%,万元GDP能耗年均下降4.82%。但因企业规模、行业发展水平、开放程度、竞争环境的不同,不同区域、不同行业、不同企业在融合发展水平上差异较大,中小企业"两化融合"建设进度缓

慢，在以"两化融合"实现业务转型和产业升级模式上仍须进行科学探索。

三是支撑平台不断发展，体系渐显雏形，但尚不能充分满足现实需求。在工业和信息化部人力支持下，初步形成了一批"两化融合"发展的产学研用结合的联盟，高校、科研单位和企业等陆续联合建立"两化融合人才培养基地"或开展"两化融合人才培养项目"，比如上海市"两化融合"试验区构建了首批4个联合培训机构和5个实训点，培养了一大批高技能人才。同时，国家和地方政府大力支持工业企业加大对"两化融合"中共性技术的开发力度，技术研发有了可喜的进展，特别是具有自主知识产权的 TD-LTE 技术有望成为全球 4G 主流技术之一。但总体上，人才队伍、技术保障的支撑作用亟须增强，政产学研用需要进一步协同。具体讲，一是"两化融合"所需的各类复合型人才非常缺乏。高校作为"两化融合"人才和技术的重要来源，在与"两化融合"相关的学科专业设置、教学科研机制上还缺乏创新，应该发挥的作用尚不突出。二是"两化融合"所需的核心技术和企业自主创新能力不足。一些支撑产品设计、研发的高端工业软件仍然依赖进口，在工业安全、信息安全、产业经济等方面存在较大隐患。

三、推进我国"两化融合"工作的战略思考

"两化融合"是一个系统工程，涉及人才队伍、体制机制、技术创新能力、信息技术应用水平等诸多方面。要推动"两化"深度融合，需要统筹考虑有关因素，从战略高度做出系统规划、分类推进、分步实施。因此，我们提出"五抓五促"战略举措。

1. 抓引导，促龙头企业发挥示范带动作用（高端引领战略）

企业是推进和实现"两化融合"的主体。只有企业有了追求"两化融合"的内生动力，发展才会是不可遏制的。因此，首先要抓好龙头企业的培育，用龙头企业带动和引领行业的发展。

目前我国在原材料、装备、消费品和电子等重点制造领域，以及运输、物流、工业电子商务等生产性服务业领域中，已经和正在涌现出一批在"两化融

合"方面积极探索、努力实践并取得显著成效的企业。它们将会成为转化发展动力、掌握核心技术、改善管理水平、提升整个供应链运作能力以及带动产业链上下游协同联动发展的行业龙头企业。要大力帮助这些企业总结推广典型经验，通过它们引领行业尽快实现融合发展。前不久，我们访问了北汽福田汽车股份有限公司、三一集团北京制造中心、用友公司等企业。这些企业在"两化融合"方面都是走在前面的，都是有代表性的，要发挥它们的作用。

另外，面对全球化竞争的新格局，政府要进一步创造条件，帮助这些龙头企业与上下游企业协同，积极参与国际竞争和发展，使它们能够通过"两化融合"，在新一轮的全球竞争中站稳脚跟并发展壮大，形成国家新的产业优势，最终推动我国从全球产业价值链低端到高端的跃升。

2．抓扶植，促中小企业加快信息化步伐（催化转型战略）

中小企业是行业发展的重要力量，也是吸收社会就业的重要方面。但目前，中小企业普遍缺乏资金、技术、人才和信息等。因此，中小企业的信息化及"两化融合"问题是需要社会层面、政府层面的帮助来推动的。主要方向有四个：一是鼓励中小企业在产业链分工下，借鉴并利用龙头企业的信息化系统，以此带动自身的信息化发展；二是政府可根据需求构建必要的公共信息化服务平台，帮助中小企业建立和提升企业信息服务功能；三是政府部门需针对中小企业资金、技术、人才方面不足的困难，制定具体政策措施，加强信息服务、融资服务和培训服务；四是政府主管部门要对中小企业信息化问题加强调研，形成指导中小企业信息化建设的政策办法及标准规范，带动中小企业信息化的发展。

3．抓培养，促"两化融合"人才队伍建立（人才支撑战略）

培养一大批通晓信息技术的工业化技术人才、通晓工业技术的信息化技术人才及熟悉信息技术和工业企业管理的复合型人才，是推进两化深度融合的关键。要以人才强国战略为契机，充分发挥政府、企业、各级教育机构的作用，突破"两化融合"的人才瓶颈。一是引导高校设置"两化融合"相关专业学科，加强学生对软件、信息技术、"两化融合"关键共性技术、企业管理等的理论研究和应用研究，培养"两化融合"专业高端理论研究人才和应用研究人才；根据产业需求制定人才培养方案，在专业课程外开设管理、信息、软件类课程，强化人才的复合型知识结构。二是大力开展"两化融合"人才培训。高校、研究机构、企业要加强在人才培养上的合作，高校和研究机构将企业的管理人才、技术人才、业务人才吸引过来加以再培训，提升企业人才的管理水平、科研能力和综合素质。三是要整合政府部门的政策资源、高校和科研院所的智力资源以及企业的研发资金和技术积累等物质资源，通过制订"两化融合"人才培养规划、搭建产学研用互动平台、建设实训基地等手段，协同推进"两化融合"人才的培养。

4．抓改革，促"两化融合"体制机制完善（机制改革战略）

为有效促进"两化融合"，在体制机制上要进一步明晰分工、加强职能、完善环境。

鉴于"两化融合"涉及的部门多、涵盖面广，建议设立"国家推进两化融合部际联席会议"机制。由工业和信息化部牵头，各有关部委及有关行业组织共同参与，研究、协调有关问题，推进"两化融合"的发展。

在推进"两化融合"工作中，政府要特别注意在建立和维护一个好的市场软环境上下功夫。通过完善政策、法规、税收制度等，建立一个有利于促进企业"两化融合"的发展环境。同时，要加强市场监管，维护正常的市场秩序，使企业能够在一个效率高、交易成本低的市场中，真正通过技术创新、管理进步，实现新的发展。

5．抓创新，促技术自主创新能力提升（技术创新战略）

加快转变经济发展方式，全面提升经济发展内生动力，最根本的是要靠科技的力量，最关键的是要大幅提高自主创新能力。一是要以"核高基"、新一代宽带无线移动通信网、高档数控机床与基础制造装备、大型飞机等国家科技重大专项为依托，整合企业和研究院所的资源，加快重大关键核心技术和共性技术攻关。二是创新工业企业、软件企业和科研院所联合研发、深化应用的新模式，提高工业软件的开发应用能力，加快培育一批集咨询设计、集成实施、运行维护于一体的大型系统解决方案提供商。三是加强校校、校所、校企、企所合作，搭建产学研互动平台，建立多元协同创新中心，实现高校、科研机构以及企业间的技术互动，促进技术成果向应用成果的转换，促进产业整体技术水平的提升。

各位领导、各位专家，多年来，北京理工大学致力于建设世界一流理工科大学，在发展中形成了一个强烈共识：必须始终瞄准国家重大战略需求，必须始终瞄准世界科技发展前沿。在这一战略思想指导下，学校依托自身雄厚的学术资源和科研力量，在工业化、信息化、国防现代化以及"两化融合"领域做了一些工作，积累了一定经验。为深入贯彻党和国家"大力推进两化融合，促进工业由大变强"的重大战略要求，北京理工大学在工业和信息化部的大力支持下，2012年4月成立了"两化融合发展研究院"，致力于推进国家"两化融合"工作。我们衷心地希望，今后能够进一步加强与在座各大企业集团、研究院所、社会各界的合作，共同探索推进"两化"深度融合，加快实现国家面向未来的战略目标。

第三章 科研和学术是高水平大学发展的动力

"三轮"驱动产学研深度合作[①]

在全党全国深入学习贯彻党的十八大精神，努力推动创新型国家和世界科技强国建设的历史时刻，来自全国各地、各领域的专家和代表，会聚常州，共同研讨落实国家创新驱动发展战略，着力构建"以企业为主体，市场为导向，产学研相结合的技术创新体系"。可以说，这是中国产学研界的一件盛事，意义重大。在此，我谨代表北京理工大学及兄弟高校向大会的顺利召开和获得奖项的单位、个人表示热烈的祝贺！

当前我国产学研合作整体呈现出良好的发展态势，逐步形成了模式多样化、推进梯次化的新格局，有力支撑了经济社会的全面协调可持续发展。作为科技第一生产力和人才第一资源的重要结合点，高校既是创新人才的集聚地，也是创新成果的策源地，在推动产学研合作中发挥的作用越来越突出。据不完全统计，以产学研合作为主要功能的国家级大学科技园已有86个，遍布全国20多个省、区、市。在这些国家级大学科技园内，批准发明专利1185项，转化省级以上科技成果2306项，在孵企业总收入499.98亿元，累计有15家企业上市。

党的十八大提出创新驱动发展战略，指出要着力构建以企业为主体、市场为导向、产学研相结合的技术创新体系。这对高校和企业来说既是机遇，更是挑战，需要双方联手，从人才、成果、机制等方面深入探索推进产学研深度合作。

一、加大创新创业型人才培养的力度

创新创业型人才是科技创新持续发展、产学研合作深度发展的原动力。国外高校创新创业人才培养的成果就很显著。据统计，硅谷60%~70%的企业是由斯坦福大学的师生创办的，微软、雅虎、谷歌等最初都是由在校大学生创办的。麻

---

① 刊于《中国科技产业》2013年第1期。

省理工学院的校友在美国创办了2万余家企业，每年收益总计超过2万亿美元，每年新办企业数百家。

高校创新创业人才的培养，关键是培养具有创新精神和实践能力的学生。当前，高校首先是要转变人才培养的观念，将创新创业型人才培养纳入人才培养体系中，从课程建设、学科设置、科研项目、政策支持等方面予以倾斜。在实践中，既要开设创新创业教育课程，让学生了解创新创业的基本知识、基本规律，又要引导和支持教师将最新科研进展及时转化为教学内容，持续更新课程与教材。既要大力开展丰富多彩的创新创业实践活动，又要及早让学生参与到创新实践中，进入科研团队，参与科研项目，激发其创新兴趣和专业兴趣。既要加强学生创新精神、创业能力的培养，又要注意与企业联合培养学生。既要创造机会让学生参与创造发明，又要提供条件让这些发明创造落地孵化，变为可以产生效益的项目，提高学生创新创业的热情。

近年来，在教育部、工业和信息化部、人社部有关部门的指导下，北京理工大学与易才集团合作实施"易创计划·5年万名大学生创业人才培养工程"，计划通过5年的时间，帮助超过10000名大学生创业人才成长。这是全国首个"校企合作、以就业为导向"的创业基地。该项目强调"授之以渔"：通过邀请成功企业家进行培训、指导，为大学生指点迷津，培养创新创业精神；不仅助创、同时助业，在进行创业教育的同时提供大量实习就业机会，满足大学生创业就业的各种需求；聘请高校教授、企业家、风险投资专家等不同背景和领域的优秀创业导师对创业大学生进行培训和指导。

当然，创新创业人才的培养，离不开高素质创新创业型教师队伍的建设。要让教师走进企业，参与企业的创新研发体系，获取更多创新创业的经验。也可尝试实施特派员制，鼓励具有专业技能和战略视野的高校科技管理工作者到企业挂职。要让企业家走进高校，参与到高校的学科建设和学生培养中，可以把社会上的知名专家、创业成功人士、企业家引入高校中做兼职，建立创业导师制，建设拥有丰富的创业经验和学术背景的兼职教师、企业家、成功的创业者、技术创新专家的人才资源库。

从企业角度来说，企业是人才施展才华的地方。企业既要对高校提出用人数量和质量的标准，又要主动参与到育人过程中。企业要动员有良好学术背景和实践能力的工程技术人员深入到高校中去指导教育教学，也要为人才培养提供实习、实践的基地和平台。同时，企业也可以在高校中设立奖学金、助学金，帮助有需要、有潜力的同学完成学业，提高他们的创新创业能力。

二、加大高校创新成果转化的密度

近年来，高校科研成果对经济社会发展的贡献度越来越高，但也存在科研创新成果与实际需求脱节、科技成果使用效率和效益不够高等现象。表现突出的就是，科技成果转化率比较低。教育部的一份研究报告显示，由于缺乏内在动力机制、缺乏外在经济载体、社会投资机制不畅等三大"瓶颈"问题，我国高校虽然每年取得的科技成果在6000项至8000项之间，但真正实现成果转化与产业化的还不到十分之一。

高校的科研创新成果要得到应用，要从两个方面下功夫。一方面，要保证在科研方向上与国家需求和经济社会发展的需要紧密相关。高校科研在选题上，既要瞄准世界科技前沿，就人类社会面临的重大问题作出思考，又要立足国家重大需求，瞄准高新技术产业和战略性新兴产业，把解决一批制约产业发展的关键、核心、共性技术以及引领和支撑未来发展的前沿高端技术作为高校产学研结合创新的主要目标，切实以科研创新推动产业发展。另一方面，要鼓励引导教师将已有的创新成果转化到产业中，不要把"金娃娃"抱在怀里不放手，要让"金娃娃"跑到市场上造"金砖"。高校既要主动将教师送到企业中去传经送宝，加快成果转化，又要主动将企业管理人员引入进来为教师科研出谋划策。高校也可以探索自主转化科技成果的新道路。比如，北京理工大学通过组建学科性公司，有效解决了科技成果转化率低与利益分配的难题，实现了知识创新和技术创新分线实施，兼顾高校的社会效益和经济效益，形成全新的高校科研体系。再者，高校也要把一些实力强、潜力大的企业请到门口，缩短人才智力资源与企业的距离，创造机会和平台。比如，清华科技园主园区入驻企业及机构已超过400家，同方、紫光、北京工业开发研究院等国内的大企业和研发机构，以及谷歌、微软、宝洁、日电、太阳微电子等世界 500 强企业也已在科技园 "安家落户"。产业高度聚集的科技园，为大学人才和企业人才交流合作提供了机会和资源。

从企业层面来说，要主动与高校建立沟通联系，走入高校的课题组、实验室、科研团队，了解在研的项目，寻求合适的合作项目，提供技术指导，引导高校科研向企业需求贴近。另外，企业也应当建立风险基金，对合适的科研项目进行风险投资，保证科研项目顺利完成并得到转化。

三、加快机制改革创新的速度

从高校层面来讲，一要转变科研评价机制。改变单纯依据经费多少、论文数量、获奖层次来鉴定科研成果的评价体系和教师评聘办法，把科研成果的质量和转化利用情况、所产生的经济和社会效益情况作为评价教师科研能力的重要指标，建立多层次分类评价体系，鼓励教师到经济建设主战场中去寻找课题、攻坚克难。二要完善科研立项制度。在课题立项上，要从以教师个人研究兴趣和专长为中心向以国家重大需求为中心转变，更多地支持那些与国家和社会需要密切结合的科研课题，支持能产出相互关联技术的组群项目。三要完善激励约束机制。在教学评估、重点学科和学位点申报、人才计划、人事分配制度改革等方面形成有效促进产学研结合的激励约束机制。比如，支持教学科研人员带职、带薪进入企业开展技术服务，或创办学科创新型企业；对于在产学研合作初期不具备实力的教师采取"放水养鱼"政策，给予资金政策支持；等等。

从企业层面来讲，要从产权机制、组织机制和管理机制等角度完善一系列的激励制度，对在科技创新和成果转化中作出贡献的科技人员给予股权、期权、提成奖励。在产权机制激励方面，通过产权制度改革，以股票期权制等诸多形式，吸引高校的高技术成果参与到企业发展中来，使高校技术创新人才的个人利益与企业的长远发展有机结合起来。在企业组织机制激励方面，通过完善企业组织制度，为高校技术创新要素参与企业发展提供有利条件，提高创新资源的利用效率，让高校的高新技术资源更易转化到创新潜力大、发展快的领域。在企业管理机制激励方面，提高企业的技术创新管理能力，建立起以企业为主体、高校为核心动力的新型创新体系,形成人尽其才、沟通顺畅、合作有效的创新环境。

同志们,党的十八大已吹响创新驱动发展的号角。高校和企业要以"国家急需、世界一流"为出发点,紧密围绕国家急需解决的重大问题,会聚一流人才,创造一流成果,培育一流企业,不断为建设创新型国家作出新的更大贡献!

在产学研合作中探索人才培养模式改革[①]

自 20 世纪 80 年代以来,我国高校开始在产学研合作中探索人才培养模式改革,在促进高等教育与区域经济良性互动、培养创新创业人才方面发挥了积极作用。面对世界高等教育日新月异的形势和我国建设教育强国、人力资源强国的宏伟目标,如何进一步推进产学研用紧密结合,保障产学研用科学、长效的发展态势,已成为摆在我们面前的一项刻不容缓的重要任务。高校作为科技第一生产力和人才第一资源的重要结合点,在国家发展中具有十分重要的地位和作用。作为一名教育一线工作者,我想就高校推进产学研合作与创新创业人才培养谈几点想法,以期抛砖引玉。

一、钟灵毓秀,育人为本,人才培养是高校贯穿始终的核心使命

当前我国的产学研合作整体呈现出良好的发展态势,逐步形成了模式多样化、推进梯次化的新格局,初步构建起了以市场为导向、以企业为主体、以校所为支撑的创新创业人才培养体系,为我国培养了大批创新潜力大、创业后劲足的优秀人才,有力地支撑了经济社会的全面协调可持续发展。创新创业人才是深入推进产学研合作的"助推器",是加快促进科技成果转化的"催化剂",是建立产学研合作长效机制的"引擎力",因此,必须将创新创业人才的培养放在产学研合作中的突出位置。

教育以育人为本,人才培养是大学四项职能的核心。然而,近年大学人才培养的职能一定程度上受到忽视,高校中存在着人才培养意识不强、教师在人才培养体系中的角色定位不明晰、人才培养在学校整个系统中的地位没有真正得到强化等突出问题。因此,必须重申高等教育要回归人才培养的中心地位,特别是在

[①] 2012 年 12 月 24 日在中国产学研合作创新大会上的发言摘录。

产学研合作实践中,更要明确高校在产学研合作中的主要角色和突出作用,积极推进创新创业人才开发体系的建立。

当前中国面临着创新创业人才匮乏的尴尬局面。据有关部门统计,目前中国科技人力资源总量约为4200万人,居世界前列,但高层次创新型科技人才仅1万人左右;在158个国际一级科学组织及其1566个主要二级组织中,参与领导层的中国科学家仅占总数的2.26%。《全球创业观察(GEM2010)中国报告》中表明,中国高学历创业者的创业活跃程度排在全球创业观察的60个参与成员中的第22位,低于总体创业活动比较中中国在全球的排名。这表明,我国仍然面临创新创业型人才匮乏的挑战,进而制约了中国的快速崛起。

人才是科技创新创业的主要承载者,大力培养、引进和支持人才创新创业是我国坚定不移的战略选择。加快创新创业人才开发,必须不断变革不合时宜的阻碍创新创业人才发展的观念,不断改革创新人才开发体制机制;要立足实际和实践探索,借鉴国际有益经验,建立起产学研用紧密结合的创新创业人才培养体系;要基于"学生全面发展"的人才培养理念,深入挖掘创新创业人才内涵和综合素质教育内涵,培养大学生在具备一定的专业知识和能力基础上,具备全面发展所必需的思想道德素质、胜任工作并有所创新的专业素质、能够应对艰苦工作考验的身体素质、适应社会变化的心理素质等,从而使他们既能仰望星空又能脚踏实地;要扩展更全面的综合素质教育,使德育、智育、体育、美育成为一个有机的整体,培养高远的理想、精深的学术、强健的体魄、恬美的心境,富有社会责任感、创新精神和实践能力的社会主义建设者和接班人。

二、兼容并蓄,人文日新,创新创业精神要深深融入大学文化建设

"苟日新,日日新,又日新。"汤之《盘铭》用这句话告诉我们,要以一种永不满足的精神,坚持革故鼎新。创新创业是一种精神和意识,不仅有价值认同,还应当将之贯穿于行动当中,鼓励学校、老师创业。调查显示,西方发达国家大学生自主创业比重高达20%,而在我国自主创业比率还不到1%,反映了中美两国创业意识存在巨大落差。因此,我国必须加强对创新创业精神和意识的纵深培

养，既要提升创新创业人群覆盖率，又要推动创业层次提升。

大学的整体文化氛围在育人过程中具有潜移默化的作用。高校应不断加强物质文化、制度文化、精神文化等文化建设，大力弘扬大学精神，形成良好的校风、教风、学风，为师生创造良好的生活环境、舒畅的感情环境、宽松的心理环境和活跃的学术环境，培育有利于激发学生创新热情和创业精神的浓厚文化育人氛围。

北京理工大学的前身是延安自然科学院，是中国共产党创办的第一所理工科大学，独特的历史地位赋予了学校在国家实现工业化、信息化和国防现代化的道路上，特别是在"两化"深度融合的进程中，在知识创新体系、技术创新体系和国防创新体系构建中更多的责任。北京理工大学在产学研用合作的过程中，积极弘扬延安精神，继承和弘扬延安自然科学院的办学精神和老院长徐特立的教育理念；将独具特色的军工文化和国防特色构筑为立校之本、强校之基和优势之源，形成了毛二可院士及其创新团队精神，"心系祖国、自觉奉献的爱国精神；求真务实、勇于创新的科学精神；不畏艰险，永攀高峰的探索精神；团结协作，淡泊名利的团队精神以及争创一流的先锋精神"构建了北京理工大学创新型团队精神和创新创业的良好氛围。

要积极鼓励并大力宣传普及创新创业活动，让"尊重劳动、尊重知识、尊重人才、尊重创造"的理念深入人心，为拔尖创新人才提供干事创业、发挥作用的平台，使各类人才创新有机会、创业有舞台、创优有空间。今年，我校学生在"易创计划"活动中取得优异成绩，也体现出北京理工大学在创新创业人才培养方面的努力成果。

三、精研深践，知行合一，创新创业人才要"送出去""走出去"

美国是较早在学校中进行创业教育的国家，早在20世纪30年代，美国斯坦福大学工程系主任、工程学院院长特曼教授，首先提出了产学商合作的构想并付诸实践。他投资自己的学生500多美元，鼓励其开办惠普公司，这被视为世界上第一笔风险投资。惠普公司的成功，令第一个大学内部科技园区斯坦福工业园成功建立，引起各国纷纷效仿，从而创造了产学研合作的范例，成为创新创业教育的发源地。美国从小学、初中、高中、大学乃至研究生，都普遍开设就业与创业教育课程，其大学创新创业人才培养有聚焦式创业教育和辐射式创业教育两种基本组织模式。聚焦式培养在商学院和管理学院进行，培养专业化的创业人才，典型的如哈佛大学商学院的MBA班，对学生有严格要求；辐射式培养则在全校范围内展开，主要培养学生的创业精神和创业意识，为学生从事各种职业打下基础。一项对全美高中生的随机抽样调查显示：70%的学生希望拥有自己的企业，86%的学生希望知道更多有关创业方面的知识。

然而，创新创业人才培养在中国仍然属于新兴事物，高校、政府、企业、社会尚未形成合力，在培养机制上存在着脱节现象。创新是一个市场行为，是一个经济行为，是一个企业家行为，在产学研合作推进创新成果转化的实践中，没有良好的创新创业人才培养机制和创新体系，科学家的研究就失去了方向，产学研合作也就失去了动力。

高校在培育鼓励创新创业的良好环境、建立创新创业人才体系过程中，一是要完善体制机制把学生"送出去"，创造条件让科研项目和科研团队充分进行实地调研和企业走访，通过参与科技重大专项和企业联合研发项目，鼓励采用新模式培养创新创业人才，制定出台鼓励高校科技人才到企业兼职兼薪的相关政策，鼓励企业和高校联合培养研究生。不断完善创新创业人才激励政策和创新创业人才发展的配套政策，通过营造鼓励创新、扶持创业的良好创业工作环境，使创新创业人才优先发展、顺利成长；二是要建立健全体系让学生"走出去"，让学生自己走出学校进行创新创业活动。探索建立多元化的人才发展投入机制，培养学生的创业精神和创业意识，为学生从事各种创业活动打下坚实的专业基础和技能基础，成为未来国家经济建设的产业领军人才。

四、多方合作，整合资源，产学研用紧密结合需要各界合力推进

创新创业人才的培养有赖于政府、高校、企业和社会各方面的协同联动，必须打开校门，与社会各界共同努力推进。

一是通过学校、企业、政府等各种机构的合作，促进企业家和科研人才顺畅流动。鼓励企业家走进高校，高校老师走出校园走进企业，实现人力资源整合，培养学院派和实战派相结合的综合型人才。建立创业导师机制，建设拥有丰富的创业经验和深厚学术背景的兼职教师、企业家、成功的创业者、技术创新专家的人才资源库。实施特派员制，鼓励具有专业技能和战略视野的高校科技管理工作者到企业挂职，也邀请企业一线人员进讲堂，真正达到帮助创业者的目的。

二是依托大学科技园建立创业中心，在组织上强化保障，重点关注校友网络的人才和资金保障。聘请企业界校友分享实际经验，通过担任兼职教师或创业导师、参与创业计划大赛、提供教学案例和思路等途径有效支持创业教育的开展。充分发挥校友网络效应，将创业者捐赠创业教育项目的传统制度化和可持续化，保证经费来源的稳定性。

三是引入风险投资，实现全程孵化。在经营领域、融资渠道和税收优惠等关键问题上，应加强政策扶持力度，积极探索引入风险投资，实现从意识培养、技能训练、团队孵化到市场对接、转售上市的全程孵化。

"十年之计，莫如树谷；百年之计，莫如树木；终身之计，莫如树人。"全面推进产学研合作，离不开创新创业人才的培养，更需要社会各界达成共识，形成合力，共同推进，不断开创我国产学研合作新局面，为建设创新型国家作出新的更大的贡献！

深化产学研合作，助力区域经济发展[①]

探讨产学研合作与区域经济发展问题很有意义。

一、区域经济发展与高等教育繁荣理应并驾齐驱

党的十八大报告指出，要实施创新驱动发展战略，推动科技和经济紧密结合。要推进经济结构战略性调整，加快转变经济发展方式。这对地方区域经济的发展模式提出了新要求。未来区域经济的发展，除了依靠资金、土地资源的投入，必然越来越多地依赖于科技创新和高素质人才的支撑，而先进科学技术和高水平人才的获得，很大程度上要依赖于高等教育的发展。

实际上，国内外的许多例子已经证明这一点。比如，依托美国斯坦福大学等高校而生的近8000家公司，构成了世界著名的"硅谷"。印度班加罗尔大学为其所在城市班加罗尔赢得了"软件金三角"的称号，班加罗尔也被誉为世界"最大硅谷"。以色列由于有了希伯来大学和以色列工学院这样知名的大学，虽然国家小，但始终处于世界科技发展的前沿。另外，还有诸如日本筑波科学城、英国剑桥科学园区、新加坡科学工业园区等依托大学而建立的科技园区，都对带动当地经济产生了重大作用。在国内，北京的中关村IT产业群的诞生，与中关村有北大、清华、北理工、北航等著名高校聚集的天然优势紧密相关。随着我国区域发展总体战略的实施，长三角地区依托浙江大学、上海交大、复旦大学、南京大学、中国科技大学等名校，环渤海地区坐拥北京、天津、山东等地的数十所著名高校，展现出强劲的发展势头。

从广东省的情况来看，这一结论同样成立。有学者使用1995—2008年的数据，研究了广东省高等教育对经济增长的影响。研究显示，高等教育投资显著促

[①] 2013年6月22日在南方教育论坛的发言摘录。

进了经济增长，高等教育投资增加 1%，GDP 上升 0.25%；高等教育人力资本也积极促进了经济增长，拥有高等教育学历者占就业人数的比重上升 1%，经济增长就提高 1.52%。而且，从长期而言，高等教育通过提升人力资本对经济增长的促进作用更加显著。再从珠海市的情况来看，十几年前，珠海还是一个"每万人在校大学生人数为零"的城市，高等教育在广东省处于下游。现在，由北京理工大学珠海校区、北师大珠海分校、中山大学珠海校区、吉林大学珠海校区、北京师范大学－香港浸会大学国际联合学院（UIC）等组成的珠海大学园区，不仅使珠海的高等教育在全省名列第二，还形成了高科技企业云集、人才和智力资源集中的"科技创新海岸"。

二、产业转型升级更加呼唤高等教育的阳光雨露

广东是中国经济增长的强大引擎，国内生产总值数十年来位居全国前茅甚至第一。不过，有学者依据新古典经济学生产函数，应用协整分析、向量误差修正模型以及 Granger 因果关系，检验探讨了广东人力资本与区域经济增长之间的关系，认为广东经济的增长，多依赖于区位比较优势、外向型经济带动和低成本资源要素。而且，广东普通人力资本变动对经济增长的贡献，大于高层次人力资本变动对经济增长的贡献。但是，未来随着经济转型升级，这一优势将受到巨大冲击。他们提出，着眼未来，广东应充分发挥高等教育在培育高层次人力资本方面的独特作用，促进区域经济可持续发展。

"十二五"时期，广东省处于人均生产总值向 10000 美元迈进的发展关键期和逾越障碍期，广东原有优势如经济总量地位、区域竞争能力、持续发展能力和体制创新能力等，都将面临前所未有的挑战。作为珠三角地区的核心地带，广东必须通过提升自主创新能力加快经济结构调整，把科技进步和创新作为加快转变经济发展方式的重要支撑，从而始终占领全国经济发展鳌头。在这一过程中，发挥好高校的助力作用不容忽视。这就正如《珠江三角洲地区改革发展规划纲要（2008—2020 年）》提到的，要做到"高等教育普及化水平进一步提高，显著提升高校科技创新与服务能力"。

当前，广东省已经拥有了中山大学、华南理工大学、暨南大学、华南师范大学等一批知名高等学府，并充分发挥了其创新优势。但相对于广东省位居国内前列甚至第一的经济体量来说，高等教育规模和水平与全国其他发达地区相比存在较大距离，尤其是优质高等教育资源稍显不足，高等教育战略地位与功能不同步，对当地经济发展的贡献率有待提高，应当以新的思维和机制推动高等教育发展上水平。面向未来，我认为广东省还要进一步利用现有经济基础和区位优势，既要引进高端的国外教育资源，又要加快吸引与扶持具有学科特色和创新优势的国内高水平大学，实现与既有高等教育资源的优势互补，快速打造"南方教育高地"，促进技术主导型高附加值产业集聚发展，推动经济快速腾飞。

三、区域高等教育需要优化布局、错位互补

高等教育对区域经济的贡献大小，不仅仅取决于区域高等教育规模的大小，更重要的是区域高等教育专业结构与经济结构的匹配程度，以及高等教育在世界前沿科技领域的领先程度。对现有区域高等教育布局和结构的调整，要着眼于与已有教育资源的错位发展，实现优势互补。从广东省高等教育格局来看，通过对北京理工大学与广东省4所重点高校（中山大学、华南理工大学、暨南大学、华南师范大学，其中2所"985"、2所"211"）核心竞争力关键指标的比较，不难发现，北理工与广东省开展科技与教育合作的错位优势明显。

北京理工大学作为国家重点建设的985高校之一，始终坚持瞄准国家重大战略需求和世界科技与教育发展前沿，大力实施"强地、扬信、拓天"的学科特色发展战略，形成了理工并重，工理管文协调发展的学科专业格局。在精确打击、高效毁伤、机动突防、远程压制、军用信息系统与对抗等国防科技领域代表了国家最高水平，在智能仿生机器人、绿色能源、现代通信、工业过程控制等军民两用技术方面具有明显优势。学校在国庆60周年阅兵的30个方阵中，参与了22个方阵的装备设计和研制，参与数量和深度位居全国高校第一；在北京奥运会、残奥会及"神舟八号"与"天宫一号"实现空间交会对接过程中，学校研发的多项技术均有优异表现。

首先，北理工机械工程、光学工程、信息与通信工程等国家一级重点学科，恰恰是广东高校的弱势和广东未来发展需要作为重要支撑的先进制造业和新兴产业战略重点。其次，北理工国家重点实验室培育项目复杂系统智能控制，可以弥补广东发展新型电子信息工程重点实验室不足的问题；电动车辆国家工程实验室和车辆传动与机电动态控制国防科技重点实验室，可以解决广东新能源汽车制造和汽车关键部件创新重大实验需求。众所周知，国家重点学科和重点实验室项目属于短期无法复制的技术支撑，但是，合作则可以快速弥补短板，实现互利共赢。相信北理工国家重点学科与重点实验室在广东的部分转移与本部对广东的全面开放必将为广东未来发展注入强大动力。

四、北理工与广东省的合作前景展望

北京理工大学非常重视与地方的合作，已与全国许多省市地方政府、大型企业开展科技合作，特别是与军工企事业系统建立了产学研联合体。学校密切关注长三角地区、珠三角地区、环渤海地区等重点区域发展需求，先后成立深圳北理工创新中心、中山研究院、苏州研究院、常熟研究院。2004年，经教育部批准，北京理工大学在珠海成立了珠海学院。学院立足珠海、服务广东、面向全国、放眼世界，在继承北京理工大学的品牌学科专业优势的基础上努力创建应用型名牌大学，根据广东省尤其是珠三角地区产业结构特点，设置43个优势和特色本科专业，体现专业的应用性、创新性和复合性。现已培养毕业生13000多名，为广东、珠三角地区经济发展输送了不少人才。北京理工珠海学院近年来荣获"全国先进独立学院""十大品牌独立学院""中国最具品牌价值独立学院"等称号。

近年来，北京理工大学积极响应广东省建设全国自主创新示范省和亚太地区重要的区域创新中心的规划目标，动员学校知名专家学者到广东来安家立业。最近，学校组织第一批专家教授来到珠海，启动了北京理工大学珠海研究生院、国家大学科技园（珠海）、院士工作站（珠海）、两化融合发展研究院（珠海）、北京理工大学－香港中文大学光机电工程联合研究中心（珠海）、北京理工大学－香港理工大学城市与公共安全联合研究中心（珠海）6个项目。主要目的，就是要充分发挥好高校优势,进一步提升学校为珠三角地区产业结构转型升级和经济社会发展服务的能力。

广东省作为中国第一经济大省,始终处于国家改革开放的最前沿,具有敢于推动科技创新、勇于引领改革浪潮的传统优势,是探索省校合作、实现教育与经济比翼齐飞的理想园地。我认为,今后,北京理工大学与广东省的合作还可以在以下方面进行探索。

一是深化产学研合作。发挥北理工在机械工程、电子信息与通信和新能源开发与利用等战略重点项目方面的科技优势,形成与珠三角地区重点产业紧密对接的技术研发、高新技术产业孵化体系,进一步提高广东自主创新能力,共同推动广东教育、科技、文化和人才强省建设。

二是培养高素质人才。在人才培养方面,北理工将把广东作为后备干部培养和优秀青年人才实践锻炼的基地,定期选派优秀中、青年人才和管理干部到广东任职或挂职锻炼;每年接收一定数量的广东高校学科带头人和中青年学术骨干或企业技术骨干到北京理工大学研修;根据广东生源结构变化及人才培养需求,积极调整在广东省的招生层次、科类和专业分布;广东省定期从北京理工大学选拔一定数量的选调生。

三是开展高端国际教育合作。目前,北京理工大学已经与世界6大洲49个国家和地区的180多所高校签订校级合作协议,并先后与德国慕尼黑工业大学、亚琛工业大学、莫斯科国立鲍曼技术大学、日本东京工业大学、美国伊利诺伊理工大学等40多所合作院校签订学生交换协议,形成了国际交流与合作的全球性网络。学校有能力把世界一流的大学引入广东,形成"北京理工大学－国外某大学珠海(或其他地方)校区"的中外合作办学模式,优化广东高等教育的格局,也为广东走向国际化助力。

四是联合开展国家教育综合改革试验。根据《珠江三角洲地区改革发展规划纲要(2008—2020年)》,广东省将争创国家教育综合改革示范区,探索改革应试教育模式,全面实施素质教育,深化人才培养模式改革。北京理工大学作为国内大学素质教育研究会理事长单位,多年来在推动素质教育实施、改革人才培养模式方面做了深入探索,积累了一些好的经验和做法,可以与广东省在这些方面做些联合探索。

　　总之，教育是经济社会发展的重要动力源泉，教育发展对经济发展的影响是巨大的、长期的、潜在的、导向性的。经济发展对教育具有强大的推动作用，二者互为依存，相互促进，具有很强的互动性。加强高校与地方的互动，不仅有利于促进高校内涵式发展、提升质量，更有利于推进区域经济在较短时间内实现转型升级，从而推动整个国家经济的繁荣。

第四章 高素质教师队伍是学校发展的主力军

高素质教师队伍是学校发展的主力军,要确立教师的主体地位。要坚持"师德为先、教学为要、育人为本"的原则,实施"强师兴校战略",选树师德典范、强化基层组织、创新体制机制、搭建发展平台,使教师成为一种光荣的职业,让教师静下心来教书,潜下心来育人,以自己高尚的道德情操教育影响学生,成为受学生爱戴、让人民满意的教师,成为学术和思想引领的典范。

第四章 高素质教师队伍是学校发展的主力军

要确立教师的主体地位[①]

人才是引领学校发展的第一资源，也是最重要的战略资源，高素质的教师决定着大学的核心竞争力。多年来，我校始终坚持以人为本，实施"人才强校"战略，特别是近年来，学校进一步确立了教师的主体地位，陆续出台了有利于调动教师积极性和创造性的政策措施，拿出比较好的办学资源用于教学科研；坚持培养与引进并重，着力培养领军人才和高水平创新团队，师资队伍的整体水平得到进一步提升。

坚持人才强校战略，把发现、引进、培养优秀人才作为学校发展的战略任务，把最好的人才选拔和吸引到教师队伍中来，并充分发挥他们的作用，从根本上解决好"高水平人才"这一制约学校发展的关键问题。围绕师资队伍建设，当前要重点做好四个方面工作。

一、确立教师的主体地位，把师资队伍建设摆在更加重要的战略位置

一个国家有没有前途，很大程度上取决于这个国家重视不重视教育；一个国家重视不重视教育，首先要看教师的社会地位。我认为，国家如此，学校更是如此。一所学校是否有发展前途，也要看这所学校是否真正重视教师，是否真正能够确立教师的主体地位，并发挥好他们的积极性和创造性。

当前，各高校间的竞争日趋激烈，而决定高校核心竞争力的关键因素在于高水平教师的数量和质量。所以，各高校都非常重视师资队伍建设，都把师资强校战略确定为学校发展的"主战略"，以此引领其他各项战略。在这样的形势下，我们必须清醒地认识到，师资队伍建设是学校各项工作的"重中之重"，承载着北京理工大学发展的时代使命。我曾经说："北理工教授作用充分发挥之时，就

[①] 2009年9月9日在庆祝教师节暨表彰大会上的讲话摘录。

是北理工腾飞之日。"只有把教授和学术骨干的积极性发动起来，我们学校的发展才有原动力。为此，我们必须把师资队伍建设摆在更加重要的战略位置，要投入超常规的精力，采取超常规的手段，下大力气把这项工作抓实抓好，并以此为切入点和突破口，带动全校各项工作。这就要求我们在政策上加以倾斜、在体制上加以保障。

二、坚持培养与引进并举，构建一支结构合理的高水平教师队伍

还要继续加大高水平人才的引进力度。要结合国家科技发展重大需求，针对"强地、扬信、拓天"和"理工并重，工理融合，工、理、管、文协调发展"战略需要，突出重点领域人才引进的力度。要完善人才引进的快速联动工作机制，为引进学科带头人等杰出领军人才创造条件。要通过"徐特立讲座教授"这一重要途径，实现高端海外人才由合作到正式全职引进的转变。要抓住人才引进的重要机遇，积极参与国家"千人计划"和北京市海外人才聚集工程，努力形成会聚海外高层次人才的"磁场效应"。要在引进"长江""杰青"的同时，高度关注"973""863"和国家重大专项专家的引进，关注国家三大奖一等奖前三名专家的引进，以及国内百篇优秀博士学位论文获得者等学术基础较好的青年学者的引进工作。这里要特别强调的是，各学院、学科尤其是校友会要着手建立杰出校友特别是海外杰出校友的数据库，重点追踪在学术上有成果的杰出校友，形成杰出人才的追踪、引进、服务体系，从而使人才引进这一机遇性、随机性事件变成必然性事件。在这方面，国内一些著名高校的校友会都做得很出色，值得学习借鉴。

要加强对青年教师的培养。我校35岁以下青年教师的数量已达到专任教师总量的37.6%，超过了三分之一。这支队伍是北京理工大学未来发展的希望，一定要下大力气建设好。要充分利用国内外的优秀资源，为青年教师提供更多的国内外学习、培训机会，给他们量身定制学术培训计划，从而快速提升学校现有教师队伍的水平。各学院及学科组要结合重点学科建设需求，进一步做好统筹规划，让优势学科的青年教师优先参与国内外访学、培训，实现针对性、持续性的派出，从而使我校的青年骨干教师站在国内外学术前沿、引领科技潮流。要高度

关注青年教师的实际困难，采取积极措施加以解决，为他们排除后顾之忧。

三、尊重学术、尊重人才，在人才生态环境建设上实现突破

对于校内的"长江""杰青"和教学名师等学术骨干，要加大支持力度，在资源配置、招收研究生、引进人才等方面向他们倾斜，在他们的引领下真正形成若干高水平的"大师+团队"；对于"教育部新世纪优秀人才"和新世纪"百千万"人才工程入选者这支"长江"和"杰青"的后备队伍，要给予更多关注，一方面要加强引进和选拔，另一方面要加大对现有人员的培养和支持力度，特别是在配套经费上要给予保证；对于引进人才，要做好跟踪工作，创造氛围，加强融合，切实发挥好他们的作用。

要完善人才评价激励机制，发挥政策导向作用，努力形成尊重劳动、尊重学术、尊重人才、尊重创造的文化氛围。对于教师，要根据各单位性质制订匹配的绩效考核评价指标体系，实施团队考核和目标管理，适当延长考核周期。

要特别强调的是，对于有潜力的青年学术骨干教师，要积极创造条件、形成合力，确保他们有充足的时间和精力来冲击学术高地。尽量减少事务性工作对他们的干扰。另外，还要给青年骨干教师创造宽松氛围，引导他们不要单纯跟着科研项目跑，而是要收缩战线，在某一集中的领域做得更深入一些，在基础研究和应用基础研究方面投入更多的精力，要善于从工程项目中提炼科学问题，从而不断凝练成果，达到顶尖水平。

四、牢记责任、不辱使命，做人民满意的教育工作者

教师不是雕塑家，却塑造着世界上最珍贵的艺术品。我想讲十个字作为希望，与全体教师共勉。

一是"责任"，就是增强创建高水平研究型大学的责任感。希望每一位教师增强责任心和使命感，以振兴北理工为己任，立足本职岗位，激情进取，奋发有为，甘为人梯，无私奉献，以自身的努力为高水平研究型大学建设作出一份

贡献。

二是"爱心"，就是热爱三尺讲台，关爱学生。希望广大教师始终坚持以人为本，以学生为中心，对学生饱含爱心，尊重学生，关爱学生，服务学生，严格要求学生，做学生的良师益友，像张忠廉老师、苟秉聪老师那样教书育人，成为学生健康成长的指导者和引路人。

三是"博学"，就是学识渊博，造诣精深。希望广大教师刻苦钻研、严谨笃学，关注学科前沿，拓展科学视野，以更深厚的专业基础知识、更扎实的科学本领、更出色的科研能力，真正把所在专业和学科做优、做精、做强。

四是"诚信"，就是脚踏实地，诚信治学。希望广大教师甘于淡泊、严谨治学，坚守学术道德，坚持诚信治学，静下心来教书，潜下心来育人，防止心浮气躁、急功近利，努力做到脚踏实地地做人、做事、做学问。

五是"修养"，就是为人师表，崇尚师德，境界高尚。希望广大教师能够以吴大观、毛二可等为榜样，秉持学为人师、行为世范的理念，自觉坚持社会主义核心价值体系，以自己的崇高追求、高尚品德和人格力量，在潜移默化中熏陶和培养学生。

教育家吕型伟说过："教育是事业，其意义在于奉献；教育是科学，其价值在于求真；教育是艺术，其生命在于创新。"愿每一位教师在奉献、求真、创新的实践中实现自身的人生价值，完成时代赋予我们的光荣使命。

第四章 高素质教师队伍是学校发展的主力军

士有百行，以德为首[①]

青年教师思想活跃，积极上进，工作热情高，任劳任怨，主动积极参与学校的教学改革和科研工作，用实际行动展示了他们良好的政治素质和朝气蓬勃的精神风貌，为我校的师资队伍注入了新的生机，带来了新的活力。青年教师已经成为我校改革、建设、发展的一支生力军。

学校历来十分重视青年教师队伍的建设，把关心、爱护、培养青年的成长以及青年教师的工作、学习、生活纳入行政的工作日程，各部门为青年教师的成长做了大量的工作。今后还要进一步加强这方面的工作。

一、把握形势，充分认识加强青年教师队伍建设的重要性和紧迫性

当前，我国发展正站在一个新的历史起点上。从国际来看，当今世界正处在大变革大调整之中，特别是当前国际金融危机不断蔓延和深化，由此带来的国际经济政治格局演变十分深刻复杂。从国内来看，我国正处在全面建设小康社会的关键时期，高等教育事业的发展面临着重大机遇和严峻的挑战；学校第十三次党代会明确了学校的中长期发展目标，今后五年，将是我校十分重要的战略发展期，建设创新型国家和人力资源强国，大力推进信息化与工业化融合，需要学校进一步拓展服务半径，培养更多的创新型高素质专门人才。面对新形势，学校需要全方位地保持和发扬学科与队伍优势，突出特色、提高质量，优化资源、创新机制，完善制度、强化管理，全面提升综合实力和办学水平，为高水平研究型大学建设奠定坚实的发展基础。要实现这一目标，就必须实施强师兴校战略，以调整结构、提高质量为目标，以会聚高端人才为着力点，坚持培养和引进并举，努力造就一支师德高尚、业务精湛、教风优良、结构合理、充满活力的高素质教师队伍。

[①] 2009 年 12 月 15 日在青年教师培养工作研讨会上的讲话摘录。

青年教师的素质、能力和水平决定学校未来的竞争力，要从学校发展战略的高度来看待青年教师的成长和发展，提高青年教师素质和水平就是对学校长远发展的人才资源的储备。

在师资队伍的战略考虑上，应该眼睛向内、立足培养。学校无论制定何种教师培养政策和措施，首先要考虑青年教师，青年教师的培养是教师队伍的培养重点。要通过教学、科研和工程技术实践等培养途径，通过在一线岗位上的锻炼，使广大青年教师勇挑重担，承担重任，脱颖而出。

学校各单位、各部门要站在战略高度，充分认识培养青年教师的重大意义，树立一切为教师服务、一切为青年教师成长服务的思想，关心青年教师的发展、成长，要采取有力措施提高青年教师队伍的总体素质，进一步提高青年教师的教学、科研、管理能力；要从学习、工作、体制、政策、环境等方面创造条件，努力营造有利于优秀人才健康成长、施展才干的良好氛围，为青年教师的发展构建事业平台、创造发展空间、营造良好的成长环境；在鼓励成才、鼓励拔尖的环境中，使大批优秀人才脱颖而出，并带动更多的优秀人才广泛涌现，培养造就一批具有知识创新和科技攻坚能力、能够参与国内、国际竞争的学科带头人和攻坚骨干，为把我校建设成为高水平研究型大学作出新的贡献。

二、积极构建教师培养的长效机制，重点扶持青年教师成长成才

培养和建设一支师德高尚、业务精湛、教风优良、结构合理、充满活力并具有一定稳定性的青年教师队伍，是高校教师队伍建设的客观需要，是支撑学校未来发展的支柱。而加强青年教师的培养是教师队伍建设的关键，制定切实可行的青年教师培养机制，是提高教师队伍素质的重要保证，是培养思想道德和科学文化素质高、专业基础宽厚、综合能力强的复合型人才的基础。

为进一步提高我校青年教师的教学水平和科研能力，加快师资队伍建设步伐，在《北京理工大学关于教师培训工作的意见》《北京理工大学杰出中青年教师发展支持计划》《北京理工大学优秀青年教师资助计划》等方案基础上，要积极探索、构建我校青年教师培养的长效机制，加大拔尖创新人才后备队伍的培养。

要完善学术培训、学习培训制度,加大开放式培养。例如:以35岁以下的副教授和有发展潜力的博士后为重点,为他们量身定制学术培训计划,每年派出50人到国内外一流大学进行为期半年至一年的学习培训;要采取挂职锻炼的方式,拓宽青年教师培养、科学研究、社会服务渠道;还要鼓励和支持优秀中青年教师参与高水平的国际学术交流活动,通过学术交流,了解国内国外学科动态与发展趋势,加强与国外知名学者的联系,扩大知名度,提高影响力。

要完善科学的教师考评体系,在此基础上,破格、优先选拔优秀青年教师。例如:加大在35岁以下副高职称教师中破格提拔高级职称的力度,并在同等条件下优先考虑有国内外著名高校学习培训经历的教师;加大聘用期满考核高级职称力度,引导青年教师潜心学术、争创成果;等等。

要完善提高青年教师素质与能力的保障机制。例如:在教学实践中培养青年教师,举办青年教师教学基本功比赛等活动,提高青年教师教学的技能;发挥老教师的传、帮、带作用,引导青年教师把教学和科研有机地结合起来,在科研、工程实践中提高教学水平;充分发挥教代会青年工作委员会、校工会、校团委、青年教师联谊会、青年科协、留学归国人员联谊会等组织的作用,调动青年教师的主动性、积极性和创造性,增进青年教师间的学习交流、团结合作,在学校的教学、科研、管理等各项工作中发挥更大作用;在国家重大项目中培养青年教师,帮助他们树立强烈的责任意识和使命意识,不断提高科研能力,成为科研创新的主力军等。

要完善创新团队培养人才机制,积极推进学校基层学术组织改革。创新高校人才组织模式,着眼于承担国家重点发展领域或国际科学技术前沿研究任务,以重点实验室或创新基地为依托,以优秀学术带头人为核心,创建具有创新精神、结构合理的优秀学术群体和创新团队,加快青年学术带头人的培养;在创新团队中培养青年教师,使他们由追随大师进而成为大师;等等。

三、强化师德修养,增强责任心,树立高尚的道德情操和精神追求

"士有百行,以德为首。"师德是教师的灵魂,教师的师德对于学校教育的成

败具有举足轻重的作用。良好的师德是青年教师做好教学工作的先决条件，也是其不断进取、赢得成功的力量所在。我国是一个重视以德治国的国家，高度重视师德是我国教育的优秀传统。早在几千年前，教育家、思想家孔子就指出，"德之不修，学之不讲""其身正，不令而行；其身不正，虽令不从"。北京大学原校长、近代著名教育家蔡元培曾组织教师"进德会"，要求教师砥砺德行，洁身自爱，"品行不可以不谨严"。无产阶级教育家、我校老校长徐特立先生也认为："教师是有两种人格的，一种是'经师'，一种是'人师'""我们的教学是要采取'人师'和'经师'二者合一的。"

高尚的师德包括对教育事业的热爱及强烈的事业心和奉献精神，科学的世界观和积极向上的人生态度，强烈的责任感和对学生的尊重、关心和爱护，处处为人师表、以身作则。教师的人格是师德的有形表现，高尚而富有魅力的教师人格能产生身教重于言教的良好效果。教师的人格对年轻心灵的影响，是任何教科书、道德箴言，任何奖励和惩罚制度都不能替代的一种教育力量。希望大家树立高尚的道德情操和精神追求，甘为人梯，乐于奉献，静下心来教书，潜下心来育人，以自己高尚的道德情操教育影响学生，在学术和思想各方面率先垂范，努力做受学生爱戴、让人民满意的教师。

第四章 高素质教师队伍是学校发展的主力军

立师德，强基层，创机制，建平台①

学校第十三次党代会明确指出，要实施"强师兴校战略""重点扶持青年教师成长成才"。围绕这一目标，学校党委提出要进一步重视青年教师的思想政治工作，夯实基础，为打造高水平师资队伍提供有力保障，并着力在"立师德、强基层""创机制、建平台"方面取得明显成效。

一、立师德，引导青年教师立德树人

在创先争优活动期间，学校党委提出了"五个三比"，其中在教师党支部提倡"引导党员比师德、比育人、比成果"。把师德放在首要突出位置，教师党支部主动适应世情、国情、校情的新要求，结合本单位的发展实际和党员思想实际，围绕提高教学科研水平、服务党员群众、促进师德建设、营造和谐氛围开展活动，促进了中心工作。例如，雷达所党支部组织青年党员及教师认真学习全国优秀共产党员毛二可院士的精神，对照先进找差距，以激励每个教师学习师德典型。在毛二可院士的高尚品德影响下，雷达所所长龙腾已经成长为国家"973项目"首席专家，并被评为"北京市十大杰出青年"。机电学院机电工程系教工第一党支部大力开展创建学习型党支部活动，马宝华等一批老党员经常带着青年师生主动学习中央最新精神和党委重要文件，支持他们成长发展，该支部近年来共获得国家技术发明二等奖一项，国家级教学成果二等奖一项，国防科技进步二等奖十二项。近年来，学校还通过召开师德建设研讨会、师德表彰大会等形式，不断强化"育人为本、师德为先"的理念，对青年教师起到潜移默化的影响。

同时，对于近年来发生的极个别教师师德作风问题，学校党委本着"惩前毖

---

① 2012年6月18日在北京理工大学青年教师党建工作交流会上的发言摘录。

后、治病救人"的原则,对问题不袒护、不包庇,按党内纪律进行了处理,起到了警示作用。

二、强基层,增强党组织对青年教师的吸引力

基层党组织是党的全部战斗力所在,也是凝聚青年教师的重要渠道,学校党委结合贯彻《中国共产党普通高等学校基层组织工作条例》以及北京市相关精神,抓基层、强基础,突出党组织对青年教师的思想引领作用,增强党组织对青年教师的吸引力。

2011年,学校党委统一部署了针对教职工党支部的调研活动,通过召开支部书记座谈会、青年教师座谈会、发放问卷等,更深入了解教职工党支部建设的情况,青年教师对党的基层建设的意见建议。并且,根据大家提出的需求,学校党委举办了全校党支部书记培训班,重点是针对青年教师党支部书记,通过培训,使他们进一步熟悉了支部书记工作职责、党支部工作规范,也加强了党支部的凝聚力。化工学院一位新引进的青年教授还主动提出了入党申请。

同时,学校党委及相关职能部门还积极发挥党建研究会的作用,通过经费的支持,鼓励基层党支部开展创新活动,增强组织活力,同时提倡结合党建工作的实际开展理论与实践相结合的研究活动。2011年,学校以25项党建课题立项研究为牵引,以63项党支部创新活动立项实施为驱动,充分调动基层党支部尤其是青年党员教师的积极性和创造性,取得了良好成效。

三、创机制,促进青年教师成长

通过政策的导向作用、机制的保障作用,为青年教师的成长成才铺道路、造环境,既是打造高水平师资队伍的需要,也为青年教师思想政治教育营造了良好氛围。近年来学校制定了多项举措,成效明显。

比如,为扶持青年教师成长,学校专项设立了"优秀青年教师资助计划",该资助计划的设立是为了加强学校青年学术骨干队伍建设,培养后备学术带头

人，提高我校青年教师的科研实力、学术水平和在本领域的影响力。近年来入选该计划的教师发表了数百篇高水平学术论文，其中SCI收录近百篇，EI检索100余篇，中文核心期刊40余篇（管理、人文类）；入选教师依托本项目得到多项课题的资助，其中成功申请国家自然科学基金20余项；多名入选教师获得各类人才奖项，为青年教师立足教学拓展科研提供了优质的平台，使他们能够又快又好地走上职业发展的快车道。并且还特别设立了"优青计划"扩展项目，适当拓宽受益人群，加大支持力度，对近几年从海外直接引进的博士（后）、教授、副教授及部分35岁以下具有博士学位的优秀青年教师进行择优支持。2011年首次设立教学型项目，鼓励青年教师潜心教学，充分发挥青年教师在人才培养和教学改革中的重要作用，支持其开展本科课程建设与课程改革研究工作。实施优秀博士论文获得者专项支持计划，对获得全国优秀博士论文及提名、北京市优秀博士论文的青年教师提供经费支持，帮助其进一步开展相关研究工作。

再如，学校深化绩效津贴改革，会聚青年才俊来校发展。通过不断进行绩效津贴改革，提升对青年教师的激励力度，提供具有竞争力的薪酬待遇，更好地激发了青年教师的工作热情，为学校事业发展会聚更多优秀青年人才。

2010年学校结合"985工程"建设目标，进一步深化绩效津贴改革工作，加大了对青年教师的激励支持力度。对于近三年新入校的在国外知名大学担任助理教授及以上职务人员、博士毕业院校为世界排名前100名的青年教师、全国百篇优秀博士论文荣誉获得者分别给予支持和奖励。以具有竞争力的薪酬待遇为保障，吸引会聚更多海内外优秀青年才俊来校工作，为学校今后十年至二十年的发展打下良好的人才基础。

2011年进一步深化绩效津贴改革，通过建立具有竞争力的人才津贴，增强了学校吸引会聚优秀人才的能力。2011年1月以来学校积极兑现人才津贴和对优秀青年教师的支持，共为3位曾任海外助理教授的新入校教师发放奖励津贴，为11位从世界排名前100名高校毕业的海外博士毕业生发放奖励津贴。绩效津贴改革对吸引会聚优秀高层次人才的作用初步显现，并对稳定和激励已进校优秀人才起到了很好的作用。

四、建平台，服务青年教师需求

青年教师作为一个特定群体，既有教师的属性，又有青年的特点。近年来学校根据青年教师的特点，通过建立各类平台、完善各种组织，有效服务青年教师的需求。

例如学校成立了青年教师联谊会，其主旨是"团结、共进、交流、提高"，致力于团结、服务广大青年教师，实现青年教师的共同发展，搭建青年教师交流的平台，加强交流与合作，推动青年教师的全面提高。成立以来，联谊会组织了丰富的活动，发挥了很大作用，如定期举办联谊活动、举办新春联欢会等，再如每年假期有计划地组织青年教师调研团分赴各地开展调研活动。一些老师感叹，通过社会实践，拓宽了视野，强化了作为高校教师的责任感和忧患意识。

再如，学校于2008年成立了青年科协，其目的是通过举办青年教师科研交流会，活跃校园科研文化氛围，让更多的青年教师能够相互了解及涉猎其他科研领域，从而达到鼓励科研创新及学科交叉的目的。青年科协定期举办青年教师科研交流会，不同学科的教师在一起分享了自己在科研领域所做工作及遇到的问题。同时，对于青年教师在科研中遇到的难题，学校也积极谋划解决，引导他们迅速进入角色，开展科研工作等。

五、青年教师思想政治工作努力方向

要进一步做好青年教师思想政治工作，可以从以下三个方面着力。

一是健全工作机制。一方面要根据学校自身的特点与传统，建立相应的青年教师思想政治工作制度，学校和学院层面联动，党政齐抓共管，形成合力。另一方面要建立责任制和必要的奖惩激励制度，形成制度保障，实施青年教师导师制，深入开展"领航工程"，发挥老教师的传帮带作用，在思想上老教师可对青年教师的人生观、世界观和价值观进行指导，业务上也可进行帮助，能够对青年教师的健康成长产生良好的影响和促进作用。同时，还要坚持在政治素质好的教师中培养业务骨干、在业务素质好的青年教师中培养政治骨干的做法。

二是关注青年教师的心理健康。从某种意义上来说,青年教师属于高校教师中的"弱势群体"。在工作方面,职称晋升的门槛逐年在提高,竞争日趋激烈,要承担较繁重的教学科研任务;在生活方面,青年教师福利待遇并不算高,要担负住房、小孩儿入托上学、赡养老人等很多重担。在调查中我们发现,在"您目前最主要的生活困扰"选项中,42%的青年教师选择"住房",28%的青年教师选择"经济收入",很多青年教师处于工作生活双重压力之下。另外,一批"80后"青年教师逐渐成为中坚力量,他们大多是独生子女,成长在改革开放之后,承受挫折的能力不足。近年来,个别高校中青年教师因心理问题而发生极端事件的报道也见诸报端。因此,学校各级组织和部门要有意识地去关注青年教师的心理,比如通过组织各类活动缓解心理压力,或者通过加强校园人文环境和生活环境的建设,解决一些他们的后顾之忧,做到事业聚人、感情留人。

三是发挥示范引领作用。一方面,要以先进的榜样激励青年教师。"以铜为镜,可以正衣冠;以史为镜,可以知兴替;以人为镜,可以明得失。"教师是一个特殊的群体,其特殊性在于其不但教书,而且育人,在于其道德品质的示范作用。教师的世界观,他的品德,他的生活,他对每一现象的态度都这样或那样地影响着全体学生。学校要为青年教师多树立先进的师德榜样,大力宣传优秀教师教书育人的高尚品德和甘为人梯、默默奉献的蜡烛精神,特别要发挥身边典型的作用,用身边的典型人物和典型事例感染、教化青年教师,使青年教师在先进榜样的激励下成长、成熟。另一方面,把青年骨干教师的培训纳入学校党校的工作范畴,培训的内容应该包含理念信念的教育、党史校史的教育,将培训与实训结合,增强培训效果。

师德为先，教学为要，育人为本[①]

今年，教育部提出的教师节主题是"忠诚党的教育事业，争当教书育人模范"，我认为提得很好、很及时。作为高校教师，一定要做到"师德为先、教学为要、育人为本"，不断为培养合格的社会主义接班人作出新贡献。下面我结合学校情况谈几点意见。

一、将高尚师德作为第一追求

古人讲"师者，所以传道授业解惑也"，把"传授道义"放在教师职责的第一位，可见他们对于德行、德育的重视。18世纪启蒙思想家和教育家卢梭也说过：在敢于担当培养一个人的任务以前，自己就必须造就成一个人，自己就必须是一个值得推崇的模范。树立高尚的师德，一直是教师队伍建设最重要的命题，因为教师的道德操守、理想信念、精神风貌、价值取向影响着学生的成长成才乃至其一生的发展，也关系着一所大学的长远风气和建设水平。因此，我今天想再一次强调"师德为先"，教师要将高尚师德作为教育生涯的第一追求。我认为，高尚师德有两方面值得重视。

1. 要有坚定的理想信念

前不久，学校有关部门开展了全校青年教师思想状况调查。结果显示，我们青年教师主流是好的，尤其是年轻人思维活跃、视野开阔、进取心强、创新踊跃，这些优势比较明显。但也有一些问题让我们担忧，比如，调查中，近15%的青年教师对自己的岗位认可度不高，认为教师职业地位低微，不受尊重，很枯燥，没有意思；此外，还有些青年教师过于关注个人利益，积极进取意识不强；

[①] 2012年9月6日在庆祝第28个教师节座谈会上的讲话。

极个别的教师在课堂上发表不适当的言论。这些问题值得我们思考和警醒。

谈到教师的理想信念和精神面貌，有人说，"理想信念"已经成为一种奢侈品，在房子、职称、收入待遇的现实压力下，大家都谈不起理想了。我不太认可这种想法。当前，不管是国家层面，还是学校层面，都非常关注教师特别是青年教师的生活、发展问题。从我校来说，学校也在尽可能为青年教师提供好的生活条件和工作条件。比如，为解决教师住房问题，我们拿出中关村8号楼和良乡校区的一些住房作为教师公寓，还积极组织教师团购住房，创造条件加快北院住房建设。近年来，学校在职称评定、岗位津贴调整和发放等工作中，都强调向一线骨干教师倾斜，向海内外高端人才倾斜，向优秀青年教师倾斜，这个力度是很大的。比如，我们支持学术水平高且在某一方面有突出业绩成果的优秀教师，不受岗位、任职年限等条件限制，申报教学、科研高级专业技术职务，重点支持35岁以下优秀青年教师破格申报教授。在收入分配上，我们强调以二级教授为基点，以提高中低收入教师待遇为重点，使大家的收入水平显著提高。

当然，我们的努力与教师的期待是有差距的。但是，我想，越是在这种改革攻坚的时候，就越要体现出北理工人的精神风貌。我们学校历来有"干国防光荣"的爱国传统，有延安精神、徐特立思想、国防军工文化这些传家宝，这是我们树立理想信念的强大源泉。当年在延安，师生们高唱"蓝天为屋顶、高山作围墙"，在艰苦卓绝的环境中办学，昂扬的精神风貌至今鼓舞着我们。希望在座的老师们不忘传统、不忘理想，在自己的学术事业、教学事业中也有一份执着的坚守。

2. 要有崇高的职业道德

去年教育部颁布了《高等学校教师职业道德规范》，对教师提出了"爱国守法、敬业爱生、教书育人、严谨治学、服务社会、为人师表"六个方面的倡导性要求与禁行性规定。全校教师都要认真学习，严格遵守。教师的职业道德，更多地来自职业责任感和自豪感，我们的教师尤其要发扬爱学生如子、诲人不倦的精神，对每一位学生负责。我记得，延安办学时期，我们的师生、教师之间的关系非常融洽，花甲之年的徐老在夜晚还经常去查铺，给学生盖好被子，还把自己单住的窑洞拿出来与两位青年教师一起住，三人睡一个炕。这段故事，给我留下深刻的印象。

过去，我们树立了毛二可、张忠廉等一大批师德高尚的老教师代表。在他们的影响下，新的师德先进代表也在不断涌现。比如，今年的北京市师德先进个人、我校机械学院的闫清东教授，十分关心青年教师和优秀研究生的发展，尽心尽力为他们提供帮助，创造机会，为家境困难研究生提供助研和助教岗位，帮助解决学生就业难的问题，就连学院就业办的老师们都说："学生就业实在有困难，就去试试闫老师那里吧。"又如，我校2008年度教育部新世纪优秀人才、机电学院王成教授，在十几年的教学实践中始终严格要求自己，以高度的敬业精神教书育人。作为班主任，他非常关心同学们的学习和生活，平均每周2~3次到学生宿舍与同学们交流思想，注重人文关怀。王教授会千方百计挤出时间培养对科研有兴趣的本科生同学。他说："为师者，首先一点是不能拒绝学生的合理要求。"只要学生对科研有兴趣，他都会给予无微不至的关怀和帮助。他所带的工程力学班28人，17人考取了研究生，其中2人以全额奖学金被美国著名的普渡大学和卡内基梅隆大学录取，其余11人基本上在国内大型国有企业就职。

二、将提升水平作为第一要务

教师仅仅会教、愿教是不够的，还要乐教、善教。要成为一名合格的教育者，必须坚持"教学为要"，将不断提升教学水平作为从教的第一要务。

1. 要终身学习，不断提升自身知识结构和水平

苏联教育家马卡连柯曾说："学生能原谅教师的严厉、刻板甚至吹毛求疵，但不能原谅教师的不学无术。"教师要给学生一杯水，自己先得有一桶水。我们广大教师必须加强学习，完善自身的知识系统，提升自身的知识结构，提高自身的理论水平，成为终身学习的楷模。要具有国际眼光，密切关注世界科技发展前沿，提升自己的视野和水平，使自身的观念、知识、能力与时代发展并进。

2. 要刻苦钻研，不断创新教学方式方法

教学是一门艺术，不仅要投入，而且要钻研。我体会：只求把课程知识尽可

能详尽地教给学生的老师并不是最好的老师，优秀教师传授的是课程的精华和进一步钻研、拓展知识的能力。只有不断创新教学方法，改革教学方式，亲身从事教学实践，才会在教学中自然地流露自己的研究心得，讲课才能得心应手，才能激励学生潜心钻研、开拓创新。因此，全校教师要以一颗钻研的心，不断改革教学方式，不断创新教学方法，尊重并适应学生的个性选择，鼓励学生进行自主学习和研究型学习，激发学生的学术兴趣和学术理想。

在这方面，大家要向机械学院的薛庆老师学习。她在赴美参加教学培训期间，积极到美国的大学课堂上听课，广泛搜集教学素材，参考国外大学工科专业课的实施模式，对专业课教学实施研究型教学，尝试研究型学习。她设计不同的项目，结合科研课题，结合教改，结合实验室建设，甚至结合生活中的例子，让学生自主做项目研究，写论文，进行课堂答辩。她将这个活动作为考试改革的内容，并将大作业作为总成绩的一部分，全体同学参与评分，充分激发了学生自主学习的积极性。

3. 要统筹好教学和科研的关系

大学的核心职能就是人才培养。科学研究、社会服务与文化传承创新都是本体功能的延伸与细化。全校教师要合理统筹教学与科研的关系，将主要精力放在教学上，要花时间、下功夫去备课，去准备讲义。同时，也要通过科研掌握科技和学术发展的前沿动态，把科研成果转化为教学内容，这样才能更好地培养学生，让学生站在科学研究的前沿。

这里我想提一下北京市教学名师、我校宇航学院的唐胜景教授。他科研项目多，任务重，但是他始终不忘自己是一名教师。对于近十年的"飞行器系统概论"课程以及"飞行力学与轨道动力学"的教学，他不断进行教学内容的更新、教学方法改革，取得了明显成效。更重要的是在教学过程中，唐胜景教授结合自身研究方向，站在学科发展的前沿，跟踪航空宇航科学技术最新发展动态，将有关飞行器设计研究、典型飞行试验等内容带入课堂，激发学生的学习兴趣，提高学生的创新意识，极大地推动了学生课外科技实践活动的开展，为航模队三次获全国大学生课外科技活动作品竞赛"挑战杯"一等奖打下了坚实的基础。

三、将潜心育人作为第一目标

大学之道，育人为本。老院长徐特立主张教师既要做"经师"，又要做"人师"。经师是教学问的，人师是教做人的。就是说，教师不仅要教学生科学知识，更要引导他们树立正确的世界观、人生观、价值观，帮助学生德智体美全面发展。我再引申一下，就是既要做好"教师"，更要做好"导师"。教师对学生的一言一行，甚至一个眼神，都会在学生心中留下深刻的印象。

最近一期校报上，登载了一篇校友文章，是原光电工程系40951班学生李丹英写的。她回忆起在母校的经历时，感慨万千，至今还记得曾经在自己极度困难时给予帮助的党总支副书记刘明奇老师、校医院张美凤大夫，李丹英至今还保留着他们班捐款同学的名单。她说："这么些年，无数次忆起当年的事，心中总是惦记着母校的恩情，惦记着老师和同学们的关爱；自己也好多次偷偷回到母校，看看那些熟悉的地方；当年为我的病操心的老师，如今已经苍老了很多，心中不胜唏嘘岁月的无情。回想往日的一幕幕，好像就在昨天；老师的教导、同学的欢笑仿佛就在眼前，忍不住热泪盈眶！永远的母校，永远忘不了的恩情！"可以想见，我们平时看似平常的一些工作，会给学生留下多么深的印象、产生多么大的影响！

所以，我一直强调，教师除了在课堂上、在实验室里为学生做出表率外，更重要的，是要走进学生宿舍、图书馆、自习室、体育场，利用各种机会与学生们多接触、多交流、多沟通，了解他们的生活、学习状态，掌握他们的心理心态，这样才能了解学生的个性，把握学生成长的规律，进而引导学生健康成长。现在信息技术手段越来越便捷，大家可以利用QQ、微博等网络媒体工具，与同学们建立起广泛、灵活、即时的联系，关注他们的思想状态，多与他们谈心，多听他们的想法，及时发现问题并加以疏导、解决。同时，也可以把对自己有激励、有帮助的好书推荐给学生们，给他们开列书单，引导他们多读书、读好书，帮助他们成长进步。

当然，我们现在很多教师也在做这方面的工作，而且做得不错。比如，信息学院的吴嗣亮教授，他在教学、科研之余还担任了信息学院一个班级的"学术班主任"，与学生们零距离接触，结合自身的科研经历与研究成果，循循善诱地给学生们普及学科专业知识、进行专业教育。在班级开展德育答辩中期检查时，他抽出时间参加，对同学们未来两年的学业发展和大学生活给予悉心指导。又如，北京市教学名师、我校马研部的李林英教授长期关心学生心理健康，坚持在我校心理咨询中心担任心理咨询辅导和督导工作，20多年来接待学生约1800人次，为本科生和研究生举办心理健康讲座几十场，进行了多次学生和家长的危机干预，对学生们的健康成长作出了积极贡献。

像这样的例子，在我们学校还有很多。我们广大教师要向他们学习，走进学生中间，以真情、真心、真诚关心爱护学生，努力成为学生的良师益友，成为学生健康成长的引路人。

四、管理服务部门要将为教师服好务作为第一标准

教师是学校发展的第一资源，是提高办学水平的关键。学校各级党组织、各级管理机构，都要关注广大教师的工作、学习和生活，真诚关心广大教师的发展和成长，切实关心广大教师的利益和诉求。尤其要注意关心那些默默无闻、长期在教学科研第一线辛勤奉献的教师，要给予他们更多的关心和爱护。

管理干部要牢记"三服务"理念，倾情为师生服务。我们要深刻理解"食堂理论"，学校就好比一个食堂，学生是来吃菜的，教师是炒菜的，管理干部是端盘子的、是做服务的。我们最大的职责就是把盘子端好，把服务做好，让老师们在良好的环境里、在充足的保障下，心情愉悦地开展工作。

我们已故的李盼兴同志身上，就具备这种宝贵的服务精神。在同事们眼里，他是勤勤恳恳、无私奉献的"老黄牛"，是精通业务、让大家佩服的"活地图"，是吃苦耐劳、勤俭节约的北理工"好管家"。他"视校为家"，身患癌症期间，他还忍着病痛，坚守在工作岗位，放心不下学校的发展事业。我想，北理工校园里，所有因为他的耕耘奉献而受惠、受益的老师和同学，会永远记得他、怀念他、感激他。

无大师则无大学。建设一支高素质教师队伍，会聚一批学术大师、教育大

家，是尽快建成世界一流大学的决定性因素。全校教师要树立引领之雄心、育才之恒心、报国之决心，一切从提高教学质量出发，一切从培养学生全面发展出发，一切从奉献伟大祖国出发，不辱使命、不愧对教师称号，全心全意培养具有"高远的理想、精深的学术、强健的体魄、恬美的心境"的杰出人才。

重点扶持，助力成长[①]

党的十八大报告中强调，要"努力办好人民满意的教育"，要"加强教师队伍建设，提高师德水平和业务能力，增强教师教书育人的荣誉感和责任感"。这一论述，体现了党和国家对教育事业的高度重视。民族大计，教育为本；教育大计，教师为本。要在新形势下加强教师队伍建设，学校应做到如下三个方面。

一、把握形势，充分重视教师队伍建设特别是青年教师队伍建设

当前，我国发展正站在一个新的历史起点上。从国际来看，当今世界正处在大变革大调整之中，国际经济政治格局演变十分深刻复杂。从国内来看，党的十八大提出全面建成小康社会的要求。高等教育事业的发展面临着重大机遇和严峻挑战。高等教育要实现内涵式发展，要培养更多的创新型高素质专门人才，就必须实施强师兴校战略，以调结构、提质量为目标，以会聚高端人才为着力点，坚持培养和引进并举，努力造就一支师德高尚、业务精湛、教风优良、结构合理、充满活力的高素质教师队伍。

二、积极探索，构建教师培养的长效机制，重点扶持青年教师成长成才

进一步加强师德建设。要继续深化对教师的理想信念教育，引导他们重人格、爱声誉、惜形象，提高教师道德修养。要创新师德师风奖惩机制，调动教师从教、乐教的积极性，激发教师工作热情。要进一步完善师德评价体系，积极开展"树楷模、铸文化"活动，深入开展学习先进典型活动，进一步举办好"我爱我师"评选等活动，大力宣传和弘扬高尚师德。

---

① 2012年11月19日在青年教师培养座谈会上的讲话摘录。

进一步完善选拔培养机制。进一步加大对杰出中青年教师发展的资助和支持，特别是对 35 岁以下的副教授和有发展潜力的博士后，要为他们量身定制学术培训计划，加大派往国内外一流大学学习培训的力度。要鼓励和支持优秀中青年教师参与高水平的国际学术交流活动。要加大对 35 岁以下副高职称教师破格提拔正高职称的力度，并在同等条件下优先考虑有国内外著名高校学习培训经历的教师。要加大聘用期满考核力度，引导青年教师潜心学术、争创成果等。

进一步完善保障机制。要进一步发挥老教师的传、帮、带作用，引导教师在科研、工程实践中提高教学水平；鼓励教师进入团队，重视在国家重大项目中培养青年教师，使之成为科研创新的主力军。进一步制定和完善各项保障措施，努力解决教师特别是青年教师的后顾之忧。

三、充分发挥工会组织作用，促进教师成长成才

长期以来，我校工会在青年教师培养中，做了大量卓有成效的工作：一是以"青年教师教学基本功比赛"为平台，不断促进教师教学水平的提高；二是通过组织青年教师社会实践，促进青年教师服务社会；三是努力帮助青年教师解决住房和子女入学困难，积极为教职工排忧解难；四是积极搭建平台，促进青年教师的交流。我校将进一步加强对工会的领导，在政策上支持、工作上关心、经费上保障、资源上倾斜，充分发挥工会组织在促进青年教师培养方面的独特作用。同时，工会组织也要进一步坚持以社会主义核心价值体系为引领，用中国特色社会主义共同理想凝聚青年教师，用民族精神、时代精神和劳模精神激励青年教师，引导青年教师树立正确的世界观、人生观、价值观；要充分发挥"维护、参与、教育、建设"职能，加强工作创新，促进青年教师不断提高业务水平和教书育人能力；要进一步积极为青年教师办好事实事，为青年教师排忧解难。

第四章 高素质教师队伍是学校发展的主力军

怀揣梦想，坚守职责①

今年教师节的主题是"立德树人，同心共筑中国梦"。每个教师都有自己的梦想，我们学校也有自己的梦想，那就是成为特色鲜明、理工为主的世界一流大学。要实现学校的梦想，培育出合格的社会主义建设者和接班人，离不开师德高尚、业务精湛的高水平教师们的辛勤耕耘。下面，我结合学校情况谈几点想法。

一、立德立师、树人正己

"立德"为我国古代所谓"三不朽"之首，《左传》载有"太上有立德，其次有立功，其次有立言，虽久不废，此之谓不朽"。一流的大学需要一流的教师队伍，一流的教师队伍必须具有一流的师德。教书育人是教师的天职，育人为本，德育为先，师德为魂。高尚的师德本身就是一部活的教科书，是一股强大的精神力量，影响着学生的成长、成才乃至其一生的发展，也关系着一所大学的长远风气和建设水平。因此，我想再一次强调"师德为先"，"立师必先立德"，"树人必先正己"。

大学是高素质、高层次人才的聚集地，师德师风更应该是社会道德与时代风尚的引领者。近年来，学校师德建设取得了很好的成绩，涌现出许许多多令人感动的事迹。比如，老的典型有信息学院毛二可院士"鞠躬尽瘁、甘为人梯"的高尚品德，光电学院张忠廉老师古稀之年仍投身光电创新实验基地的奉献精神。我看了一下，在座的杨亚非、龚绍文、赵和平、樊孝忠、张之敬、伍清河，还有多次受到学生赞扬的沈庭芝教授等，他们都是我们的宝贵财富，是我们加强师德建设的标杆。在他们的影响下，新的师德先进代表不断涌现。比如，机械学院薛庆老师"舍身忘我、授人玫瑰、手有余香"的育人精神，光电学院赵跃进老师"潜

---

① 2013年9月9日在第29个教师节上的讲话摘录。

心科研、悉心执教"的敬业精神。获得 2013 年"北京市优秀教育工作者"称号的冯顺山教授在搞好科研的同时，言传身教，以做好人、做好事、做好学问、做贡献的思路去指导学生，培养学生树立正确的价值观、人生观，培养学生解决实际问题的能力和创新思维。还有这次获奖的一批青年教师，像被学生评为"我最喜爱的老师"、北京高校第八届青年教师教学基本功比赛一等奖获得者王菲老师、第八届 T-more 优秀教师周雅老师等。

当然，我们也要看到，一些教师理想信念不坚定，放松对自己的要求，上课对付，下课也不与学生交流，甚至有个别教师只考虑个人或小团体的利益，相互之间闹纠纷，对学生的学习条件得不到保障却置若罔闻。如此种种都反映出师德师风建设方面的一些问题。教育部颁布了《高等学校教师职业道德规范》，对教师提出了"爱国守法、敬业爱生、教书育人、严谨治学、服务社会、为人师表"六个方面的倡导性要求。这应该成为广大教师恪守遵循的师德标准。有了高尚的师德，才能形成良好的教风学风，才能为学校建设高水平一流理工大学提供源源不断的动力支持。

二、言传身教、潜心育人

古人云："一年之计，莫如树谷；十年之计，莫如树木；百年之计，莫如树人。"而大学之道就在育人。我们的老院长徐特立先生主张教师既要做"经师"，又要做"人师"。我们也经常强调，教师既要传授知识，还要做好"导师"。诚然，传授知识容易，而做人生的导师相对较难。

我曾和一些校友交流，他们回忆母校的生活，印象最深刻的往往不是学到什么知识和理论，而是母校教师的谆谆教导、悉心照顾，以及人生的启迪。可见，我们每个教师的一举一动、一言一行、一思一想，都清晰而准确地印在学生的视网膜里、心光屏上，这就是无声路标的示范性，这种示范性将在学生的心灵深处形成一股排山倒海般的内化力、感召力。这种影响是潜移默化、日积月累、耳濡目染的，有时是无意中的一声关切，却让学生终身受用，终生难忘。

德国教育学家第斯多惠说："教学的艺术不在于传授本领，而在于关心、激励、唤醒、鼓舞。"我们学校有这样一批教师，他们关心学生发展，激励学生成长，唤醒学生自觉，鼓舞学生奋进。比如，数学学院的孙华飞老师，把每个学生都当作自己的孩子去教育、去照顾，他关心学生的成长，关心学生的发展，关心学生的就业和前途。课堂上，他传授知识的同时，巧妙穿插富有人生哲理的小故事，激发学生奋斗向上的精神和强烈的责任感，而"孙老师说事"让每个学生获益匪浅。课堂外，他是学生们的"第一考官"，总能敏感地发现每个学生身上的优点，并以此激励学生成长。还有，软件学院的王树武老师退休前是计算机学院的书记，也是基础教学团队的一名骨干教师，退休后还坚持到良乡校区给学生上课。他担任班主任期间，坚持"绝不让一个学生掉队"，与学生零距离接触，以良乡为家，深入学生宿舍，循循善诱地给学生们普及学科专业知识，进行专业教育，还经常和学生谈心，谈理想，勤勤恳恳，不计任何报酬，无私奉献着。我们要向这些典型先进学习，走进学生宿舍、图书馆、自习室、体育场，和学生多交流、多沟通、多谈心，以真情、真心、真诚，关心和爱护学生，努力成为学生的良师益友，成为学生成长、成才的引导者和鼓励者。

三、凝心聚力，共谋发展

当前，按照中央部署，我校正在开展党的群众路线教育实践活动。回顾历史，我们依靠谁取得学校今天这样的成就？毋庸置疑，是全校教师和广大员工。展望未来，我校建设世界一流理工大学的宏伟目标的动力源泉在哪里？就是在座各位，就是我校广大师生员工。

每个人都拥有梦想，我们学校也有自己的梦想，在实现学校梦想的征途上，需要凝聚每一份力量，小溪汇成江河，就成为推动学校事业发展的磅礴力量。这里和大家谈谈中国青年五四奖章获得者刘峰老师，他将自己融入学校改革发展当中，并实现了自己的梦想。在就业的人生分岔口上，他放弃了待遇丰厚的外企，选择留校当一名教师，或许是对学校和师长的恋恋不舍，深受毛二可院士克己奉公的精神所感染，对北理工求真务实的学习氛围难以忘怀。当自己成为一名教师时，刘峰老师对学生强调最多的是"奋斗"，他坚信一个人的收获和他的付出成正比。他要求自己的学生学会坚持，学会脚踏实地，一步一个脚印地前行，名利抛诸脑后，奉献放在台前。青春不仅有激情和梦想，更有创业的实干与坚守。2012年刘峰所负责的北斗导航项目作为"十一五"期间"863"领域重大课题顺利结题，其研究成果直接应用到我国新一代卫星遥感应用系统中，为学校发展作出了贡献。还有我们已故的李盼兴同志，勤勤恳恳、无私奉献、精通业务、吃苦耐劳、勤俭节约、"视校为家"，身患癌症期间，他还忍着病痛，坚守工作岗位，放心不下学校的发展事业。我想，北理工校园里，所有因为他的耕耘奉献而受惠、受益的老师和同学会永远记得他、怀念他、感激他。

希望我们广大教师以先进典型为榜样，善于和学校一起画"同心圆"，同心同德，为学校发展建言献策，共谋发展，为学校建设贡献力量。

在庆祝人民教师自己的节日之时，也是我们总结反思之际，因为大学教师是当之无愧的人类灵魂工程师，肩负着崇高的历史使命和重大的时代责任，是实现当代中国梦的重要力量。希望北京理工大学在师德和校风建设方面成为高校的表率，先进单位和个人不断发挥引领示范作用，广大教师继续争当教书育人楷模。让我们共同努力，树立高尚的师德、培养卓越的人才、凝聚共同的梦想，为把北京理工大学建设成为世界一流大学而不懈奋斗！

第四章　高素质教师队伍是学校发展的主力军

既要引才，更要育才①

这次师资队伍建设工作会，既是对过去五年师资队伍建设情况的总结会，又是对做好未来五年乃至更长时期内师资队伍建设工作的动员会，意义重大。党委对这次会议进行了认真部署，人事部门做了细致周详的筹备，各学院和机关、直属单位也积极参与进来，保证了此次会议的成功召开。

有几点想法与同志们一块儿讨论。

一、既要重谋划，更要重落实

凡事预则立，就是讲要事先做好谋划。谋划要慎重，要与实际结合，要着眼长远，要考虑到不同单位、不同学科、不同人群的差别，不可闭门造车、拍脑袋，既要多往外走走，看看别人都在怎么干，又要俯下身子深入基层了解实际、征求意见。这次会议提出的一些政策，就是在集中他校经验和校内师生建议的基础上形成的。之所以要召开全校性的大会还要分团讨论，就是要做到谋划得当，与师资队伍建设的实际相符、与广大教师的意愿相符、与学校未来的发展相符。千万要记住，只有把政策定到群众的心窝窝里，群众才能随着你的脚步跟上。

谋定而后动。谋划再好，关键是要行动起来抓落实。大家在讨论中对学校提出的教师队伍建设，尤其是到 2020 年实现"2136 战略"目标，给予了充分的肯定。但同时，也有人对能否实现这一目标表示出一些担心。也就是说，目标谋划得很好，大家很认可，也很期待。然而能不能实现目标，能不能达到预期的效果，大家有一些疑虑。这就要求我们，既要谋划好奋斗目标，也要制定好政策措施加以保证，更要脚踏实地地去真抓实干、拼搏奋斗，才会有好的结果。

我想，要做到这一点，首先是要有拼搏进取的劲头，要有舍我其谁的担当精

---

① 2013 年 10 月 31 日在师资队伍建设工作会议闭幕式上的讲话。

神才行。在这次党的群众路线教育实践活动中,大家分析了我们存在的享乐主义思想,主要表现在激情进取的劲头不足、敢于担当的精神缺乏。我认为这种认识很对。我们都有同样的体会,想要办成一件事,要做好一项工作,没有一种精气神做支撑,没有一股劲头作动力,是不可能有好的结果的。因此,要实现师资队伍建设目标,首先就必须树立激情进取的精神和敢于担当的劲头,去拼搏、去奋斗。其次是要分解目标。即要在逐一分析各学院特别是各学科建设对师资的实际需求,以及现有师资队伍基本情况的前提下,将师资队伍建设目标进行分解。也就是说,要按照学院特别是各学科对目标进行分解。再次是要制定实施方案。即要根据各单位现有的实际情况,提出是引进还是自己培养的具体办法,并按照年度提出详细的实施方案。还有就是要督促检查。即要及时按所分解的目标和年度实施方案进行检查督促,以推动目标的落实。最后是要及时总结经验教训,不断提高完善。

关于落实,还有一点,那就是要重视配合与协同。师资队伍建设不仅仅是人事部门的事,它是一项系统工程,需要全校各单位各部门的通力合作。例如,对于人才的引进和培养,既需要经费的支持、办公和试验用房的保障、教学任务和科研项目的落实,还要考虑到人才的健康、生活的方便、子女的教育等问题,这就牵涉到教务、科研、财务、设备、医疗、后勤等各部门。只有全校各部门联动起来,共同落实人才政策,我们的政策才能真正发挥作用,取得实效。所以,全校各部门,要从人才队伍建设的全局出发,加强联动沟通,围绕学校整体部署制定完善好相应的配套措施,解除人才后顾之忧,切实做到人尽其才,才尽其力。

二、既要重视管理,更要重视服务

我们提出的加强师资队伍建设的意见,既是从管理的角度提出的,更是从加强服务的角度强调的。管理是加强队伍建设的重要手段,服务更是加强队伍建设的重要保证。因此,我们既要强调重视管理,更要强调搞好服务。特别是要进一步落实"三服务"的理念,进一步落实机关"五句话"的服务准则。我在此主要是要强调把事情办实,把问题解决彻底,即要切实办让教师和学生满意的实事,不能蜻蜓点水，更不能半途而废。比如，我听说财务报销的问题还没有得到很好的解决，还是要起大早排队；新教师和新学生报到落户口及毕业生离校迁户口时，还是经常出现矛盾和问题；各个窗口部门的服务也时常被人反映和投诉，"门难进，脸难看，事难办"的问题不同程度存在。这里我的建议是，既要加强教育，提高对服务师生重要性的认识，也要实实在在地解决人手不够、服务手段不足的问题。也就是说，确实是人手不够的就加人，确实是时间段安排得不当的就改变时段，确实是保障工作不到位的就要加强保障工作。总之，还是要想方设法提高服务师生的质量。

三、既要重规矩，更要重改革

我们在工作中，一方面，要认真贯彻落实上级指示精神和各项法律法规，俗话说，"没有规矩，不成方圆"。另一方面，也要及时地加大改革的力度，对那些不符合学校实际或过了时的规章制度要及时废止。有领导人说过，改革是中国发展最大的"红利"，我非常赞同。对于学校的师资队伍建设来说，改革也是最大的"红利"，只有不断推进人事制度的改革，切实做到唯才是举、人尽其才，才能更好地发挥人才资源的作用。我们要通过不断深化学校内部管理体制机制改革，形成人才引得进、用得好、留得住、走得掉的生动局面。

说到改革，我认为要做到敢为、心细和超前。

1. 敢为

一是要勇于创新，即在国家法律法规政策允许的情况下，根据学校实际情况创新措施，努力创新出其他院校所没有的优惠条件和政策，以吸引更多人才来校。比如，这次我们在良乡团购一批房子，让其他高校很是羡慕。这也是我们下一步引进人才的资本，我们要用好这批预留房子，为引进人才创造良好的条件。二是要敢于放权，有代表提出，"学院最了解青年教师的情况，能否将各类名额直接放权到学院，由学院制定的考核体系进行相应的评比"。这是值得我们考虑的。要探索将机关部门的一些权力下放给学院，让学院自主完成一些学术上的事、考核评价的事，不要事事都管，否则容易费力不讨好。比如，物理学院的一些改革措施，就是比较成功的。要总结要推广，要扩大试点。

2. 心细

首先，制定政策不能搞一刀切，要注意不同学科、不同专业、不同人群的不同情况，继续推进分类管理、分类考核和分类晋升。例如，有的代表提出学校实验技术人员往往以非事业编为主，不被重视，队伍薄弱，待遇低，流动太快，对他们应有不同的政策支持。对此，我的建议有三：一是在职称评定方面给予关注，二是在户籍方面给予帮助，三是在收入上给予高薪。

其次，对于新出台的政策，还是再要充分听取不同类型群众的意见。这次会议，虽然准备充分，但在讨论中还是有同志提出未能在更大范围内进行调研。有代表提出"制定的预聘条件太低，我校的博士生就能达到这个水平"，"启动经费过低，条件不够吸引人才"，"预聘制度非常好，但四年才进行一次评审是不是太长，建议中期进行一次评估。同时，四年之后如何进行评估希望事先进行考虑，否则，可能不好执行"，等等。这些都说明，我们制定政策时还需要充分调研，群策群力，不断完善，把工作做细。

3. 超前

人才队伍建设工作要提早谋划。在讨论中，大家普遍感到，与其他高校相比，我们的人才队伍建设规划明显滞后，导致现在出现了严重"青黄不接"的窘况。这警示我们，在今后工作中，谋划要超前，要针对院士、长江学者、国家杰出青年的不同层次人才，提前谋划，提前育苗，提前培养，而且要形成年龄梯队。有些学校近些年之所以人才辈出，就是因为他们十多年前就开始布局，超前、超常规培育人才。

四、既要重硬件，更要重软件

关于"硬件"，校长报告中也已提到。这些年，尽管学校采取了不少办法，各方面条件有所改善,但资源不足的问题还是相对突出。我校目前在引进人才条件方面存在科研用房不足、周转住房缺乏、配套经费紧张的情况,需要尽快解决。就目前中关村校区来说,重要的是统筹各类资源,提高房屋、资金的使用效率。比如,校、院两级统筹协调,腾出一些利用率不高的闲置房,也包括超标准的办公用房的清理,专门用于引进人才。国资部门要抓紧出台各类人员用房使用标准,对于超出部分要收取使用费。在资源调整中要敢于碰硬,积极为人才引进创造条件。

在引进人才周转住房方面,前边讲了,良乡校区预留了一部分教职工住房,这样的条件比较难得,人事部门要做好规划和协调,确保这些住房发挥出应有的效果。中关村校区也要想办法,为刚入校的青年教师解决周转租住用房,以缓解他们刚入校时的住房困难。

关于"软件",需强调识才、爱才、育才、用才的文化氛围要浓。我们的一些同志,由于自身视野的局限,未充分认识到引进人才的紧迫性,对引进人才有抵触情绪。还有一些同志,认为自身学科专业在全国属于领先地位,引进他校人才没有必要。还有一些同志,对引进的人才不够重视,不给予支持,导致部分人才的作用未能完全发挥出来。部分人才来校后,出现了水土不服的情况。还有一些同志,不重视培育人才,仅仅将人才看作是打工仔,导致出现了个别人才流失的情况。

从机关服务部门来说,有的同志还未能视人才为学校第一资源,在具体管理服务上未能做到所有工作从人才需求出发。比如,在分团讨论中,一些教师反映的经费报销问题。不同业务口的不同部门,都有自己的支出规定和签字程序,导致大家为了花掉经费而东奔西走、绞尽脑汁,甚至弄虚作假。还有,我们要动脑筋想办法,帮助基层特别是学院的老师排忧解难。例如,有的国外知名专家——大多年纪较大,其习惯是来回都坐公务舱的,这与国家规定有矛盾。对此,我们应尽量想办法创造条件,给予考虑解决。还有,我们在荒漠做外场实验的师生的费用报销问题也是个老大难问题,希望我们的财务和科研等有关部门一起想办法解决一下。还有一些类似的问题,都需要我们的机关部门同志积极地去帮助基层想办法解决。这些,恐怕都与我们的人才观念、理念有关,我们要认真总结经验和不足,创新体制机制,千方百计为大家提供便利,为各类人才开展高水平的教学科研提供条件,让人才干得舒心、顺心。

五、既要重引才,更要重育才

人才是学校发展的基础。近几年,我们在人才队伍建设上花了很大气力,成效也是明显的。比如今天我们表彰的一批先进集体和先进个人,他们就在岗位上作出了突出贡献。

我认为,重视人才,一方面,要看到单纯从其他单位挖杰出人才的方式已经行不通了,重点要放在发现并引进优秀归国人员(如"青年千人")、国内外著名高校的优秀毕业生(如"优博"获得者)上。引进和培养并重,不可偏废。要从制度、待遇、发展机遇等方面营造引进人才和本土人才共同进步的良性发展局面,充分调动本土人才的积极性。另一方面,要重视对引进人才的成长指导,不能引进之后放任自流,个人任意发展,丧失自身学科方向特色。再一方面,根据当前科学发展的趋势,要尽量将引进人才引入大的团队中,甚至是大的团队群体中,让他们在其中交流碰撞,发挥催化器的作用。

前面,我们都是讲人才队伍,但是我们不要忘了,学校的中心工作是培养人才,是育人。学校所有工作都是为人才培养服务的,师资队伍建设更不例外。我主要强调如下两点。

1. 不管引进还是培养人才,都要以德为先

德者,才之帅也。"德",是"才"的方向和灵魂,是"才"发展的内部动力。重视人才,首先要重视其"德"。有的代表在讨论中就认为"学校的评价体系很注重才,却缺少德的体现"。立德树人是大学教育的根本。教师的风范操守、气质品格对学生的影响是终身的。我们的老师,要做"经师"和"人师"结合的典范,不仅要传授给学生科学文化知识和专业技能,也要帮助、引导学生树立远大理想,树立正确的世界观、人生观、价值观,做学生成才和成人的指导者、引路人。所以,对于我们引进的教师,要提出明确的要求:一方面,必须有崇高的价

值追求、职业理想，胸怀"育才梦"，把自己的事业和国家需求、社会期待、人民需要联系起来，坚决贯彻党的教育方针，努力培养国家所需要的人才；另一方面，必须有良好的品格修养、职业操守，严于律己、爱惜名节，以崇高的道德操守和形象风范感染学生，以优秀的职业精神和良好的职业操守影响学生，真正做到为人师表。

2. 要牢记教师的使命，始终以教学为先

有代表提出，现在对教师的考核以科研为主，教师们为了求上进，求成绩，很重视科研，但却忽略了教学，最近几年评职称，教学比例降低，希望能够从根本上重视教学。客观地说，这种现象是存在的。这也是我们今后改革的重点。教书育人、传道授业解惑，本来就是高校教师的神圣使命。我们引进高层次人才，培养学术大师，归根到底还是要服务于人才培养。我们的教师要充分认识到这一点，不断思考教学工作如何适应时代对人才的需要，如何适应学生多样化成长成才的需求，把主要精力放在不断深化和创新人才培养模式上。有些青年教师做得就很不错，像曲良体教授，除了学术研究做得好，还潜心育人，积极引领学生接触国际前沿，给学生推荐纯英文教材，每节课都介绍一些科技发展动态，包括最新的概念和科研成果，来开阔学生的视野。他重视培养学生的动手能力，还说"他们来实验室，我非常欢迎，什么专业的学生都可以过来，哪怕把实验仪器'拆'了也没关系"。他带领的一名本科生还未毕业就已发表两篇 SCI 论文。还有像王博、北京高校第八届青年教师教学基本功比赛一等奖获得者王菲、第八届 T-more 优秀教师周雅等。有关部门也要进一步加强包括职务评聘、考核标准、资源分配等相关政策的导向性，在教师职务聘任上，建立健全教师从事本科教学工作的竞争、激励和约束机制，引导教师做好教育教学工作。

强师兴校是一个长期的过程。我们要牢固树立人才资源是第一资源的观念，坚持以人为本，办学以教师为主体，大力加强高层次人才队伍和创新团队建设，全面提升教师队伍的核心竞争力和可持续发展能力，努力造就一支师德高尚、业务精湛、教风优良、结构合理、充满活力的高素质教师队伍，为实现建设世界一流理工科大学的目标提供强大的人才支持。

第五章 加强领导班子和干部队伍建设,引领学校科学发展

学校的发展和建设，关键在人，关键在领导班子和干部队伍的能力与水平。

　　要不断加强领导班子和干部队伍的制度建设、思想建设、作风建设与能力建设；要坚持德才兼备、以德为先，注重品行、崇尚实干、群众公认的用人导向；要坚持"端盘子"理念，主动践行"起身迎送，把话听完，意见明确，抓紧办理，必有回音"的行为规范，努力把领导班子和干部队伍建设成为善于推动科学发展、促进校园和谐的坚强力量。

着力加强领导班子和干部队伍建设[①]

实践已经充分证明，加强领导班子和干部队伍建设是引领学校科学发展的根本保证。

一、提高思想，锤炼作风，着力推进领导班子建设

学校的发展和建设，关键在人，关键在领导班子的能力和水平。学校党委不断加强领导班子的制度建设、思想建设、作风建设和能力建设，努力把领导班子建设成为善于推动科学发展、促进校园和谐的坚强领导集体。

1. 抓好党委领导下的校长负责制的制度建设

学校着力探索党委领导下的校长负责制的科学实现形式，促进决策的民主化和科学化。

学校党委认真组织、研究、制定保障党委领导下的校长负责制贯彻落实的会议制度。我校目前有党委全委会、常委会、校长办公会和党群工作会的会议制度。党委及其常委会是学校的最高决策机构，实行委员会制，遵循少数服从多数、个人服从组织的原则，重点在于集中精力研究、谋划和决策对学校有全局意义和重大影响的大事，起到总揽全局、协调各方的作用，参加人是党委委员（党委常委）等。校长办公会是校长依法行使行政职权，处理教学、科研和行政管理事务的主要会议形式，体现行政首长负责制，讲求决策效率，参加人是校长、副校长和校长助理等。党群工作会主要是具体研究处理党委及其常委会有关党建和思想政治工作以及群团工作的会议形式，参加人是书记、副书记和纪委书记等。实践证明，这样的会议制度产生了比较好的效果。党委既坚持了科学民主决策，

[①] 2011 年 4 月 12 日在工业和信息化部巡视工作专题汇报会上的汇报。

又体现了"抓大事、谋全局",同时,也保证了校长依法行使行政职权,处理教学、科研和行政管理事务。另外,党委和行政主要领导可以抽出更多的时间深入基层、深入实际,调查研究,推动重点工作,抓好任务落实。

此外,在工作实践中,对"三重一大"问题,严格按照"集体领导、民主集中、个别酝酿、会议决定"的原则议事决策,特别是实施任用重要干部票决制,健全和规范党委常委会向全委会定期报告工作并接受监督制度,正处级干部任免征求党委委员意见制度等;对学校发展战略等重大事项,加强决策咨询工作,广泛听取党员、群众、基层干部的意见和建议,特别是注重听取教授的意见,保证教授治学理教的知情权、参与权和决策权。

2. 突出学习研讨,加强领导班子思想政治建设

一是坚持抓好党委中心组的理论学习,坚持党委主要领导负责制,认真抓好"调查需求、制订计划、确定专题、明确重点发言人、及时编印简报"等学习的各个环节,抓好集中学习、专家辅导、专题研讨等学习方式。坚持理论联系实际,将学习理论与推动工作相结合,增强理论学习的实效性。

二是坚持召开寒暑假党委常委务虚会。重点围绕国家发展,工业化、信息化和国防现代化的需求,围绕高等教育发展的新形势、新任务,结合学校改革发展提出的重大问题进行研究和讨论,注重从横向和纵向对比中认识和把握学校发展所处的历史方位,不断增强思想解放的敏锐性,保持开拓创新的锐气。

三是坚持抓好政策研究室和教育研究院对国内外教育科技发展趋势的研究,定期组织编印《政研快讯》和《政研参考》,为校院两级领导班子成员拓展国际视野、增强战略思维、提高顶层设计意识和能力提供有益帮助。

3. 突出服务意识,加强领导班子作风建设

面对逼人的形势和任务,要想在高等教育大变革、大发展的舞台上占据一席之地,要想真正把我校建设成为有特色、高水平的研究型大学,就需要我们从校领导班子做起,狠抓作风建设,以昂扬向上的精神风貌、求真务实的工作作风,团结带领全校教职员工,群策群力、同心同德,一起落实好各项工作任务。

第五章 加强领导班子和干部队伍建设，引领学校科学发展

一是要以解放思想、更新观念为重点，着力加强和改进干部的思想作风。思想作风建设是加强和改进领导干部作风建设的核心和根本。加强和改进领导干部思想作风建设，首先，要树立科学发展的理念。进一步解放思想，用科学理论武装自己、衡量自己、检验自己，认真查找思想上的不足、作风上的差距。其次，要树立改革创新的理念。要善于把主观与客观、理论与实践、上级精神与学校实际、领导意图与群众意愿结合起来，在不断创新中抢抓机遇、闯出新路。最后，要有拼搏进取的精神风貌。要勇于正视困难、化解矛盾、解决问题，用自己的实际行动感染群众、教育群众，带领大家攻坚克难，推动学校又好又快地发展。

二是要以勤奋好学、学以致用为重点，着力加强和改进干部的学风。建设马克思主义学习型政党，是党中央对当前形势科学判断后作出的重大决策。我们要按照科学理论武装、具有世界眼光、善于把握规律、富有创新精神的要求，不断学习、善于学习，努力掌握和运用一切科学的新思想、新知识、新经验。要坚持学以致用，紧密联系工作实际，切实把学习中获得的新认识转化为谋划发展的新思路，不断提高领导科学发展的能力。

三是要以真抓实干、务求实效为重点，着力加强和改进干部的工作作风。加强党性修养，树立和弘扬优良作风，关键是要坚持求真务实、真抓实干，"不干，半点马克思主义也没有"。首先要在攻坚克难上下功夫。要集中时间和精力多深入基层，多深入实际，多深入师生，全面掌握并及时解决师生关心关注的热点问题、影响学校改革发展稳定的难点问题、关系群众切身利益的突出问题。其次要在实事求是上下功夫。要坚持从本单位实际和高等教育发展规律的要求出发，创造性地开展工作。对于出现的新情况、新问题，要积极探索新办法，实现新突破。最后要在狠抓落实上下功夫。要明确工作责任，细化工作措施，加强指导和检查，使各项工作都能得到真正落实。

四是要以民主团结、勤政为民为重点，着力加强和改进干部的领导作风。首先要增强民主意识。要认真贯彻执行民主集中制，善于集思广益，发挥整体合力，确保决策民主科学。其次要增强团结意识。要深刻理解"懂团结是大智慧，会团结是大本事，真团结是大境界"，同志之间要坚持大事讲原则、小事讲风格。最后要增强服务意识。必须尽快实现行政管理型向主动服务型转变，增强服务的

主动性和自觉性,要倡导干部为教师服务,教师为学生服务,全校为人才培养服务的"三服务"理念,从广大师生员工最关心、最直接、最现实的问题入手,提供细致入微的服务,解决实际困难。

五是要以坚持操守、廉洁自律为重点,着力加强和改进干部的生活作风。首先要自觉加强自身的道德修养。要清醒认识自身所处的地位和肩负的责任,做到慎权、慎欲、慎微、慎独。其次要增强自律意识。要经常对照党员干部的标准,对照领导干部廉洁从政的各项规定,检视自己的生活作风并及时改正,做到防微杜渐。同时,对家属子女、身边工作人员,要严格要求、严格教育、严格管理,防范家门口的腐败和身边的腐败。最后要大力发扬艰苦奋斗、勤俭节约的优良传统,自觉抵制拜金主义、享乐主义、极端个人主义的侵蚀,自觉拒腐防变,永远保持共产党员的政治本色。

4. 解决突出问题,加强治校理教能力建设

治校理教能力是党的执政能力在高校的具体体现。结合学校实际,学校党委提出领导干部要在攻坚克难,解决复杂的实际矛盾和长期积累的困难、问题中提高治校理教能力。

比如,面对学校办学资源分散,教学科研用房不足的问题,学校领导班子成员带头克服困难,积极推进资源调整,通过艰苦细致的工作,把机关部门使用的主楼、新后勤办公楼和老1号楼分别腾给管理与经济学院、软件学院和继续教育学院,把新出版楼也用于教学科研。初步测算,通过资源调整,全校教学科研用房面积增加了54%,机关、后勤和产业系统的房屋面积减少了18%,实现了"办公用房向教学科研一线倾斜"的目标。

又如,面对高层次人才短缺的问题,采取引进和培养并举的办法,使"长江"和"杰青"人数,仅仅几年的时间就实现了200%~300%的增长;对学院的院长采取校内外公开招聘的办法选任,并把一批有学术功底、有管理能力的干部选拔到院党委书记岗位上,显著改善了学院院长、书记群体的结构,为学院的发展带来了新气息、新气象。

再如,面对原有体制机制不完全适应高水平大学建设要求的问题,大力推进

体制机制创新，贯彻国家"大部制"改革精神，先后将学校机关和直属单位19个处级单位进行整合；对学院建制进行调整，整合设立4大类17个专业学院；成立基础教育学院、科学技术研究院、火炸药研究院、教育研究院，按学科大类组建了四个学部；等等。

二、选好干部，配强班子，不断提高选人用人满意度

学校党委坚持把提高选人用人质量作为推动学校可持续发展的重点工作，注重围绕世界一流理工大学建设对领导班子和干部队伍建设的要求，既严格按照中央的要求做，又紧密结合学校实际，取得了比较好的成效。在去年进行的我校干部工作群众满意度两次测评中，都获得了较高的满意率。

1. 坚持服务中心，树立正确的用人导向

学校党委始终从学校事业发展和中心工作的需要出发，把树立正确的用人导向放在首要位置。注重选拔"讲政治、顾大局"的干部，把那些对自己的岗位负责，对学校的事业负责，有广阔的视野和胸怀，能团结带领班子其他成员一道，全力推动本单位工作科学发展的干部选拔上来；注重选拔"有激情、想干事；有能力、能干事"的干部，把那些有思路、有干劲、敢创新、不怕得罪人、不做"老好人"、勇于攻坚克难的干部选拔上来；注重坚持选拔"作风实、服务好"的干部，把那些能够主动深入到师生中、深入到基层去，了解需求，解决困难，为师生员工服务有思路有方法的干部选拔上来。

近年来，一批这样的干部被选拔到各单位的主要负责岗位。比如，党委把管理学院原任院长调任到学院书记岗位，他不负众望，为了学院更快地发展，积极从中科院邀请到青年骨干学者来学院担任院长，并在工作中给予大力配合和支持。短短两年时间，我校管理学院跻身国内一流管理学院行列。又如，信息学院某青年教授在担任雷达所所长期间，锐意进取、改革创新，党委把他提任到信息学院院长岗位。上任以后，他团结班子成员一起努力，学院在科研、人才队伍、学科性公司组建与运行等方面取得了跨越式发展。再如，我校科学技术研究院的

领导在工作中提出"主动服务、策划服务"的理念,并深入到院系和研究所的教授及骨干教师中去,帮助他们根据研究成果进行专利申报、成果鉴定、奖项申报等,取得了突出的成绩,受到广大教师的认可。去年,科学技术研究院负责人被选拔为校长助理。

2. 坚持民主公开,不断完善干部选拔任用制度

党委在工作中始终将认真贯彻执行《党政领导干部选拔任用条例》作为总抓手,以信息公开透明、坚持群众参与、坚持民主决策等为着力点,不断完善干部选拔任用制度。

一是坚持公开透明。坚持把信息公开贯穿于干部选拔任用的各个环节。凡是招聘干部,都通过网上发布信息、印发文件、召开民主推荐会等多种方式予以公布,将干部选拔任用的具体办法、聘用结果,以及拟任人选的基本情况等广泛告知,增强干部选拔任用工作的透明度。近年来,还加大了干部竞争上岗的力度,推行差额推荐、差额提名、差额考察,尝试差额票决。目前,学校采取竞争上岗选用的干部占同期聘任干部总数的50%以上。

二是坚持群众参与。党委一方面动员群众参与推荐干部人选,另一方面吸收群众参与对干部的测评和面试答辩。比如,2008年我校面向海内外招聘所有专业学院的院长,聘请相关学科院士、长江学者等担任特邀评议专家,同时,安排相当比例的具有高级职称的教师和各方代表出席面试答辩会,参加民主评议、测评,并将他们的评议意见和测评结果作为党委常委会决策拟任人选时的重要参考意见。这样的举措尊重了教师的主体地位、为教师意见表达提供了渠道,得到了群众的一致认可。

三是坚持民主决策。在干部讨论决定环节,党委常委会坚持民主集中制,书记校长带好头,不打招呼,不干涉主管领导和部门的具体工作,不搞个人说了算,不搞临时动议,严格按照《条例》办事。做到未经组织部门考察的不上会,党委常委人数未达到三分之二以上时不上会,对部门和群众反映干部问题未查清的不上会。常委会上对所有提任的处级领导干部,在每位常委充分发表意见的基础上进行无记名投票表决。2010年,在校长助理公开选拔过程中,还探索实行了

全委会民主推荐提名办法,让党委会全体委员直接参与干部选任决策工作。

3. 坚持严格管理,加强干部考核、监督和培养工作

进一步完善干部选拔任用"一报告两评议"制度,加强干部监督工作。进一步建立健全体现科学发展观要求的干部考核评价机制,突出两个"为主"、体现两个"结合":以领导班子和各单位的"一把手"的考核为主,以服务对象和管理对象的评价为主;单位年度考核工作与干部年度考核工作相结合,对单位主要领导干部的考核评价与单位整体工作业绩评价相结合。在具体工作中,我们从四个方面入手。

一是坚持以考核实绩为主。党委把当年的工作任务完成情况作为考核的条件,在年终考核时对照检查。考核不搞论资排辈、不搞轮流坐庄,让大家认识到考核不是走过场,不是看情面,而是要拿出实实在在的工作业绩。

二是坚持突出服务对象的评价。加大基层服务对象对机关处级干部考核评价的权重,以此引导机关干部更多地关注基层、关注服务师生。如,在教务处、科学技术研究院、研究生院等部门的干部评价中,专业学院的评价所占的权重最大。又如,在对学生处、团委等部门进行考核时,还请一定数量的学生代表参与评价。

三是坚持奖惩分明。对于那些默默奉献、在自己岗位上做出突出成绩的干部,党委大胆使用,有的破格提拔,有的列入后备。同时,为那些优秀干部创造条件"走出去"。近三年来,我校先后推荐、输送三名处级干部到北京市属高校担任校级领导干部。而对于那些违纪违规的干部,我们也本着"惩前毖后、治病救人"的方针,不护短、不姑息。

四是坚持按需施教,不断拓宽干部培养渠道。学校党委注重在实践中培养锻炼干部。近年来,每年都选派干部到北京市有关委办局、工信部机关和海淀区委区政府等部门挂职锻炼。同时还与中国科技大学合作,选拔干部前往挂职学习。仅去年就安排10名处级干部到校外进行挂职锻炼。在干部教育培训方面,注重全员专题培训与系统轮训相结合,分级分类培训与集体培训相结合,取得较好效果。

年轻干部肩负着北理工振兴的历史重任[①]

北理工要创一流大学,这已经成为全校师生员工的共识。要办好高等教育,高素质的师资队伍固然重要,但也离不开一支高素质的管理干部队伍。一流的大学同样需要有一流的管理,包括管理人才队伍建设、管理体制机制改革、管理的传统和氛围积淀。这些也都必然会在我们青年管理干部身上体现出来。你们对北理工创建一流大学同样发挥着重要的作用。

应该说,我们一直对年轻管理干部都是比较倚重的。因为,学校的很多管理工作都需要你们年轻人去做。你们的工作积极性、创造性与学校的管理工作水平和效率的高低直接相关,你们的工作态度直接关系到学校管理工作的成效,你们的工作水平关系到学校管理工作的好坏。所以我把今天这个讲话的主题定为"年轻干部肩负着北理工振兴的历史重任"。振兴北理工是全体师生员工的事情,在这个过程中我们青年管理干部必将发挥重要的作用。希望每个同志在学校这个大家庭中都感到温暖,每个同志工作的积极性、主动性和创造性都得到充分的发挥,每个同志都能够在学校的管理工作中不断成长进步,实现自己的人生价值。

今天仅就青年管理干部应该具有什么样的基本素质、基本品格谈几点看法,供你们参考。

一、努力学习,勤于思考

一说到学习,很多年轻干部就会想到"读研",拿高一级的学位,这固然很重要,因为在学校里工作,较高的学位对于自己今后的成长进步肯定会有好处。根据机关党委的统计,我们目前的青年干部中,硕士以上学历占到75%。但是,这仅仅是问题的一个方面,也就是说如果做不好自己所从事的工作,仅仅有较高

[①] 2008年5月在机关青年干部研讨班上的讲话摘录。

的学位也不会有好的前途。在机关工作或者说做管理工作的同志,很重要的素质之一是要掌握公文写作的能力,能写好公文是机关干部的基本功,而写一手漂亮的公事文章,那是过人的本领(中国唐朝选拔官吏的素质要求中,善于写作即是其中一条,要求做到"文理优长")。要做到这些年轻干部就要努力学习,就要努力练习。因此,我强调的学习,特别是对于在机关工作的年轻同志而言,首先是要学好公文写作,其次要学会和掌握调查研究的方法。因为,机关干部很重要的一项工作就是开展调查研究,并把调查研究的结果提供给领导,供其决策时参考。所以,掌握调查研究的方法就显得很重要。不然就会出现事倍功半、不得要领的情况。

在学习的内容上,我觉得对我们青年干部来说,有两点比较重要。一是要学习我们自己从事的工作业务知识,要钻研进去。你们正处在精力旺盛、创造力和理解力都很强的年龄,因此一定要刻苦钻研,只要用心,都能成为行家里手。举个例子,我们组织人事部门的干部就应该对学校的人事政策、干部政策、学校的师资、干部队伍建设等情况了然于胸,研究生院、教务处的同志们就应该对各类学生的培养制度、教学管理规定等方方面面的内容掌握吃透,学院的同志们就应该对本学院的情况做到心中有数。我校学工处年轻干部占了很大比例,近几年我校学生工作特别是学生德育工作取得的好成绩与他们钻研业务、用心工作密不可分。这些是例子,可以推而广之。我还觉得我们年轻干部不能只局限于对自己所分管那部分业务的了解,要对全处的工作进行钻研,只要花心血是能够做到的,否则的话,在工作中很容易出现"这个工作不是我分管的,不太清楚;那项工作与我关系不大,不大了解"的情况,容易引起别人的反感。二是对于自己原来的专业不要放弃,也要接着学习。我们机关的青年干部大部分是硕士毕业,有的甚至是博士,你们要利用好学校优良的学习环境,在搞好工作的同时也不放松学习,全面提高自己的素质。

除了努力学习业务知识以外,还要利用各种机会加强党的理论和路线方针政策的学习。根据调查,我校青年管理干部中,党员的比例超过90%,这是很高的比例。因此要注重党的知识的学习和党性修养的提高。比如说,当前主要是加强对党的十七大报告和党章的学习,特别是对科学发展观的学习贯彻。要在不断深化对科学发展观认识的基础上,自觉地运用科学发展观指导我们的工作实践,指导我们的调查研究。

学习要与思考结合起来,我们常说"学而不思则罔,思而不学则殆"。学习是思考的前提和基础,同时只有深入进行思考总结,我们才能得到提高。对工作中出现的新情况、新问题,我们要多问几个为什么,进行这样的思考后就有可能对工作提出好的想法,就可以给部门的领导提出好的建议,把被动的接受任务型的工作状态变为主动的思考谋划型,这也是我们年轻干部提高水平的好的途径。

现在流行一种说法,"不是我没能耐,是世界变化快"。当今社会发展变化太快,新思想、新观念、新事物层出不穷。所以,除了要求我们努力学习之外,还要求我们开展工作要勤动脑筋,多思考。从这个意义上说,年轻管理干部也存在继续解放思想的问题,要以改革创新的精神做好本职工作,因为照搬照套老办法肯定办不好事情,甚至还会好心办坏事。

二、注重实践,从小事做起

参加今天座谈会的同志有一个特点,就是年纪轻、学历高,理论基础好,思想比较活跃。这是我们学校年轻管理干部的鲜明特点。应该说,这是一个比较高的起点,是你们的优势。然而,理论与实践历来是一对矛盾,理论源于实践,又受实践的检验,同时理论对实践具有指导作用,并推动实践的发展。但是从理论到实践有一个过程,各位年轻干部要想尽快成熟起来,必须注重实践,做到知行统一,这是大家必须经历、不可逾越的一个门槛。只有经过不断实践,在实践中经受锻炼,才能成长为合格的管理干部。在这方面,我想有三点要注意。

1. 善于从小事做起

从总体上讲,我们校部机关要抓大事、议大事、出大策。而这些大事大策都是由一个个非常具体的细小的事物组成的,包括一个个具体的数据的搜集整理,一个个具体问题的研究解决。俗话说"万丈高楼平地起",大家都是决策的参与者,在实际工作过程中,第一道工序一般都是从你们开始的。你们对情况摸得比较透，对数据把握得比较准，就可以让决策更加科学有效。这既是做好工作的基础，也是积累知识、丰富经验、提高自己的过程。千万不能看不起日常工作中的小事。古人说得好："不以善小而不为""一屋不扫，何以扫天下？""不积跬步，无以至千里；不积小流，无以成江海"。只有从小事做起，聚沙成塔，集腋成裘，把小问题研究透了，研究大问题才有基础，才能担大任、创大业、建大功。

2. 善于从基础做起

我们每个人都分管一个或几个方面的工作，看起来简单，但实际情况却比较复杂。作为管理者要有发言权，要取得工作的主动权，就必须对学校的人才培养、科学研究和社会服务的总体情况有个清楚的了解和掌握。在此基础上，对自己分管的工作，以及与自己分管的工作有联系的工作的各个环节上的情况，都要做到心中有数。这就要求我们每一个年轻干部加强调查研究，多了解工作中的矛盾和问题。现在我们的一些机关年轻干部没有在基层工作过，希望大家在日常的工作中，积极主动到院系去，到研究所和课题组去，到基层单位去，和师生员工们多接触，多了解他们所思、所想，帮助他们解决困难和问题。

我们说，大学不是国家机关，后者讲究的是效率，但是大学讲的是文化和积淀，所以我们的机关与国家机关的内涵是有区别的。

一定要提高建设服务型机关的意识，这里的服务有两方面的意思，一是为基层学院服务、为教师学生服务，要深入第一线了解情况，解决基层的实际困难，而不是去给他们制造困难，不要成天坐在办公室里用电话布置工作。一线的老师们是很忙的，有些事情我们机关的同志们尤其是年轻人就应该多跑到基层单位去，上门服务。二是要为学校领导决策提供准确可靠的信息。特别是我们的年轻干部，不能只是人云亦云地、泛泛地谈一些存在的问题和矛盾，而没有可行的建议和方案。为什么提不出来？我看主要原因还是我们没有更深入地了解基础情况，没有成为行家里手，而只是停留在问题的表面。

3. 要从别人不愿意干的事情做起

事情有大有小，处理起来有难有易。有的事情大家抢着干，有的事情没有人愿意干。没有人愿意干的事情，往往是难度比较大的事情。能够把别人不愿意干的事情干好，不仅是一个工作态度问题，而且，也可以从中积累处理复杂问题的经验，更快地提高工作水平。

在努力实践的基础上，还要善于总结，养成及时总结的好习惯。每做完一件事情，都要回过头来，从成败得失等多个方面进行总结，把经验发扬光大，把教训记在心上，真正做到"吃一堑，长一智"。这是提高工作水平的有效途径。真正这样做了，不要很长时间，你就会成为所从事工作的行家里手。

以上几点，做小事需要细心、做基础的事需要耐心、做别人不愿意做的事需要决心，这些往往是我们年轻人容易缺失的，或者说这些方面不容易做到的。我们自己身上是否存在这些问题，可以反思一下。

一流大学的管理干部的标准是什么，我们可以讨论。但是，扪心自问，我们管理岗位上的干部，现在有多少人具有可以与世界一流大学的管理人员直接进行对话、沟通的能力和水平？因此希望大家对工作要投入，要敬业，不以简单完成领导交办的任务为满足。要以创新的精神、崇高的热情来从事你的本职工作。要以科学发展观的要求指导你的工作。校党委也会从学校发展的长远考虑，下功夫、花力气，培养懂政治、懂教育、更懂得高校管理的一流大学管理人才。现在我校对处级以上党政管理干部的培训抓得比较紧，近几年还陆续派出正处级干部到国外进行培训。今后，也要抓紧对青年干部的培训，包括送到校外参加学习和锻炼，也可以考虑从青年管理干部中选拔少数骨干送到国外著名大学中学习高等教育管理的理论和实务，做到能够从教育思想观念上和大学管理模式上与国外一流大学对话。我们北理工有了一批这样高水平的管理骨干后，才有可能实现一流的高等教育管理。

三、砥砺人生，笑对困难

各位年轻干部的人生舞台、职业生涯才刚刚开始。大家顺利地完成了学业，又顺利地加入了学校管理工作的队伍，是社会的骄子，还没有遇到过大的挫折和失败，非常令人羡慕。但是，从人的一生来看，挫折和失败是不可避免的，大家应当有一定的心理准备。从大的方面来看,社会在变革,机构在调整,这些都有可能给大家的工作和生活带来一些影响。从小的方面来看,大家每天在工作中也会遇到一些具体问题,比如表扬和批评,成功和失败,开心和烦恼。如何对待和解决这些问题,直接关系到大家今后的发展。在顺境之中,要沉住气,不能忘乎所以,趾高气扬;在逆境中也要有一颗平常心,不能萎靡不振,心灰意冷。衡量人生的成败不在于一时一事,而在于一生一世。过去讲的,"盖棺论定"就是这个意思。在很多情况下,人生都要经历各种艰难困苦,才能逐步走向成熟,走向成功。历史上"西伯拘而演《周易》;仲尼厄而作《春秋》;屈原放逐,乃赋《离骚》;左丘失明,厥有《国语》;孙子膑脚,《兵法》修列;不韦迁蜀,世传《吕览》;韩非囚秦,《说难》《孤愤》。《诗》三百篇,大抵贤圣发愤之所为作也。"这些历史人物的经历说明了一个道理,就是"艰难困苦,玉汝于成"。当然我们不希望这些"难"和"苦"发生在大家身上,但也不要惧怕"难"和"苦",更不能在"难"和"苦"面前低头。真正遇到了"难"和"苦",要视为一种财富,在与"难"和"苦"的斗争中不断提高自己,完善自己,实现自己的人生价值。

还想说的一点就是提倡大家把工作当成事业来认真对待,把自己的兴趣爱好与工作融合起来,这样很多"苦"和"难"也就不存在了,层次也就随之提高了。我在哈工大工作时对一个老同志印象很深,他是学校宾馆的负责人,干了几十年。他的爱好是摄影、书法艺术等,他把这些爱好同工作结合得很好,比如在宾馆里搞一些小的艺术展览,同时认真琢磨宾馆的管理艺术。这样工作和个人爱好相得益彰,相互促进,既提升了个人修养,又把工作做得更出色,不再觉得工作是负担,而是一种享受。我觉得这是工作的一个很高的境界,这样的人肯定能把工作做好。这个例子对我们在座的青年干部应该都有借鉴意义。

现在我们的青年干部可能面临的普遍的困难是生活成本加大,物价上涨快、房价更是节节攀升,而我们的整体收入水平还是滞后的。这些都是现实困难,我们必须正视。但是我也希望大家不要被这些困难吓倒,要把眼光放长远些,把心态放平和些,学校也会考虑到大家的实际困难,在条件允许的情况下为大家排忧解难。

要处理好工作中的高要求与生活中暂时困难之间的关系。有的同志住的地方比较远,有的还有小孩儿和父母要照顾。面对这些困难怎么办?就让它们成为影响工作和放弃学习的理由和借口?大家一定要认识清楚:生活中的困难是暂时的,而现在打下的学习基础、积累的工作经验却会影响你今后几十年。学习的积累、工作经验的积累是有阶段性特点的,在你们现在的年龄段,多做积累,今后就主动;少做积累,今后就被动。这是很多成功和失败人士正反两方面事例多次证明了的。

现在学校开始试行岗位设置管理实施办法,体现"按需设岗、按岗设薪、岗变薪变"等原则。这对无论是专业技术岗位还是管理岗位的年轻人来说都既提供了有利的机会,同时也提出了更高的要求。大家在工作中也要抓住机遇,要有危机意识,要居安思危。

四、舍弃虚荣,固守分际

年轻人好胜心比较强,不服输,这是你们的优点,也是前进的动力。但是,要把握好争强好胜的尺度,切不可把面子问题看得过重。随着年龄的增长、阅历的增加,有些问题可能会逐渐遇到。例如,有的同事升迁比自己快,有的同事收入比自己高,大家心里是否会感到不平衡?或者感到抬不起头来?我认为大可不必。俗话说:"人比人,害死人"。名和利,是可遇而不可求的,这与人的知识、付出、能力和机遇密不可分。马克思说过:"只有不畏艰险,在崎岖山路上攀登的人,才能达到光辉的顶点。"作为年轻人,我们应该"只管耕耘,少问收获""但行好事,莫问前程""小车不倒只管推"。同时,也要看到,名利乃身外之物,不能为虚荣所累,要耐得住寂寞,守得住清贫,不以物喜,不以己悲,淡泊名利,潇洒做人。

固守分际,是指大家做人、做事要有原则。具体讲,首先,是做人要有准则。人行于世,说话办事要有主心骨,不能人云亦云。对弱者要富有同情心,乐于助人,雪中送炭;对强者要保持尊重,但不能附势。要做到"富贵不能淫,贫贱不能移,威武不能屈",始终要保持做人的尊严,维护自己的人格。其次,做事要有分寸。这就是说，要做到像老一辈革命家陈云同志讲的那样："不唯上，不唯书，只唯实"。作为机关干部，对于领导交办的事项，我们要不折不扣地贯彻落实，但并不是机械地执行任务，而是要充分发挥个人的主观能动性，真正领会领导的指示精神，再结合工作实际，提出具体的政策建议并加以落实。这就是我们说的"不唯上"。起草文件，制定政策要有根有据，要遵循一定的程序和规则，不能随心所欲，但同时也要结合时间、地点和条件等因素的变化加以必要的修正，不能照抄照搬，即"不唯书"。分析问题、研究工作，要从实际出发，要以事实为依据，找出科学合理的对策，有效解决问题。这就是"只唯实"。最后，交友要守分际。大家在日常生活中应该结交什么样的朋友，交往过程中什么地方可以去，什么地方不能去，心中一定要有数。

固守分际还要求我们"慎独"。这是自我修身方法，不仅在古代的道德实践中发挥过重要作用，而且对今天的社会主义道德建设尤其是提高年轻人修养上仍具有重要的现实价值。能否做到"慎独"，以及坚持"慎独"所能达到的程度，是衡量人们是否坚持自我修身以及在修身中取得成绩大小的重要标尺。

还有，闲暇时间要有所作为。闲暇时间如何利用，对一个人的成长是非常关键的。我认为，大家应该把闲暇时间集中起来用于研究一些事情。在座的年轻干部大部分理论功底都很深，应该成为我们理论研究的主力军。实际上，实际问题的处理过程就是理论研究的过程，大家及时把这些记录下来，既可以丰富头脑，开阔眼界，又可以锻炼文笔，提高写作能力。还有一个就是大家的表达能力，也要注意锻炼和加强。

总之，在今后的工作中，我们要注重提高几种能力，以满足管理岗位需要，包括学习能力、计划能力、应变能力、领悟能力、控制能力和协调能力等。这些能力中有的我们在前面讲过了，其他的限于时间，这里不再详述。还要强化几种意识，以提升青年管理人员素质，包括责任意识、诚信意识、合作意识、沟通意识、法治意识和创新意识，对于党员还要强化党性意识等。这里不再展开。

以上这些就是我最想和你们交流的，是一些经验，也是一些希望。毛主席在全国解放初期曾说："世界是你们的，也是我们的。但是归根结底是你们的。因为你们正处在人生的兴旺时期。"北理工归根结底要靠你们进一步建设好，管理好，你们是北理工的希望。对我校青年教职工来说，还是那句话：青年智则北理工智，青年强则北理工强！高校管理工作并不是"人人都在做，人人都会做"的简单而低下的一般事务性工作。今天的高校管理大有学问，大有可为。年轻同志们，你们所处的是一个大有可为的好时代，你们也肩负着重任和希望，我希望在新的发展时期，你们要更新管理理念，改进工作作风，每个人都奋发图强、励精图治，把自身的发展融入国家的发展、学校的事业发展中去，在北理工腾飞的历史上书写属于自己的浓墨重彩的一笔。

第五章 加强领导班子和干部队伍建设，引领学校科学发展

好学、知耻、力行 [①]

根据学校当前和今后一个时期工作的总体安排，学校党委决定从今年十月至十二月进行我校中层领导班子换届和领导干部聘用工作。经过努力，到目前为止，已经基本完成预定工作。

一、此次换届工作的特点

1. 坚持党委领导

组成了有全体党委常委参加的学校中层领导班子换届工作领导小组，书记和校长任组长。在学校机构和岗位确定、各批次拟任人选或拟任考察人选的确定、最后讨论决定任职人选等重要的工作环节上，领导小组都认真贯彻民主集中制原则，充分发挥校党委集体领导作用。在公开招聘院长的公开答辩环节，所有常委都在现场参加面试工作。另外，紧紧依靠学校各分党委开展换届工作，发挥其领导核心作用。

2. 坚持发扬民主

为落实学校广大教师和干部对换届工作的知情权、参与权、表达权、监督权，学校党委坚持换届办法公开、应聘岗位公开、聘用结果公开原则，进而增强干部换届工作的透明度，让选人用人工作在阳光下进行。比如，在学院院长公开招聘面试过程中，每次安排相当比例的学院教师和有关组织的代表出席并参加测评工作。

[①] 2008年12月26日在学校中层领导班子换届工作总结大会上的讲话摘录。

3. 坚持全程监督

根据《北京理工大学干部管理规定》和《关于加强干部监督、严肃干部选拔任用工作纪律的意见》的要求，学校纪委承担了本次换届工作的监督工作。在换届过程中，设立并公布举报电话和信箱，在各公开竞聘场合专门设立监督席，由纪检部门负责人担任现场监督，在干部考察过程中都有纪检部门人员参加，还请学校党风廉政建设监督员参加有关会议，多次召开座谈会听取群众意见和建议，等等。同时，注意教育干部讲党性、顾大局、守纪律，严肃换届工作纪律，防止和克服选人用人上的不正之风，坚决制止非组织活动，保证换届工作的顺利进行。对于换届过程中群众举报的有关问题，学校纪监部门和组织部门及时组织力量进行查实。

4. 坚持加强基层

这次换届工作重点放在了加强基层组织建设，特别是加强学院层面班子建设方面。具体表现为如下四个方面。一是通过面向校内外公开招聘，一批有较强管理能力和较好学术背景的校内外骨干走上院长岗位，为进一步组织好人才培养、科学研究和社会服务充实了领导力量。二是一批有一定学术背景和管理经验及良好政治素质的干部担任学院党委书记，为加强基层组织建设、保证中心工作的完成奠定了领导基础。三是为使新一届学院班子能更好地开展工作，学校决定改革津贴发放制度，将调控权交给学院，即将经费"打包"下放，让学院全权安排，院里可以根据具体情况确定补贴方式和补贴标准，使激励措施更有针对性和时效性。四是提高一线高层次学术骨干和领导骨干（如院士、"长江学者"、"杰青"和院长）的补贴标准，使他们带头安心搞好人才培养、科学研究和基层管理工作。通过这些做法和措施，逐步实现管理重心下移，使学院、学科做实做强，进而推进学术氛围的改善、学术水平的提高；促进服务基层、服务教师和服务学生的观念养成，使人才培养、科学研究和社会服务质量与水平不断提高。

5. 坚持促进交流

学校从有利于培养锻炼干部，有利于优化班子结构，有利于加强对干部的监督出发,推进干部交流工作的制度化、规范化进程。这次换届工作,进一步加大了学院和机关之间、党务部门和行政部门之间领导干部的交流力度。除上级要求的组织、人事、纪监、财务、审计、招生就业、基建等部门的正职干部,任职两届必须进行换岗交流外,其他单位的干部换岗交流的力度也是比较大的。这样有利于大家换位思考,增进相互理解,促进合作共事,推动事业发展。

6. 坚持选用党外干部

本次换届学校特别设置几个岗位用于安排我校民主党派主委的领导职务。这样做有利于加强中国共产党与民主党派的合作,有利于扩大党在学校的阶级基础和群众基础,有利于团结各种力量推进学校各项事业的发展,也为学校向上级有关部门推荐民主党派领导人才做好组织准备。

从总体上看,本次学校中层领导班子换届和领导干部聘任工作是顺利的、平稳的,达到了发现更多优秀人才、实现人才资源合理配置、改善干部队伍结构和提高干部队伍整体素质的目的,为明年和今后一个时期学校各项工作的顺利开展,为建设一支政治坚定、作风过硬、能力较强、实绩突出、富有改革创新活力的优秀干部队伍打下了良好的基础,也将为促进学校各项事业又好又快发展提供有力的组织保证和人才支撑。

这次换届过程当中,我校广大干部表现出了较高的思想政治觉悟和较强的组织纪律观念。其表现有二。一是学校工作稳定、有序。这次换届工作时间紧、任务重,绝大多数干部能够做到坚守岗位,思想不散,秩序不乱,工作不断,保证了教学、科研、管理和服务工作顺利推进。二是截至目前没有发现有严重违反纪律的情况。学校各级领导干部特别是主要领导干部,带头严格执行干部任用条例,不搞封官许愿、权钱交易,没有发现跑官要官现象和买官卖官问题。一些领导干部同志还推迟出差计划,保证了本单位换届工作的顺利进行。

二、对学校中层领导班子和领导干部的几点要求

总的要求是八个字:学习、总结、谋划、行动。孔子说:"好学近乎知,力

行近乎仁，知耻近乎勇。"其中"好学""知耻""力行"的意思也可以解读为要勤于学习、精于总结、善于谋划、勇于行动。我希望学校各级领导班子和领导干部都能按照这几点去做，不辜负学校党委、行政和广大师生员工的信任和重托，不辱使命。

1. 要勤于学习

无论对于领导班子集体还是领导干部个人，要想提高管理水平和工作能力，首要的就是学习。"三讲"当中，首先强调的就是讲学习。关于加强学习，我们在不同场合也经常讲，反复讲。但鉴于它的重要性，我在这里再次强调。

（1）基本理论的学习

要用基本理论武装头脑，首先是解决精神层面的东西。强调精神，强调信仰，古今中外，没有例外。直到现在，国内外高层次人士都强调要学基本理论，强调精神和信仰问题。大家都知道，国外基督教徒强调学《圣经》。在西方国家，最容易获得的书是《圣经》，许多宾馆房间里都放有《圣经》，它是基督徒的精神家园。伊斯兰教徒要学《古兰经》，它是伊斯兰教的根本经典。两者共同点都是强调精神、强调信仰。国内一些有识之士同样重视从精神层面强调基本理论的学习。如华中科技大学原校长杨叔子院士就要求其博士生读《论语》和《道德经》（分别是儒家和道家最经典的著作）。我校马宝华教授曾要求其博士生学习《江泽民论科学技术》等书籍，这些做法都是很有见地的。我们的领导干部学什么理论呢？我认为还是要强调学习马列主义、毛泽东思想、邓小平理论、"三个代表"重要思想和科学发展观。因为马克思主义是我们立党立国的根本指导思想，所以我们必须坚持中国特色社会主义理论体系的指导地位，要旗帜鲜明、理直气壮地用马克思主义中国化最新成果武装广大师生员工的头脑。

当前的重点是要学好用好科学发展观，它对中国改革开放具有重要指导意义。今年是改革开放30周年，明年上半年，按照中央的要求我校还要集中组织党员、干部学习科学发展观。我们要深刻领会科学发展观的科学内涵、精神实质和根本要求，切实增强贯彻落实科学发展观的自觉性和坚定性，坚持用科学发展观统领学校工作全局。要贯彻发展是第一要务的战略思想，不断深化对高等教育的目标、任务和办学思路的认识。要落实以人为本的核心理念，解决培养什么人、怎样培养人这个重大问题，努力办好让人民满意的高等教育。要遵循全面、协调、可持续的基本要求，正确认识和妥善处理学校内部各方面的若干重要关系，也要处理好与外部各方面的关系，使之互相促进、形成合力。

我还要强调一下学习一些哲学理论，掌握一些唯物论和辩证法的问题。这方面著作很多，大家可以选学，但是，毛泽东同志的《实践论》和《矛盾论》不能不学（今天是毛泽东同志诞辰115周年纪念日，现在讲这个问题，我认为是有意义的）。毛泽东同志在《实践论》中论证了理论与实践相统一的关系；在《矛盾论》中则划清了马克思主义和教条主义的界限，强调"具体问题具体分析"是马克思主义方法论的活的灵魂。《实践论》《矛盾论》是毛泽东同志哲学论述的代表作。后来，毛泽东同志还写了《关于正确处理人民内部矛盾的问题》《人的正确思想是从哪里来的》《论十大关系》等哲学著作，这些哲学著作都体现了毛泽东思想的精髓。其中阐述的历史的、唯物的、辩证的世界观和方法论，深刻地影响了几代共产党人和千千万万社会大众的思维方式与行为准则，至今仍具有指导意义。到现在，对于我们处理好学校改革发展中遇到的各种矛盾及校内外各方面的关系问题，它们仍然具有现实的指导意义。因此，建议大家要认真学、反复学这些世界观和方法论，并用以指导我们学校改革发展的实际。

毛泽东同志还有一些经典文章值得我们一学再学，比如说《为人民服务》、《纪念白求恩》和《愚公移山》等文章。张思德为人民服务的精神，白求恩精益求精的工作态度和毫不利己、专门利人的精神，以及愚公克服困难的勇气和精神，都生动地体现了我们党全心全意为人民服务的宗旨，展现了我们党紧紧依靠人民群众、不惧任何艰难险阻、一往无前夺取胜利的英雄气概！尤其是我们北理工人，特别是领导干部，更要学好、用好毛泽东思想。因为，我们北理工是从延安走过来的学校，而这些光辉篇章绝大部分都是毛泽东同志在延安时期写的，在延安自然科学院诞生前后写的。我们强调延安精神，我认为这些著作是延安精神的重要理论基础和文化精髓，所以要学习好、贯彻好、落实好。要学习其精神实质，要学习其思想方法。我校各级领导干部要带头认真地学，要深刻地理解，要牢固地树立为人民服务的观念，并要实实在在地照着去做，真正做到为人民服务。要以服务的心态搞好管理工作。我曾讲过"食堂理论"：大学好比是一个大食堂，教师是炒菜的，学生是吃菜的，我们这些领导和管理干部则是端盘子的。我们要为教师服务，教师要为学生服务，全校都要为人才培养服务。

我建议，把学习毛泽东同志经典的哲学著作列为我们北理工人——从延安走出来的学校干部特别是领导干部的必修课，并一代一代传下去。我想这也是我们继承和发扬延安精神的需要，更是我们学校发展建设的需要。

（2）时事政治的学习

学习时事政治，了解掌握国内外形势发展动向、发展大势，对指导我们的工作非常重要。比如，每年中央经济工作会议精神、每年两会《政府工作报告》，国家和行业重要发展规划及一个时期内出台的党和国家的重大方针政策等，其精神实质都是需要我们学习领会的，因为我们学校的人才培养和科学研究离不开及时了解和掌握国内外发展大势。我体会，读书看报、掌握国内外政治经济形势的走向，研究国家经济社会大政方针，也能悟出方向来，悟出课题来，甚至能悟出经费来。比如，今年中央经济工作会议确定要进一步调整和振兴钢铁、汽车、石化、轻工、纺织、装备制造、电子信息等九大行业。其中，汽车、石化、装备制造、电子信息等也是北京市的重要产业，希望各有关单位的领导和专家教授抓紧跟进。我在前一段时间召开专家座谈会时，很多教授都深有感触地说，一定要抓住国家"十二五"规划（也包括各级主管部门"十二五"规划）开题的机会，抓住我校隶属工业和信息化部的机遇，争取进入国家（行业）重点计划，这样才能得到较多的研究项目和经费的支持。以上几点说明，国家每个重大政策的出台和变化都蕴含着机遇，都有机会。理工类学科在国家重点投资建设领域有很多机会，文科类学科在国家调整中也有可以发展的空间，就看我们是否能抓住。

（3）专业知识的学习

特别是对于我们做党务和行政工作的领导同志来说，专业知识的学习尤为必要。因为学校是学术单位、科研单位、文化单位，需要我们的领导干部有更加广博的知识。比如，我们做书记的，要参与学校、学院的发展建设决策，不了解学校，不了解和掌握所在学院、学科专业的知识，就很难取得发言权。这次学校中层领导班子换届中，校党委将一些学术背景较好的同志交流到学院党委书记的岗位上，也是希望加强和改善学院书记的人员结构，从整体上提高学院书记的业务知识水平。这样做有利于加强学院基层党组织建设，更好地保障学院中心工作的完成。同时，也要看到，要想做好本职工作，党委书记也需要努力掌握党的建设方向的理论知识，做思想政治工作和群众工作的理论知识以及方法和技能。同样，包括院长在内的专家、学者虽然在某个方面的专业知识水平高深，但作为领导，要想做好工作，也要学习，不断丰富自身的知识结构和知识积累，包括管理的理论知识，只有这样，才能正确决策，才能带领学院又好又快发展。

（4）在学习方式上要提倡读书，提倡阅读

学校各级领导干部每年要读几本书，读有意义的书（包括网络在线学习的形式）。学习贵在勤勉，要抓紧点滴时间，少一些娱乐，多一些学习；少一些应酬，多一些思考。当年有人称赞鲁迅是天才，鲁迅回答说："哪里有天才，我是把别人喝咖啡的工夫都用在工作上的。"人们也说毛泽东是天才，参观过老人家故居的人都知道，毛主席的整个生活都在书堆之中。屋里到处是书，书架上、办公桌上、床上，甚至卫生间的马桶边上都是书。何以成为天才，真的只有勤奋加刻苦。

当然，对外交往也是必要的，从一定意义上讲是非常重要的。比如，积极主动地请上级机关领导、部门负责人到学校来检查指导工作，请兄弟单位的同人到学校交流和切磋教学、科研和学术工作，请各有关方面的同志到学校洽谈业务和合作项目，甚至还需要同各友邻单位沟通感情、融洽关系，从而为学校发展创造良好氛围。总之，凡是有利于学校发展的对外交流活动都要积极主动地去做。同他们坐下来一起喝点酒、吃点饭都是正常的。我们提倡情趣高尚，排斥低级趣味。领导干部要努力争做毛泽东同志在《纪念白求恩》中提倡的"五种人"，即成为一个高尚的人、一个纯粹的人、一个有道德的人、一个脱离了低级趣味的人、一个有益于人民的人。

按照中组部的要求，每届领导班子至少要开展一次以理想信念为主题的集中学习教育活动；要把学习研讨实际问题作为中心组学习的主要形式，做到研讨一个专题、推动一项工作。所以，大家务必充分重视并勤于学习，无论是理论的，还是业务知识的。

2. 要精于总结

古人云，"以史为鉴，可以知兴衰"，"前事不忘，后事之师"。学校本身要总结，校领导要带头研究学校发展历史，学院领导也要总结本学院的发展历史，部门领导更要总结分管工作发展变化的历史。既要总结我们发展辉煌时期的成功经验，也要总结发展滑坡时期的失误和教训，从中可以审时势之变、悟政策得失、学领导智慧。结合高等教育发展，找出一些规律性的东西来。学校近七十年的发展历史，需要我们认真总结的地方很多，这里我仅从关于学科建设、队伍建设和平台建设等角度提出一些总结思考。

（1）学科建设

纵观学校的发展历史，我们有过辉煌，也有不如意的地方，甚至也有滑坡。突出表现在我们以往的一些强势学科排位明显下滑。因此，我们要总结，在学科建设上我们哪些方面行，哪些方面不行。我们当年为什么很强，有很高的地位？原因是什么？现在我们有的学科滑坡是什么原因？是方向有问题，还是队伍有问题？是有机制问题，还是氛围方面有问题？要很好地总结。

对于这个问题，我认为，既有客观原因，也有主观因素；既有行业发展局限性的原因，也有思想观念、精神和文化层面的原因。要挖根源，找差距。

我看有的老牌学科滑坡的主要问题是新方向不多，没有凝聚成新的主干学科方向；没有把众多学者凝聚在一起，小摊子比较多，没有形成大的学科平台；没有形成相互支持、相互信任的氛围，缺乏合作，甚至是互相不服气。换句话说，老牌的学科如果不开拓新方向，不形成大的团队，不建大的平台，不营造和谐融洽的氛围，不出有水平的论文和科研成果，不得有影响的奖项，学科的地位很难提升。

当然，也有在操作层面上需要做过细工作的问题。比如，如何处理好基础类学科和应用类学科，以及应用类学科建设之间的关系问题。即，基础类学科中的数、理、化、声、光、电、天、地、生，应用类学科中的航空、航天、兵器、船舶、环境、生命、材料、化工等，包括新兴的交叉学科在建设上往往会出现矛盾。据我了解，近些年来，学校在学科建设上花的精力比较多，也取得了一定的成绩，但还不能说已经大功告成。学科建设是一项长期的工作，是影响学校全局的事情，又是不容易立竿见影的工作。在学科建设上，与老牌的综合性大学（如北大、南大等）相比，我们的学术积淀不够，学科的丰富性不够；与同类大学（如北航、西工大等）相比，我们的发展速度不够，投入的力度不够，尤其是产出的成果不如人家；缺少"咬定学科不放松"的坚韧精神。我这里只是点点题，希望大家总结。

（2）队伍建设

我校历来重视人才师资队伍建设，20世纪50年代是做得比较好的时期之一。当时主要有两种做法，一是引进。50年代初大量聘请国内著名教授以及从国外回来的专家、学者来校任教，又并入了中法大学校本部和数理化三个系，加强了学校基础理论教学力量。这时期引进的著名教授有陈荩民、周发岐、马士修、丁儆、谢焕章、吴大昌等多达几十人，这些师资在当年都可称得上国内一流。从某种程度上讲，是他们支撑起了当年北京工业学院作为全国重点大学的学科水平，奠定了半个多世纪以来我校位于全国重点大学之列的专业基础。他们还培养了学校一代又一代的各学科专业骨干教师和优秀毕业生。二是培养。魏思文主政学校时期，先后聘请几十名苏联专家，通过他们指导学校青年教师成长、培养研究生等方式，学校师资队伍水平迅速提高，数量大幅度增加。学校先后出台《关于培养骨干教师的决定》等几个文件并长期坚持，先后培养了上百名骨干教师。到20世纪80年代中后期，这些人中的相当一部分成为学科建设的带头人、国内有关领域的知名专家，有的还成为中国工程院和中国科学院院士、有突出贡献的国家级中青年专家等。

从20世纪80年代后期开始，我校又持续不断地重视和加强师资队伍建设，也培养出了一批业务骨干。这些人接过老一辈的班，继续支撑起学校的"重点"地位。今后我校能否继续处于全国重点院校行列，同样取决于学校能否有一批处于全国前列的著名教学和科研带头人。值得一提的是，我校近些年来加大了从国内外引进人才的力度，特别是在这次中层干部换届工作中，旗帜鲜明地面向校内外、国内外招聘院长，是继20世纪50年代学校大规模引进高水平师资、时隔半个世纪后又一次成规模地引进高水平人才的举措。它将会在学校发展历史上发挥积极的影响，也将为我校今后继续成规模引进高水平人才积累宝贵的经验。站在这样的角度来看我们面向社会招聘学院院长这项举措，就更容易理解它的长远意义。但是，这还远远不够，今后还要加大引进人才的力度。同时，也要加大人才的培养力度，要不间断地选派有潜力的中青年学术骨干和管理骨干出国学习深造。

队伍建设有许多可以阐述的方面，今天我更希望大家能重点关注"大师+团队"（或者叫"带头人+团队"）这样的队伍建设模式。实践证明，这是一种容易上水平、出成果的队伍建设模式。经过多年努力，我校"大师+团队"建设取得了一定的成效，其中有代表性的是毛二可创新团队。在这个团队中，以毛二可院士为代表的老一辈学术带头人精心培养、细心呵护年轻人；以龙腾教授为代表的年轻一辈又非常尊重老院士，他们新老结合、心心相印，团结一致，敢于创新，拧成一股绳攻克技术难关，共同培养教育新一代拔尖创新人才。这些团队在内部氛围、制度建设等各方面都做得不错。以黄强教授、李科杰教授为代表的智能机器人研究所学科特区团队，瞄准国际领先水平和国内重大战略需求，为机器人新兴产业提供技术支撑与储备；以才鸿年院士、王富耻教授为代表的创新团队，建立了"机会平等、鼓励竞争"的和谐发展模式和"统筹管理、重点扶持"的运行机制，团队作战能力不断加强，"年年有成果、岁岁有奖项"；以梅凤翔教授、水小平教授为代表的工程力学教学团队，治学严谨、师德高尚、勇于创新、爱岗敬业，在基础教学第一线辛勤耕耘，具有强烈的事业心、责任感和团队协作精神；还有像孙逢春教授团队、吴锋教授团队等。

总结这些成功的"大师+团队"的经验做法，我认为至少有下面几点做得比较成功，值得其他团队学习：一是在队伍构成上，有大师级领军人物或带头人（领军人物或带头人并不一定是年龄很大，关键是在国内外同行中有影响力，有发言权），并有一批造诣较高、气质相融、团结一心、充分发挥作用的骨干成员；二是在学科上，要根据国际相关前沿科技发展，本着理论基础、关键技术、实际应用相结合的原则，凝练学科方向（老学科尤其要考虑开拓出新的学科方向）；三是在科学研究上，紧密结合国家、行业或地方的重大需求，有大型研究项目，取得了高水平研究成果（学术氛围浓郁，学术积累丰富）；四是在条件建设上，形成较大规模的研究平台，有高水平实验室，方便获取最新的专业文献资料，已经或有能力装备高水平研究设备；五是在人才培养上，能为学生提供多方面的学习、成才环境，对优秀生源有很强的吸引力，拔尖创新人才辈出，有的还具有冲击百篇优秀博士论文的实力；六是在运行机制上，形成了较好的激励、约束机制，团队人员的进、出口比较通畅，能较好地借助团队以外的人力、物力，能逐步形成有自身特点的团队文化氛围。成功的团队至少有上述几点，还可能有其他方面的成功点，希望大家都来总结，共同提高。

（3）平台建设

说到平台建设，我认为离不开实验室建设、实验设备的购置等问题。联系我们学校平台建设工作，我认为在教学实验室建设方面还是比较好的。但是，科研实验室建设与同类学校相比，差距是比较大的——特别是国家级和省部级的重点实验室数量与质量都有比较大的差距。这里面有两个问题要引起我们的注意：第一个是观念问题，建设这类实验室的主动性也不足；第二个就是管理问题，主要的问题是科研管理和实验室管理脱节。现在是科研部门负责去争取实验室的建设任务和名分，回来后交给实验室设备部门抓落实。看似分工明确，其实问题就出在这里，分工太明确了，缺乏有机的合作与配合。高水平的科研实验室建设，必须由科研管理部门和实验室管理部门一起去吆喝，去宣传，去争取，一起商量建设的政策措施，一起去抓落实。另外，还有实验设备低水平重复购置，造成闲置浪费的现象。这些都需要引起我们高度重视。

平台建设的另外一个问题就是房屋和场地的建设问题，也就是大楼的建设问题。说到高校建大楼，社会上时常有人用清华老校长梅贻琦先生的"大学者，乃大师之谓也，非大楼之谓也"来攻击高校大楼建得太多了。其实大家有个误解，梅贻琦先生说这话时，清华大学的大楼问题已经基本解决了，主要是师资队伍建设的问题比较突出，所以他特别强调了大师的重要性。看来大师和大楼两个方面都是不可或缺的。

近些年我们学校是盖了不少房子，但是由于原来缺口太大，再加上多校区办学，房子还是不够用，特别是教师科研用房明显紧张。我认为解决的办法有两条：一是调整，二是建设。讲到调整，首先要表扬后勤集团、出版社和学校机关的同志们。他们从学校的大局出发，主动腾出条件比较好的办公用房，给学院的教师们用于教学和科研工作。在此，我代表学校党委和行政向这些单位的同志们表示衷心的感谢和诚挚的敬意。即使是这样，和同类型学校相比还是差得很远。所以，还必须抓紧建设，用房紧张的问题才能从根本上得到改善。因此，下一步要积极地想办法融资，开发中关村校区西部，开发良乡校区，解决科研实验室用房问题。

历史反复证明，无论是学科建设、队伍建设，还是平台建设，一旦我们上下一心、左右和谐了，就能取得较快的发展。比如延安自然科学院时期，比如20世纪50年代，就取得了很多成果；还有世纪之交期间，我们争取进入"985工程"时期，以及本科教学水平工作评估时期等，我们都表现出团结一心、集中力量、勇闯难关、愚公移山的精神，坚持不懈，最后获得成功。

还可以总结出一些规律性的东西。我在这里开了个头，抛砖引玉。希望每个学院、部门，每一位领导干部都思考这些问题。要精于总结。除各学院要很好地总结，学校机关部门也要总结，如何为教学科研一线服好务，哪个时期服务得好，哪些方面服务得还不够，要充分认识。只要我们能够以服务的心态搞管理，学校的发展、学院的发展就会好。还要总结我们存在的一些问题，比如小富即安思想、官本位意识、说得多做得少的现象、平均主义使用资源等问题。这些问题其实也会影响学校发展的方方面面，也是与学科建设和队伍建设密切相关的，尤其要引起各部门领导干部的重视。

具体来说，希望教务部门（包括研究生教务部门）要带头总结我校教育教学模式和人才培养模式；人事部门要带头总结我们的师资队伍建设和学科带头人培养模式（要配合学院做好师资队伍规划，多引进高水平人才，建立富有生机与活力的教学或科研团队）；科技处要总结如何使我校能够在国家有关的科研规划中争取大一点的、与我校地位相称的份额，为国防科技发展、工业和信息化建设及地方经济建设作出更多的贡献；研究生院要带头总结我们在学科建设方面的得失，找出不足以及弥补不足的方法和途径；学校财务部门要总结加强管理，既要保证学校工作正常有序运转，也要加强各项工作的成本核算，把建设节约型校园的工作目标落到实处；良乡校区等有关部门还要总结多校区办学模式的特点和规律，扬长避短，打好学生成才的基础；学校的后勤、产业等部门，也都有一个服务的问题，都要研究如何总结历史经验，为今后发展提供借鉴。总之，每个单位、每位同志，都要认真总结。

这里特别要强调，学校党务部门也要总结，如何围绕中心抓党建，特别是研究如何抓好党建促中心，促进学校发展。多年来，我校党建工作是做得比较好的，有好的传统和历史，争得了很多的荣誉，也得到了上级部门和各兄弟学校的认可，很多人都说我校党建强，我也认为很强。但是，如果学校的其他工作，特别是中心工作上不去，那就需要很好地总结总结了。换句话说，党建不围绕中心工作，不能促进中心工作，那它的意义又何在呢？因此，下一步我们要以改革创新的精神，认真总结和思考，怎样才能进一步围绕中心工作搞好党建，怎样把党建工作与一流大学建设及中心工作紧密结合，并促进中心工作和一流大学建设。党务部门要提出办法，制定措施，实实在在地解决这个问题，同时也要研究和总结如何团结和带领工会、教代会、共青团等为实现学校的发展目标努力奋斗等问题。

3. 要善于谋划

兵法云"谋定而后动"。凡事预则立，不预则废。思路决定出路。做好学校工作亦是如此，做好学院工作和方方面面工作都是如此。所谓谋划，是指思考和规划未来。这种谋划是在学习理论、总结工作基础上的谋划。这也是对我们各级领导班子和领导干部的一项基本要求。

（1）谋划办学理念、办院理念、办单位理念

我体会，办一件事、做一项工作，有三个层面的东西：第一个层面就是理念、观念、精神层面的东西，第二个层面是政策和制度层面的东西，第三个层面是操作层面的东西。搞好学校、学院乃至一个单位的建设，首先就是要有明确的理念。表述方式可以是校训、院训，可以是学校精神、学院精神，还可以是文化氛围。我看了我校近年来关于校训的讨论，大家表述的文字有上百条之多，但集中起来我看是三个词出现的频率最高，即"崇德""尚行""求是"。我对照我校多种版本的校史、校志和各种代表性文章，觉得这三个词确实很贴切。特别是最近招生就业处给我看了一份某咨询公司做的我校毕业生就业情况调查，总的看有三个基本特点：一是动手能力强，适应工作快，就业率较高；二是工作变动次数少，很少跳槽，忠诚度较高；三是同等条件下，职位晋升速度慢，成长力较低。基本上也与这三个词有关系，只不过是我们还没有完全达到这三个词的要求。下一步我们在讨论研究校园文化建设时，要突出考虑办学理念方面的问题。在此，我建议各学院、各单位重视文化理念方面的谋划。

更重要的是，通过讨论和谋划，将这些理念性的东西渗透到各学院的办学实践之中，体现在各部门的具体工作之中，真正发挥理念的先导作用、教化作用。

（2）谋划好学院和单位的发展方向与发展目标

在谋划和确定发展方向与发展目标时，一般会有两种声音或两种主张：一种是强调不要定得太高，要留有余地，形象说法是跳一跳能摸到；另一种是要把目标定得高一些，它可以激励和鼓舞人们的斗志。我认为，这两种说法都有一定道理。但是，我建议要把二者结合起来，前者可以确定为近期目标，后者可以定为长远目标。我总的体会是，目标一定要定得高一些。我时常举射击的例子，无论是开枪还是开炮，仰角高才能打得远，反之就打不远。

在今年第三次校理论学习中心组学习时，我讲过学校发展的"2136战略"：经过若干年的努力（比如到建校80年即2020年），学校在国内高校排名整体进入前20名，其中工科力争进入前10名，理科进入前30名，文科进入前60名。这个发展目标具有很大的挑战性，但也并非遥不可及。同时，我们还提出了学校学科发展战略等一些构想和目标。

相应地，根据学校总体定位，各学院、学科也要有自己的定位，要有自己的发展目标定位，比如在国内同类学科中排在什么位置。学院发展也好，学科发展也好，目标一定要清晰，要看到"国内一流、国际知名"的标准是什么。不能说只是比过去好一点、比现在高一点。从全校学科建设角度来讲，必须有几个位于国内同行前列的学科。兵器科学技术、光电科学技术、化工化学、信息（雷达）、控制等"211工程"重点建设的学科都应进入前十，有的要进入前五甚至前三，其他学科也要努力，都要为实现学校总体目标定位的提高作贡献。

站在高起点上谋划，还要向国际上同类学科、大师级团队的高水平看齐。先做学生,虚心学习,逐步提高我们自己,然后交流合作起来。

(3)谋划发展战略和政策措施

在发展方向和发展目标确定的前提下,要着重谋划发展战略及保障措施。发展战略的谋划首先要针对所承担的任务和职责进行梳理和归类,最后确定所要谋划的几大战略,一般包括学科发展战略、队伍建设战略、人才培养战略、科学研究战略、国际化战略、体制机制改革战略。我看到有一所学校战略表述得很好:海纳百川,实施开放式发展战略;以人为本,实施人才强校战略;注意质量,实施优秀人才培养战略;强化优势,实施学科优化战略;加强基础,实施创新科研战略;创新机制,实施深化改革战略。

在保障措施方面,包括加强领导班子建设,加强作风建设,加强党风廉政建设,加强民主建设,加强思想政治工作,加强校园文化建设,等等。当然,根据不足和问题,还可以制定更加具有针对性的办法和措施。比如,我们在资源调整上向学院倾斜,在职称评定和补贴标准等方面向教学科研一线骨干倾斜,诸如此类都是行之有效的办法。

4. 要勇于行动

列宁同志说:"一打口号,不如一个行动。"中央最近提出应对金融危机的措施"出手要快,出拳要重"。因此,谋划好了方案,就要尽快行动。我体会,"不急办不成事,太急办不好事",首先要急起来,要行动起来。干事不雷厉风行,不风风火火,而是慢慢悠悠、四平八稳,很难干成事,特别是棘手的事、老大难的事,不急不抓紧,很难推动,很难奏效。一定要有盯住不放、不见成效不放的精神和劲头,这就叫作"咬定青山不放松""任尔东西南北风"。

当然,在干的过程中或实施的过程中,也要注意方式方法,不能蛮干,还要根据实际情况修订完善实施方案,也就是要不断做微调工作。同时,要处理各种矛盾和关系,还要突出重点,抓住主要矛盾取得突破。毛主席在《矛盾论》中指出,要学会抓主要矛盾以及矛盾的主要方面。他老人家还形象地将领导干部做好工作统筹比喻为学会弹钢琴,防止片面和极端,使各方面工作协调发展。这些都是我们在从事各项工作中应该遵循的基本工作方法。现实中,学校内部(学院内部）存在着多种矛盾，比如学术权力与行政权力的矛盾，教师岗位人员与管理岗位人员之间的矛盾，办学资源不足与学校（学院）发展需求之间的矛盾，市场机制与学术规律之间的矛盾，教学与科研之间的矛盾，学科建设与队伍建设之间的矛盾，学科之间（重点学科与一般学科，优势学科与弱势学科，工科与文科、理科）的矛盾，学校机关和院系之间的矛盾，部分教师之间的矛盾，等等，要学会抓主要的矛盾和矛盾的主要方面。解决这些矛盾要求领导干部视野开阔，审时度势，善于从复杂的现象中看到事物运动的基本态势，抓住基本规律，从眼前的利益中超越出来。思考问题要着眼于全局，着眼于未来，不计一时一事之得失，善于取舍，有所为有所不为，牢牢把握发展的大方向。

第五章 加强领导班子和干部队伍建设，引领学校科学发展

领导干部要不断提高履职能力①

经过上学期中层领导班子换届和干部聘任工作，我校的干部队伍结构得到改善，整体素质得到提高，一批优秀干部走上了新的工作岗位。从学院来讲，一批原先的院长转任到书记岗位上，你们的长处是有学术背景、懂业务，可以成为内行的管理者，但还要继续学习管理知识，学会如何开展党建和思想政治工作，这是一个新的挑战；一批高水平的学科、学术带头人担任院长，你们在某个方面的专业知识水平高深，但坦率地讲，作为领导，要想做好工作，也要学习管理的理论知识，只有这样，才能正确决策，才能带领学院又好又快发展。从机关和其他单位讲，很多同志经过轮岗到了新的工作单位，一些同志还是初次提拔上来的，更需要进一步学习管理知识，学习本岗位所需的专业知识，不断提高自己的履职能力。

一、洞察预见的能力

要增强领导干部的政治敏锐性和把握机遇、领导发展的能力。政治素质是高校领导干部综合素质的核心和灵魂，其中政治敏锐性是极为重要的一种能力。要严格遵守党的政治纪律，坚持党性原则，坚定正确的理想信念和政治立场，增强政治敏锐性和政治鉴别力，自觉同党中央在思想上政治上行动上保持高度一致。要充分认识世界多极化和经济全球化的趋势在曲折中发展，各种思想文化相互激荡，各种矛盾错综复杂，敌对势力对我国实施西化、分化的战略图谋没有改变，综合国力竞争日趋激烈，我们仍然面临发达国家在经济、科技等方面占优势的压力的严峻形势；要充分认识我国正处于并将长期处于社会主义初级阶段的基本国情；要充分认识推动发展是我们党执政兴国的第一要务的历史责任；要充分认识

---

① 2009年3月27日在中层干部培训班上的讲话摘录。

紧紧抓住重要战略机遇期，聚精会神搞建设、一心一意谋发展的重要任务；要充分认识牢固树立抓住机遇、加快发展的战略思想。对于党中央的理论、路线、方针、政策、决定和指示，必须高度清醒、正确认识、态度端正、坚决执行，绝不能反应麻木、迟钝，甚至背道而驰。当然，在工作中还要坚决贯彻落实学校党委和行政的工作部署，这也是政治敏锐性的体现。当前，一定要把开展好学习实践科学发展观活动，作为首要的政治任务抓好，以此促进领导班子和领导干部思想政治素质的提高和政治敏锐性的增强。

审时度势抓住机遇并领导发展也是领导干部应具备的基本能力和本领。我们要把学校的发展融入国际、国内和行业的大局之中，及时全面地分析高等教育和我校所面临的形势与任务，增强预见性，顺应时代潮流，站在时代前列，推动学校又好又快发展。要善于从变化的形势中捕捉和把握难得的发展机遇，在逆境中发现和培育积极因素。关于牢牢把握机遇，有以下几个问题值得大家思考。

第一，关于推动信息学科发展、服务国家工业化与信息化融合发展进程的问题。我们一定要抓住北理工归属工业和信息化部管理的重大机遇，在服务好国防科技工业的基础上，利用好原属信息产业部的各种资源，主动加强与电信业相关的集团公司、研究所和部委司局的联系，推动信息学科发展，扩大学校服务面向。我们一定要抓住有利时机大力发展信息类学科，否则就会错失历史机遇。

第二，关于正确认识金融危机的影响，积极把握中央制定产业振兴政策的机遇。知识和科技是可持续发展的重要因素，是克服经济困难的根本力量；历史表明，每一次大的危机常常伴随着一场新的科技革命，每一次经济的复苏，都离不开技术创新；要通过科学技术的重大突破，创造新的社会需求，催生新一轮的经济繁荣；高校和广大科技工作者应该急国家之所急、想国家之所想，承担起历史赋予的重任。面对国家加快实施16个重大专项，使之与当前扩内需、保增长结合起来的举措，面对中央调整振兴电子信息、装备制造、石化等九大行业的政策，各单位的领导和专家教授都要积极行动起来，抓紧跟进，特别是装备制造、电子信息，我们还有潜力可挖掘。

第三，关于抓住机遇，推进产学研合作，为区域经济服务的问题。这方面我们有很好的基础，比如与兵器行业企业的合作，与云南、山西、吉林的合作，特别是 2008 年与广东的中山、珠海、东莞的合作成效显著，最近又同呼和浩特市签署了软件开发的协议，合作势头不错，还要扩大成果。今年年初，科技部、财政部、教育部等联合议定，2009 年推进产学研结合工作的第一个重点是共同组织实施"技术创新工程"，要围绕重点产业振兴，构建产学研结合的产业技术创新战略联盟，形成产业技术创新链，推动科技成果转化。北京市委十届五次全会也提出，要继续坚持高端产业的发展方向，加快发展生产性服务业、文化创意产业和高新技术产业，重点抓好六大高端产业功能区建设，集中力量建设好四个金融后台服务区，积极支持文化创意产业集聚区的发展。前不久有一则消息，深圳刚被联合国教科文组织评为"全球设计之都"，成为我国首个、世界第 6 个获此殊荣的城市。深圳的设计产业发展势头强劲，年产值达 15 亿元人民币，占 GDP 的 5%，全国三分之二以上的设计人才聚集在深圳，该市还准备采取有力措施，继续推动设计产业发展，使其产值占到 GDP 的 10%。我校在深圳的校友就建议，能否抓住机遇，以成立北京理工大学深圳设计艺术学院的方式，挺进深圳大学园，争取到更多的产学研合作机会。总之，有关部门要认真思考这些问题，推动为区域经济服务，真正做到"以服务求生存、以贡献求发展"。

二、统领决策的能力

要提高领导班子和领导干部处理大事、难事、险事的决策能力，成为师生员工的主心骨和领导核心。说到决策，一般都是出现了大事、难事、险事，才讲决策。不然还要我们领导决策什么。领导干部在大事、难事、险事面前决不能退缩，像在抗击"非典"的斗争面前，像在突如其来的灾难面前，我们领导干部必须成为师生员工的主心骨和领导核心。

但是，坦率地讲，上述那些事情出现的概率并不大，而大量的是难缠的事、棘手的事、久拖不决的事、得罪人的事或费力不讨好的事等。越是这样的事越需要我们领导干部带头站出来做决策，并加以解决，这也是对我们的考验。比如，解决一些长期存在的想解决又未解决的历史遗留问题，像 10 号宿舍楼的搬迁问题，就是这样的事，需要我们坚持原则、秉公办事、勇于负责，反复做工作，付出艰苦努力。我想每个单位都有这样棘手的事,每个干部都会在工作中遇到这样的挑战。是勇于面对、敢于负责,还是被畏难情绪、无所作为情绪打倒,抑或遇到问题、矛盾、困难绕着走,这能体现工作作风,也能体现个人的胆略和魄力。在这一点上,我们要有"亮剑"精神,要像李云龙那样,面对强敌和困难有一种大无畏的勇气,有种天塌下来一个人顶着的勇于负责的精神,敢于带领一班人马打硬仗,而且攻无不克,战无不胜。只有这样,我们才能干出事业,也才能树立威信,得到广大群众的认可。

要具备这样的能力,我们平时就要注重学习,注重实践,不断提高自己的综合素质和能力;就要发挥集体的力量,按照政治坚定、求真务实、开拓创新、勤政廉政、团结协作的要求,把领导班子建设成为坚强的领导集体。要改革和完善决策机制,推进决策的科学化、民主化。完善重大决策的规则和程序,通过多种渠道和形式广泛集中广大师生员工的智慧,使决策真正建立在科学、民主的基础之上。对涉及发展全局的重大事项,要广泛征询意见,充分进行协商和协调;对专业性、技术性较强的重大事项,要认真进行专家论证、技术咨询、决策评估;对与师生员工切身利益密切相关的重大事项,要实行公示制度,扩大师生员工的参与度。要有组织地广泛联系专家学者,建立多种形式的决策咨询机制和信息支持系统。总之,要创造一个民主与科学的决策过程和环境氛围。

三、聚集人才的能力

要提高爱才、识才、引才、育才和用才的能力。教师的水平决定高等教育的质量,高素质的教师队伍决定着一个大学的核心竞争力。同样,高素质的管理干部队伍也是人才队伍的一部分,对学校的发展有着重要的影响。要落实党管人才的工作,继续用事业、感情和必要的政策待遇吸引、留住、培养和使用好人才。

以科学发展观为统领,加强教师队伍建设,就要坚持发展是第一要务,把人才资源作为引领学校发展的第一资源;要坚持以人为本,为教师发挥作用创造良好环境;要坚持全面协调可持续的基本要求,构建科学、合理的教师队伍结构;要坚持统筹兼顾的根本方法,正确处理培养、引进和使用的关系,努力建设一支学风优良、富有创新精神和国际竞争力的教师队伍。

要突出抓好创新团队的建设。我们有3个国家级创新团队，12个省部级创新团队，要加强建设，这也是今后一段时间队伍建设的重点。在建设中，要老中青结合，要理工结合，要国内化和国际化结合。具体来说，就要以提高创新能力和弘扬科学精神为重点，依托国家重大人才培养计划、重大科研和建设项目、重点学科和科研基地以及国际学术交流与合作项目，建立开放、流动、竞争、协作的科学研究机制，加大学科带头人的培养力度。要注意发挥老专家、老教授在培养造就中青年高级专家方面的作用。要拓宽选拔视野，继续在全球范围内招聘人才，加大吸引留学和海外高层次人才工作力度，采取团队引进、核心人才带动引进、高新技术项目开发引进等方式，建立符合留学人员特点的引才机制。

要做到"求贤若渴、爱才如命"。这里仍举《亮剑》里李云龙的例子，这是一位极为重才、极善用人并且为此显得有点"眼尖""眼贼"或不乏"狡猾"的领导人，哪个连里有什么投弹高手，哪个战士能打迫击炮，都是他特别倚重的。赵刚这位燕京大学出身的政委，他原本是看不上的，可是相处一段时间后，便喜欢得舍不得让人走，至于骑兵连更成了他的掌上明珠。所以，只要是真才，他不仅重视，要是瞄上了，便想法子弄过来。因此，我们要有识才的慧眼，倾注超常规的精力，采取超常规的措施，不惜超常规的代价，引进人才，培养人才，用好人才，全力抓好教师队伍建设。我们在座各位不仅要有"爱才之心"，更要有"容才之量"，敢于引进比自己强的人，善于给优秀人才创造能够脱颖而出的良好条件，而不能是武大郎开店，容不得高人，更不能压制人才。

要坚持"人本思想建队伍"。要珍惜爱护拔尖人才，想尽办法使我校人才高原能更快地耸立更多的人才高峰。对于具备冲击院士、长江学者、杰出青年的人选，要辅助各种措施，积极创造条件形成合力，确保他们有充足的时间和精力来冲击学术高地。对于教授博导，在教学和科研方面，要辅以相应措施，保证他们能够定期按计划地进修和提高。对于青年教师，要为他们制订学术培训计划，为他们的提高和尽快成长创造条件。对于引进的人才，后续工作一定要跟上，要做好跟踪工作，创造氛围，加强融合，切实发挥作用。要关心教师的身心健康，不仅要为他们顺利开展工作创造良好的人文氛围，还要把关心他们的身体健康纳入议事日程，在这点上校医院要承担起责任，要制订具体的工作计划和措施。

要一手抓人才的引进和使用，一手抓人才的培养和培育。要把北理工培养的或是国内其他高校培养的年轻才俊，送到国外顶尖大学和学科再培养一到两年，返校之后让他们担当重任。与此同时，还要重视管理战略后备人才队伍培养，分期分批把有培养前途的年轻干部送到国外一流大学去，进行为期半年至一年的学习培训，这是干部培训行之有效的办法。今后，还要继续拓宽管理干部选拔的渠道，不仅要在学生口的干部中选拔，还要多挖掘有教师经历、愿意从事管理工作的年轻干部，他们懂业务、有专长，也有很好的培养前途。

四、融资建设的能力

学校的发展建设需要资金，这就要求我们学会广泛地融资。这一能力就很自然地摆在我们领导班子、各级干部以及教学、科研、管理骨干面前。目前，我们的经费来源大致有三个方面：一是国家投入的资金，二是与企业、科研院所合作得到的资金，三是为社会服务得到的资金。所以我们领导班子和领导干部要有争取国家、地方、企业、科研院所和校友支持的能力，要有在市场上创造收益的能力。要采取有效措施，尽快成立学校的基金会，为我们在70周年校庆前接纳校友捐助做好准备。国内外很多高校在吸收民间资金方面都做得很好，比如弗吉尼亚大学，他们的校长很重视这项工作，并且有专门的班子负责融资。再如南京大学，他们早在1995年就成立了发展委员会，主要职责是外联、筹资，下设国内部、国际部、校友部、基金部、办公室、驻深圳和香港办事处（专门与大企业家打交道，争取资金支持），而且各部门都由专职正处级干部负责，可见力度之大。南京大学在2007年接受社会捐赠1.1796亿元，基金运作收益1403万元（其中股票投资96%，委托理财3%，银存利息1%），捐赠项目累计371项，2008年接受捐赠更达到了2亿元。值得一提的是，这些资金来源中，海外捐赠占1/3，国内捐赠占1/3，院系筹资占1/3。这说明，融资不仅是学校的事，各学院也有责任为学校的发展广泛争取资金。

我们在努力开源的同时，务必要勤俭节约，花好每一笔钱。艰苦奋斗是我们的传家宝。我们党靠艰苦奋斗起家，我们的事业靠艰苦奋斗发展壮大，我们的幸福生活和美好未来也要靠艰苦奋斗去开创、去实现。在今年的中央经济工作会议上，党中央强调要牢固树立过紧日子的观念，严格控制一般性支出，对公务购车用车、会议经费、公务接待费用以及党政机关出国（境）经费等支出实行"零增长"。对此，我们要深刻领会。对北京理工大学而言，无论在什么时候，我们都不能忘记延安精神，不能忘记艰苦奋斗，不能忘记勤俭朴素过日子。社会越进步，简朴就越受尊敬，铺张浪费就越受排斥。我们每一位领导都要增强成本意识，精打细算，过紧日子。家大业大，却不能大手大脚。

五、营造环境的能力

营造良好的校园文化环境，主要是要营造良好的人文、学术和管理文化环境的软环境和校园景观的硬环境。特别是要注重培育大学精神，在弘扬中国传统文化中"自强不息、刚健有为"的进取精神，"以和为贵、和而不同"的和谐精神，"民为邦本、民贵君轻"的民本思想基础上，挖掘并融入理工大学独特的精神元素，形成我们的大学文化。在这方面，复旦大学校长杨玉良院士曾有这样一段描述："有深厚文化底蕴的大学，每一面墙壁、每一草一木都应当散发着育人的气息。年轻学子进入其中，会油然而生一种自豪感，并由此激发对人类、对社会、对国家、对学校的责任感和使命感。这所大学也就成为曾经在其中生活、学习过的每一个校友终生的精神家园。"他甚至说，一所有精神追求的大学，比多一篇SCI文章甚至比在《自然》《科学》上发表的文章更加重要。这充分说明了营造良好环境、培育大学精神的重要性。

学术文化建设是学校环境建设的关键环节。学术文化建设主要包括学术民主建设和学术道德建设。学术民主建设要求鼓励自由探索和原始创新，努力发挥根植于团队协作中的个人创造潜能。学术民主建设必须坚持"百花齐放、百家争鸣"的方针，使学术领域有一种自由、民主、富有时代气息的氛围和空间。学术研究需要形成"尊重知识、尊重人才"的氛围，形成一种知人善任、广纳群贤的机制。学术道德建设要求树立正确的学术价值观，坚持"以德治学"，建立严格的学术规范，严格遵守科学的道德规范，弘扬科学精神。最近，浙江大学的论文造假事件引起社会的广泛关注。教育部近日发出《关于严肃处理高等学校学术不端行为的通知》，列举了七种必须严肃处理的行为：一是抄袭、剽窃、侵吞他人学术成果；二是篡改他人学术成果；三是伪造或者篡改数据、文献，捏造事实；四是伪造注释；五是未参加创作，在他人学术成果上署名；六是未经他人许可，不当使用他人署名；七是其他学术不端行为。我们要以此为依据，进一步加强学风建设，营造风清气正的学术氛围。

人文文化建设是全面推进素质教育的重要切入点。倡导人文文化，有助于广大学生形成正确的世界观、人生观和价值观，可以使广大学生丰富精神世界，培育民族精神。通过人文素质教育，可以大大丰富广大学生的内在情感，促使其情感智慧的提升，使得学校所培养的人才既有科学素养，又有人文精神；既有专业知识，又有健全人格。

要大力弘扬延安精神，并在实践中充分挖掘其内涵。要坚持为党和国家的中心任务服务，联系当前，就是要为国家走新型工业化道路服务，为工业化、信息化、国防现代化建设服务；要坚持德育首位，坚持又红又专，为中国特色社会主义事业培养大批德才兼备的合格建设者和可靠接班人；要坚持自力更生、艰苦奋斗的精神，拥有"逆水行舟，不进则退"的紧迫感，找到差距，不甘落后，激情进取，奋起直追。

学校的管理是文化的载体，学校的管理需要文化的支撑，学校管理本身包含并渗透着文化的内涵。学校管理理念的核心是以人为本，确立民主管理理念、法治观念、服务观念和团队创新理念，实现制度创新、机制创新、组织创新、技术创新和管理形式创新。良好的管理水平，是办好学校的关键；良好的管理体制和高素质的管理队伍是学校科学管理的重要保证。因此，在新形势下，必须创新学校的管理理念，构建适应社会主义市场经济办学条件、灵活高效的学校管理科学和管理文化。

要搞好校园景观建设。校园景观建设要考虑学校的文化特点和学术特点。无论是建楼也好，雕塑也罢；也无论是种草也好，植树也罢，都要考虑学校的文化特点和学术风格。景观要有统一的色调、式样和风格，让人一看就知道是北理工而不是别的学校。国外的大学大都是这样的，比如我刚刚出访的佐治亚理工学院，建筑式样都是红砖、白缝、尖顶，弗吉尼亚大学则是红砖、白缝、小别墅的式样，都整齐划一，很有特色。

六、思想政治工作能力

不要一说做思想政治工作，大家就认为是书记的工作，是党组织的工作。我认为，一切与人打交道的工作都离不开思想政治工作。因此，我们的干部，无论中共党员，还是民主党派或无党派人士，都要提高教书育人、管理育人、服务育人和做群众工作的能力。

要围绕培养社会主义建设者和接班人的根本任务，着力做好学生和青年教师的思想政治工作。要加强理想信念教育，弘扬以爱国主义为核心的民族精神和以改革创新为核心的时代精神，弘扬集体主义、社会主义思想，使广大师生员工始终保持昂扬向上的精神状态；要坚持尊重人、理解人、关心人，有针对性地解决不同群体的思想问题，既要鼓励先进又要照顾多数，既要统一思想又要尊重差异，既要解决思想问题又要解决实际问题。要切实抓好学生的思想品德和心理素质教育，把社会主义思想道德生动具体地融入学生成长的各个环节，营造有利于学生健康成长的思想文化环境。

要坚持党的群众路线，加强和改进新形势下的群众工作。积极研究和把握新形势下群众工作的特点和规律，探索新途径、新方法，不断提高组织群众、宣传群众、教育群众、服务群众的能力。领导干部要深入基层，倾听广大师生员工的呼声，努力改善师生员工的生活、学习和工作条件，大力营造激发创新活力的工作环境。要善于运用说服教育、示范引导和提供服务等方法，把有利于广大师生员工的工作做深、做细、做实，凝聚和激励广大师生员工共同前进。要善于集中群众的智慧和经验，主动向一线教师特别是向教授询问治教办学的好点子、好方法、好思路。

说到思想政治工作的新途径、新方法，就不能只是简单说教，要通过个人的魅力和影响，做到真诚待人，以心换心，针对不同人采取不同的方法，增强说服力。比如，哈工大的梁迎春院长，一次遇到两个年轻教师发生矛盾，他没有急于讲道理，而是先说这没什么大不了的，安排两个人出去吃点饭、喝点酒，等感情初步融洽后，他再做思想工作，问题就迎刃而解了。这是一种具有东北人性格的做法。我们要借鉴这样的方式，结合实际情况不断摸索做好思想工作的好方法、好途径。

我们作为单位的主要领导，在关键时刻，当出现风波时，当出现突发事件时，我们能否成为主心骨？这是对我们最好的考验。为了经得起这样的考验，我们在日常工作和生活中，就要时刻注意和观察了解群众的所思所想，时常站在他们的角度来思考问题和做决策。要多与同志们交流和沟通，设身处地地为他们着想，不仅帮助他们解决房子、票子、孩子等方面的实际问题，而且要为他们的发展营造好的氛围，多倾听他们的想法，甚至让他们发泄一些情绪，创造能够反映他们心声的空间。

七、学习提高的能力

要养成自觉学习、勤于学习、善于学习、不断提高的能力。勤奋学习是领导干部增强党性、提高能力、做好工作的前提，是内修身、外创业的法宝。关于勤奋学习，我曾经多次和大家探讨过，提出要加强基本理论、时事政治和专业知识的学习，挤出时间多读书、多思考，特别是要学一些哲学知识，比如毛泽东同志的哲学著作。这次学习实践科学发展观活动办公室编印了有关材料，大家要认真读一读，解决好思想方法问题和工作方法问题，这对我们是大有益处的。毛泽东思想在西方国家也是受到尊重的，比如德国的重要政党社民党就一直把毛泽东思想作为他们施政纲领的重要参考，将"虚心使人进步，骄傲使人落后"写到竞选纲领中，运用《矛盾论》中论述的事物发展规律来考虑问题，社民党保存了不同版本的《毛泽东选集》并时常学习。这充分说明了学习毛泽东哲学思想的重要性。

衡量理论水平的高低，不仅要看掌握了多少理论知识，更要看能不能把所掌握的理论运用到实践中去,有效解决改革发展稳定中的实际问题。科学发展观是用来指导发展的,如果我们只是纸上谈兵、夸夸其谈,不仅什么问题也解决不了,还会误大事!我们一定要牢固树立马克思主义的实践观点,不断将其科学理论和丰富知识内化为自己善知善行的智慧本领,外化为认识世界和改造世界的科学实践。要坚持抓好校院两级中心组学习,改进方法,提高质量,继续把学习理论与解决学科、教学、科研等工作中的实际问题结合起来,认真研究解决影响改革发展稳定的深层次矛盾和问题、影响师生工作生活的突出矛盾和问题,不断提高干事创业能力,扎扎实实推动学校科学发展、促进校园和谐。

八、拒腐防变的能力

要提高廉洁自律、勤政廉政、弘扬正气的能力。要把领导班子党风廉政建设和反腐败斗争作为能力建设的一项重大政治任务抓紧抓实。要坚持标本兼治、综合治理、惩防并举、注重预防,不断健全教育、制度、监督并重的惩治和预防腐败体系。认真落实党风廉政建设责任制。要以解决群众反映的突出问题为重点,坚决纠正损害群众利益的不正之风。要加强廉政法治建设,真正形成用制度规范从政行为、按制度办事、靠制度管人的有效机制,保证领导干部廉洁从政。行之有效的制度是加快学校建设和发展的重要保障,管理干部应该下大力气组织建立制度,潜心研究完善制度,并且将建立和完善制度作为管理者考核的重要指标。

这里还要强调的是,领导干部要用好手中的权力,绝不能在资源分配上只为自己考虑,侵占他人利益。资源包括硬资源和软资源。硬资源是指场地、办公用房、实验室、设备等,在分配时不能出现与民争利的情况。软资源是指由于职位和工作性质,领导干部的人脉更广,信息更灵通,这可以带来项目,带来资金,这时候是自己留着还是分给相关领域真正的科研高手,是一定要处理好的问题,否则就会产生不好的影响。我们作为领导干部,无论面对硬资源还是软资源,都一定要出于公心,有大局意识,真正把好的资源优先给予相关领域的顶尖专家,这样才能产生最大的效益,产出高水平的成果。

九、抓班子带队伍能力

要把本单位的工作开展得有声有色，仅靠个人的力量是不够的，关键是要把领导班子建设好。我们党历来重视领导班子建设，毛泽东同志的经典文章《党委会的工作方法》就对班子建设作了精辟的论述，像"把问题摆到桌面上来""互通情报""学会弹钢琴"等观点对我们今天的工作仍有指导意义。关于班子建设，我想强调以下四个方面。

第一，不断加强领导班子思想政治建设。思想政治素质是领导干部素质的灵魂，思想政治建设是领导班子建设的根本。要抓住学习实践科学发展观活动的机会，采取切实有效的措施，开展理论学习，理论联系实际，不断增强领导干部的马克思主义理论修养、党性修养和品德修养，不断提高他们的思想政治素质。要开展好中心组学习，不走过场，联系实际，对现实工作起到切实的促进作用。这里要强调的是参加校中心组的学习不能代替各院和各基层单位中心组的学习，各单位还要结合自己的情况组织好学习。

第二，不断提高领导班子领导科学发展的能力。加强领导班子建设，必须紧紧围绕提高领导科学发展能力来进行，促进本单位各项工作全面协调可持续发展。要始终着眼于培养中国特色社会主义合格建设者和可靠接班人，进一步提高把握方向、谋划发展的能力，善于正确处理办学规模、结构、质量的关系，不断提高办学质量和水平，努力培养符合经济社会发展需要的人才；进一步提高改革创新、攻坚克难的能力，善于抓重点、抓难点、抓热点，勇于迎难而上，敢于承担责任，看准的问题一抓到底、抓出成效；进一步提高服务基层、服务师生的能力，善于同教师交朋友、同学生交朋友，工作作风扎实，虚心听取师生员工的意见和建议，千方百计帮助师生员工解决实际困难和问题；进一步提高促进和谐、维护稳定的能力，加强对稳定工作的前瞻性研判，加强对热点难点问题的引导，及时化解矛盾，积极理顺情绪，主动释疑解惑，营造昂扬向上、团结奋进、开拓创新的氛围。

第三，要完善党政联席会议和部（处）务会议制度。实践证明，党政联席会议制度是高校学院一级开展好工作的重要保证。党政联席会议是学院的最高决策形式，主要讨论决定事关学院发展的重要事项和需要党政协调解决的问题，视会议内容由书记或院长主持。要坚持党政分工负责，各司其职，党委书记和院长共同对学院的发展负领导责任。同时，党委书记要作为第一责任人，对本单位党的建设负领导责任。要认真落实民主集中制，严格按照"集体领导、民主集中、个别酝酿、会议决定"原则议事决策，防止"一言堂"和少数人说了算。严格遵守"三重一大"制度，凡涉及重大事项决策、重要干部任用、重大项目安排和大额资金使用，都要进行认真的论证和评估，上会决定。要抓好学院教授委员会的建设，在发挥其学术权力职能的同时，起到制约和平衡行政权力的作用。机关职能部门也要坚持部（处）务会议制度，坚持重大事项由集体讨论决定。

第四，要进一步增强领导班子的团结。团结出生产力，团结出战斗力，团结出优秀干部。要以共同追求增进团结。首要的一点是书记和院长要团结。党政关系好，书记与院长关系融洽，整个单位就团结，就有战斗力；反过来，就会你一帮、我一伙，互相拆台，丧失齐心合力干事业的氛围。领导班子成员要以事业为重，以大局为重，坚持分工合作，既要按照各自分工认真履行职责，敢抓敢管，大胆工作，又要关心全局工作，互相支持，互相配合，做到分工不分家，补台不拆台。要以坚持原则保证团结。领导班子要坚持民主生活会制度，正确运用批评和自我批评的武器，沟通思想，明辨是非，消除隔阂。要以党性修养促进团结。领导干部要有容人容事的胸襟，有互谅互让的气度，有闻过则喜的境界，大事讲党性、讲原则、讲大局，小事讲风格、讲谅解、讲友谊，在合作共事中加强理解，在相互支持中增进团结。

最后，引用曾为麻省理工学院作出卓越贡献的第九任院长康普顿的一句座右铭——"当你离开每一块营地时，它都应该比你初到时更加美丽！"让我们以此共勉，也祝愿大家在新的工作岗位上能开创新的局面，创造新的业绩！

明理精工　铸魂育人：高校建设探索与实践

"五句话"行为规范[①]

今天交流的主题，我还是想和大家一起谈谈我们机关管理（服务）的一些理念和实践做法。2008年回到学校工作后，我讲了"食堂"理论和"端盘子"的概念，去年在学习实践科学发展观活动期间，又代表学校党委提出了"干部为教师服务，教师为学生服务，全校为人才培养服务"的"三服务"理念。这些想法得到了大家的肯定，也在广大师生中引起了一定的反响。这次我想结合机关工作特点，再提出服务基层的五句话行为规范，即"起身迎送，把话听完，意见明确，抓紧办理，必有回音"。在实践中如何落实好这五句话行为规范，有几点要考虑。

一、将树立一流理念与增强使命感、责任感相结合

去年年底学校党委在第十三次党代会中明确提出了"到2015年成为国内一流理工科大学，到2020年成为理工为主的亚洲一流大学，到2040年成为特色鲜明、理工为主的世界一流大学"的中长期发展目标，明确提出了"理工并重、工理管文协调发展、多学科交叉融合、强地、扬信、拓天"的特色发展路径，明确提出了"学科优化、强师兴校、教育创新、科研提升、开放发展、深化改革"六大战略，为学校今后一个时期的发展奠定了基础。贯彻第十三次党代会精神，全面实施"六大战略"，机关各部门要带头，因为机关是落实学校党委决策的"指挥部"和"枢纽"，是学校工作正常运转的组织者和推动者，是学校各项规章制度的制定者，是学校各种信息汇总、传送和决策调控的执行者，负有直接为教学、科研中心工作服务的使命和职责。机关管理服务工作的成效、管理人员素质的高低是高水平研究型大学建设的重要保障。

从这个角度讲，首先就要拥有争创一流的意识，拥有强烈的使命感和责任

[①] 2010年7月16日在机关党支部工作研讨会上的讲话。

感,拥有激情进取、敢为人先的精神状态。

1. 应树立"争创一流"的理念并贯穿工作始终

应该讲,过去我们对"一流"这两个字并不陌生,谈得也不少,但是,是否真的树立了一流的理念,时时处处按一流理念指导工作并一以贯之,我看是有差距的。这次党代会又将"一流"的概念明确地提了出来,这一点非常重要。因为,无论是"国内一流"、"亚洲一流"还是"世界一流",都需要我们在实际工作中真正树立一流的理念,瞄准一流目标、使出一流的干劲,创造一流的业绩。

实践证明,要想将"争创一流"的理念贯彻工作始终,首先是要拿"望远镜"看世界,用"显微镜"看自己。拿"望远镜"看世界,就要站得高、看得远,坚持"两个瞄准",善于"跳出北理工看北理工""跳出兵器看兵器",甚至于"跳出国防看国防""跳出国门看中国",面向现代化、面向世界、面向未来,瞄准国内外一流水平,奋力赶超,从而更好地把握机遇、应对挑战。用"显微镜"看自己,审视自己,查找自身差距不足,扬长避短,发展自己。

其次要确立参照和学习的具体目标,这样我们争创一流的工作就更加具体、更加扎实。从学校层面讲,在国际上,我们已经选准佐治亚理工学院作为参照对象;在国内,我们就要瞄准北大、清华、中科大这样的高校。当然,在教学、科研、人才培养及行政后勤等具体管理工作中,国内外哪些高校的工作突出、做法独到,值得我们借鉴,部门的一把手心里也一定要有数。我们部门的负责同志也要经常问问自己:是否有争创一流的心态和勇气,是否在行动上正在践行创一流、上水平?并且要把这样的愿景与理念传达和灌输给部门的每一个人。

最后就是要敢于和高手"过招",与高手"比较""对标",经常走出去,多学习,多请教,这样才能不断提高我们的工作水平。

2. 要有强烈的责任心和使命感

领导就是责任。领导是否称职、优秀,前提在于是否拥有使命感和责任感。加强党性修养,增强责任意识,是对领导干部的基本要求。责任感是领导干部必备的一项基本素质，在诸多的素质要求中，它处于基础的核心地位。坚强的党性和高度的责任感是成就事业的动力之源。人没有责任感，就不会主动承担责任；没有责任感，就没有执行力；没有责任感，就没有勇气改变自己。

我们正置身于一个应该大有作为的时代。生逢这样的时代，肩负高水平研究型大学建设的重任，是我们的荣幸和骄傲。当前，国内各高校都在积极推进发展，竞争之势如同百舸争流。时不我待，不进则退。北理工是中国共产党创办的第一所理工科大学，因此我们一定要加倍振奋精神，承担起光荣使命，拥有不甘落后、不甘人后的信念，力图把党建优势、思想政治工作优势转化为推动中心工作的强大力量。机关各党支部一定要引导全体党员增强责任心和使命感，以振兴北理工为己任，立足本职岗位，牢记兴校之责，常思荣校之路，要切实树立"等不起的紧迫感、慢不得的危机感、坐不住的责任感和心忧滑坡的使命感"，以昂扬向上的精神状态，励精图治，抢抓机遇，创造机遇，利用机遇，实现学校的跨越式发展。要实现"一流"的目标，一般的进步是不行的，我们决不能懈怠，要一鼓作气，勇往直前，努力做想干事、敢干事、会干事、干成事的领导，成为思进型、奋斗型、创业型、实干型领导，这样我们的事业才有希望，才能取得一流的业绩。

3. 要有激情进取、昂扬向上、敢为人先的精神状态

美国记者斯诺在《西行漫记》中曾提到，延安精神，是一种不可征服的精神，是"在'红小鬼'——情绪愉快、精神饱满且忠心耿耿——身上发现的一种令人惊异的生气勃勃的精神"。这种不可征服、生机勃勃、昂扬向上、创新创造的革命英雄主义精神是我们尤其应该弘扬的，我想这也是我们继承和发扬延安精神应坚持的重要内容。

我们说，大到一个国家、一个地方，小到一个单位、一个人，要想成就一番事业，实现发展进步，都少不得昂扬之气。邓小平同志曾深情地讲："没有一点闯的精神，没有一点'冒'的精神，没有一股气呀、劲呀，就走不出一条好路，走不出一条新路，就干不出新的事业。"[①] 今天，要推动学校的各项事业，我们的

[①] 《邓小平文选》(第三卷)，人民出版社1993年版，第372页。

领导干部如果没有昂扬向上、激情进取的精神状态,没有那么一股子气,是绝对不行的。机遇偏爱的是那种思想敏锐、斗志昂扬、勇于开拓创新的人。只有胸怀发展目标,始终保持一种昂扬的精神状态和旺盛的工作热情,我们方能有担当、有作为,方能在新起点上取得新突破、新建树,向着一流目标一步一个脚印地迈进。

我们曾经多次讲过要不断解放思想、改革创新。近几年来学校的发展变化也说明,没有思想上的重大解放,没有观念上的与时俱进,就没有学校改革发展的新思路、新境界。因此,我在这里还要强调,要放下包袱,轻装上阵,要继续以解放思想、改革创新、激情进取的精神状态大力推动学校的改革发展,做到敢为人先、勇于承担、善于创新、争创一流;要敢闯敢试,抛开顾虑,勇于正视问题并果断解决本单位存在的突出矛盾和问题,善于把握广大师生对领导班子的意见、要求和期待,特别要抓住学科建设、学术水平提升、人才队伍建设、科研大奖参讲等环节,采取措施,加以推动;要对不适应发展现状的规章制度进行清理,为各项工作的顺利开展营造良好的制度环境。

坦率地说,在这一点上我们机关的同志们还有加强的余地。我们目前在工作中按部就班的多了一些,墨守成规的多了一些,敢闯敢干的劲头少了一些,超常发展的思路少了一些。我在校班子成员开会时讲过,支持大家大胆干工作,只要是为了学校的发展和师生员工的利益,即使有风险我也会主动去承担。

二、将加强学习与深入研究工作相结合

党的十七届四中全会把建设马克思主义学习型政党作为重大而紧迫的战略任务提到全党面前。为推动我校学习型党组织建设,学校党委在全校范围内开展了"争创学习型支部、争做学习型党员"活动,并将"努力营造基层党支部和广大党员勤于学习的良好氛围"作为我校学习型党组织建设的总体目标。在这一过程中,机关的党员干部要积极参与、勇于探索,为学校学习型党组织建设增添新活力,提供可供借鉴的新方式。

推进机关学习型党组织建设,要将学习理论与研究工作结合起来,不断丰富

学习内容，提高学习质量，增强学习效果。

1. 要着眼提高理论素养和综合素质来深化学习

要组织党员干部学习马列主义、毛泽东思想、邓小平理论、"三个代表"重要思想以及科学发展观，要以理想信念为重点，深入开展社会主义核心价值体系学习教育，不断增强政治敏锐性和政治鉴别力。中宣部理论局每年都会编写一本《理论热点面对面》，针对当前干部群众普遍关心的热点难点问题，作出深入浅出、有针对性和说服力的回答。今年这本书的主题是"七个怎么看"，通过大量事例，引导大家正确看待我国的发展不平衡、就业难、看病难、教育不公平、房价过高、分配不公、腐败等现象，值得大家学习参考。

在组织学习政治理论知识的同时，还要引导大家广泛学习高水平研究型大学建设所需要的教育学、心理学、管理学以及史学、法学、哲学等方面的知识，从而不断完善党员的知识结构，提高他们的综合素质。在学习过程中，还要充分发挥党员的主观能动性和创新精神，积极探索行之有效的学习方法。在这方面，校办公室党支部已经开始了初步的探索：为推动学习型党组织建设，加强支部成员的理论学习和业务学习，开展了"读一本书，讲一堂课"——共享式学习活动。通过为支部成员开展学习活动提供"菜单式"服务，校办党支部鼓励大家根据自己的兴趣爱好和工作需要选择学习的重点书目，开展个人自学；在分散学习的基础上，形成学习心得，并通过办公室网络平台开展平等交流，激发思想火花，共享学习成果；在交流讨论的基础上，支部就大家共同感兴趣的课题，以"讲一堂课"的形式，请支部成员进行汇报，形成相互学习、互相促进的平台，从而提高了学习的效率，实现了由"要我学"到"我要学"的转变。

2. 要着眼于提升工作水平来开展总结与研究

要想不断提高工作水平，经常对工作进行思考、总结是有效的途径。"学而不思则罔"，说的是只学习不思考就会被知识的表象所蒙蔽。这个道理同样适合做工作，只是埋头苦干而不去思考总结就容易被工作牵着鼻子走。我们要开展好工作，就要在所管理的领域做内行、做能手、做专家。要钻研业务工作，在业务领域开展学习和研究,坚持"学习、实践、再学习、再实践"这一马克思主义认识原则,不断深化对业务工作的认识,提高工作创新能力。要探索开展研究式学习、问题式学习,使学习与工作有机融合、相互促进,引导党员干部加强对日常管理工作的研究,不断总结新的实践经验,不断深化对所负责工作发展规律的认识,在本单位内部形成勤于学习、乐于研究的良好氛围。

三、将继续转变工作作风与提高服务水平、推进工作落实相结合

关于转变工作作风的问题,我们曾经在不同场合多次讲过。近年来,机关党委大力开展"服务型"机关创建活动,应该讲取得了一定的成绩,各单位为教师和学生服务的意识进一步增强,服务的能力进一步提高。在今后的工作中,我认为机关各支部仍要围绕以下几个方面,进一步加强作风建设。

1. 要以服务的心态做好管理工作

管理与服务具有辩证关系,在管理中蕴含服务,在服务中体现管理,两者相互依存,不可分割。服务是管理的目的,而管理是服务的方法和手段。机关管理者既有管理的一面,又有服务的一面。我们既要按照校领导和上级业务主管部门的工作部署,发挥自己的能力,把本部门的工作管理得井井有条,这时我们所扮演的就是管理者的角色。同时,我们又要不辞辛苦,为全校教职工提供服务,这时我们又扮演了服务者的角色。所以,对我们机关工作人员来说,必须扮演双重角色。哪一个角色扮演不好,都会给工作带来损失。我认为,服务的心态是做好机关工作乃至领导工作的重要基础;处理好管理和服务两者间的关系,就要坚持以服务的心态做好管理工作,将"管理就是服务,服务就是责任"落实在日常工作中。根据机关党委给我的材料,我发现机关各部门都凝练了本单位的管理服务理念,这是值得肯定的,更为可喜的是,有近10个单位凝练的理念中,明确提出了"服务"这个词。希望这样的理念能够在本部门、本单位打下烙印,记在每一名同志的心里,而不是仅仅贴在墙上。

我们之所以强调为师生做好服务工作,是基于大学的特点和功能而言的。大

学是传授知识和发展知识的地方,是学术单位,是文化单位,讲求学术的积累,讲求文化的积淀和传承。大学产出的最主要的产品是人才,是学术科研成果,这一任务的最直接承担者就是教师;学生是人才培养工作的直接受益者,学生的素质高低是衡量一所学校办学水平的最重要标准。作为教师和学生,主要都是从事学术性工作和学习,这就决定了他们工作学习的个性化程度比较高,需要进行创造性思维。因此,高校管理工作的一个十分重要的任务就是要调动教师和学生自身的积极性和主动性,并为他们创造有利于人尽其才、才尽其用的环境条件。我们提出以人才培养为核心的"三服务"理念,就是为了进一步理顺干部、教师和学生的关系,大力营造尊重知识、尊重人才、关心教师、爱护学生的良好氛围。只有营造这样的氛围,树立这样的理念,才能真正把学校办好。

但是,我们也要认识到,转变服务理念不是那么容易实现的。去年底,有位教授碰巧遇到我,他说他注意了学校发的一个开会的通知,在列出的出席会议的人员名单中,把"博导、教授"放在"科级干部"后面,他认为这种不经意的做法还是体现了一种官本位的思想。这位教授说的还是有一定道理的,我举这个例子并不是想批评我们的会务部门,而是想说明要真正转变理念,从口号到实际行动,不是那么轻易就能实现的,需要我们不断地努力。

(1) 领导要带头,率先垂范

机关干部要树立"师生问题无小事"的观念,各职能部门要明确关心师生利益问题,就是关心学校发展,就是关心教育事业,要以一颗真诚的爱心对待师生、服务好师生。

我们要珍爱我们的学生,像对待自己的亲生儿女那样精心教育他们、培养他们、关爱他们,特别是对那些生活、学习出现困难及心里有困惑的学生要倍加呵护。这一点我认为基础教育学院的同志们做得比较突出,这支队伍敢于奉献,以强烈的责任感做好在良乡数千名学生的教育、管理、服务工作,他们凡事都能从维护学生利益、服务学生成长的角度出发,能够深入细致地了解学生特别是如上所说的困难学生的情况。一旦有特殊情况,他们都能冲到第一线,这也得到了学生家长和学生的肯定。同时,我们的机关干部还要适应新的条件下如何与学生进行沟通。我知道一些领导干部,在学生的论坛上用公开的身份与学生交流,引导学生的舆论导向。当出现与其部门工作相关的问题和质疑时，他们总会出场与学生对话。不论问题解决的效果如何，应该说，这种态度是得到学生广泛认可的。校团委针对目前大学生就业难的问题，推出"青春试航"非毕业生就业见习计划，引导学生将就业的压力转化为提升自身综合素质的动力，参与人数累计超过一万人次。像这样的活动就是主动站在学生的角度，为他们着想、为他们服务，也受到了学生的欢迎。

我们要珍爱我们的青年教师，他们是北理工的未来，是北理工的希望，要舍得在他们身上"投资"，通过各种方式促进他们快速成长、脱颖而出。我们要珍爱我们的中老年教师，他们是北理工的骨干和中坚力量，北理工的荣誉和成绩是他们用辛勤的劳动换取来的，大学的"大师"就集中在这个群体中；我们要在政治上、事业上、工作上、经济上、生活上、健康保障等各个方面给予他们更好的待遇，保证他们为北理工创造新的业绩。我看到前两天校园网上登出的新闻，近来通过人事处的努力工作，引进了如美国弗吉尼亚大学、美国加州大学伯克利分校这样的名校的博士生加盟我校，令人鼓舞。下一步希望继续努力为他们服务好，真正实现优秀人才"引得进、留得住、用得好"。

（2）要主动策划，服务为先

要主动服务、策划服务。要坚持聚焦中心、服务基层，继续推动机关工作重心下移，引导干部员工自觉做到"心向基层想，眼朝基层看，腿往基层跑，事为基层办"，深入教学科研一线，倾听教师呼声，把教师工作的难点作为自己工作的重点，把解决教学科研工作中的问题作为管理工作的主要内容。我们想问题、做事情的出发点和落脚点都要围绕这些最根本的服务对象——教师和学生，为这些人，情之所系，权之所用，利之所谋。我们每一个党支部都要认真思考，围绕方便师生、服务师生、为师生的发展"助力"，我们能够主动做什么，应该如何改进工作。只有具备了这样的意识，我们创建"服务型"机关的活动才能真正落到实处。

这方面还是要再提一下科学技术研究院。今年3月份的一天，有一个一线教师来电话表达了对该院在基金申报方面所做工作的肯定。他觉得跟过去相比有了很大的改进，不是简单地下发文件，而是有针对性地开展工作，很细致地摸清底数,在申报时既公开透明又人性化。他举例说,今年申报国家基金入围但是没有最终评上的项目,学校会给予一定的支持,他认为这个做法很好。上个礼拜,我们应邀到葫芦岛海军试验基地参加了信息学院某教授的国家奖应用情况考察。在此期间他和我交流,表示非常感谢研究院同志们所做的大量细致的工作,看得出他是发自内心的。由此可见,只要我们真正转变工作作风,以服务的心态,处处为服务对象着想,就会得到他们的肯定。

另外,像宣传部近年来也更加注重宣传一线的教师,比如对一些青年骨干和育人模范的宣传都起到了很好的效果。实验室设备处针对基层单位抱怨机关部处"经常派急活儿"的现状,注重根据工作性质和类别的不同,统筹协调、合理安排,多为基层着想,给基层学院留有充分的准备时间。

(3)要求实、求是抓好各项工作的落实

我们讲要求实、求是抓落实,"求实"就是按照既定方案踏踏实实地去做,求实效;"求是"就是按照事物发展规律把事情做好,出高效。第十三次党代会对学校的发展目标、发展思路、战略举措都有了清晰的描述,应该说我们的方向任务都很清楚了。现在的关键是要实践,要落实。要坚持脚踏实地、真抓实干,进一步增强执行力,狠抓各项工作的落实。干工作要讲实绩、讲实效,要看工作的增量和质量,看工作的创新。这学期很快就要过去了,要认真总结一下:我们在工作上有哪些实实在在的推进?推进的幅度及效果如何?假期我们学校班子成员也要集中在一起进行交流,每个常委都要总结一下上半年的工作,看哪些还没有落实好,同时对下半年的工作部署进行思考,这种做法也可供机关部门的同志们学习。

在工作中,我们还要抓过程检查,抓目标考核。有时文件下发了或会议传达布置了,工作就结束了,没有人去检查,没有人去考核,这是绝对不行的。要在工作中形成闭环,做到工作有布置就要有检查,要层层检查、层层问责。要更好地发挥学校督办室的作用,进一步推进学校重大工作的落实,抓好年度工作要点完成情况的检查,不断提升我们的工作效率和质量。如果碰到难题,切不可不声不响地搁置在那里。上次我说过,我希望机关部门在对外工作的时候也要合理利用校领导的资源。

这里还要强调的是，在机关工作，各部门之间的理解、配合、合作非常重要。我们既要讲清楚工作的边界，保证把自己职责范围内的工作完成好；又不能太强调边界，对一些工作的交界面，各单位都要多想一些，多做一些，不要互相推诿。我最近跟有些校领导沟通过，该谁抓的事情，涉及哪个职能部门的，无论是不是该校领导主管这个部门，都要服从协调安排。我倡议开专题会议时也不需要好几个相关的校领导参加，既影响决策效率又难以把责任落实下去，这点相信大家能够理解。在同一单位内部也是这样，相互之间要有协调补台意识。

明理精工　铸魂育人：高校建设探索与实践

当主心骨，做领头羊[①]

今年是我们党建党90周年。在这样的一个时机举办党支部书记培训班，对学校党的生活来说，是一件非常有意义的事。

这次培训班，是近年来校党委举办的规模较大的一次专题培训，是深入学习贯彻《中国共产党普通高等学校基层组织工作条例》、以改革创新精神加强学校党建工作的一项重要举措。

一、基层支部地位重要，支部书记作用关键

基层支部是我们党在高校治校理教的组织基础，或者说桥头堡。我们党是马克思主义政党，我们党的组织也是依照列宁同志提出的建党原则，将党的组织建在工作实体上。我们党具有中央、地方和基层三级严密的组织系统，基层组织分布于社会组织的各个基层单位。这种组织形式，保证了我们党的整体战斗力和工作效率。在这样一个组织系统中，党支部处于最基层、最末端的位置，但却是最为重要的位置。俗话说，"基础不牢、地动山摇"。基础打牢，岿然不动。党支部作用的发挥直接关系到党的政策方针贯彻彻底不彻底、党的先进性发挥突出不突出、党的优越性体现明显不明显、党的执政基础牢固不牢固。所以，我们党历来非常重视党的基层组织建设。比如，在革命时期，我们党提出"支部建在连上"，这一原则就在革命斗争中发挥了极为重要的作用。毛泽东曾指出："连有支部，班有小组。红军所以艰难奋战而不溃散，'支部建在连上'是一个重要原因。"[②] 邓小平曾说："党的基层组织是党联系广大群众的基本纽带，经常检查和

---

① 2011年12月2日在教工党支部书记培训班上的讲话摘录。
② 《毛泽东选集》(第一卷)，人民出版社1991年版，第65—66页。

改进基层组织的工作,是党的领导机关的重要政治任务。"[①]陈云同志指出:"支部是党的基本组织,是党的力量增长的主要源泉。"[②]党的十七大报告明确指出:"党的基层组织是党执政的组织基础。"党的十七届四中全会通过的《中共中央关于加强和改进新形势下党的建设若干重大问题的决定》指出:"党的基层组织是党全部工作和战斗力的基础,是落实党的路线方针政策和各项工作任务的战斗堡垒。"从我校实际来看,凡是取得重大成绩的单位,党支部都较好地发挥了作用。比如,软件学院丁刚毅教授团队所在的党支部就充分发挥了战斗堡垒作用。在接到北京奥运会开闭幕式全景式智能仿真编排系统研制任务后,该党支部首先召开党员大会,达成了"国家利益至上、党员带头攻关"的共识。此后300多个日夜中,每到外场试验和攻坚克难时刻,支部都召开支委会或党员大会,动员党员带头挑重担。在支部的坚强领导下,党员群众团结一心,放弃了所有的节假日,每天工作超过15个小时,圆满完成了任务,为精彩的开闭幕式作出了重要贡献,项目组先后获得"全国工人先锋号""科技奥运先进集体"等光荣称号。还有,今年"七一"表彰的自动化学院导航制导与控制研究所党支部、材料学院2010级硕士二班党支部、管理学院应用经济系党支部等,都是很突出的党支部。

支部书记是我们党的支部工作的带头人。高校是党发展教育事业的机构,是实现教育强国、人力资源强国,建设创新型国家的重要方面军。高校中的基层支部则是这支建设大军中的先头部队,是党在高校基层组织中的战斗堡垒。那么,我们的党支部书记自然就是这支先头部队的"急先锋",是党支部的"主心骨",是党员队伍的带头人,是各项工作的"领头雁"。我们的党员教师能不能有一个和谐团结的工作氛围、能不能争相迸发其应有的学术智慧和激情、能不能全力以赴一心扑在教书育人上、能不能树立良好的师德风尚,支部书记恐怕要在宣传、组织、协调和营造氛围上发挥更为关键的作用。党支部书记既要充当宣传党的政策方针和学校工作部署的"宣传员",充当本单位教学科研一线身先士卒的"战斗员",又要充当凝聚集体力量攻坚克难的"组织员",还要充当排除内部不和谐

[①] 《邓小平文选》(第一卷),人民出版社1994年版,第253页。
[②] 《陈云文选》(第一卷),人民出版社1995年版,第145页。

因素促进团结的"协调员"。所以说，支部书记是我们党在基层单位中最为重要的干部、最为关键的角色，接受培训、提高理论水平和应对复杂问题的能力，自然也就是支部书记政治生活中非常必要的素质之一。

二、新《条例》对党支部建设提出了新要求

新修订的《中国共产党普通高校基层党组织工作条例》（简称《条例》）紧紧围绕坚持党的领导这一根本原则，从制度层面回答了培养什么人、怎样培养人，办什么样的大学、怎样办好大学等重大理论和实践问题。《条例》的修订颁布，标志着我们党对社会主义办学规律、高等教育事业发展规律和高校党组织自身建设规律的认识达到了一个新的高度。贯彻落实《条例》，对于坚持高等学校社会主义办学方向，提高高校党建工作科学化水平，推进高等教育事业科学发展具有重大意义。

新的《条例》，不仅对学校党委、学院党委的有关工作提出了新要求，更对高校基层党支部建设和党员队伍建设提出了新要求，需要我们学习和把握。

在党支部层面，《条例》有新变化。比如，第八条规定："党的支部委员会和不设支部委员会的支部书记、副书记每届任期2年或3年。"第九条规定："高等学校院（系）以下单位设立党支部，要与教学、科研、管理、服务等机构相对应。"关于教职工党支部的职责，《条例》第十二条规定：（一）宣传、执行党的路线方针政策和上级党组织的决议，团结师生员工，发挥党员先锋模范作用，保证教学、科研等各项任务的完成。（二）加强对党员的教育、管理、监督和服务，定期召开组织生活会，开展批评和自我批评；向党员布置做群众工作和其他工作，并检查执行情况。（三）培养教育入党积极分子，做好发展党员工作。（四）经常听取党员和群众的意见和建议，了解、分析并反映师生员工的思想状况，维护党员和群众的正当权利和利益，有针对性地做好思想政治工作。

在党员层面，《条例》对党员的教育、管理和发展提出了新要求，第十七条规定："高等学校党的组织应当构建多层次、多渠道的党员经常性学习教育体系。对党员进行马克思列宁主义、毛泽东思想教育特别是中国特色社会主义理论体系

的教育，党的基本路线、基本纲领和党的基本知识教育，并教育党员努力掌握科学文化知识和专业技能，不断提高政治和业务素质。"特别是增加了两条内容：

第十九条："关心党员学习、工作和生活，建立健全党内激励、关怀、帮扶机制，拓宽党员服务群众渠道，建立党员联系和服务群众工作体系。"

第二十条："尊重党员主体地位，保障党员民主权利，推进党务公开，营造党内民主讨论环境，积极推进党内民主建设。学校党组织讨论决定重要事项前，应当充分听取党员的意见，党内重要情况要及时向党员通报。"

可以说，新《条例》是紧密结合高校实际而形成的理论创新、制度创新，对今后学校党的建设具有切实的指导意义。再看一下我校当前改革发展的新形势、新情况：随着我校内部教学、科研组织方式的改革调整，原有的系、教研室的组织模式被打破，多元化的教学、科研、管理模式开始出现。特别是出现了实验中心、教学中心等跨学科单位，将来还可能出现独立设置的创新团队和跨学科、跨院（部）甚至跨校的科研机构，党员参加活动、党组织发挥作用的途径和方式出现了新情况。如何加强学校党的建设、真正发挥基层党组织作用，成为摆在我们面前的重大课题。所以，及时开展支部书记培训、深入研讨新形势下党支部建设的途径，是非常必要而且重要的。

三、支部工作整体情况

今年上半年，学校党委本着"深入基层、摸清底数、找到问题、理出对策"的思想，在全校范围内开展了针对基层党建和思想政治工作的调研活动，调研采用召开支部书记座谈会、党员代表座谈会，访问党委书记，发放调查问卷等形式，对学校基层党建和思想政治工作进行了全面的了解。

总体来说，近年来，在校党委领导下，经过学校各级党组织和广大党员同志的共同努力，基层党建和思想政治工作取得了不小进步，整体水平不断提高，涌现了一些特色工作和亮点工作；基层党组织和党员同志比较重视党的建设工作，工作规范，基础扎实，取得了比较好的成效。主要表现在如下三个方面。

一是围绕中心抓党建、抓好党建促发展的观念基本得到认同，并在一定程度上得到落实。各学院、各单位党委和领导班子对"围绕中心工作抓党建、抓好党建促发展"都有比较充分的认识。基层党组织能够抓好上级和学校党委精神的学习和贯彻。在调研中，48.9%的党员表示经常参加党的学习活动，41.4%的党员表示在集体学习之外开展自学活动，所开展的活动也能够围绕上级和学校的发展主题。各个系、所党支部主要围绕单位发展规划研究、上级重要精神贯彻、师德建设、青年教师培养等开展学习和讨论。

二是基层党支部运行平稳，党支部战斗堡垒作用得到基本发挥。绝大多数支部书记政治觉悟高、业务素质强，是本单位工作的骨干。大多数支部书记有做好支部工作的强烈意愿，并努力在工作中自觉学习党的知识，探索支部工作的规律，努力发挥党支部的战斗堡垒作用。在日常工作中，党支部书记都能够参与讨论决定系、所、中心重要事项，为单位发展出谋划策。

各基层党支部重视组织建设和党员发展工作，多数支部都努力在中青年学术骨干中做好组织发展工作。尽管工作难度较大，但大家还是在下功夫开展工作。多数支部能够积极想办法完成上级党组织布置的各项活动，很多同志称这是"规定动作"。同时，各基层支部还根据形势任务组织开展丰富多彩的活动，如组织看思想内容好的电影，组织听报告和专题讲座，组织读书学习班，节假日看望退休老党员，以老党员带新教师。这些活动增强了支部的凝聚力和向心力，效果很好。

三是党员思想状态积极向上，先锋模范作用得到较好体现。大多数党员党的宗旨意识强，理想信念坚定，对国家、民族、党的事业发展充满信心，具有较强的光荣感、使命感和责任感，能够积极参加党的活动。多数党员发挥的模范带头作用比较突出。根据调研结果，有97.4%的支部书记认为党员在本单位较好地发挥了模范带头作用。广大党员能够与学校党委保持高度一致，在保密检查、排课、监考等工作中，党员能够起带头作用，加班加点，不计报酬，任劳任怨。在日常工作中，党员对自己要求也比较严格。

四、支部书记的素质要求

"村民富不富，关键看支部；村子强不强，要看'领头羊'。"我认为，这句话的含义同样适用于高校。学校中心工作能有多大的进展，关键看党支部作用发挥的程度；党支部战斗堡垒作用发挥如何，关键在党支部书记。我希望我们支部书记能够在以下几个方面下功夫。

第一，要在自身党性修养提高方面下功夫。要牢固树立党的意识。不管你过去从事什么工作，进行什么专业研究，一旦担任党支部书记，就必须强化党的意识。具体来说，就是要增强五个意识：要增强政治意识，始终在思想上、行动上与学校党委保持高度一致，能够积极主动地宣传贯彻学校党委制定的重大方针政策；要增强发展意识，认识到发展始终是我们的第一要务，也是广大党员与群众的诉求，党的基层工作要为事业的发展保驾护航，提供坚强后盾；要增强宗旨意识，始终牢记我们党全心全意为人民服务的宗旨，坚持以广大师生为本、以党员为本，努力为广大师生成长、成才服务；要增强忧患意识，充分认识高校改革发展任务的艰巨性、反分裂反渗透斗争的严峻性、党风廉政建设形势的复杂性、党建工作自身存在问题的多样性；要增强带头意识，做善于学习政治理论知识和上级文件精神的带头人，做贯彻落实党的路线方针政策和学校工作部署的带头人，做在教学科研中敢闯、敢干、敢攻坚的带头人，做关怀、激励、帮扶党员群众的带头人，切实发挥示范带动作用。

第二，要在教育管理党员上下功夫。首先，要坚持和维护党的生活制度。邓小平曾提出："严格党的支部生活极端重要，没有支部生活就没有战斗力。"[①] 我们党的优良传统之一，就是有一套健全的党的生活制度。比如民主集中制，用团结—批评—团结的方法教育党员，惩前毖后、治病救人；比如艰苦朴素、谦虚谨慎的作风和批评与自我批评的传统；比如健全的、经常性的支部活动和党小组活动，开展党内学习。这些党章严格规定的制度，需要支部书记带头组织好、坚持好，你们工作的好坏，直接影响着支部生活的质量。此外，还要创新党员经常性教育方式，开展各类主题教育活动和校园文化活动。加强对流动党员的管理服务工作。同时，探索发展党员工作的有效办法，引导优秀青年教师向党组织靠拢，引导入党积极分子端正入党动机，规范党员发展程序，确保发展党员质量。

---

① 《邓小平文选》（第一卷），人民出版社1994年版，第160页。

第三，要在服务群众方面下功夫。从大的方面看，群众工作是我们党的一贯做法和优良传统，是我们党的"传家宝"和政治优势，这个好做法不能丢，在新时期还是需要继续坚持和发扬。我们目前面临四个危险，其中之一就是"脱离群众"的危险。如果我们基层党支部不能为群众服务，做出榜样，那么我们在群众中就不会有威信、有号召力。在需要承担责任的时候，我们的党支部应该往前迈一步；在荣誉和利益面前，我们要能够往后退一步。当前，创先争优活动在我校顺利开展。这项活动也要有新的内容和重点，做到每年都要有具体的争创主题和载体。按照"十二五"规划目标任务充实内容，广泛开展党员示范岗、责任区、志愿服务等活动，引导党员立足岗位创先争优。

担当使命，永葆激情，崇尚协同，坚守清廉[①]

加强换届后领导班子和领导干部思想政治建设，是今年中央对组织工作提出的一项重要任务。中层正职领导干部是本单位、本部门改革发展的第一带头人，责任重大、影响长远。特别是，这次换届中，根据学校事业发展的需要，又有一批学术骨干走上了管理岗位，有的担任了单位的院长、书记，有的担任了机关部门的主要领导。对这些同志来说，在眼界、胸怀、能力、作风等各方面都需要加强修养和锻炼。

一、担当使命

这次换届，是校党委从学校改革发展的大局出发，审时度势作出的重要决定，是根据学校长远发展客观需要而开展的"调兵布阵"。所任用的领导干部，都是经过校党委深思熟虑、认真考察的。你们肩上，既寄托了校党委的信任和重托，更担负着全校师生员工的深情厚望，担负着率领本单位乃至全校师生职工披荆斩棘、开拓创新的重要使命。在座的各位正职领导干部，从任职的第一天起，就应当明白这一使命的深刻内涵，将它像一颗钉子一样牢牢固定在脑海里。

但是，这几年，在一些中层领导干部面试过程中，我们发现部分同志不能准确回答大学的使命和学校的发展目标、发展战略等问题。难以想象，没有对大学使命和学校发展目标、发展战略的深刻把握，怎么能从全局出发带领师生员工干事创业？所以，今天我就围绕"使命"强调两点。

1. 牢记大学特别是北京理工大学肩负的使命

大学的使命包括人才培养、科学研究、社会服务和文化传承与创新。这四项

[①] 2012年7月3日在新一届正职干部思想动员会上的讲话摘录。

使命或任务中，人才培养是核心，其他三方面都要围绕这一核心展开。具体讲，科学研究，是提高人才培养质量的重要抓手。高水平的科研是培养学生创新精神和创造能力的重要途径，同时也是大学针对国家重大需求，开展国家急需的战略性研究、前瞻性研究的客观需要。社会服务，则是人才培养从实践中来、到实践中去的重要环节，它直接检验大学为社会所提供的人才、科技成果和文化产品的质量。文化传承与创新，是大学作为创造知识和弘扬优秀文化的重要基地的本质属性，是推动社会主义先进文化建设、增强我国文化软实力和国际影响力的重要方面。总之，大学最根本、最核心的使命就是人才培养，这是大学价值最根本的体现。所以，我们学校党委根据党的教育方针，结合我们北京理工大学的实际，把培养具有"高远的理想、精深的学术、强健的体魄、恬美的心境"的人作为学校的首要任务。在座的各单位主要领导干部，在考虑所有工作时，都要体现人才培养的中心地位。

与此同时，从培养国家建设所急需和冲击世界科技前沿所需要的一流人才这一中心任务出发，按照大学使命的要求，我们学校党委明确了建设世界一流理工科大学的目标。为实现这一目标，我们提出了"三步走"的战略步骤。即：到2015年，经过"十二五"建设，在学科专业建设、人才队伍建设、学生培养质量、人均科研产出、学术论文质量等方面居于国内研究型大学前列，成为国内一流理工科大学；到2020年，经过"十三五"建设，学校在特色学科建设、领军专家会聚、创新人才培养、原创科研成果、校园文化建设、社会服务贡献等方面都有较大提升，若干重点发展领域跻身亚洲领先地位，成为理工为主的亚洲一流大学；到2040年，把学校建设成为特色鲜明、理工为主的世界一流大学。

在座的每一位领导同志，都要从建设世界一流理工科大学的宏伟目标以及"三步走"的具体目标出发，思考学校和本单位发展的阶段性措施，制定好本单位落实学校战略部署的规划，并时刻保持与学校整体改革发展同步。

2. 牢记所在岗位的使命

中层领导干部，特别是主要领导干部是带动学校发展，尤其是带领本单位发展的领头羊，任务艰巨，使命重大。要履行好这一使命，就要按照学校第十三次党代会确定的"6+1"战略,做好本单位、本部门的顶层设计,并认真地、脚踏实地地去实践。所以,我想借此机会再重申一下校党委提出的"6+1"战略的内涵。

学科优化战略,即凝练"强地、扬信、拓天"学科方向,打造引领国防科技发展的主干学科和服务于工业化、信息化的优势学科,促进学科融合。这里要强调一下,"强地、扬信、拓天"绝不是简单地一一对应某个学院,实质上是全校各学科专业共同的任务。比如,"拓天",并非宇航学院一家的任务,比如生命学院"微流控芯片基因扩增装置"成功搭载到"神舟八号"飞船上并开展了相关基因实验。又如信息与电子学院吴嗣亮教授课题组研制的信号处理机,为"神舟九号"与"天宫一号"的成功交会对接作出了贡献。还有"强地",也并非只是机电学院、机车学院的事。比如,火炸药研究院的一些研究任务,就有四五个学院在协同承担。另外,"冲击环境材料技术国家级重点实验室""阻燃材料研究国家专业实验室"就设在材料学院。所以,"强地、扬信、拓天"是我们学校共同的任务,各学院都应考虑如何落实这些任务。当然是各有侧重,重点是如何在协同创新中发挥作用。

强师兴校战略,即以调整结构、提高质量为目标,以会聚高端人才为着力点,坚持培养和引进并举,努力造就一支师德高尚、业务精湛、教风优良、结构合理、充满活力的高素质教师队伍。这几年,我们通过引进和培养,师资队伍的质量有了较大的提升,"长江"、"杰青"、"973"专家、"863"专家、"重大专项"专家、"千人计划"、"百千万"人才等,还有我们学校设立的"徐特立特聘教授"等高质量人才茁壮成长。但与事业发展的需要相比,还有较大差距。这些人才多多益善,希望我们在座的各位领导同志要继续努力。同时,要在积极地创造条件发挥他们的作用方面下功夫。实践证明,有才不用或用得不好,是最大的浪费。

教育创新战略,即以创新能力和实践能力为重点,深化具有北京理工大学特色的创新人才培养模式改革,把本科生教育作为学校人才培养的首要任务,把研究生教育作为培养拔尖创新人才的重要实现形式。关于人才培养改革,我们有了一些进步:开展了"卓越工程师培养计划""本硕博贯通培养计划";我们坚持数年的"德育答辩"工作已经成为素质教育的重要组成部分,其内涵已经扩展到帮助学生成人成才的人生规划；还有本科生的导师制、本科生进课题组，以及学生出国实习实践；等等。这些都要很好地总结和继续深入地实践，同时还要积极探索、大胆尝试。最近，我注意到英国"伊顿公学"的按差异分班的做法在培养拔尖人才方面的积极作用，值得我们思考。

科研提升战略，即以突出基础研究为重点、高水平科技成果为标志、引领国防科技发展为方向，加强科技创新体系建设，推动科技工作逐步实现"自主创新、重点跨越、支撑发展、引领未来"的目标，服务国家战略目标，服务区域经济发展，全面开创学校科技和产业工作新局面。这几年，我们坚持"始终瞄准世界科技发展前沿、始终瞄准国家重大战略需求"，在科研工作上取得了显著成绩。科研总量翻番，国家奖项走在全国前列，基础研究创历史新高，省部级乃至国家级重点实验室不断涌现。但从科研水平和质量上讲，我们还有很大的差距。因此，不能满足，还要更上一层楼。

开放发展战略，即把扩大开放作为推进学校教育事业发展的战略性举措，瞄准世界教育发展变革的前沿，借鉴世界先进教育理念，开展全方位、多层次、宽领域的教育交流与合作，建立有利于推动办学国际化的体制机制，全面推进国际化的进程，提高学校国际化水平。这几年，国际化也取得了较大成绩，已与47个国家和地区的175所大学建立了联系，并在联合培养学生、交换师资、合作研究等方面有较大的进步，势头越来越好。但是，与世界一流或高水平大学的实质性合作还太少，这是我们学校国际化工作今后努力的方向，要力争在近年内有所突破。这方面机车学院与德国的顶尖大学的合作，管理学院与美国佐治亚理工学院、英国曼彻斯特大学联合建立的网络交互实验室，值得我们学习。另外，教育研究院正在同美国加州大学伯克利分校教育学院磋商建立教育与文化研究联合实验室的工作。如此等等，都值得我们学习。

深化改革战略，即坚持解放思想、改革创新，不断完善和改进党委领导下的校长负责制，积极探索教授治学、民主管理的有效形式，建立符合国情、与学校发展相适应的现代大学制度。构建高效规范的管理体系，推进依法治校和民主监督。体制机制改革，这几年我们学校有了较大进展。我们建立了学部制；成立了（学科）学院交叉的研究中心或研究院；开始尝试分类管理、分类考核和分类晋升，特别是今年开始在职称评审和专业职务考核方面开始试行，得到了大家的欢迎和支持。这将在调动各方面教师的积极性和创造性上起到很好的促进作用。在管理方面，我们将学校的党委办公室和校长办公室合并，精简了人员，提高了效率。另外，还给纪委监察室加挂了督办室的牌子，为推进学校重大工作和重大项目的落实，起到了积极的推动作用。近两年，我们在干部考核方面也作了改革，提出了"两个为主"和"两个结合"：两个"为主"是指以领导班子和各单位"一把手"的考核为主，以服务对象和管理对象的评价为主；两个"结合"是单位年度考核工作与干部年度考核工作相结合，对单位主要领导干部的考核评价与单位整体工作业绩评价相结合。今后，在体制机制方面，还要根据形势任务的变化，积极推进改革。

"6+1"战略中的"1"是指党建和思想政治工作，即深入贯彻党的十七届四中全会精神，全面加强新时期党的建设，坚持围绕中心抓党建，抓好党建促发展，全面推进思想建设、组织建设、作风建设、制度建设和反腐倡廉建设，提高党建和思想政治工作科学化水平，为学校又好又快发展提供导向、动力和保证。党建方面，在这次创先争优活动中，以"五个三比"为抓手，大大提高了基层党组织的活力和党员作用的发挥，今后要常态化。为充分发挥党建促发展的作用，我们最近成立了中共北京理工大学社区工作委员会。今后，还要继续思考党建工作创新，推动学校中心工作。

作为"领头羊"，中层正职干部首先要做的，就是要认真学习吃透学校发展的"6+1"战略，带领班子成员共同研读其中的内涵，同时还要主动深入到广大师生中去宣讲、解读，在本单位师生中达成思想共识。其次，要主动深入一线调研，掌握本单位、本部门所处的阶段和特点，理清思路，带领本单位教职工深入研究谋划，将学校的"6+1"战略部署转化为本部门的具体方案，进而落到实处。

二、永葆激情

2009年，学校在深入践行科学发展观过程中，提出了"聚焦特色谋发展，激情进取创一流"的理念。几年来，在这一理念的鼓舞带动下，学校各级干部都表现出很强的进取精神，干事创业的思路越来越开阔、劲头越来越足，成绩也越来越多，这是值得充分肯定的。实践证明，哪个单位领导干部的工作激情饱满，就能抢抓机遇、勇于创新，工作就会生机勃勃、富有成效；哪个单位领导干部的精神状态差，就会不思进取、疲沓涣散，工作就会暮气沉沉、毫无起色，即使水平再高，能力再强，也不会有大的作为。

面对国内外复杂变幻的经济形势、教育形势和金融危机带来的巨大挑战，我们激情进取的劲头只能加强，不能削弱。特别是，这次换届中，继任的干部较多。由于多年来已经熟悉本岗位的工作，更容易产生放松懈怠的念头，更容易躺在昨天的功劳簿上享太平。我今天在这里就是想给大家提个醒：我们的历史使命还没有完成，我们还需要继续保持昂扬的激情，以只争朝夕、争创一流的精神推进学校各项事业又好又快地发展。我认为，要永葆激情，起码要从以下三个方面努力。

1. 敢于超越自我、争创一流

前几年，针对学校发展进步不大的局面，我们提出了"跳出北理工看北理工""跳出兵器看兵器""跳出军工看全国""跳出国门看世界"的理念，这就是对自我的一种超越。我们要创建世界一流理工科大学，必须不断自我超越、争创一流。各位正职干部中，多数人在同一岗位任职多年，已形成了一套比较成熟的工作方法。但是，在新任期中，还会遇到各种新问题和新挑战。要应对这些问题和挑战，就必须顺势而为、应时而变，从思想上、从方式方法上有所变革。这就要求我们，要敢于超越自我，跳出已有的思维模式、跳出固定的方法套路，开拓进取，奋力争先。只有这样，才能创建一流学科、一流学院、一流大学。

2. 敢于面对问题、攻坚克难

随着高等教育形势的变化，学校、学院发展肯定会出现新的问题、新的困难。各位必须勇于正视这些问题和困难，时刻深入调研并思考：本单位改革发展的经验和教训是什么？阶段性特征是什么？存在哪些突出矛盾和困难？如何推进教育观念和办学思想的创新，进一步培养创新型人才？如何突出办学特色，为我国工业化、信息化和国防现代化建设作出新的贡献？决不可在困难面前犹豫不决、畏首畏尾、瞻前顾后，要当机立断、雷厉风行、百折不挠，找准并着力解决影响和制约学校科学发展的突出问题、师生员工反映强烈的突出问题。中层干部是本单位、本部门的一面旗帜，只有自己做好了，才能带动同志们干好事业。一定要做好表率，勇做开路先锋。

3. 敢于突破常规、创新改革

创新是一个民族进步的灵魂，是一个国家兴旺发达的不竭动力。改革开放30多年的实践证明，没有创新就没有发展。正是因为敢闯敢冒、敢于创新，我们这些年的科研经费才有了连年增长，所获得的科技成果奖也越来越多。作为一个单位的带头人，一定要始终保持敢闯敢冒的勇气、敢为人先的志气、革故鼎新的锐气，不怕挫折与失败、不计得失与荣辱。只要有利于学校科学发展、有利于学校综合实力的提高、有利于师生的切身利益，就要敢于冲破一切阻碍发展的思想束缚，革除一切不合时宜的机制弊端，打破常规、先行先试、大胆实践，率先蹚出一条跨越发展的新路子。

三、崇尚协同

所谓协同，就是指两个或者两个以上的不同个体或者群体，相互协作完成某一目标，达到共同发展的双赢效果。崇尚协同，就是要通过提倡对外追求协作、对内追求团结，从而形成齐心协力干事创业的良好风气。

关于对外协作，我们各级组织、各级干部都有比较充分的认识，通过调查研究、联手攻关、签订协议等多种渠道不断加强国内外合作与交流，取得了有目共睹的成绩。实施不久的"2011计划"给学校协同创新提出了更高的要求，学校前几天刚刚召开大会进行了详细部署，希望各单位、各部门抓住有利时机，将"2011计划"与长远发展结合起来，通过"走出去、请进来"等多种途径，广泛联合汇聚国际国内创新资源，精心凝练方向，培育组建协同创新中心，构建我校多层次、多类型的协同创新中心体系。同等重要的是要从体制、机制等诸多方面营造崇尚协同创新的氛围。

关于对外合作的话题已经讲得很多了，今天我更想对我们这些中层干部强调一下内部团结问题。毛泽东同志指出："有两种团结是绝对必要的：一种是党内的团结，一种是党同人民的团结。这些就是战胜艰难环境的无价之宝，全党同志必须珍爱这两个无价之宝。"[①] 我们党的历史上，从来都大力弘扬团结协作。团结就是力量，团结可以出感召力，出凝聚力，出战斗力。尤其是单位主要领导之间，其团结程度的好坏直接影响到该单位的发展态势。对党员干部来说，团结是党性和作风的体现，也是一个人思想道德和修养的体现。学校多年来的实践一再证明，凡是主要领导之间讲求团结、善于配合的单位，干部群众的心气就顺，干事创业的劲头就足，科学发展的态势就好。比如自动化学院，领导班子团结，学院上下团结，成绩十分显著。反之，如果一个单位主要领导之间存在不协调、不团结的情况，这个单位往往就人心涣散，甚至矛盾重重，这种现象在我们学校也是存在的，大家一定要引以为戒。在此，我提倡大家都能做到"三合"，以此来促进内部团结。

1. 平合

所谓平合，就是要以平等待人、合作谋发展。各位正职干部，思想觉悟、身心素养都比较高，但在阅历、年龄、性格、看问题的角度及工作方式方法等方面均会呈现多样性。所以，大家要相互尊重、平等待人，不以自己所长度人所短。权力是一种稀缺资源，我们一定要珍惜、用好权力，不能因为自己手中拥有权力就觉得高人一等，就能"独断专行"。工作中既要坚持原则，把握大局，又要听得进不同意见，不搞"一言堂"，做到大事讲原则，小事讲风格，最大限度地把各方面的积极性调动起来。

2. 配合

配合自然是指相互协同、相互补台。有句箴言说得好："互相护台好戏台，

[①] 《毛泽东文集》（第三卷），人民出版社1996年版，第22页。

互相补台都登台，相互搅台乱了台，相互拆台都下台。"单位要想发展得好，主要领导之间的配合非常重要。大家都要从学校、学院、单位发展的大局出发，站在师生利益的立场上考虑问题、制定政策。在单位发展遇到困难的时候、在班子成员遇到棘手问题的时候，要主动相互"护台"和"补台"。绝不能"各家自扫门前雪，不管他人瓦上霜"，更不能拉帮结派、搞小团体主义，尤其要旗帜鲜明地反对诽谤中伤等恶劣行为，在干部队伍中营造一种健康和谐、团结向上的工作氛围。

3. 融合

这是指做好沟通交流、谋求思想融合。思想上达到一致，行动上才能同向。所以，作为单位"主心骨"的主要领导干部，要有"五湖四海"的胸襟，经常在感情上相互沟通、在思想上相互交流，通过开诚布公、沟通了解，寻求单位发展的科学之路。孔子说过"君子周而不比，小人比而不周"，意思是说，君子讲求团结和谐而不讲营私结党，小人讲求营私结党而不讲团结和谐。所以，我们讲的融合也不是无原则的意见一致，而是指在原则问题上从大局出发求同存异，达到认识一致，目标一致。而且，越是有不同意见，越要当面交流思想，既不能出现嫉贤妒能、斤斤计较、貌合神离的现象，更不能出现营私结党、无原则妥协的局面。只有思想上同心、目标上同向、行动上同步、事业上同干，单位才能出现繁荣发展的好势头。

四、坚守清廉

明代名臣于谦有首诗："千锤万凿出深山，烈火焚烧若等闲。粉身碎骨浑不怕，要留清白在人间。"诗人表达的就是为官从政要把"清白"作为毕生追求。我们高校的领导干部，是知识分子的代表，是为人师表的典型，学生、教师、社会对我们都给予很高的期望，因此，我们高校的领导干部应该有更高的道德追求和节操品格。尤其是我们的正职领导干部，手中握有一定的权力，面临的廉洁风险也比较大，所以心中要始终敲响清正廉洁的警钟。一个干部不管有多大功劳、苦劳、疲劳，如果在廉洁上出问题，所有的成绩和名誉都会毁于一旦。因此，在廉洁问题上，要把握住自己，绝不容许出半点差错。近几年，学校领导干部讲廉洁、知荣辱的风气整体是好的，也涌现出李盼兴同志这样清正廉洁、一身正气的优秀典型。但也要看到，领导干部中自律不严、违反纪律、谋取不正当利益的现象，在一定范围内也是存在的，值得我们警醒，也需要我们深思。

最近，中央领导同志在讲话中多次提到"白袍点墨"的故事，今天我把这个故事转述给大家。明代有一个叫山云的将军被派到广西做总兵，他听说广西那时候有送礼受贿的风气，就问一个叫郑牢的老吏自己是不是该入乡随俗。郑牢跟他说，你到广西做官犹如"一袭白袍"，千万不能入乡随俗，要不然"白袍点墨"，永远洗不干净。山云又问，如果不收礼，当地人不高兴怎么办？郑牢说，朝廷严罚贪官，要杀头你不怕，反倒怕这些土人不高兴？山云觉得有道理，坚持自守自律，在广西做了十年清官，廉洁操守始终没变。不论是新走上领导岗位的同志，还是交流或留任的干部，千万不能做"白袍点墨"、一辈子洗不清的事情。

坚守清廉，必须处理好"做人"和"做官"的关系。一是要顶住诱惑，不为名利所累。奉行"师生利益高于一切"的原则，个人利益必须服从学校大局和师生员工的利益，不能为了一己私利牺牲他人，侵害公共权益。二是要耐得住艰苦，不为安逸所累。没有艰苦奋斗精神的民族难以自立自强，没有艰苦奋斗精神的国家难以发展进步，没有艰苦奋斗精神的青年难以担当重任。北京理工大学从延安走来，艰苦奋斗的延安精神和作风永远不能丢。要大力弘扬艰苦奋斗的作风，坚持勤俭办一切事业，把有限的财力物力用在最迫切需要解决的问题上，形成以艰苦奋斗为荣、以奢侈浪费为耻的良好风气。

第五章 加强领导班子和干部队伍建设，引领学校科学发展

明职责，厘定位，讲方略[①]

今天我们举办学校基层党委书记培训班，学习研讨如何更好地开展基层党建和思想政治工作，研讨的主题是"明职责，厘定位，讲方略"。这既是对在座各位党委书记的要求，也是提出的希望。

一、明职责

讲这个问题主要是考虑到我们刚换届结束，有一批新任的党委书记走上岗位。我们基层党委书记队伍的来源更加多元化、经历更加丰富。我也知道在座的很多新书记对于如何更好地履行自己的岗位职责或多或少有些疑惑，感觉好像什么都该去做，但又不知道最主要的该抓什么，或者说有没有一根主线把党委书记的职责串起来。

从中央《基层组织条例》的相关规定来看，基层党委书记有三项职责要关注。

1. 把握好方向

对于基层党委书记而言，这是最重要的职责，这里面包含三个层面。

（1）认真学习和把握中央与上级的路线方针，尤其是与教育相关的政策和重大部署

这些决策与部署往往就出自每年党中央召开的全会，如十七届四中、五中、六中全会，每年两会，每年召开的中央经济工作会。我曾多次强调每年认真读总理的政府工作报告，会读出项目来、读出经费来。因为，国家的重大需求、重大工作部署、重大投入的项目，都会在总理的政府工作报告中反映出来，只要用心

[①] 2012年9月21日在基层党委书记培训班上的讲话摘录。

读都会有收获。当然，我们是高校，是党委领导，更应关注每年召开的高校的党的建设工作会等的会议内容和基本精神，这些都是我们作为党委书记要及时关注的。特别是对于中央有关高等教育的方针政策和一个时期的工作部署，更是要及时去学习和把握。因为我们是"211"和"985"高校，是中国大学中的"国家队"，我们学校各级党组织的书记有责任学习好、贯彻好中央关于高等教育的大政方针和战略部署。近些年来，高校发展的脉络大家也应了解。

大家知道，1998年5月江泽民同志在北大百年校庆上的讲话，拉开了这十多年来加快世界一流和高水平大学建设的序幕。

2011年，胡锦涛同志在清华百年校庆上的讲话，体现了新时期中央对高等学校的要求，即发挥好人才培养、科学研究、社会服务、文化传承与创新四项职能，并要求我们要始终把提高质量放在首位。

在去年底，教育部在高校咨询会上提出了"2011计划"，也就是协同创新计划，据称是继"211工程"和"985工程"之后的又一重大举措。目前，我们学校正在结合学校的实际全面部署和推进这项工作。

今年，教育部在咨询会上又提出提高教育质量的措施，即"教育改革30条"，主要强调的是进一步提高人才培养质量等问题。作为党委书记，必须熟悉和掌握。

（2）扎实贯彻落实学校中长期发展目标战略部署和校园文化氛围建设的理念

首先是要把握好学校中长期发展目标战略部署。近年来，学校党委以第十三次党代会的召开为契机，组织全校师生员工认真谋划了学校的发展蓝图，提出了"三步走"的战略和达到目标所要实施的"6+1"战略，还提出了"两个瞄准"。通过几年的努力，我们学校的声誉在不断提升。暑假前，我校进入QS亚洲大学排名前100强，位居第96位，在进入排名的中国内地大学中，排名第18位。前两天，在QS公司最新发布的"QS世界大学排名2012/2013"中，我们首次进入"QS世界大学排名"500强。这都是可喜可贺的事情，说明只要努力就会有收获、有进步。只要我们努力，我们的目标就能实现。

其次要把握好我们学校精神文化建设的理念和有关工作部署。学校党委在学习实践科学发展观期间,提出了"解放思想、改革开放、激情进取、科学发展"的要求;提出了"三服务理念",即"干部为教师服务,教师为学生服务、全校为人才培养服务";凝练了四句话的育人目标,即"高远的理想、精深的学术、强健的体魄、恬美的心境"。我们还在广泛征询意见的基础上,经过反复讨论和酝酿,发布了新修订的学校校训,即"德以明理、学以精工",把"团结、勤奋、求实、创新"明确为校风,把"实事求是,不自以为是"明确为学风。在机关干部队伍建设方面我们还提倡"起身迎送,把话听完,意见明确,抓紧办理,必有回音"的行动规范。近几年还开展了校园文化"九秩"工程的建设活动,建立了校史馆、出版了学科专业史等。另外,各基层单位也根据本单位的实际开展了各自的文化建设工作。以上这些,为构建和完善我们北京理工大学的精神文化体系打下了坚实的基础。

以上讲到的学校中长期发展目标、发展战略、校园文化建设的理念,都是我们学校各级党组织集全校师生员工的智慧而凝练出来的,都是我们全校师生员工共同努力的结果,是指导我们今后一个时期的行动指南。基层党委书记应该认真地把握,并着力地去宣传,去贯彻落实。

(3)牢牢把握学院的发展方向

基层党委书记要和行政一把手一起,把本单位的目标和学校的发展战略统一起来谋划,要围绕学校层面的重要部署分解学院的目标。在这里我要强调的是,学校党委已经要求每个学院和学科都要确定作为自身参照系的国内外一流或高水平的同类型学院、学科,使我们的学院、学科学有方向、赶有目标,并争取与之建立联系,互派学生、教师加强交流与合作。我经常说的要同高手"过招",就是这个意思。进而,为保证学校提出的"三步走"的战略目标如期实现而努力奋斗。书记在平时的工作中还要积极督促学院教学、科研、人事、财务、学生管理等工作按章运转。

2. 营造好氛围

党委书记要积极思考如何去营造利于发展的好氛围。好的氛围能够把大家团结起来,让事业兴旺发展;不好的氛围阻碍人际交流,阻碍事业的发展。党委书记就是要通过自己的努力，带领大家把本单位本部门的氛围创造好、营造好。

如何做到这一点？我体会，党委书记尤其是新上任的同志，要积极去了解本单位的历史和现状，去熟悉本单位的文化传统。我知道有的单位党委书记上任后找教师逐一谈话，了解每个人的情况和需求，这就是很好的方式。还要善于化解矛盾，善于团结好大多数人，但是不忽略少数人的利益诉求。尤其在政策的制定和执行时，书记要秉持公道正派，比如涉及教职工和学生切实利益的，如职称评审、各种评比、评选、保研、岗贴分配等，一定要公开透明。同时，书记还要考虑全面，让大家有充分表达的渠道与机会。营造好氛围就是要让本单位的人心情舒畅，心气顺了才能更好地开展工作。

3. 带头抓好党的建设工作

从学校层面看，党建工作主要有领导班子建设、干部和人才队伍建设、党风廉政建设、基层组织建设、宣传和思想政治、安全稳定、群团统战和离退休干部等工作。近些年，我们学校党委根据中央和上级党组织的要求，结合学校党的建设的实际情况，提出了党的建设工作要"在改革中完善，在创新中发展"，并提出要把"围绕中心抓党建，抓好党建促发展"落到实处。学校党的建设和思想政治工作在继承良好传统的基础上有了稳步的发展，特别是我们学校党委根据中央精神，并结合学校实际开展的"学习实践科学发展观活动""创先争优活动""基层组织建设年活动"等，都取得了不错的效果。

具体到学院和基层，应该说学校层面的工作，也是基层党委的工作。因此，希望各位基层党委书记也都要予以关心。但是，由于工作的性质和覆盖面的不同，基层党建工作在基层领导班子建设、基层组织建设、党员队伍建设、师生思想政治工作等方面更突出一些。这是基层党委书记们要着力抓好的工作。

首先，要把领导班子建设列为首要任务。俗话说"火车跑得快，全靠车头带"，"工作好不好，关键看领导"。可见领导班子建设的重要性。实践也反复证明，哪个单位的领导班子坚强有力，哪个单位的工作就做得好。其次，要把基层组织建设好。主要是着眼于如何把党的支部建设好。要把提升党支部活力和凝聚力作为工作的重点。这里首先强调的是党支部工作要规范化，支委会该开的一定要开，支部活动该搞的一定要搞，当然活动形式一定要创新。最后，在党员队伍建设上要着重发挥党员的先锋模范作用，同时要做好党员和入党积极分子的教育和培训工作。

从当前来看，党的基层组织建设特别是基层党支部建设，存在很多薄弱环节。比如，如何把党的支部书记选好配强，如何创新党支部的活动形式、丰富活动内容，如何适应体制机构的变化搞好党支部设置，等等。总之，随着学校事业的快速发展，原来的工作方式方法和机制体制可能已不能满足工作的需要，需要我们去探索、去创新。希望我们的党委书记带头做好这方面的工作。

这里，结合前面组织部部署的迎接北京市的党建检查，我再说几句话。

2010年，北京市新修订了《北京高校党建与思想政治工作基本标准》，这是北京市考量我们党建工作的重要尺度。今年，北京市将要对标准实施情况进行检查，这是我们今年党建和思想政治工作的重点。因此，我们提出"要以迎接检查来促进我们的工作"的指导思想。希望各位书记在各自的单位做好动员和部署。我们学校党的建设工作，一直以来基础都很好，而且近年来都有一些新的做法和举措，并取得了比较好的效果，我们要保持自己的优势和特色。但是，也要看到我们的问题和不足，要以这次迎接检查为契机把我们的工作做得更扎实、更细致。另外，从去年开始，工业和信息化部也在谋划启动"一提三优"工程二期建设，其中的一个"优"就是党建创优，并委托我校组织制定党建创优标准。今年内，这个标准将会正式出台，这也是需要我们基层党委给予高度关注的，要在工作中认真比对以上标准来做好基层党建工作。

还有党的十八大以后，会有新的精神、新的举措需要我们认真学习，作为党委书记，都要有这方面的敏感性和提前谋划。

二、厘定位

明确了职责，了解了作为基层党委书记该从哪些方面去开展工作，下一步，就要求我们"定位准确"，也就是我们常说的"到位不缺位，到位不越位"。

如何定位准确，我想有三个重要的关系要把握好。

1. 把握好与院长（行政负责人）的关系

这是非常重要的一点。如何把握，我的体会，首先是要了解领导体制的性质和特点。学院和学校两个层面既有相同点，又有不同点。相同点是两级党委都要起核心作用，都要带头贯彻落实中央和上级组织的方针政策，都要把握学校、学院或基层单位的发展方向。不同点是领导制度有所不同：学校层面实行的是"党委领导下的校长负责制"，学校党委起领导核心作用；学院层面实行的是"党政联席会议制度"，学院党委起政治核心作用。学校实行党委领导下的校长负责制，是党委集体决策学校的改革发展中的重大问题和重大项目，并支持校长在教学、科研和行政管理等方面独立大胆地开展工作；而学院实行党政联席会议制度，是党政班子成员召开联席会议，集体讨论重大事项并作出决策，然后再按分工去抓好落实。

工作实践中，无论是学校层面还是学院层面，也无论实行什么制度，很重要的一点就是要处理好党委和行政主要负责人的关系。学校层面是书记和校长的关系，学院层面就是书记和院长的关系。

这里我重点讲一下党政联席会议制度，2010年修订的《中国共产党普通高等学校基层组织工作条例》中，对于"高等学校院系级单位党组织的主要职责"有明确规定：通过党政联席会议，讨论和决定本单位重要事项，支持本单位行政领导班子和负责人在其职责范围内独立负责地开展工作。这表明中央已经有了比较明确的提法和要求。那么，既然是会议制度，就涉及谁主持的问题。我也听到过有人议论过这个问题。有人说"叫党政联席会，而不叫政党联席会，就应该由书记主持"，也有人说"党政联席会议讨论和决策的事情以教学、科研与行政方面的重要事项为主，因此应该由院长主持"。实践中，既有书记主持的，也有院长主持的，都很成功。据了解，目前"211"和"985"高校大部分是院长主持。我倒是有个建议，可以从实际情况来定，可以根据会议内容的不同来确定谁来主持，谁来主讲。如果是行政类的，则可以由书记主持、院长主讲；如果是思想政治类的，可以由院长主持，书记主讲。但是这些只是形式，核心还是院长、书记配合好、沟通好。

还有一点,就是排序问题,是党的负责人在前,还是行政负责人在前。据了解,有的学校是书记排在前,院长排在后,有的则反之。目前,在"211"和"985"高校中院长排在前的居多。

总而言之,要处理好这个关系可以讲很多点。但是,我体会"大事讲原则,小事讲风格","谦让和互补"比什么都强。

在工作中,党委书记要积极支持院长做决策,尤其是在学科建设、教学科研,对外交流、师资队伍建设等关系学院发展的重大问题上,不要去刻意和院长争夺话语权,多站在院长的角度去考虑问题。如果你们两个能够达成共识,并努力推行此事,那么就会给班子其他成员传递信息和信心,就会比较顺利地去推行;反之,如果不支持甚至是相互拆台,让其他人会很难办,久而久之,班子的凝聚力就降低了,院长和书记的威信也降低了,整个单位的士气受影响,人心一散就肯定会影响到学院的发展。从学校实际来看也是如此,这些年那些发展好的学院和单位,书记与院长的配合都比较默契,关系都比较协调。

当然,在现实中难免会遇到书记和院长意见不一致的时候,可以多交流、多沟通,实在达不成一致可以放一放、缓一缓。我认为一方面我们要从制度和管理上更完善一些;另一方面,我们的书记还是要更有胸怀一些、更大度宽容一些,能够主动给院长补台。

2. 把握好与班子其他成员的关系

毫无疑问,院长和党委书记应该一起对班子的建设负重要责任。但是,如果从"班子建设是大党建"这个角度看,党委书记在其中应该起更大的作用。

首先,书记要和院长一起塑造一个团结的班子。书记要善于调解班子成员因工作产生的分歧,要主动化解矛盾,不要陷于老问题跳不出来。建设和谐的班子,还要努力做到,经班子集体讨论决策的事情,对外只能有一个声音,没有杂音,这一点一些单位有比较好的传统。

其次,书记还要带领班子积极开展学习活动,要把理论学习中心组工作抓好。要针对工作中出现的新情况、新问题确定学习研讨题目。也就是说,要把开展理论学习中心组活动与建设学习型班子结合起来;还要把好党风廉政的关口,要经常给班子成员提一下醒，要在建设风清气正的领导班子方面做表率；要督促班子成员激情进取、奋发有为，切实负起责任，让大家不断争上游、争先进，建设有作为的领导班子；此外，作为党委书记，还要和行政一把手一起谋划班子的后备干部，建设好梯队，为本单位事业长远发展打好基础。

3. 把握好与单位教职工的关系

一名基层党委书记给人的总体形象应该是"政治要强、作风要实、为人要善"。这就要求书记不仅要有坚定的理想信念，对党和国家事业的忠诚，在政治素养上也要比别人高出一截。同时，基层党委书记还应有务实的工作作风，要讲诚实、守信用、敢担责，在工作中实事求是，公道正派，严于律己，宽以待人。他应该是单位教职工可以信赖的人，是一个可以倾诉的对象。

要经常关心和了解本单位教职工的工作生活情况。对于本单位离退休的老同志也要关心关怀到位，落实党委提出的对他们这个群体"高看一眼、厚爱一分"的要求。另外，对于新时期、新形势下的一些问题，我们的党委书记要有足够的敏感性，比如宗教向学校的渗透及其对教职工和学生的影响必须重视，心理问题导致极端事件也比较多，极个别教师的师德作风问题，社会不良思潮风气对我们党的建设的影响问题，诸如此类的都需要我们做好应对的准备。

三、讲方略

明确了职责，找准了定位，如何开展好工作？掌握正确的工作方法很重要。所谓正确，就是科学的方法，当然，科学的方法含义很广，具体到我们党委书记，我觉得有以下三种方法尤其需要我们掌握。

1. 调查研究的方法

邓小平同志1978年在全军政治工作会议上指出："工作能不能落实，关键在于领导干部是不是以身作则，深入部队，调查研究，从实际出发，分析问题，解决问题。"① "纸上得来终觉浅,绝知此事要躬行。"调查研究不仅是一个工作路线和工作方法问题,而且也是领导干部工作水平和成熟程度的重要标志。

每一个领导干部都应把调查研究当作一门科学来对待,既不把它看得可有可无,也不能把它当作额外负担,要以高度的事业心和实事求是的科学态度,强化调研意识,不断提高调研水平。领导干部要搞好工作,有所创新,必须不断地开展调查研究。只有通过对实际问题的调查研究,你才能正确认识面临的新形势和新任务;才能统揽全局、驾驭局势;才能了解教职工需要,掌握教职工的愿望,把好事办在大家心坎儿上;才能提高领导能力和决策水平,实现科学决策和民主决策。基层党委书记要掌握调查研究的方法,要能够深入到本单位教职工之中去,还要善于去学习借鉴别的单位好的经验,方方面面的情况都了解到了,心中有数了,做起决策来就会有把握。

2. 沟通交流的方法

研究表明,人与人之间85%的矛盾来自沟通不良导致的误解,因此沟通是化解矛盾与误解的最好方法。基层党委书记经常要调解矛盾,要开展思想工作,要面临大量的沟通交流情况,因此掌握好沟通交流的方法也是很有必要的。在管理学上讲是"有效沟通",如何达到有效沟通?首先是要学会尊重别人,心理学家威廉·詹姆士说:"人性中最为根深蒂固的本性是渴望受到赞赏。"每个人都有渴望尊重的要求,尊重也是信赖的开始,你赢得了对方的尊重,也就赢得了对方的信赖,他就愿意同你坐下来谈。其次是要把心沉下来,要善于倾听,及时答复。我在机关中一直提倡要"起身迎送,把话听完,意见明确,抓紧办理,必有回音",其实就是要大家有一个好的倾听态度,认真地听别人的想法,及时地反馈意见,从而赢得群众的信赖,由此也才能凝聚人心,团结师生员工干事业。这方面,我想在座的各位书记应该都有自己的一些心得和经验。

---

① 《邓小平文选》(第二卷),人民出版社1994年版,第124页。

3. 抓典型的方法

抓典型是开展党建与思想政治工作非常行之有效的方法。党建工作开展得好不好，有没有成效，是否涌现出先进典型是一个重要的标志。典型人物、典型事迹、典型组织需要我们去挖掘、去凝练总结。这些年，我们在全校范围内也做了很多工作，比如向毛二可院士团队的学习、向李盼兴同志学习等。树立典型，就是你在支持什么、倡导什么，是一种导向，是党委书记要掌握的重要方法。

怎样去树立典型，我觉得要看成绩、看主流，"金无足赤，人无完人"，不能以小故妨碍大美，对于争议，要有客观的分析，不能人云亦云，要敢于咬得住，把争议的焦点搞清楚，不要轻易为他人言语所左右，这也需要我们书记有一定的魄力。树典型还要求我们讲党性、讲原则，不能以个人好恶为标准，对于树立的典型，还要注意在思想和工作上主动关注和照顾，要多关心、敢撑腰，不能让典型受到冷遇。

第六章 围绕中心抓党建,抓好党建促发展

作为中国共产党创建的第一所理工科大学，北理工坚持服从党的统一领导，继承延安精神。传承军工红色基因是学校的使命，也是学校改革发展的根本保证。要把"围绕中心抓党建，抓好党建促发展"作为党建和思想政治工作的基本原则。要创新学校党建和思想政治工作，开展"党群零距离"、"五个三比"、党建带团建、树典型学先进活动，不断提高学校党建和思想政治工作的质量和水平，为实现学校世界一流理工科的奋斗目标保驾护航。

在改革中完善，在创新中发展[①]

一、以解放思想、激情进取的精神状态，大力推动学校改革发展

党的十七大提出了继续解放思想的命题，要求全党坚持解放思想、实事求是，抓住和用好战略机遇期，完成时代赋予的崇高使命。面对快速发展的高等教育形势和日益激烈的高校之间的竞争，学校党委认识到，没有思想上的重大解放，没有观念上的与时俱进，就没有学校党建工作的新思路、新境界。为此，全体教职员工尤其是领导干部要以解放思想、激情进取的精神状态大力推动学校的改革发展。

1. 引导领导干部和师生员工不断增强解放思想、改革创新的意识

通过进行党委理论学习中心组活动、举办干部培训班等方式，引导领导干部和师生员工不断增强解放思想、改革创新的意识，明确提出要在新的历史起点上实现学校新的跨越，就必须继续解放思想，敢于冲破传统观念的束缚，在工作内容、发展方式、体制机制、评价体系等方面进行大胆探索；要"跳出兵器看兵器""跳出北理工看北理工"，坚持"聚焦特色谋发展、激情进取创一流"，不断增强忧患意识和使命意识；要坚持"两个瞄准"，紧紧抓住建设创新型国家和人力资源强国，以及划归工业和信息化部管理的历史性机遇，自觉把学校的发展融入国际、国内和行业的大局之中。

2. 引导领导干部和师生员工树立激情进取的精神状态

要干事创业，有良好的精神状态至关重要。党委提出要从学校多年来坚持的

[①] 2010年10月22日在北京市党建和思想政治工作先进校评选会上的发言摘录。

延安精神中寻求激情，弘扬当年老前辈创建延安自然科学院、建设北京工业学院的奋斗精神，克服困难，推进工作；要从学校多年来形成的党建和思想政治工作光荣传统中寻求激情，发挥善于凝聚力量、攻坚克难的优势，树立强烈的事业心、责任感和主人翁精神，追求卓越、积极进取，求实求是抓好各项工作任务的落实，努力将学校党建和思想政治工作的优势转化为人才培养、科学研究和社会服务的优势；要从面临的机遇和挑战中寻求激情，拥有"逆水行舟，不进则退"的紧迫感，找到差距，不甘落后，奋起直追，加快发展。

3. 引导领导干部和师生员工更新观念，创新办学理念

为落实教师为主导、学生为主体的办学思想，学校提出了"干部为教师服务，教师为学生服务，全校为人才培养服务"的"三服务"办学理念。要求全校师生员工真正把人才培养作为学校办学的根本任务，把提高人才培养质量作为学校改革发展的永恒主题。管理干部要不断改进工作作风，将"管理就是服务，服务就是责任"落实在日常工作中；教师要适应学生多样化成长、成才的需求，把主要精力放在不断深化和创新人才培养模式上；大学所有工作要与人才培养相衔接，充分体现教授治学，发挥学术骨干的积极性，将政策和资源向教学、科研一线倾斜，把"教书育人、管理育人、服务育人"落实在教学、科研、管理、服务的方方面面，创建全方位育人新局面。

4. 引导领导干部和师生员工勇于变革，大力推进体制机制创新

学校领导班子针对制约学校发展的关键问题，保持勇于创新的锐气和攻坚克难的干劲，大力推动体制机制创新。按照工理管文协调发展和理工结合的思路，对学院建制进行调整，整合设立4大类17个专业学院；进一步下放管理权限，使学院逐步成为具有自主管理、自我发展、自我约束能力且责任权利相统一的办学主体。贯彻国家"大部制"改革精神，先后将学校机关和直属单位19个处级单位进行整合，压缩处级干部职数22个，管理人员总体缩减10%，为"建设服务型机关""管理重心下移、加强学院建设"奠定了基础。成立督办室和高层次人才办公室，着力加强督察督办工作和高层次人才培养引进工作。成立基础教育

学院，按照教育、教学、管理"一体化"思路，强化通识教育和素质教育，为提高本科生培养质量搭建了很好的基础平台。选择武器、信息、航天三类学科和专业作为试点，探索"本硕博贯通培养模式"，培养未来国防科技领军人才。坚持党管人才，大力引进高层次人才，2008年起实施面向海内外招聘全校所有学院院长，引进了一批德才兼备、学术水平高的新院长。此外，还把一批有学术背景、懂管理知识的干部配备到基层党委书记岗位上，显著改善了学院院长、书记群体的结构，为学校带来了新气息、新气象。理顺科研管理体制，组建科学技术研究院，为我校科研工作稳步提升提供了体制保障；整合力量，集中资源，组建火炸药研究院，得到了国家有关部委和兄弟院校的支持与肯定；创建学部制度，推进学术管理，发挥教授治学作用，促进学科交叉融合。深化后勤改革，成立新的后勤集团，引入系统管理和质量管理，服务满意度逐步提高；积极推进产业规范化建设，组建资产经营公司，统筹学校经营性资产，保证国有资产保值增值。

二、不断强化党委在高水平研究型大学建设中的领导核心作用

学校党委认真贯彻党的路线、方针、政策和上级指示精神，全面加强党的思想建设、组织建设、作风建设、制度建设和反腐倡廉建设，牢固树立抢抓机遇、加快发展的战略思维，始终站在时代前列谋划学校的改革和发展，坚持"抓大事、谋全局"，把创建高水平研究型大学作为第一要务，注重围绕教学、科研和社会服务中心工作，更新办学理念，抓好工作落实，使党委始终成为学校改革发展建设的坚强领导核心，有力推动了高水平研究型大学建设。

1. 始终坚持中国特色社会主义办学方向

学校党委始终把培养德智体美全面发展的社会主义事业建设者和接班人作为根本任务，弘扬延安精神，全面推进素质教育，不断加强和改进新形势下大学生思想政治教育工作。与此同时，学校党委始终坚持社会主义教育的根本宗旨，坚持为人民服务，为社会主义现代化建设服务，为建设创新型国家服务，致力于提升为工业化、信息化、国防现代化建设服务的能力，为走中国特色新型工业化道

路提供更多的高水平创新型人才和原创性科研成果,努力办成让人民满意的中国特色社会主义高水平研究型大学。在这样的办学方向指引下,我校各类毕业生到国防行业的就业比例高,用人单位对我校毕业生的政治业务素质和工作稳定性给予了高度评价。

2. 以聚焦特色、争创一流为目标,不断加强战略谋划

在深入开展学习实践科学发展观活动中,校党委通过全面学习调研,分析了学校面临的形势和任务,提出了八个方面的工作思路,广泛形成了共识。在此基础上,学校第十三次党代会提出了"到2015年,成为国内一流理工科大学;到2020年,成为理工为主的亚洲一流大学;到2040年,成为特色鲜明、理工为主的世界一流大学"的中长期发展目标。此外,还明确了"理工并重、工理管文协调发展、多学科交叉融合、强地、扬信、拓天"的特色发展路径,确立了"学科优化""强师兴校""教育创新""科研提升""开放发展""深化改革"六大战略,为学校今后一个时期的发展指明了方向。

3. 把抓好落实作为"围绕中心抓党建"的具体举措

学校党委把重大决策的落实工作,作为加强党的领导和"围绕中心抓党建"的具体举措认真做好。例如,学习实践活动后续整改落实工作,经过努力,取得明显成效。校级领导班子整改方案50项工作中,明确在2010年6月前完成的24项工作已落实,在2010年年底前完成的8项工作进展顺利,其余18项需要中长期完成的工作也均已启动,正在积极推进。

更可喜的是随着整改落实工作的扎实推进,干部师生对科学发展观的认识提高到新水平,科学发展的思路进一步明确,氛围进一步浓厚。主要表现在以下三个方面。一是,重视解决影响和制约学校科学发展的突出问题。比如,针对多校区办学的实际,进一步明确了各校区功能定位,修订完善了各校区规划;克服困难,扎实工作,积极推进办学资源优化调整,重点向教学科研一线倾斜;调整学科布局,优化学科结构,明确了"工科优化发展、理科加快发展、管理和人文科特色发展"的思路;培养和引进并举,制订和完善各类人才计划,高水平人才

数量迅速增长等。二是，重视解决关系师生员工利益的突出问题。比如，经过大力协调，为部分青年教师发放了校内附加住房专项补贴；加快北院和良乡校区教师公寓的建设工作，积极联系与良乡幼儿园、小学、中学的共建；推进校园环境综合整治工程，完成了机动车出入管理改革，校园内交通压力得到缓解，师生的学习、工作、生活环境得到进一步改善；实施"温暖工程"和"健康工程"，主动做好对家庭经济困难学生、学习困难学生、心理困惑学生和生活困难职工的帮扶工作；等等。三是，重视解决领导干部党性党风党纪方面的突出问题，进一步加强干部作风建设，坚持"三服务"理念，要求管理干部以服务的心态做好管理工作，主动与一线教师接触，为一线教师服务。机关党委还组织了"创建学习型、服务型机关"的主题活动，机关职能部门和广大干部为教师和学生服务的意识和能力进一步增强。

4. 在党的坚强领导下，学校发展取得了可喜的成绩

2008年以来，学校新增教育部长江学者奖励计划特聘教授、讲座教授9名，国家杰出青年科学基金获得者5名，教育部长江学者创新发展计划团队2个，新世纪"百千万"人才工程国家级人选4人，教育部新世纪优秀人才23人，"千人计划"工作进展顺利，高水平人才增量创历史新高。2008年、2009年，我校牵头获得国家科学技术奖励数量分别排在全国高校第4位和第6位，年度科研经费均突破10亿元。2009年，学校获批国家自然科学基金总经费超过5000万元，其中获得重点项目数位居全国高校第13名，工业和信息化部直属高校第1名。2010年我校进入ESI学科领域排名的学科数由2009年的2个（化学、工程）增加到3个（化学、工程、材料）。获国家级教学成果二等奖5项，北京市教育教学成果奖16项，其中一等奖7项。2009年，电动车辆国家工程实验室挂牌运行，新获批2个教育部重点实验室、1个教育部工程中心、1个北京市工程研究中心、5个北京市实验教学示范中心。根据2010年5月12日英国《泰晤士高等教育》期刊与英国高等教育调查公司联合发布的全球大学排行榜，在亚洲区大学排名中，北京理工大学的排名提升14位，在进入"亚洲大学排名200强"的中国大学中，我校排名第17位，比2009年提升3位。

学校积极推进良乡校区建设。截至目前，完成基本建设投资10亿元，建成基础教学设施、学生生活设施、基础配套及市政附属用房等22.7万平方米，顺利实现了我校2007、2008、2009级本科新生入住新校区，显著改善了办学条件，为实现学校远景规划和战略目标奠定了坚实基础。

三、以提高思想政治素质和办学治校能力为重点，加强领导班子建设

高校党的建设，关键在人，在领导班子。学校党委不断加强领导班子建设，着力在提高思想政治素质和办学治校能力上下功夫，努力把校院两级领导班子建设成为善于推动科学发展、促进校园和谐的坚强领导集体。

1. 积极探索，促进决策的民主化、科学化

学校一切管理工作坚持党委领导下的校长负责制。为了实现决策民主化和科学化，进而更高效地治校理教，学校进行积极探索。

首先，厘清职责任务。坚持党委是最高决策机构，重点在于集中精力研究、谋划、决策对学校有全局意义和重大影响的大事，起到总揽全局、协调各方的作用；校长依法行使行政职权，创造性地处理教学、科研和行政管理事务。其次，遵循各自原则行事。党委全委会、常委会实行委员会制，强调集体领导，实行民主集中制的领导制度，遵循少数服从多数、个人服从组织的原则；在党委及其常委会重大决策基础上，校长办公会体现行政首长负责制，侧重落实具体行政工作，讲求决策效率，让校长独立负责地大胆开展工作。最后，具体实践中，党委书记、副书记一般不参加校长办公会，而是召开党群工作会议，主要是研究落实党委会或常委会决定的有关党群方面的工作任务，参加人员是党委书记、副书记、纪委书记以及党务部门负责同志。

实践证明，这样的方式产生了比较好的效果。这样既坚持了科学民主决策，又体现了"抓大事、谋全局"，同时，也保证了党委主要领导抽出更多的时间深入基层、深入实际，推动重点工作，抓好任务落实。在工作实践中，我们还实施了任用重要干部票决制，健全和规范党委常委会向全委会定期报告工作并接受监

督制度，正处级干部任免征求党委委员意见制度；对学校发展战略等重大事项，加强决策咨询工作，广泛听取党员、群众、基层干部的意见和建议，特别是注重听取教授的意见，保证教授治学理教的知情权、参与权和决策权。在实际工作中，书记和校长相互尊重、密切配合，班子成员敢于负责、大胆工作，营造了融洽协调、团结一致的良好氛围，为各项工作的顺利开展打下坚实基础。

2. 加强领导班子思想政治建设

思想政治素质是领导干部素质的灵魂，思想政治建设是领导班子建设的核心。首先，注重抓好党委中心组的理论学习工作，坚持党委书记一把手负责制，不断完善"制订学习计划、确定专题内容、认真调查研究、明确重点发言人、及时编印简报"这一套行之有效的学习制度；形成了专题学习、调研学习、集中培训、专家辅导学习、扩大研讨学习等多种学习形式；坚持理论联系实际，围绕贯彻《教育规划纲要》、基础研究与自主创新、学科专业建设、节约型校园建设、学校 ESI 和 SCI 收录情况等重大问题进行了学习研讨，将学习理论与推动工作相结合，增强理论学习的实效性，实现了"要我学"到"我要学"的转变。

其次，坚持召开寒暑假党委常委务虚会，会前做好调研工作，精心准备会议学习资料，会上跳出具体的事务性工作，围绕工业化、信息化、国防科技工业和高等教育发展的最新形势，对学校改革发展的重大问题作战略性、前瞻性研究和讨论，注重从横向和纵向对比中明确学校发展所处的历史方位，不断增强思想解放的敏锐性，保持开拓创新的锐气。

3. 加强办学治校能力建设

办学治校能力是党的执政能力在高校的具体体现。学校领导班子始终坚持正确的办学方向，不断提高用马克思主义中国化最新成果统领学校教学科研的能力，提高领导学校改革发展的能力，提高建设和谐校园的能力。

结合学校实际，党委提出领导干部要具备开放的视野、战略的思维、过硬的本领、务实的作风、高尚的品质，不断提高洞察预见的能力、统领决策的能力、聚集人才的能力、融资建设的能力、营造环境的能力、思想政治工作的能力、学习提高的能力和拒腐防变的能力。在具体实践中，我们注重督促组织班子成员去解决比较复杂的实际矛盾和长期积累的困难问题。比如，面对学校办学资源分散，教学科研用房不足的问题，学校领导班子攻坚克难，积极推进资源调整，通过细致的工作，把机关后勤部门使用的主楼、新后勤办公楼和老1号楼分别腾给管理与经济学院、软件学院和继续教育学院。初步测算，通过资源调整，全校教学科研用房面积增加了54%，机关、后勤和产业系统的房屋面积减少了18%，实现了"办公用房向教学科研一线倾斜"的目标。

4. 加强干部作风建设

抓好作风建设是领导班子建设的关键环节。坚持聚焦中心、服务基层，引导干部员工自觉做到"心向基层想，眼朝基层看，腿往基层跑，事为基层办"，把教师工作的难点作为自己工作的重点，把解决教学科研工作中的问题作为管理工作的主要内容。坚持树立求真务实的工作作风，要求领导干部精通本岗位业务，带头少开会、开短会，简化工作程序，提高工作效率，为部门和基层减轻负担；着眼于解决突出问题，发扬当机立断、雷厉风行的务实作风，切实做到察实情、讲实话、出实招、办实事、求实效；建立和完善干部目标责任制，通过加强督办、定期检查等途径督促各个环节的工作落到实处。坚持密切联系群众，进一步完善了校领导接待日制度、联系院系和学生班级制度、联系离退休教职工支部制度；每周都安排学校领导在良乡校区带班，深入联系班级座谈交流，解决校区师生的实际困难；校领导经常深入所联系的学院，共同研讨学院发展建设中的重大问题；坚持把为师生办实事好事列入学校和有关部门年度工作安排，年初布置、年终总结考评，深受群众好评。

5. 坚持抓好党风廉政建设

党风廉政建设是领导班子建设的重要保证。坚持在党员和干部中广泛开展党风廉政教育活动，不断完善教育、制度、监督并重的惩治和预防腐败体系，注重从源头上治理领导干部违法违纪现象，严肃查处违纪行为。抓好领导干部廉洁自律工作，领导班子成员坚持节假日廉政情况报告、个人重大事项报告以及述职述廉等制度。书记和校长带头履行好廉政要求，对班子成员的廉洁自律情况严格管理和监督，对出现的苗头性问题，能够经常提醒，不护短，不包庇。扎实推进惩防体系建设，严格执行党风廉政建设责任制，在教育监督以处级以上干部为重点的同时向科级及其他关键岗位人员延伸，在以廉政建设为重点的同时向勤政建设延伸，在以廉政监察为重点的同时向效能监察延伸。

6. 加强学院领导班子建设

进一步理顺学院工作体制和运行机制，建立和完善了学院党政联席会议制度，学院的重大事项通过党政联席会议讨论决定。学院党的书记主动围绕中心工作抓好党建，和院长一起组织重大问题的讨论和决策，支持院长在职责范围内独立负责地开展工作。党政之间相互支持，密切配合，在合作共事中加强理解，在相互支持中增进团结。比如，自动化学院领导班子集中在一个办公室办公，既提高了工作效率，又便于班子成员之间随时沟通、充分交换意见；在进行重大决策时，领导班子都会通过多种方式征求意见，真正做到了科学民主决策。该学院成立一年多以来，入选长江学者创新发展计划团队1个，培养长江学者奖励计划特聘教授、国家杰出青年科学基金获得者2名，获得国家级科研成果2项，年科研经费超过1亿元。

四、坚持以人为本，抓好干部队伍和师资队伍建设

在高水平研究型大学建设中，人是最根本的因素。学校党委始终坚持以人为本，把队伍建设作为推进事业发展最重要的工作。坚持统筹兼顾，把干部和师资两支队伍一并规划，努力建设一支具有改革创新精神、掌握现代科学文化和管理知识、懂教育、善管理、作风好的管理干部队伍，努力造就一支师德高尚、业务精湛、教风优良、结构合理、充满活力的高素质教师队伍。

1. 逐步建立和完善公平、合理的选人用人机制

学校党委认真贯彻执行《党政领导干部选拔任用工作条例》，制定了《处级

领导干部管理规定》及配套文件，进一步完善了交流轮岗、公开选拔、竞争上岗和常委会票决制等系列管理办法，形成了规范化的干部管理体系。坚持德才兼备、以德为先的用人标准，建立健全了主体清晰、程序科学、责任明确的干部选拔任用提名制度，不断改进民主推荐、民主测评工作，完善了公开选拔、竞争上岗和差额选拔等竞争性选拔干部方式。按照"民主、公开、竞争、择优"八字方针，严把初始提名关，严把组织考察关，严把群众公认关，严把讨论决定关，扎实做好三年一次的处级领导班子换届和干部竞争上岗工作。

2006年，北理工在北京高校中第一个采取了规范化的笔试、面试和心理测试等选拔方法；2008年，进一步完善并严格实行了干部任免常委会票决制度，对全部中层正、副职干部的人选确定都进行了无记名投票表决。在学院院长公开招聘面试过程中，每次所有校党委常委都到场做主考官，并安排相当比例的学院教师和有关组织的代表出席并参加测评工作。参加不同场合测评的各类干部、教师累计达2000多人次。为考察新提拔干部，组织部门访谈的各类干部、教师超过760人次。2008年，学校所有中层干部的换岗、交流力度达到60%，平均年龄比上届降低近3岁，学历结构明显改善，少数民族干部比例达到4%，党外人士干部比例达到10.7%，女干部比例保持在25%以上。

2. 多层次、多渠道、大规模培训干部

坚持理论与实际相结合，培训与使用相结合，全方位培训与突出重点相结合、集中培训与实际锻炼相结合的原则，不断加强干部的管理业务知识和技能培训，不断提高干部的思想水平和综合素质。2006年以来，学校共举办7期累计1353人次参加的"处级以上干部专题研讨班"，6期累计500人次参加的"处级干部读书研讨班"，3期累计33人参加的"正处级干部境外培训班"，2期累计200人参加的青年管理干部读书研讨班，3期累计90人参加的"党外代表人士培训班"。制订优秀人才挂职锻炼工作计划，拓宽干部培养渠道和途径，选派多批优秀处级干部到国家机关、地方政府、高校以及企业和科研院所挂职学习锻炼，其中2008年首次组织5名处级干部到中科大挂职学习，收到比较好的效果。

3. 健全党管人才的领导体制和工作机制

坚持党管人才，是做好人才工作、实现学校科学发展的根本保证。党委坚持对人才工作的宏观领导，按照管宏观、管政策、管协调、管服务的要求，重点抓好战略思想的研究、总体规划的制订、重要政策的统筹、重大工程的设计、重点人才的培养、先进典型的宣传，把促进人才健康成长和充分发挥人才作用放在首要位置，努力营造支持人才干成事业、鼓励人才干好事业的校园环境。坚持"一把手"抓"第一资源"和"第一生产力"，成立了由书记、校长牵头的人才工作领导小组，全面负责人才规划的制订和落实工作。学校党委提出实施强师兴校战略，从学校发展战略全局出发，以调整结构、提高质量为目标，细致分析各重点学科的人才状况，明确了工作着力点。建立健全务实高效的协调机制，成立高层次人才办公室，进一步明确各职能部门抓人才工作的职责，形成整体合力。加强对专家学者政治上的关心和培养，经常听取专家学者的意见和建议，帮助他们解决实际困难。制作《耕耘之路》专题片，宣传我校近年来涌现出的杰出中青年学术骨干。

4. 统筹各类人才规划，完善考核评价体系

学校制订了"杰出中青年支持计划"等人才项目实施办法，逐步构建完善的人才引进和培养体系。制定《北京理工大学"徐特立特聘教授、讲席教授"实施办法》，引进与培养并举，努力造就一批活跃在国际学术最前沿和国家重大战略需求领域的杰出学者，以此带动学校相关学科领域水平的显著提高。印发了《北京理工大学引进人才暂行办法》，努力为引进的高层次人才提供良好的配套条件。积极做好海外高层次人才引进工作，将人才引进作为校领导出访活动的重要工作之一，加大招聘宣传力度，有针对性地积极物色人选。强化岗位职责和目标责任，加大聘期考核的力度，推行团队考核，建立了以业绩和能力为导向的分类考核评价制度及相应的分配激励制度，把教师从烦琐的短期考核和非学术事务中解放出来，使他们能潜心钻研学术。下大力气扶持青年教师成长成才。在2009年度专业技术职务评审中，加大了校内公开竞聘高级专业技术职务的力度，适当增加指标，为优秀青年教师创造发展空间，例如，35岁以下教授入选者和副高级专

业技术职务评审中参评及通过人员较 2008 年均有较大的增量。

五、积极发展党内民主，着力加强基层党组织建设

党的基层组织是党的全部工作和战斗力的基础。学校党委坚持围绕中心、服务大局、拓宽领域、强化功能，积极探索基层党组织围绕中心任务促进本单位科学发展的有效途径，通过推动党内民主、创建学习型党组织、开展"党群零距离，知心促发展"活动等方式，着力增强基层党组织的生机活力，使广大党员牢记宗旨、心系群众。

1. 积极发展党内民主

2004 年党委就出台了《关于加强党内民主建设的若干暂行规定》，落实党员的知情权、参与权、监督权，通过扩大党内民主带动学校民主管理，以增进党内和谐、促进校园和谐。坚持重大决策的专家咨询制度，在第十三次党代会报告起草、"十二五"规划和"985 工程"三期建设方案制订的过程中，都注重征求各学部委员、专家学者、统战人士的意见。充分发挥教代会民主管理、民主监督作用，注重倾听师生的意见和呼声，以学校改革发展的重大事项为中心议题，先后讨论了关于进一步提高本科教学质量的措施、"一提三优"工程实施意见、校区定位和办学资源调整等，同时认真做好教代会提案征集处理工作。在学校第十三次党代会期间，建立了代表提案制度，充分发挥他们在下情上达和参与决策中的作用。校院两级领导班子都坚持开好高质量的民主生活会，严格程序，会前领导班子成员之间充分沟通，会上开展积极认真的批评与自我批评，始终把高质量的民主生活会作为纠正缺点、促进工作、增强凝聚力的有效措施。在学习实践科学发展观活动期间，校级领导班子的民主生活会得到了上级组织的充分肯定，学校党委在中央部属高校学习实践活动视频会议上作了经验交流发言。

2. 高度重视学习型党组织创建工作

党委把推进学习型党组织建设列入各级党组织重要议事日程，认真落实抓学

习的工作责任制。对处级党员干部，确定不同时期的学习主题，通过院处级领导班子中心组学习、全校中层干部培训班等方式促进学习，此外，还设立了"干部在线学习中心"，为全校处级以上干部提供各类视频讲座和辅导资料；对一般党员干部，主要采取自学与干部培训相结合的方式。

3. 开展"党群零距离、知心促发展"活动

积极探索和创新党建工作方法，广泛开展"党群零距离"主题实践活动，"结对帮扶手牵手，解惑助学零距离""党员挂牌承诺制，管理服务零距离""党员群众心连心，扶贫助困零距离"等典型做法已经在北京市乃至全国高校都产生了较大影响。为群众办实事、好事，解决群众最关心的实际问题，凝聚群众共同奋斗，已在基层党支部蔚然成风。今年以来，党委继续深化活动内容，继承和弘扬我党优良的传统，增加了"知心促发展"的活动内容，完善了学校各级主管领导对下级的谈心谈话制度：校领导对分管的单位正职，单位正职对单位的副职及教职员工，党支部书记对所辖党员，都积极开展了谈心活动，充分交换意见，广泛形成共识。"党群零距离，知心促发展"活动切实密切了党群、干群关系，强化了党员为人民服务的宗旨意识，显著增强了党组织的创造力、凝聚力和战斗力。

4. 基层党建服务于中心工作

学校党委引导基层党支部坚持为教学科研服务、为广大党员服务、为师生员工服务，特别要在促进本单位中心工作上发挥作用。通过继续推动以学科组、课题组和创新团队为基础设立党支部，为党支部服务中心工作提供组织保障。比如，软件学院丁刚毅教授团队所在的党支部就充分发挥了战斗堡垒作用，在接到"北京奥运会开闭幕式全景式智能仿真编排系统"研制任务后，首先召开党员大会，达成了"国家利益至上，党员带头攻关"的共识；在此后300多个日夜中，每到外场试验和攻坚克难时刻，支部都召开支委会或党员大会，动员党员带头挑重担；在支部的坚强领导下，党员群众团结一心，放弃了所有的节假日，每天工作超过15个小时，圆满完成了任务，为精彩的奥运会开闭幕式作出了重要贡献，项目组先后获得"全国工人先锋号""科技奥运先进集体"等光荣称号。

5. 加强党建理论研究工作，提高基层党建科学化水平

学校成立了党建研究会，负责组织申报上级和学校党建研究课题。注重总结提炼基层经验，形成了富有特色的理论研究成果。2006年，《建立高校保持共产党员学习培训和经常性教育长效机制的思考》《先进性建设历史经验和新鲜经验的规律性》分获北京市教工委一、二等奖；2008年，《解放思想，改革创新，探求高等教育科学发展之路》《创新程序制度 建设党内民主长效机制》获"纪念改革开放30年暨北京高校党建研究会成立20年"征文活动一等奖。

六、做好思想政治教育工作，营造校园和谐氛围

学校党委秉承延安精神办学传统，以提升全校师生员工的社会主义核心价值追求为重点，以"高远的理想、精深的学术、强健的体魄、恬美的心境"为育人目标，通过加强理想信念教育和思想道德教育，加大校园文化建设的力度，会聚工会、共青团、老干部、统战人士等各方力量，不断探索新形势下思想政治工作的新途径和新方法，努力打造幽雅和谐、充满生机的校园环境。

1. 坚持用正确的理论和舆论做好教育引导工作

坚持不懈地用中国特色社会主义理论体系武装党员干部、教育广大师生，引导师生不断增强思想认同、政治认同、情感认同，增强坚持走中国特色社会主义道路的自觉性。不断巩固和发展马克思主义在意识形态领域的指导地位，加强对论坛、报告会等的管理，要求全校各级党组织和广大共产党员在政治上、思想上、行动上与党中央保持一致，尤其是在重大政治是非问题上必须具有政治敏锐性，明辨是非、坚定立场。强调教学行为是社会行为而不是个人行为，教师在课堂上不能用不成熟、不正确的观点误导学生。同时，结合"两弹一星"精神、载人航天精神的宣传教育，以及学习宣传毛二可院士及其创新团队先进事迹活动，加强对师生的理想信念教育和思想道德教育。坚持"严师责、提师能、树师表、讲师爱"的师德建设思路，坚持每两年评选表彰一批师德标兵和师德先进个人、

"三育人"先进集体和先进个人,及时树立教师身边的先进典型;在教师职称晋升、职务聘任、评选先进等工作中,实行师德表现"一票否决制"。

近年来,学校涌现了一大批优秀教师,国家教学名师王越院士始终坚持执教在本科教学第一线,在全国院士大会期间,他仍然请假回校上课;北京市教学名师李凤霞教授,用"敬业乃为师之根本、育人乃为师之天职、进取乃为师之法宝、创新乃为师之生命"诠释着她对师德的理解,成为一届届学生的良师益友。

2. 深化"两课"改革,开拓德育新阵地、新载体、新方式

成立直属校党委领导的马克思主义理论教研部,加强马克思主义理论学科建设和思想政治理论课教学工作,教研部被评为2009年北京市优秀教学团队,《思想道德修养与法律基础》被评为国家级精品课。深化德育答辩工作,通过开展入学德育开题、在读深度辅导、中期考核检查、毕业德育答辩等工作,引导学生在四年成长经历中对人生不断规划、审视和总结,树立正确的人生观、世界观、价值观;历经七年的不断发展与完善,已经形成了从入学到毕业"首尾相连"的全过程德育教育体系,得到中央领导同志的肯定。

学校还大力倡导丰富多彩的主题教育活动,形成了"聆听智慧""共青讲堂""名家讲坛""时事论坛"等一系列教育品牌。以学生军训和各种国防教育活动为载体加强军工文化传统教育,激发学生的爱国之情和报国之志。高度重视大学生心理健康教育工作,逐渐形成了心理危机干预体系完善化、个别咨询专业化、心理中心管理规范化的特点,2008年12月获得"北京高校学生心理素质教育示范基地"称号。

3. 加强综合治理,维护校园稳定

多年来,学校形成了党政主要领导亲自抓、主管领导具体负责,确定专门机构,专人负责落实的安全稳定工作领导体系。完善了处置突发事件的工作机制,制定了处置突发公共事件应急预案。加大科技创安工程建设力度,努力实现人防、物防、技防三位一体的防护模式;自主开发了"一键式报警应答系统",实现了与重点部位的无缝链接。全力以赴做好奥运安保工作,圆满、顺利、高水

平、高质量地完成了我校承担的各项奥运会和残奥会任务，实现了奥运比赛期间学校及场馆周边"零发案"的目标。

4. 加强以办学理念为核心的校园文化建设

推进学术文化、人才文化和创新文化建设，大力倡导潜心学术、诚信治学，营造尊重知识、尊重人才、关心教师、爱护学生的良好氛围，引导师生敢于突破、勇于创新、争创一流，真正使先进文化成为学校发展的"软实力"。以校庆70周年为契机，组织专人研究学校历史，编撰学科专业史，重在体现我校在不同历史时期为党和国家的教育事业、科技事业作出的贡献。按照高水平、高规格的要求，正在积极筹备徐特立教育思想研讨会。编辑出版了"北京理工大学文化建设丛书"。启动了延安校址纪念碑的设计和建设工作。在中关村校区、良乡校区图书馆建成了"院士厅"，在良乡校区图书馆落成了徐特立坐像。正在推进"司母戊鼎""钱学森和北理工""恒山石"等校园主题文化雕塑建设工作。

5. 会聚统战人士、工会、老干部、共青团等各方力量

学校通过培训、挂职锻炼、实职安排等措施，加快党外人士的成长成才；加强民主党派组织建设工作，目前已有民盟、民革、农工、九三学社等四个民主党派支部。建立健全劳动关系协调联席会议制度，继续在教职工就医、子女入学、集体购房等方面为教职工提供帮助。坚持对离退休老同志"高看一眼、厚爱一分"，关心离退休教职工生活，认真落实国家对离退休老同志的各种政策待遇；坚持对80岁以上离退休老同志发放"寿星慰问金"；开展走访慰问老干部、老工人、老教授活动；主动登门拜访，免费为无子女或子女不在北京的70岁以上离退休老职工提供家居维修服务等。对共青团工作热情关心、充分信任，支持团组织发挥好第二课堂在高素质创新人才培养中的作用，目前民族文化节、宿舍文化节等活动形成了校园文化建设的品牌工程，"深秋歌会""风采大赛"等活动已成为历久不衰的青年活动。

作为党创办的第一所理工科大学，依托党建优势，不断促进学校改革发展建设，是我校的传统和特色。近年来，学校党的建设在改革中完善，在创新中发

展，为学校各项事业提供了坚强的思想、政治和组织保证。总结经验，我们体会到：第一，学校党的建设必须始终服务科学发展，将"围绕中心抓党建，抓好党建促发展"的要求落到实处；第二，没有思想上的重大解放，没有观念上的与时俱进，就没有学校党建工作的新思路、新境界；第三，改革创新是决定高校前途的关键，特别是党建工作的改革创新，是保持高校蓬勃生机的法宝；第四，科学发展观是高校工作包括党建工作必须遵循的指导思想，要实现办学规模、结构、质量、效益全面协调可持续发展，必须走科学发展之路；第五，必须坚持把建设高素质领导班子作为重点任务，不断提高领导学校科学发展的能力和水平；第六，要充分发挥党员干部、党员教师、党员学生、党员工勤人员的先锋模范作用，引导全校共产党员保持激情进取的精神状态；第七，大学文化建设是高校党建工作借以促进学校发展的重要抓手，既要不断弘扬传统、凸显特色，又要把握时代脉搏，培育独具品格的大学文化，走和谐发展之路。

更新观念，与时俱进[①]

为进一步加强学校党组织的建设，提高党组织的凝聚力和战斗力，学校党委专门开展党组织建设工作的调研活动。

一、调研主题选择的意义

党的十七大强调："中国特色社会主义事业是改革创新的事业。党要站在时代前列带领人民不断开创事业发展新局面，必须以改革创新精神加强自身建设，始终成为中国特色社会主义事业的坚强领导核心。"当前，我校正处于发展建设新的时期，面临的形势对党建和思想政治工作提出了新的要求。如何团结和带领全校师生员工，解放思想，改革创新，激情进取，科学发展，努力提升学校核心竞争力，是党委必须回答的问题。因此，此次调研的主题是"以改革创新精神推进学校党建和思想政治工作"。我们希望通过调研和思考，进一步找准学校党委工作的着力点，充分发挥党委在学校改革发展中的坚强领导核心作用。

二、启示、思考与对策

1. 调研的启示

调研过程中体会到：第一，高校党建工作必须始终服务科学发展，"围绕中心抓党建，抓好党建促发展"；第二，没有思想上的重大解放，没有观念上的与时俱进，就没有学校党建工作的新思路、新境界；第三，改革创新是决定高校前途的关键，特别是党建的改革创新，是使高校发展保持勃勃生机的法宝；第四，

[①] 2010年2月党建调研成果报告摘录。

科学发展观是高校工作包括党建工作必须遵循的指导思想，要实现办学规模、结构、质量、效益全面协调可持续发展，必须走科学发展之路；第五，必须坚持把建设高素质领导班子作为重点任务，不断提高领导学校科学发展的能力和水平；第六，大学文化建设是高校党建工作借以促进学校发展的重要抓手，既要不断弘扬传统、凸显特色，又要把握时代脉搏，培育独具品格的大学文化，走和谐发展之路。

但是，我们也必须清醒地看到，面对新形势、新任务、新要求，学校党建工作还存在需要加强和改进的地方。第一，在"围绕中心抓党建，抓好党建促发展"上需要进一步下功夫，"就党建抓党建"、党建工作和中心工作"两张皮"的现象不同程度地存在，党的工作和中心工作结合得还不够紧密，从而使党建工作的针对性、实效性、主动性不够强。第二，"以人为本"特别是以教师、学生为本，充分发挥教师和学生的核心作用、主体地位还未得到充分体现。第三，领导干部的党性修养和作风建设需要进一步加强，有些党员干部思想不够解放，视野不够宽阔，战略思维能力不强，团结带领群众前进的能力有限；有些党员干部事业心和责任感不强，缺乏进取精神，工作作风不够扎实，碰到问题不解决，遇到矛盾绕着走，工作效率不高；有些党员干部放松了思想改造，党性修养不高，习惯于发号施令、推诿扯皮，为教师、学生、基层服务的意识不强。第四，基层党组织的凝聚力和战斗力需要进一步增强，党员的先锋模范作用需要进一步发挥。第五，党委充分调动教代会，民主党派、无党派人士的作用方面还需要进一步加强。

以上这些，都要求我们在继承好的传统的同时，不断解放思想、开拓创新，以改革创新精神不断推进学校党建和思想政治工作，不断提高工作水平，开创崭新局面。

2. 调研思考与对策

（1）坚持中国特色社会主义办学方向，始终站在时代前列谋划学校的改革和发展

通过调研，我们认识到：党委虽注重谋划学校的改革和发展，但在始终站在时代前列,根据国家和行业发展战略需求,着眼于国内外高等教育发展的最新动向,不断优化发展战略上略显不足;符合学校实际的发展思路、发展目标和战略举措需要进一步凝练;办学特色需要进一步凸显,办学质量需要进一步提升;人才培养工作需要加强,"重科研、轻教学"的情况还不同程度地存在;等等。

在谋划发展这一重大问题上,党委要在以下四个方面下功夫。

一是要谋划好发展思路。学校的发展,首先要明确和优化发展思路。"办什么样的北理工,怎样办好北理工?培养什么样的人,怎么培养人?"这是学校党委必须时刻关注的大事。学校党委必须坚持中国特色社会主义办学方向,始终站在时代前列谋划学校的改革和发展,其重点工作是把握方向、谋划全局、提出战略、制定政策,营造良好的环境和氛围,在全力推动学校科学发展进程中发挥主导作用。这就要求我们拥有开阔视野和战略思维能力,自觉把学校的发展融入国际、国内和行业的大局之中,主动、及时、全面地分析高等教育和我校所面临的形势与任务,顺应时代潮流,增强预见性,审时度势,推动学校又好又快发展。在这一过程中,要坚持用马克思主义中国化的最新成果武装党员,教育师生,要引导广大师生员工坚定不移走中国特色社会主义道路,把培养德智体美全面发展的中国特色社会主义合格建设者和可靠接班人、办让人民满意的高等教育作为我们的根本任务,为全面建设小康社会、实现中华民族伟大复兴贡献力量。

近年来,我校在第十二次党代会提出的分"三步走"的发展思路的指导下,取得了可喜的成绩。但是,随着形势的发展变化,需要我们本着与时俱进的精神,进一步修订和完善学校的发展思路。在这方面,国内许多高校结合自身实际确定了很好的发展思路,值得我们学习和借鉴。比如,哈工大确定了"以人为本、海纳百川,努力创建世界一流大学"的发展目标,并提出了"六大战略":开放式发展战略、人才强校战略、优秀人才培养战略、学科优化战略、创新科研战略、深化改革战略。又如,北航提出了实现"建设航空航天特色鲜明、工程技术优势突出,以理工为主、多学科协调发展的高水平研究型大学"的奋斗目标,以及以"质量、特色、创新"为主线,坚持"以学生为本,以教师为本"的核心理念,坚持"瞄准需求、整合资源、促进融合、创建一流"的工作方针。我们也要认真做好谋划,进一步提出符合学校实际的发展思路、发展目标和战略举措。

二是要处理好"三个统筹"。学校党委要以科学发展观为指导,还要配合和支持行政部门做好统筹工作,着力抓好人才培养、科学研究、社会服务三大任务的统筹,着力抓好学科建设、队伍建设、基地建设三大建设的统筹,着力抓好办学经费、内部管理、对外交流三件大事的统筹。最重要的是,要将九个方面有机结合起来,形成合力,形成有机协调的整体,形成学校持续协调健康发展、充满生机和活力的良好局面。

三是要坚持"有特色、高水平"。学校党委要在"有特色、高水平"上下足功夫。我们已经提出了要在巩固和发展兵器特色的基础上,打造信息特色和宇航特色;我们还要进一步凝练延安精神办学传统的特色。这就需要我们加强思考,客观分析自身的历史传统、学科特色、资源条件,科学合理地确定发展目标和路径,准确把握在什么方面实现突破,彰显优势。高水平,就是高标准、高质量、高效益,主要是一些领域能够培养出高素质拔尖人才,取得领先科技成果,提供高效社会服务,会聚优秀教师群体,形成公认的品牌和良好的社会声誉。对此,我们已经把佐治亚理工学院作为学习和参照的对象,这是一件很有意义的事情,确实是高标准、高要求,下一步要注意做好研究,找准对接点,加强学习和交流。需要说明的是,一方面,不能用有特色掩盖低水平,没有国际竞争力;另一方面,也不能简单复制国际高水平大学,而要与自己的历史文化传统和制度有机融合。这是需要辩证思考的问题。

四是要重点抓好人才培养。学校党委一定要明确人才培养是学校的根本任务,这一点绝不能含糊。必须把人才培养列入党委重要的工作日程,加以认真谋划。从现实情况看,这项工作不容乐观。一方面,从我们学校内部看,出于种种原因,我们有些干部和教师把更多的精力放在了自身的发展上,忙于争取项目,忙于各类评奖,忙于职称的评定和职务的晋升,还有人忙于在校外兼职,等等。因此,无暇顾及学生培养这项根本任务。尽管有各种名目的检查和评估,但其作用也是有限的。主要原因是,我们的干部和教师在培养人才方面用心不足。出现"老板制"和"雇员"以及"廉价劳动力"的说法也不足为奇。另一方面,从用人单位反馈的情况看,我们学校的毕业生动手能力强,善于做工程项目,但创新能力不强,发展后劲不足。这说明学生的基础理论不扎实、参与创新实践活动不够。这些都要求我们必须回归到育人为本的轨道上来，把人才培养作为学校最重要的任务，确实做到"教书育人、管理育人、服务育人"。在人才培养方面，大连理工大学站得很高、抓得很实，他们确立了"实施精英教育、培养精英人才"的工作方针，将精英人才的内涵界定为"先进思想文化和社会主义核心价值体系的捍卫者和引领者，国家政治、经济、科技、文化等领域的开拓者和领导者"，将精英人才的素质特征概括为"具有强烈的责任意识、高尚的道德品质、宽厚的知识基础、突出的能力潜质、优秀的综合素质和开放的国际视野"，并出台了相关的配套政策，建立了保障教育教学改革顺利进行的长效机制。在哈工大，"教好一门课，就是一种育人途径"的教书育人理念已深入人心，学校积极倡导教师要"从走上讲台到走进学生心灵"的转变，通过开展团队育人和实行双重导师制，不断创新教书育人的途径和方法。这都为我们提供了借鉴。

学校党委谋划的具体措施主要有三点。一是紧密结合国家发展战略、高等教育发展趋势和学校实际情况，谋划学校发展，制订学校工作计划。要在每年的寒暑假召开务虚会，研究学校的发展问题，不断优化学校的规划。二是在谋划学校未来发展思路的过程中，做到"内脑"和"外脑"相结合，充分听取校内外专家的意见和建议。三是每年要专题听取人才培养工作汇报1~2次，针对提出来的问题制订整改方案，并抓好落实。

（2）牢固树立抢抓机遇、加快发展的战略思维，切实推动学校又好又快地发展

通过调研我们认识到：相对于谋划学校发展战略，党委推进中心工作的力度弱一些，在支持、配合行政部门抓好工作的落实上不够。实践告诉我们，考核学校党委的主要指标，应该是看学校发展建设是否有了较大进步，核心竞争力是否得到较大提高，中心工作是否得到较快提升，和我们瞄准要追赶的同类高校相比，是否缩小了差距。因此，党委不仅要谋划发展、设计蓝图，更主要的是必须牢固树立抢抓机遇、加快发展的战略思维，要围绕中心工作，加强领导、扎实工作，切实在推动学校又好又快发展的中心工作方面发力。

第一，要抢抓机遇加快发展。要抓住北理工划归工业和信息化部管理的重大机遇，加强与全系统的融合及协调配合。不仅要注重与装备制造业、交通运输业、信息与软件业等行业的融合，在促进"两化"融合上起作用；也要注重"产学研用"结合，构建政府、企业、高校、市场一体化的合作创新链；还要继续在促进军民结合、寓军于民上发挥作用。要把全校的认识统一到为工业化、信息化、国防现代化建设服务的新要求上来，打造新的服务面向，拓展新的服务领域。在这方面，信息与电子学院等单位在学校的带领下已有了实际行动。

在抢抓机遇加快发展方面，理学院党委的做法值得我们思考。他们时刻将学院的发展融入学校发展的大局中进行谋划。他们认识到，良乡校区的建设和投入使用，为学校进一步发展提供了空间，也为理学院的发展壮大提供了可能。在此基础上，他们进而提出：学校党委做出的理学院率先搬迁至良乡校区的决策就是学院发展的方向和目标，我们面对的不是去不去的问题，而是怎样建设良乡理科基地、怎样运行和何时搬迁的问题。一年多以来，学院班子认真论证规划，积极组织部分搬迁，为去良乡上课的教师提供政策支持。胡长文院长带头将自己的实验室设在良乡，安排研究生在良乡做实验，起到了示范作用。除物理和化学实验中心外，学院还在良乡建立数学实验中心，为学生开设选修课，组织数学建模培训、建设资料室、教师备课室等，受到教师和学生欢迎。学院正在组织"111引智基地实验室"、化学中级仪器实验室和几件大型仪器搬迁工作，规定新购仪器设备必须安置在良乡校区。

第二，要注重体制机制创新。要进一步加大改革攻坚力度，加快构建充满活力、富有效率、更加开放、有利于科学发展的体制机制。要进一步调整运行机制。推进管理重心下移，将绩效津贴的决策权、发放权下放至学院和机关部门，职称评定（副教授）、职务晋升（科级干部）的决策权也将逐步下放。要进一步优化管理体制，继续参照"大部制"的思路，推进机关部门整合；适应新形势要求，继续调整有关部门；通过建立新的组织形式，整合学科资源，形成大平台，提升科研水平。

第三，要抓好重点和难点工作。对于涉及中心工作的一些重要性的行政事务性工作，党委领导要积极主动地深入实际调查研究，做好分析，提出对策。在同行政领导充分沟通的前提下，党委领导要积极支持行政领导抓好落实工作。特别是面对一些久拖不决的事，一些难缠的事、棘手的事，党委领导绝不能"回避"

和"超脱",更不能当"甩手掌柜"。党委领导要敢于碰硬,敢于顶雷,敢于抓落实。比如,在学校资源调整、领导班子换届和处级干部交流、体制机制改革和解决关系群众切身利益的事等方面,党委领导都要积极主动地开展工作。

为此,学校党委谋划了如下四项具体措施。一是要始终把"三大任务、三大建设、三件大事"作为工作的中心,并围绕中心支持和保障行政开展工作。二是要继续通过机构改革、体制机制调整,进一步完善和规范校院两级决策机制,为中心工作保障服务。三是发挥学校的优势,积极推动产学研用结合,主动服务行业和地方经济社会发展。四是改变作风,要敢于碰硬、善于碰难,积极主动地配合行政部门做好中心工作,在推进学校改革发展、提升学校核心竞争力和做好学校中心工作等方面发力,并以此作为检查自己工作的好坏和优劣的主要内容。

(3)突出教师和学生的主体地位,为他们的工作、学习和生活创造良好的环境和氛围

通过调研,我们认识到:党委虽然多次强调坚持"以人为本",突出教师和学生的主体地位,为他们的工作、学习和生活创造良好的环境和氛围,我本人也多次讲过"食堂理论",听反映大家基本认可;但贯彻落实情况不容乐观,特别是学术氛围不够浓厚,教师的主体地位落实不够,管理干部的服务意识尚显不足,对教师的考核评价标准单一,对学生的思想状况和利益诉求认识不够,等等。所有这些,既有认识程度的问题,也有如何操作的问题。

在认识上,我认为还是要深刻反思。我们学校自建校以来,真正由本校培养出来的院士只有三位(毛二可、徐更光、周立伟),毕业后在其他单位成为院士的,也只有十几位。而哈工大能在一年之内评上四位院士,毕业生中的院士有四五十位。我想,这和我们长期以来形成的氛围与环境有关,和我们的学术气氛不浓、教师主体地位落实不够有关系。一所学校要培养学术领军人才、企业经营管理者、党政机关领导,这都是必要的。但是,首要的是培养学术领军人才,这也是由大学的使命和责任所决定的。

为此,我以为需重点抓好如下五个方面的工作。一要充分体现教授治学。我曾经说:"北理工教授作用充分发挥之时,就是北理工腾飞之日。"把教授和学术骨干的积极性发动起来,才是我们学校发展的原动力。这就要求我们在政策上加以倾斜、在体制上加以保障。这一点机电学院的做法比较好，学院坚持教授治学，落实教授委员会工作制度，涉及学院发展的重大问题，如学科规划、人才引进、职称评定及重要学术问题，都经过教授委员会充分讨论，征求意见，学院院务会充分尊重教授委员会形成的意见。这个做法坚持得好，效果也很好。

二要合理考核评价教师。要建立科学长效的教师评价机制，把教师从烦琐的短期考核和非学术事务中解放出来，使他们能潜心于学术和教学。如对于不同特点的教师采取不同的考核措施，不搞一刀切，让他们充分发挥各自的长处。对于讲课好的教师，通过教学带头人制度，让他们安心从事教学研究工作；对于科研有潜力的年轻人，要减免他们的教学工作量，让他们在创造力最强的时候潜心科研。在这方面，自动化学院做出了积极的探索，他们开始以团队为单位进行考核，学院全体教师分布在若干团队中。团队成员有的理科基础好，就侧重提炼科学问题、发表高水平论文；有的工程背景强，则侧重于搞项目，极大地调动了教师的积极性。

在各类评奖过程中，为了解决一些水平和修养都很高的教师不主动申报的问题，学院要采取自荐和组织推荐相结合的方式，多听一听学生的意见，多把目光投向一线的骨干教师，不要一评名师就推荐我们的处级以上干部，这样很难让群众信服。

要坚持人无完人，对那些学术造诣深、个性较强的教师，要积极创造条件发挥他们的学术特长。我们还要鼓励敢于挑战权威，鼓励那些个性强、有本事、敢于脱颖而出的人，对这样的人要有所保护。如果大家都安于现状，都不敢出头，学校就不会有大的发展。

三要切实解决实际困难。我们做管理工作，目的是帮助基层解决问题，服务好教师的教学和科研，而非搞出很多条条框框制约他们。要把上级精神和学校实际结合起来，创造性地开展工作，而不能仅仅充当上级精神的"传声筒"。这就要求我们的领导干部经常深入基层，真正做到问计于民、求策于民，把基层好的意见集中起来，把基层好的做法提炼出来，进而形成我们的政策措施。这样才能真正调动基层教师的积极性，把我们的工作开展好。就好比教学工作，真正懂教学的是一线的教师，我们制定教学的政策就要倾听他们的意见，如果仅仅是把上级的文件转发下去，而没有结合基层的实际，我想不会取得好的效果，反而可能制约基层的工作，束缚教师的发展。

四要掌握学生的思想状况和利益诉求。随着时代的发展和进步，我们应注意到学生是一个个鲜活的个体，应充分尊重学生的个性，在这种学生观的指导下创造条件让学生自由发展、全面发展。在当前开放的社会大背景下，学生的思想状况如何？利益诉求如何？出现了什么样的变化？回答这些问题都要求我们主动深入学生、了解学生。从学校一些部门的调查以及学生座谈会的情况来看，一个主要问题是，学生从紧张的高中学习步入大学以后，普遍目标缺失，动力不足。因此，要从这几个方面引导他们：立志，树立正确的发展和奋斗目标，为父母、为家庭、为民族、为国家的富裕强盛而奋发学习、努力成才；感恩，对父母、亲人、国家、学校、班级怀有情感、立志报答；宽容，对周围的同学、对自己都要豁达；诚信，实事求是求学，认认真真做人；勤奋，学习不懈怠，努力增长知识。学生的思想和利益在不同的年级、不同的阶段还会有些差别。比如一年级的学生急于解决的问题可能是如何适应大学生活，二年级的学生可能是如何确定专业方向和交友等，三、四年级学生的主要利益诉求可能就是考研、工作和出国等，这些都需要我们认真把握。只有真正掌握了学生的思想，考虑了学生的利益诉求，才能激发出他们的主动性和积极性，我们才能培养出高质量的人才。

五要对学生既严格要求又细心呵护。正所谓"严师出高徒"，对学生的严格管理是必不可少的，严也是一种爱。同时，也要考虑他们大多是独生子女，在家备受呵护，到学校后这种呵护也是必要的，这是我们所说的对学生的"大爱"，尤其是对那些"学习困难、生活困难、心理困难"的学生，我们要给予更多的关注。只有处理好这二者的关系，才能引导好和教育好他们。基础教育学院运行一年多来，总体效果是不错的，学生的成绩有了提高，这是和学院广大教师的辛勤工作分不开的。

为此，学校党委谋划的具体措施主要有四项。一是通过办学资源调整突出教师、学生的主体地位，如把主楼、后勤楼等优质资源给学院，今后还将继续推行。二是深入基层，了解一线教师的需求，解决他们的困难，在考核、培养、评优等方面向一线教师倾斜。三是在每年的"实事好事"中要有一些专门针对教师和学生的。四是更加关注学生就业,在学生职业规划、危机心理干预等方面加大投入。

(4)以弘扬良好作风和提高领导能力为重点,抓好领导班子、干部队伍和人才队伍建设

通过调研,我们认识到:领导班子和领导干部的作风建设尚须加强,一些干部没有真正下功夫做工作,创新意识不足,脑子里没有经常研究工作中的新情况、新问题,习惯于按部就班,工作效率不高,协同配合意识不强,以至于工作成果不够显著;党委在坚持党管人才方面的自觉性还不够,把人才队伍建设纳入重要工作议事日程还不够,高端人才不足仍是制约学校发展建设的瓶颈。

全面落实《中共北京市委组织部关于进一步加强和改进领导班子思想政治建设的意见》,紧密结合学校实际,以高举旗帜、坚定信念、践行宗旨为根本,以提高领导能力为核心内容,以贯彻执行民主集中制、树立正确用人导向、改进领导作风为重点,努力把校院两级领导班子建设成为坚决贯彻党的理论和路线方针政策,善于领导科学发展的坚强集体,为高水平研究型大学建设提供坚强的思想政治保证。

要以树立实事求是的思想作风和求真务实的工作作风为重点,全面加强领导干部作风建设。在解决突出问题时,要有风风火火的劲头,要当机立断、雷厉风行,切实做到要事快办,急事急办,特事特办,所有事认真办。要在平时真正下功夫做好工作、注意积累,脑子中要经常研究问题,做到心中有数,这样工作才能避免被动,才能做出明显业绩。要敢于创新,善于针对新问题,研究新对策,拿出新办法,而不能习惯于按部就班地年年都重复相同的工作。要增强工作中的主动协调配合意识。对于党员干部而言,工作没有分内分外的差别,既要把本职工作做好,也要善于补台,协助和配合其他同志做好工作,遇到可能不属于自己分管的问题,就要把"接力棒"传下去,或者把情况反馈给上级,而不能压着不动。

关于人才队伍建设,有如下三个方面的想法。一是党委要在统筹协调上发挥引领作用。要坚持"党管人才",把关心、支持人才队伍建设纳入党委重要议事日程,主动研究、分析问题和难点,支持行政部门开展好工作。二是党委要关注青年人才队伍建设。通过调研我们了解到，我校的青年后备人才储备情况不容乐观。学校已连续两年都没有国家杰出青年科学基金的获得者。前段时间学校推荐"百千万"人才工程国家级人选的评审，一些专家深感学校后备人才的严重缺失，虽说最后投票选出 3 人，但评审专家们都感觉不甚理想。这个问题必须引起我们高度重视，这关系到学校未来发展的后劲。在我校的青年教师中，教授比例明显偏小，等到这些人将来评上教授时，也基本错过了各类人才计划的申报年龄，这就要求我们在职称评定上为青年教师的发展创造平台。三是要注重培养和引进并重。培养人才是我们重要的使命，光靠引进是不可能解决高水平师资队伍建设问题的。我们要争取更多的机会，把在校青年教师输送到国外深造，尤其是对于现有的副教授以上、没有国外一流或高水平大学学习经历的骨干教师，要创造条件陆续选派他们出去学习、交流和合作，这项工作要提上日程。哈工大就很注重加强学术战略后备人才的培养，主要从 60 年代以后出生并具有正高职称的教师中选拔，也从 30 岁左右、博士毕业，或有副高职称、综合素质好的人中选拔，每年派出 30~50 人到国内外一流大学进行为期半年至一年的学习和培训。在这次学习实践科学发展观活动中，哈工大又提出了"凝聚新的八百壮士"的实践载体。他们对人才队伍建设的重视程度，值得我们借鉴。

对于领导干部队伍和人才队伍建设，学校党委从如下六个方面谋划了具体措施。一是党委要带头并规范处级以上领导干部年终述职内容，述职报告要围绕年初工作要点和分工的任务来做，对照检查，重点讲自己在任务完成过程中起到的作用情况。二是校党委常委要带头深入基层，每学期与所联系的学院座谈一到两次，及时了解情况，解决问题；督促学院领导班子也深入系、所、教研室等基层单位调研。三是拓宽年轻干部的来源渠道，除了从学生工作系统、共青团工作系统选拔干部，还要注意从教师队伍中发现和选拔具有领导素质的干部人才，采取双肩挑的方式，在实际岗位上加以锻炼。四是坚持校内交流和校外交流相结合，更加注重向校外推荐优秀干部；坚持岗位任职和挂职锻炼相结合，更加注重选派优秀干部到国家机关、地方政府和企业院所挂实职；坚持干部校内培训和出国出境培训相结合，更加注重安排一定数量的干部出国出境培训。五是推动考核体系改革，考核指标中最高的权重应留给干部服务的对象来评价，考核重点应该是任期目标、年度计划完成的情况,引导干部真正做到对基层负责、对工作负责。六是采取有力措施,给予政策倾斜,解决青年教师职称评聘难的问题;制订规划,加大力度,有计划地定期选派青年教师赴国内外一流大学学习和培训。

(5)坚持不懈做好抓基层、打基础工作,切实加强基层党组织和党员队伍建设

通过调研,我们认识到:学校基层党组织建设仍须加强,一些党支部的工作不够规范,流于形式,没有结合师生的思想、工作、生活实际,没有真正围绕教学科研中心开展工作,党支部书记的能力和素质需要提升;一些学院对党政共同负责制在理解上有偏差,党委书记的工作定位不够准确,"谁说了算"的问题仍有争论,党政联席会议制度需要进一步规范和完善;等等。

加强基层党的建设要把握好以下三个着力点。

一要进一步理顺学院工作体制和运行机制。针对许多学院刚刚组建,新上岗干部多的实际情况,要按照全国高校党建工作会议要求,进一步建立和完善学院党政联席会议制度。学院的重大事项必须通过党政联席会议讨论决定。党政负责人是会议成员,同时根据议题由党政主要负责人研究确定其他参加人员。提交党政联席会议的议题一般由党政主要负责人共同研究决定,根据议题由党组织负责人或行政负责人主持。学院党委、党总支书记主要围绕学院中心工作抓好党建和思想政治工作,保证中国特色社会主义办学方向和党的路线、方针、政策在本单位的贯彻执行,坚持管思想、管干部、管人才、管政策,参加学院重大问题的讨论和决策,支持院长在职责范围内独立负责地开展工作;院长主要负责教学科研、行政管理、人才培养、学科建设、社会服务等工作,支持党组织开展工作;学院党政班子其他成员按照职责,明确具体任务分工。党政之间要相互支持,密切配合,大事讲党性、讲原则、讲大局,小事讲风格、讲谅解、讲友谊,在合作共事中加强理解,在相互支持中增进团结。

二要高度重视基层党支部建设。调研中一些基层支部书记提出,现在我们基层党组织的教育、活动方式要有所改变,要跟上新形势,要了解新时期党员的思想、理念的变化。因此,我们还要重视党支部规范化建设,丰富活动内容,创新活动方式，使党组织工作更加贴近党员群众的思想、学习和生活，切实改变一些党支部软弱涣散的状况。要不断增强党支部的服务功能，坚持为教学科研服务、为广大党员服务、为师生员工服务，特别要在促进本单位中心工作上发挥作用。比如机电学院的马宝华老师，带领党支部成员深入学习十七大报告，从国家重大战略部署中分析科研的着力点，让教师们认真思考、找准定位、提前谋划，取得了很好的效果。

要注重选拔政治强、业务精、会管理的同志担任党支部书记，切实提高党组织工作水平。这方面有些学院的做法值得推广，如理学院对教工党支部书记的工作计入年度考核的工作量，调动大家的积极性。信息与电子学院在基层组织建设上，由系（所）负责人担任支部书记或者支部书记兼任副主任、副所长，一起谋划中心工作、参与决策等。

三要努力把党员队伍建设成为积极投身科学发展的先锋模范。要紧密结合学校实际推进党员教育管理创新，构建多层次、多渠道的党员经常性学习教育体系，充分发挥党校作用，采取多种形式搞好党员集中教育培训。要把经常性党内生活作为教育党员的主要手段，努力使基层党组织的学习内容丰富起来、学习方式灵活起来、学习氛围浓厚起来，使广大党员思想上更加成熟、政治上更加坚定、道德上更加高尚、行动上更加自觉，充分发挥先锋模范作用。要加强在青年知识分子中发展党员的工作，坚持标准，确保质量，积极吸收符合条件的大学生、青年教师特别是学科带头人和学术骨干入党，充分发挥他们的示范带动作用，把各类优秀人才团结和凝聚在党的周围。

为此，学校党委提出了如下几项具体措施。一是继续把素质高、能力强的干部充实到基层；同时，加大职能部门和学院干部交流力度。二是党委要总结基层党委、党支部的组织形式，基层组织的建制要适应中心工作，党支部要建在稳定的科研团队、教学团队、课题组等实体上。三是继续总结和创新"党群零距离""德育答辩"等活动载体，切实促进学生科学发展、健康成才。四是进一步建立和完善学院党政联席会议制度。学院党委要围绕学院中心工作抓好党建和思想政治工作，参加学院重大问题的讨论和决策，支持院长在职责范围内独立负责地开展工作；根据工作需要，党委书记可以分管一定的行政工作。

（6）加强大学文化建设，营造好的氛围，必须团结带领方方面面努力奋斗

通过调研，我们认识到：文化建设的重要性还未被充分认识，对北理工精神挖掘不够，学术文化氛围不浓，尊重教师、关爱学生的氛围需要进一步营造，师生的创造性和主动性需要进一步发挥；党委团结带领教代会、工会、共青团凝聚师生、共创一流尚显不足；统战工作需要进一步加强，各级人大代表、政协委员数量需要进一步扩充，影响力需要进一步扩大；关爱离退休老同志、积极发挥他们的聪明才智尚须进一步谋划、落实；等等。

关于大学文化建设，要坚持马克思主义指导地位，构建以社会主义核心价值体系为统领的精神文化，爱党爱国、服务人民，尊重多样、包容差异。要继承和弘扬北理工精神，倡导以办学理念为核心的校园文化。高度重视学术文化建设，追求真理，尊重科学实践，坚持诚信治学，培育民主的学术风气，形成兼收并蓄、海纳百川的文化氛围。积极倡导以人为本的管理文化，坚持办学以教师为主体，育人以学生为主体，尊重教师，关爱学生，把发挥师生的创造性和主动性作为学校文化建设的动力。

要充分发挥工会、教代会的重要作用，在高校特别要注重发挥教代会的作用。按照学校教育事业发展要求，积极探索教职工立足岗位建功立业活动的新领域、新方法、新载体，更好地调动教职工献身学校改革发展事业的积极性。要以工会建设促进党的建设，发挥工会在师德建设、和谐校园建设方面的重要作用。

共青团的工作要针对新时期团员青年的特点和我们工作中存在的问题开展：一是利用各种大型活动载体，把握契机，不断强化青年学生思想政治工作；二是要发挥好第二课堂在高素质创新人才培养中的作用，注重培养学生的社会责任感、实践能力和创新精神。

要做好民主党派、无党派人士工作。目前我校在这方面存在的问题是：民主党派成员少，是同规模学校的1/3，且有代表性和影响力的人士更少。因此，党委要在两个方面加强工作。一是在加强民主党派思想建设的同时，继续加强民主党派的组织建设。在前几年努力的基础上（现已有四个民主党派支部），重点加强民主党派发展成员的层次和质量，协助民主党派吸收一些高层次的无党派人士。二是通过培训、挂职锻炼、实职安排等措施，搭建平台，提供机会，加快党外人士的成长成才速度，为向校外推荐创造条件。

还有一点就是要发挥离退休老同志的作用。我在调研中深深体会到，老同志是我们宝贵的财富。他们对学校、对事业有着深厚的感情，虽然已经不在岗位，但是仍然非常关注学校的发展。他们亲身经历过学校的历史变革，很多认识和想法对今天仍有参考价值。所以，我们要对老同志"高看一眼，厚爱一分"，一是可以请他们给我们出出主意、提提建议；二是要创造条件让他们"老有所养、老有所乐、老有所为"。

学校党委谋划的具体措施主要有如下三点。一是以十三次党代会和七十周年校庆为契机，全面落实"十一五"文化建设规划纲要，认真落实文化建设工程项目，启动文化建设"十二五"规划并与学校学科建设等三大规划同规划、同实施、同验收。二是党委要支持和帮助民主党派做好自身建设，推进民主党派、无党派人士的任职、挂职等。三是切实发挥好教代会的作用，坚持学校年度工作会议和教代会、工会一起召开，使教师代表有更多机会参与学校的发展建设。加强校院两级教代会建设。

党群零距离[①]

"党群零距离"活动是北京理工大学党委为贯彻中央精神、继承学校光荣传统,而实施的旨在密切党群关系、凝聚群众共同奋斗的基层党建创新项目。近年来,校党委以党建课题立项研究为牵引,以实践活动项目立项为驱动,引导基层党组织根据不同时期的形势要求、因地制宜地开展"党群零距离"活动,形成了当前"零距离促发展、促成长、促和谐"等内容丰富、覆盖全校各级党组织的"党群零距离"活动,为提升学校服务工业化、信息化和国防现代化能力,促进一流大学建设提供了坚强政治保障。

一、"零距离促发展",党群肩并肩为重大需求和国防科技事业作贡献

作为国防科技战线上的重点大学,校党委提出教师党支部要围绕国家重大需求和国防科技发展要求,通过专题研讨、老中青传帮带、集中学习等途径,带领党员群众学习老一辈北理工人爱党爱国、矢志军工、团结一心、攻坚克难的精神,在新时期作出新贡献。机械学院车辆工程系在为北京奥运会、上海世博会、广州亚运会等重大活动研制纯电动客车和提供现场服务中,党支部定期召开会议,研究核心人员配置、关键环节攻关等重要事项;深入开展谈心活动,研究和处理团队成员的思想和生活问题,为圆满完成任务、实现我国政府提出的"零排放"承诺等提供了坚强的组织保障。信息学院雷达所党支部开展对照国防科技工业战线突出典型、全国优秀共产党员毛二可院士"找差距"活动,以事业感召人,以发展激励人,加强学术梯队建设,培养出了"北京市十大杰出青年"称号获得者、国家"973"项目首席专家等一批优秀党员教师和一批年轻的优秀群众专家,为我国雷达事业发展储备了力量。机电学院机电系统工程系党支部定时集

[①] 2010年12月15日在第19次全国高校党的建设工作会议上经验交流发言摘录。

中学习中央和上级精神，以把握学科发展方向，该支部还带领帮助每位青年教师制订和落实个人发展规划，通过党群一致努力，该系近年来获得国家技术发明奖、国防科技进步奖等60余项，填补了我国国防科技领域的诸多空白。通过"零距离促发展"活动，教师党支部"围绕中心做工作、渗入学科起作用"取得了很好的成效。

二、"零距离促成长"，党群手牵手为人才培养作贡献

在实施"党群零距离"工程的过程中，校党委提出了"干部要为教师服务，教师要为学生服务，全校为人才培养服务"的理念，并要求各级党组织通过广结对子、谈心交心、比学赶超等活动，促进党员之间、党群之间多角度、全方位地沟通交流，为培养又红又专人才搭建平台。每位校领导和中层干部联系1~2个班级，采用主题班会、座谈等方式了解学生思想动态，做好思想教育工作。信息与电子学院推出了"德育小导师"制度，邀请优秀毕业生党员指导低年级学生，获得了中央领导同志的重视和肯定。基础教育学院联合专业学院开展了"支部手牵手、师生零距离、知心促成长"活动，引领学生健康成长。光电学院建立了学生党支部博客，畅通了交流渠道。软件学院2006级本科生互帮互助互比，四年间共获得137项科技创新奖，其中包括许多重量级奖项。今年以来，涌现出了一批党员教师典型，一批北京高校成才表率党员学生典型和群众典型。

三、"零距离促和谐"，党群心连心为和谐校园建设作贡献

学校党委提出各级党组织要继承徐特立老院长"群众本位""教育民主"等办学思想，通过实施民心活动、建立党群沟通机制等措施，服务群众，协调利益，化解矛盾，拉近党群距离，促进校园和谐。学校党委针对群众普遍关注的重点难点问题，每年办10项"实事好事"。学院党组织针对学生群体普遍建立了学生党员联系非党员制度，及时掌控动态舆情，有效应对了奥运火炬传递受阻、诺贝尔和平奖、涉日维稳等事件。科研院党支部要求党员骨干带头深入课题组，了解科

研人员申请基金和奖项等方面的需求，与他们一起研究探讨，做到主动服务，策划服务，密切了管理干部和一线教师的关系。离退休教职工党委和保卫部党支部联合成立"'北理同心'创先争优党建工作室"，一批老党员主动担当"北理校园文明示范员"和"北理安保思想疏导师"，为保安人员讲授党课，引领他们追求进步。同时，保安人员积极加强与离退休老同志的联系，及时解决他们的困难，营造了新老互帮互助、共建和谐校园的浓郁氛围。

目前，"党群零距离"工程覆盖了学校各级党组织，延伸到学校工作的方方面面，已成为学校创先争优和密切党群关系的常态活动。工业和信息化部部属高校党建创优工程评估专家组、北京市党建和思想政治工作先进校评估专家组对我校"党群零距离"工程都给予了充分肯定。《光明日报》等多家媒体对我校"党群零距离"工程进行了报道。我们将继续拓展活动内容，创新工作方式，在创先争优活动中将"党群零距离"活动进一步做实、做好、做出成效！

党建带团建[①]

今天是五四青年节，我们在这里召开"北京理工大学党建带团建暨深入推进共青团系统创先争优活动工作会议"，贯彻中共北京市委《关于加强新形势下全市党建带团建工作的意见》，部署我校党建带团建创先争优活动。

一、进一步提高对新形势下党建带团建工作的认识

党中央历来十分重视党建带团建工作。在推进党的建设新的伟大工程中，各级党组织在抓好基层党建的同时，加强对基层团组织的领导，坚持党、团配合联动，相互促进，共同发展，使"党建带团建"成为推动新时代基层团的建设的重要途径。在4月26日召开的"北京市党建带团建暨深入推进共青团系统创先争优活动工作会议"上，市委领导深入分析了新形势下党建带团建工作面临的形势和任务，对今后的工作作出了部署。结合学校实际，我们要从以下几方面深刻认识党建带团建工作的重要性。

首先，我们党在90年的发展历程中，始终高度重视共青团工作。共青团是党领导的先进青年的群众组织。我们党从成立开始，就一直重视共青团的事业发展，特别是重视发挥共青团在培养后备、输送干部方面的作用，从而形成了党领导团、团紧跟党，党重视团、团依靠党的优良传统。一个有远见的民族，总是把关注的目光投向青年；一个有远见的政党，总是把青年看作推动历史发展和社会前进的重要力量。我们党已经走过了90年的风雨历程，要保证党的事业薪火不断、代代相传，就必须更加重视共青团、领导好共青团，充分发挥共青团组织团结带领广大青年的生力军和突击队作用，把我们的接班人队伍打造得更加坚强。

第二，坚持党建带团建，是巩固党的执政基础、提高高校党组织治校理教能

[①] 2011年5月4日在深入推进共青团系统创先争优活动工作会议上的讲话。

力的必然要求。党建带团建,是党中央的一贯要求。共青团是党的助手和后备军,是党联系青年的桥梁和纽带。党的性质、宗旨和任务,共青团在团结教育青年中的核心作用,决定了团的建设是党的建设的重要组成部分,加强团的建设是扩大党在青年中的群众基础、提高执政能力的内在要求。通过党建带团建,确保团的组织健全有力,充满昂扬斗志和蓬勃生机,是一项事关全局的战略任务。近年来,在北京奥运会残奥会、新中国成立60周年庆祝活动、抗震救灾、70周年校庆等重点工作中,学校党委把志愿者的组织、天安门广场群众庆祝活动的组织任务交给了共青团,各级共青团组织团结带领全校团员青年冲锋在前、攻坚克难,出色地、圆满地完成了各项任务,没有辜负学校党委的信任,赢得了各方面的好评,团组织的作用得到了充分发挥。

第三,实现学校新一轮科学发展,离不开团组织和广大青年的积极参与。"十二五"时期,落实党中央全面提高高等教育质量的"四个必须"要求,按照"强地、扬信、拓天"的特色发展路径,以提升办学水平、服务能力为重点,坚持内涵发展、特色发展,大力提高为工业化、信息化、国防现代化建设服务的能力,为走中国特色新型工业化道路提供更多的高水平创新型人才和原创性科研成果,在建设世界一流理工大学的征程上迈出坚实步伐,使命光荣,任务艰巨。党有号召,团有行动。推动学校"十二五"科学发展,既对共青团组织提出了新的要求,也为广大团员青年搭建了实现抱负、施展才华的舞台。我校现有18000余名共青团员,1400余位40岁以下青年教师,需要把这支有生力量更好地转化为学校科学发展的有效推动力量,这考验着党团组织的领导能力和建设水平。党的力量在于组织,团的力量同样在于组织。面对新形势新任务,就是要通过党建带团建来进一步凝聚人心、凝聚力量,切实把全校青年的思想统一到校党委的决策部署上来,为推动学校科学发展贡献青春力量。

近年来,学校党委高度重视共青团的建设,始终把团的建设作为党的建设的重要组成部分,做到党建和团建同研究、同部署、同推进、同考核。校党委多次听取共青团工作汇报,及时解决存在的困难和问题,并在干部配备、场地保障、经费支持等方面给予大力帮助。校领导经常深入基层团支部与团员青年座谈交流,掌握思想动态,加强思想引导。在每年暑期的学生干部培训班上,校领导还亲自为团干部和学生骨干授课，交流思想，具体指导。各基层学院党委也普遍重视共青团工作，加强对基层团委的帮助和指导，将党建带团建的要求落到实处。

多年来的工作实践证明，只有坚持党的领导，把团建工作纳入党建工作的整体格局，才能始终保持共青团工作的正确方向；只有依靠党的力量和党建形成的工作新成果、新格局，紧紧跟上党建步伐，才能永葆共青团组织的生机与活力；只有围绕党的中心任务，结合青年实际，不断丰富工作载体和工作内容，才能切实提高共青团的凝聚力、战斗力和贡献力。

二、全面深入推进党建带团建各项工作

中共北京市委印发的《关于加强新形势下全市党建带团建工作的意见》，是今后一个时期推进全市党建带团建工作的指导性文件。这份文件深入分析了共青团工作所面临的新趋势、新机遇、新挑战，提出了新时期党建带团建工作的总体要求和"四带四促"的工作任务，为全面提升新时期党建带团建工作的科学化水平指明了方向。党委将结合学校实际制定相关文件，在此提出如下工作要求。

全校党建带团建工作的总体要求是：以马列主义、毛泽东思想、邓小平理论和"三个代表"重要思想为指导，深入贯彻落实科学发展观，全面开展创先争优活动，围绕学校改革发展稳定大局，以带思想建设为根本，以带组织建设为基础，以带队伍建设为关键，努力打造一流的共青团组织，团结凝聚学校广大青年，充分发挥生力军和突击队作用，进一步夯实党的青年群众基础，为实施"6+1"发展战略，建设世界一流理工大学贡献青春力量。

第一，带思想建设，促进团员青年理想信念更加坚定。校、院两级党组织要加强对共青团的思想政治领导，把握好团组织的政治方向，用中国特色社会主义理论武装团员青年，用社会主义核心价值体系引领团员青年。支持团组织实施"青年马克思主义者培养工程"，培养一批政治坚定的青年骨干。加强校、院两级理论学习社团建设，引导团员青年学习政治理论，坚定理想信念。支持团组织开展形势宣讲、政策学习、志愿服务、创新创业等形式的主题教育活动和主题实践活动，以国家、行业和学校建设成就和发展前景鼓舞团员青年，引导团员青年在

服务祖国、服务社会、服务学校科学发展中受教育、长才干、作贡献。党组织负责人要定期为团员青年上党课、作形势政策报告，帮助团员青年树立积极向上的世界观、人生观、价值观。党组织要主动帮助团组织推进思想建设载体创新，运用报刊、网络、手机等资源，以青年熟悉和易于接受的方式，生动传播党的思想主张，加强对青年的思想引导，把优秀团员青年及时吸引到党的组织中来。

第二，带组织建设，促进团的组织和工作全面覆盖。党组织要指导团组织大力加强自身建设，坚持眼睛向下、重心下移，使团的基层组织网络覆盖全体青年，使团的各项工作和活动影响全体青年。支持团组织在重点做好青年学生工作的基础上，进一步加强对青年教师、青年员工和青年留学生的组织覆盖、联系服务。要以服务为切入点，通过"青年教师联谊会"这一有效载体，加强联系服务、搭建成长平台，帮助青年教师实现学术上的追求。要在学校保安、后勤青年员工中建立团组织，组织青年学生以志愿服务的方式为青年员工提供培训，使青年员工和学生产生良性互动。要通过学生会、研究生会、社团组织建立起和青年留学生群体的联系，开展中外文化交流活动，实现对校园所有青年群体的有效覆盖。各级党组织要定期听取共青团工作汇报，加强对团的基层组织建设工作的专题研究，及时帮助解决工作中遇到的困难和问题。

第三，带队伍建设，促进团干部、团员青年能力素质显著增强。坚持党管干部原则，把团干部队伍建设纳入党的后备干部队伍建设整体规划，把共青团作为培养年轻干部的重要基地。建立党委统一领导、组织人事部门和团组织共同推进、各有关单位积极参与的工作格局，培养造就一支忠诚党的事业、热爱团的岗位、竭诚服务青年的团干部队伍。坚持从优选配，拓宽选人视野，树立基层导向，选好配强团干部，充实团的工作力量。加强教育培养，把团干部培养锻炼工作纳入党的干部教育培训规划和实践锻炼计划中，注重加强理论武装和党性锻炼，多提要求、多压担子、多搭工作舞台。坚持严格管理，强化管理考核，注重关心指导，落实团干部各项保障措施。把培养团干部作为培养党的年轻干部的重要任务，有计划地做好团干部交流使用，及时做好团干部转岗输送。加强团员队伍建设，党组织要指导团组织广泛开展"举团旗、戴团徽、唱团歌、过团日"活动，不断深化团员意识教育；要指导团组织做好推优入党工作，不断完善推优工作制度，使推优成为党组织发展青年党员的主要渠道。

第四，带创先争优，促进共青团生力军和突击队作用有效发挥。开展创先争优活动为加强党建带团建工作提供了有效载体，要切实通过各级党团组织在创先争优活动中同推进、同讲评、同表彰，以党组织和党员创先争优全面带动团组织和团员青年创先争优，形成党团共建、齐争共创的良好局面。党组织要带领团组织实施"青春领航工程"，坚持用党的理论武装团的干部，始终保持团干部思想和行动的正确方向，切实发挥团干部的表率作用，引领带动青年健康成长。党组织要带领团组织实施"青春聚力工程"，通过开展"五四红旗团委""五四红旗团支部"创建工作，全面加强基层团委、团支部建设，不断激发团的基层组织活力，最大限度地为党团结凝聚青年。党组织要带领团组织实施"青春先锋工程"，引导广大团员青年在人才培养、科研攻关、学术研究和服务学校科学发展中不断提升素质、奋发成才。

三、共青团组织要围绕人才培养中心任务开展工作

作为党的助手和后备军，共青团要始终以党的中心任务为神圣使命。高校共青团工作必须围绕中心、服务大局，服从于高校的中心工作，为培养德智体美全面发展的社会主义建设者和接班人作出自己应有的贡献。青少年要把文化学习和思想品德修养紧密结合、把创新思维和社会实践紧密结合、把全面发展和个性发展紧密结合，党组织要引导团组织自觉将这"三个结合"落实到团的各项工作之中。

第一，通过积极开展教育教学一体化工作，引导青年学生把文化知识学习和思想品德修养紧密结合起来。加强文化知识学习、提升思想品德修养是学生的首要任务，共青团组织要配合教务部门、学生工作部门，进一步健全教育教学一体化工作的体制与机制，使学生树立高远的理想，掌握精深的学术，具有强健的体魄和恬美的心境。要积极树立学生中的先进典型，引导青年学生把学习作为首要任务，刻苦学习科学文化知识，夯实理论功底，提高专业素养，努力用人类创造的一切文明成果丰富自己。要着力加强基层团支部建设，把班级的整体学风作为

评价的重要内容，引导基层团支部致力于营造良好的学习风气。各级团组织要把加强学生思想政治教育工作摆在突出位置，坚持共青团活动的思想性，突出团组织的思想引领作用，各种活动中指导思想先行，寓教育内容于活动形式之中，用明确的主题引导同学参与，把思想收获作为活动的归宿，使得同学们牢固树立正确的世界观、人生观、价值观，立为国奉献之志，立为民服务之志，牢牢把握人生正确航向。

第二，通过积极开展课内外科技创新和社会实践活动，引导青年学生把创新思维和社会实践紧密结合起来。校团委要与科研院、教务处、研究生院、实验室设备处等职能部门加强沟通合作，从资金、政策、基地等关键环节入手，进一步整合工作资源，拓展工作领域，着力健全激励指导教师和同学们投身科技创新实践的体制机制。要以"活跃氛围、搭建平台、促进交流、提升水平"为目标，建立更多面向全校学生开放的创新基地，吸引包括低年级本科生在内的更多同学积极参与科技创新活动、学科竞赛活动，不断提升同学们的创新思维能力。要深入开展社会实践工作，继续推进社会实践"常态化、校内化、专业化、国际化"，积极搭建校内外实践基地，建立长期有效的实践活动平台，使青年学生在实践中了解认识社会、全面提高素质、坚定理想信念。要持续开展"走访校友"实践活动，弘扬校友中先进人物事迹，挖掘母校发展对校友成长的影响，不断提升同学们的爱校荣校意识。

第三，通过全面推行综合素质教育，引导青年学生把全面发展和个性发展紧密结合起来。素质教育的核心就是强调学生的全面发展。要全面推进综合素质教育，树立人人成才观念，多样化、差别化、个性化地培养学生，平等地、负责任地对待每一个进入学校学习的青年学生，帮助、引导和教育他们顺利完成学业，沿着自己的志向和兴趣发奋成才。教务部门和老师们要进一步改革教学方式方法，注重因材施教，倡导启发式、探究式、讨论式、参与式教学，激发学生好奇心，发挥学生主动精神，鼓励学生进行创造性思维。团组织要通过开展丰富多彩的文体活动，为学生创造充分的自由发展空间，鼓励学生独立思考、自由表达，增强他们的自信心，保护和激发他们的想象力、创造力。要通过评选"自强之星""奉献之星""艺术之星""体育之星"等个性化荣誉，引导青年学生在发展个人兴趣专长和开发优势潜能的过程中保持个性、彰显本色，努力成为德才兼备、全面发展、个性鲜明的栋梁之材。

专职团干部队伍和各级学生组织中的学生骨干是共青团工作的核心力量，建设一流的共青团组织，首先就要建设一支高素质的专职团干部和学生骨干队伍。在此，我对全体专职团干部和学生骨干提出三点要求：一是政治上要过硬。要始终忠于党、忠于人民，坚持用中国特色社会主义理论体系武装头脑，不断增强政治敏锐性，具备对思想理论动向和社会舆情动态的分析、判断能力，在各项活动中始终把握好政治方向。二是作风上要扎实。要深入青年、深入实际、深入网络、深入基层团支部，与青年交朋友，了解他们的迫切需求和实际困难，保持与团员青年的良好沟通，做同学们的朋友，不做学生中的官。三是自律上要严格。要着力加强自身修养，从严要求，防微杜渐，在各方面成为青年学生学习的榜样。

做好新形势下党建带团建工作，责任重大，意义深远。我们要以更高的标准推进党建带团建的各项工作，深化党团共建创先争优活动，引领全体共青团员、全体青年奋发有为、开拓进取，为建设世界一流理工大学贡献青春力量！

继承传统，开拓创新[①]

今天，我们在这里隆重集会，热烈庆祝中国共产党建党 90 周年，回顾党的辉煌历史，共同庆祝党的生日。

从 1921 年诞生至今，我们党已经走过了 90 年波澜壮阔的光辉历程。历史和现实雄辩地证明，我们的党是富于创新精神，不断开拓进取、与时俱进的党；是经得起各种考验，勇于在困难和挫折中奋进的党；是脚踏实地为人民群众根本利益奋斗不息的党。没有共产党就没有新中国；有了共产党，中国的面貌就焕然一新。这是中国人民从长期奋斗中得出的最重要、最基本的结论。

北理工身为中国共产党创建的第一所理工科大学，在 70 多年的发展历程中，学校各级党组织团结带领广大师生满怀豪情，投身革命建设和改革开放的伟大事业，始终坚持社会主义办学方向，坚持服从服务于国家重大战略需求，形成了鲜明的国防特色和突出的工程技术优势，创造了多个新中国第一，培养了 18 万余名毕业生，为国家工业化、信息化和国防现代化建设作出了积极贡献。

一、继承党建光荣传统，学校发展建设不断取得辉煌成就

1940 年，延安自然科学院以崭新的面貌诞生于革命圣地延安。学校在建设之初就十分重视党的建设，成立了中共延安自然科学院总支委员会和各基层单位党的支部委员会。党组织积极地在教师和学生中发展党员，积极主动地坚持开展思想政治教育和严格组织生活。当时，正值我国抗日战争处于极为困难的时期，学校通过每周一天的政治理论教育、到工厂和部队锻炼等途径，对学员进行马列主义和以热爱国防事业为主要内容的爱国主义、集体主义、社会主义教育。在老院长李富春、徐特立等老一辈无产阶级革命家和一批优秀教师的辛勤努力下，学院

[①] 2011 年 6 月 29 日在庆祝建党 90 周年暨表彰大会上的讲话。

在短短五年时间内培养了 500 余名政治、经济、文化建设急需的科技干部和专业人才。他们经过党的教育、学校学习和实际工作的锻炼，绝大多数都成为业务专家，有些后来成为党和国家的各级领导干部。他们普遍具有坚定的马克思主义信仰、"自力更生、艰苦奋斗"的革命精神和德才兼备、无私奉献的优秀品质，为抗战胜利、祖国解放和新中国的建设作出了重要的贡献。

学校迁入北京之后，紧密围绕建设重工业大学和国防工业院校的中心任务，不断加强党的建设。华北大学工学院时期（1948 年 8 月—1951 年 12 月），党组织强调要加强"新中国建设及新型教育的宣传及建立正确的工作态度，完成教育计划"；北京工业学院时期（1952 年 1 月—1988 年 4 月），党委确定中心任务是"贯彻党的方针政策，保证完成教学计划，办好学校，并在积极完成中心任务中，加强党组织的自身建设，增强党的力量，在群众中坚持不懈地进行政治思想工作，更好地发挥党组织在学校中的作用"。有了党组织的坚强保证，学校各项事业发展突飞猛进，创造了多个"第一"——我国第一枚探空火箭、第一辆轻型坦克，第一部低空测高雷达，第一台集机、光、电技术于一体的大型天象仪，中国电视第一频道，第一枚反坦克导弹等。这些成就为以后的发展奠定了坚实基础。

到了改革开放的新时期，学校始终秉承培养社会主义的建设者和接班人的伟大使命，把加强党建工作作为加强党对学校工作的领导、坚持社会主义办学方向、贯彻落实党的路线方针政策、推动学校改革发展的重要保证，加大力度，探索创新，充分发挥了党组织的战斗堡垒作用和党员的先锋模范作用。学校先后被北京市评为"党的建设和思想政治工作先进普通高校"，被中组部评为"全国先进基层党组织"。党建工作的稳步推进，也切实推动了中心工作，学校成为全国首批设立研究生院的高校，第一批进入"211 工程"和"985 工程"建设行列的高校，为学校进一步发展打下了良好的基础。

近年来，学校党委团结带领全校师生员工，同心同德，凝心聚力，积极深入开展保持共产党先进性教育活动、社会主义荣辱观教育活动、学习实践科学发展观活动，继承优良传统，不断开拓创新，进而提出了"在改革中完善，在创新中发展，努力开创高水平研究型大学党的建设新局面"的指导思想，党建工作跨上新台阶，为学校各项事业的发展提供了坚强的思想、政治和组织保证。2001 年，学校被评为全国党建和思想政治工作先进校,2004年、2010年两次被评为北京市党建和思想政治工作先进校。学校党委多次在全国高校党建工作会和北京市高校党建工作会上做典型经验交流。近年来,学校党建工作主要体现为五个方面的变化。

一是党委领导班子把握大局、破解难题、引领发展的能力明显提高。近年来,通过开展保持共产党员先进性教育、学习实践科学发展观、学习贯彻党章和开展创先争优等活动,全面加强党的思想政治建设和工作作风建设,创新体制机制,将围绕中心抓党建、抓好党建促发展落在了实处。在工业和信息化部党建创优工程评估、北京市党建和思想政治工作先进校评估中,专家对学校领导班子把握大局、破解难题和引领发展的能力均给予了高度评价。

二是学校在社会上的影响力明显提升。近年来,学校坚持"聚焦特色谋发展、激情进取创一流",在党对学校全局工作的坚强领导下,中心工作取得了可喜的成绩。在"强地、扬信、拓天"为特色的发展路径指导下,学科实力不断加强。工程、化学、材料3个领域进入全世界大学和研究机构前1%,交叉类学科和文科类学科也有了较大的发展。想方设法会聚高端人才,"长江学者奖励计划"特聘教授、国家杰出青年科学基金获得者等高层次人才大幅增长,师资队伍质量不断提高。学校本科生源质量一直保持上升势头,毕业生就业率一直在97%以上,毕业生的社会竞争力明显增强。"十一五"期间,科研投入经费实现翻番,获国家奖数量成倍增长,学校的科技综合实力快速提升。与国外30多所著名大学合作实施学生交换项目,年均主办(承办)国际学术会议和出国参加学术会议的人次、海外学者来校讲学人数均有大幅度增加,学校国际化水平不断提升。不断深化体制机制改革,推进基础设施建设,办学水平和办学条件得到较大改善。根据2011年上海交通大学高等教育研究院世界一流大学研究中心完成的中国大学排名,我校位居第34位;在排名榜的大陆地区高校中,我校排名第18位。

三是基层党组织建设科学化水平明显提高。校党委十分重视抓基层、打基础工作,积极探索基层党组织围绕中心任务,促进本单位科学发展、监督保证的有效途径;积极探索基层党支部的设置,以及党支部书记的选拔培养和使用方法,不断建立健全党员发展、教育、管理、服务长效机制,从而涌现出了一大批先进基层党组织典型。如自动化学院党委始终围绕学院中心工作科学谋划，真抓实干，在人才培养、科学研究、学科建设等方面都取得了显著的成绩，被评为"北京市先进基层党组织"。软件学院教工第二党支部按照新时期党建工作的新要求，紧密结合时事形势和社会热点问题组织活动，动员党员挑重担，为圆满完成奥运会开闭幕式、国庆六十周年有关活动仿真设计等任务提供了坚强的思想和组织保障。

四是广大党员创先争优的积极性明显提高。学校党委以"长期受教育，永葆先进性"为目标，以党群零距离活动为主要载体，以典型引路，大力加强党员教育管理，充分发挥党员的模范带头作用。特别是创先争优活动开展以来，校党委高度重视，下发了一系列文件进行部署，并结合学校实际提出了"五个三比"的具体实施措施，对教师、学生、机关、工勤和离退休五种类型的党员提出了不同的要求。广大党员积极响应上级和学校党委号召，围绕中心工作深入开展创先争优活动，继全国优秀共产党员毛二可院士之后，又涌现出了一大批优秀共产党员。他们都是延安精神的具体体现者，是学校校训的具体实践者，他们代表了新时期北理工人"爱党爱国、无私奉献、永葆先进、争创一流"的精神风貌。

五是大学生思想政治工作效果明显增强。近年来，学校按照"高远的理想、精深的学术、强健的体魄、恬美的心境"的人才培养目标，稳步推进学校的教育教学一体化建设进程。深化德育答辩制度，开展德育中期检查工作和"德育小导师"试点工作，进一步扩大工作成果，强化德育答辩对学生的教育和引导作用。加强思政工作队伍建设，成立辅导员研究会，编印会刊，为辅导员开展工作研究和交流经验提供平台；逐步完善培训体系，促进思政工作队伍的专业化、专家化发展。完善学生帮扶体系，优化奖学金设置和勤工助学开展方式，强化励志感恩教育，彰显资助育人功能；优化心理健康工作队伍结构，坚持教育、预防与服务三位一体，全方位滋养学生心灵成长。以学生军训为依托，突出国防特色，提升学生综合素质，着重培育学生的爱校、爱军、爱党、爱国情怀。一系列扎实有效的思想政治工作，使大学生的综合素质明显提高，我校毕业生在社会上赢得了"忠诚度高、刻苦努力、作风扎实"的美誉。

二、认清形势，明确目标，增强创建世界一流理工大学的责任感

不断提高质量是高等教育的生命线。必须始终将其贯穿高等学校人才培养、科学研究、社会服务、文化传承创新各项工作之中。尽管通过全校上下的一致努力，学校各项事业取得了可喜成绩和长足的发展，但是与中央领导的要求和社会各界的期望相比还有差距。我们要深刻领会中央领导的重要论述，针对学校存在的问题，更加自觉地在民族复兴的大业中，在实施科教兴国、人才强国战略的过程中，在推动中国从教育大国向教育强国转变的进程中，早日把我校建设成为世界一流的理工大学。

三、以创先争优活动为载体，不断提高党建工作科学化水平

今年是"十二五"规划的开局之年，各级党组织要认真学习贯彻十七届四中、五中全会及上级有关精神，认清形势，明确任务，创新思路，探索方法，将创先争优活动与贯彻落实《中国共产党普通高等学校基层党组织工作条例》和《教育规划纲要》有机结合起来，与落实学校第十三次党代会确定的发展目标和战略有机结合起来，与落实学校"十二五"教育事业发展规划有机结合起来。从今年"七一"开始，创先争优将进入第三个阶段，即主要围绕向党的十八大献礼开展活动。作为中国共产党亲手创办的第一所理工科大学，北京理工大学各级党组织理应以创先争优为契机，使党的建设工作出创新，出经验，出思路，见实效。

1. 继续以"五个三比"为抓手，推进创先争优活动

一是教师党员要比师德、比育人、比成果。广大教师要切实肩负起立德树人、教书育人的光荣职责，关爱学生，严谨笃学，淡泊名利，自尊自律，加强师德建设，弘扬优良教风，提高业务水平，以高尚师德、人格魅力、学识风范教育感染学生，做学生健康成长的指导者和引路人。教师党员一定要带头不比师威比师德，不比享受比育人，不比付出比成果。要向我们身边的先进典型学习，学习

全国优秀共产党员毛二可院士高尚的师德,学习北京高校育人标兵、我校机械学院薛庆老师的"授人玫瑰、手有余香"的育人精神,学习北京市优秀共产党员王富耻、付梦印、胡昌振等一大批科研硕果累累的教授的"攻坚克难、甘于奉献"的精神,以实际行动投入到教书育人的伟大事业之中。

二是学生党员要比理想、比学习、比成才。要把文化知识学习和思想品德修养紧密结合起来,把创新思维和社会实践紧密结合起来,把全面发展和个性发展紧密结合起来。广大学生党员一定要不比眼前比理想,不比生活比学习,不比成名比成才。要认真学习北京高校成才表率、我校光电学院博士生程德文同学"以勤补拙,发奋成才,做无愧于时代的青年学者"精神,立为国奉献之志,立为民服务之志;切实掌握建设国家、服务人民的过硬本领;实现思想成长、学业进步、身心健康有机结合,在德智体美相互促进、有机融合中实现全面发展,努力成为可堪大用、能负重任的栋梁之材。

三是管理岗位党员要比作风、比服务、比效率。机关是服务师生员工的桥头堡,机关党员要认真履行好自己的职责,带头不比威风比作风,不比权力比服务,不比忙碌比效率,以"管理服务示范岗"为标准要求自己,切实做到"起身迎送,把话听完,意见明确,抓紧办理,必有回音",不断提升服务水平。

四是工勤党员要比态度、比技能、比奉献。工勤系统是学校后勤保障的重要阵地,工勤党员要认真学习北京高校服务育人标兵于光珠同志的先进事迹,带头不比口号比态度,不比工种比技能,不比条件比奉献,为师生员工提供强大、舒适的后勤保障。

五是离退休党员要比境界、比健康、比作为。离退休老同志是学校的一笔宝贵财富,离退休党员要学习北京高校育人标兵、我校离退休老教授吴鹤龄同志"不计个人得失,从事科普创作,关心党的教育事业"的高尚情操,带头不比资格比境界,不比待遇比健康,不比安逸比作为,将自身的宝贵经验转化为学校发展的推力。

2. 要在贯彻落实"6+1"发展战略中创先争优

一要围绕学科建设创先争优。从学科建设现状来看,瞄准国际前沿差距明显，瞄准国家重大战略需求凝练学科方向也不够，引领国防科技发展的主干学科不多，服务国家工业化、信息化的学科优势不突出。因此，我们的党组织要和行政一起研究，确定好具体的参照系，每个学科方向都应有国内外一流的高水平参照对象和合作伙伴。我们的党员同志要带头勤于对比，善于学习，不断强化自身学科的优势和特色。

二要围绕人才队伍建设创先争优。从人才队伍现状来看，活跃在国际、国内学术前沿和国家重大战略需求领域的领军人才严重不足，创新团队质量有待提升。各级党组织要通过思想引领和战略谋划，积极营造有利于各类人才脱颖而出的创先争优环境。要争当伯乐，积极推荐和吸引高层次人才和重点学科的紧缺人才，特别是具有国际影响的高端人才。要准确把握人才成长的规律，在面向全球广纳贤才的同时，重点扶持青年教师成长成才。紧紧抓住用好人才这个关键环节，切实加强高层次人才资源创新能力建设。

三要围绕人才培养创先争优。从人才培养现状来看，创新人才培养还不完全适应国家和社会发展要求，学生的基础理论、专业知识、创新能力有待进一步提升，素质教育需要深化。我们的党组织要加强调查研究，大力推进人才培养机制的改革创新。要按照"高远的理想、精深的学术、强健的体魄、恬美的心境"，具有社会责任感、创新精神和实践能力的中国特色社会主义接班人和建设者这一人才培养目标的要求，把提高教育教学质量放在首位，注重培育学生的主动精神和创造性思维，使学生在独立性思考、创造性思维、实践能力方面，在人文精神和科学素养方面，在服务社会发展方面达到符合世界一流大学要求的水平。

四要围绕科学研究创先争优。从科学研究现状来看，基础研究和原始创新相对薄弱，有重大影响力的科研成果不足。各级党组织要积极组织动员党员群众，围绕"两个瞄准"开展科学研究，尽力挖掘服务国家、服务社会的潜能。

五要围绕国际化办学创先争优。各级党组织要动员党员群众积极探索提高国际化办学水平的思路和方法，充分利用国际优质教育资源，借鉴和吸收国际高等教育先进的办学理念和管理模式，与国际高等教育大环境接轨，使国际合作与交流向实质性交流转变，从一般意义上的合作向国际一流科研合作、一流人才合作转变。

六要围绕党建创新和校园文化建设创先争优。学校党委提出，新时期学校党建和思想政治工作要"在改革中完善、在创新中发展"，学校各级党组织要切实围绕"发挥党支部战斗堡垒作用和党员先锋模范作用"的主线来开展党建创新；要围绕我校校训、校风、学风等核心精神文化体系，继续丰富和挖掘学校精神内涵，充分发挥校园文化在育人中的作用。

七要围绕体制机制创新创先争优。当前，学校事业发展与资源供给的矛盾仍然突出，基础设施建设需要加快，工作效能和办学效益有待提高。同时，我们要全面落实新颁布的《条例》，进一步贯彻落实党委领导下的校长负责制，完善党政联席会议制度，积极探索教授治学、民主管理的有效形式，围绕体制机制创新创先争优。

3. 要以创先争优为契机，大力推动党的先进性建设

先进性是马克思主义政党的本质属性，是马克思主义政党的生命所系、力量所在。90年来，我们党之所以能够从小到大、由弱变强，团结带领全国各族人民战胜各种艰难险阻，不断夺取革命、建设、改革的伟大成就，关键在于我们党坚持马克思主义科学理论指导，始终把党的先进性建设摆在突出位置来抓，不断保持和发展党的先进性。面对深刻变化的国际国内形势，面对改革发展稳定的繁重任务，面对各族人民过上更好生活的新期待，面对党员队伍和党的建设遇到的新情况新问题，我们党肩负着新的历史责任，面临着新的重大考验。执政时间越久，改革开放和社会主义市场经济发展越深入，国内外环境变化越深刻，越要高度重视保持和发展党的先进性，越要把党的先进性建设作为一项重大战略任务切实推进，使党始终成为思想上政治上组织上完全巩固、站在时代前列带领人民团结奋斗、开拓进取的坚强领导核心。

全校共产党员，要认真学习、深刻领会中央政治局第三十次集体学习的会议精神，继续以改革创新精神全面加强和改进党的建设，不断推进我校党的先进性建设。要始终以马克思主义为指导，坚持解放思想、实事求是、与时俱进，坚持用马克思主义立场观点方法观察当今世界、观察当代中国、观察高等教育发展趋势，准确把握时代脉搏，始终站在时代发展的前列；要深刻认识和充分运用紧紧

依靠人民群众、诚心诚意为人民谋利益、从人民群众中汲取前进力量的历史经验，坚持立党为公、执政为民，坚持以人为本，深入做好群众工作，办好顺民意、解民忧、惠民生的实事，不断实现好、维护好、发展好广大师生员工的根本利益；要深刻认识和充分运用自觉加强和改进党的建设、不断增强党的创造力凝聚力战斗力、永葆党的生机活力的历史经验，坚持党要管党、全面从严治党，紧紧围绕学校中心任务，以改革创新精神全面推进党的建设，着力加强执政能力建设和先进性建设，不断解决好提高党的领导水平和执政水平、提高拒腐防变和抵御风险能力这两大历史课题，不断提高党的建设科学化水平。

中国共产党90年发展的光辉历程告诉我们，只有党的基层组织都充分发挥战斗堡垒作用，党的基层干部都充分发挥骨干带头作用，全体党员都充分发挥先锋模范作用，才能保持党同人民群众的血肉联系，才能为推动党和人民事业发展不断凝聚强大力量。学校第十三次党代会确定了学校未来发展的指导思想和中长期目标，让我们团结带领广大师生员工，同心同德，激情进取，全身心地投入建设世界一流理工科大学之中，以优异成绩向中国共产党90华诞和党的十八大献礼！

学习先进事迹,要做到"五个结合"①

今天,我们召开学习李盼兴同志先进事迹座谈会,会议开得很好。李盼兴同志确实是我校党员干部队伍中涌现出来的先进典型,是我校党员干部干事、做人的一面旗帜,是广大党员干部学习的楷模。自4月18日校党委作出《关于开展向李盼兴同志学习活动的决定》以来,机关党委、国资处、后勤集团、信息学院等单位组织了学习活动。今天,我们组织学习李盼兴同志座谈会,就是对前段学习情况的交流、小结,并对下一步的学习活动进行部署。

一、开展向李盼兴同志学习活动的意义

第一,学习李盼兴同志的精神,是践行党的宗旨的必然要求。我们党是服务于人民的党,因为我们党的宗旨就是全心全意为人民服务。来自人民、植根人民、服务人民,是我们党永远立于不败之地的根本。以人为本、执政为民,是我们党的性质和全心全意为人民服务根本宗旨的集中体现,是指引、评价、检验我们党一切执政活动的最高标准。我们每一位共产党员特别是党员领导干部,都要时刻将师生员工放在心间,坚持问政于民、问需于民、问计于民,真诚倾听群众呼声,真实反映群众愿望,真情关心群众疾苦。正是基于这样的认识,校党委近年来一直坚持"三服务"的育人理念,倡导学校所有工作都要为人才培养服务。李盼兴同志,正是这样一位坚持贯彻党的宗旨和"三服务"理念的优秀党员干部,是值得我们每个党员领导干部学习的典范。

第二,学习李盼兴同志的精神,是推动学校快速发展、提升质量、克服困难的客观需要。我在年初工作会上曾强调,学校现阶段发展呈现出以下特征:一是在发展的"量"上已有了明显突破,好多数据都是大幅度增长甚至翻番,但相比

---

① 2012年5月3日在学习李盼兴同志先进事迹座谈会上的讲话摘录。

于同类学校还有差距；二是在发展的"质"上有了显著提高，但高水平的成果仍显不足，综合实力还需要继续提升；三是当前学校在快速发展中也出现了一些新矛盾和新问题，需要我们去认真地、着力地去解决。学校下一步发展总的指导思想是"既要保持一定的发展速度，更要在提升质量方面下功夫，还要及时解决新问题和新矛盾"。要想完成这项任务，实现学校又好又快地发展，需要一大批像李盼兴同志那样锐意进取、无私奉献的党员干部，需要一大批学有专长、品格高尚的教师，需要一大批全面发展、敢于创新的学生。因此，在全校范围内广泛开展向李盼兴同志学习的活动，可以激发和调动党员干部、广大师生的工作学习热情，进一步增强瞄准一流、加快发展的意识，凝心聚力，协同创新，全面提升办学水平，加速推进一流理工大学的建设。

二、学习活动中要做到"五个结合"

一是与创先争优活动和加强基层党组织建设结合起来，提高党建科学化水平。各级党组织要结合创先争优活动中开展的"五个三比"活动，进一步引导基层党组织履职尽责创先进、党员立足岗位争优秀、干部示范引领做表率。要把李盼兴同志的事迹作为加强基层党组织建设和党员教育的生动教材，把握精神实质、明确学习重点，做学以致用的模范。同时，加强领导与宣传，让大家学有榜样，行有准则，进有方向，务求深入开展向李盼兴同志学习活动取得实效。

二是与加强领导班子和干部队伍建设结合起来，不断提升服务学校科学发展的能力和水平。首先，学习李盼兴同志克己奉公、淡泊名利、风清气正的高尚情操。领导干部要树立正确的权力观、利益观，努力提高推动科学发展、促进单位和部门和谐的能力和水平；努力提高抵御各种风险的能力和水平，始终保持共产党人的蓬勃朝气、昂扬锐气、浩然正气，造就一支政治坚定、业务精湛、作风良好的北理工干部队伍。其次，学习李盼兴同志忠于职守、爱岗敬业、服务基层的奉献精神。在学校机关和学院中，李盼兴同志一直被誉为北理工的"活地图""地理通"，真实反映了他在几十年的工作中勤于钻研、精于服务的作风。学习他这种精神，就要牢记服务师生的宗旨，肯于钻研、精益求精，深入基层、深入一线、服务基层、服务一线，不断提高管理水平和服务质量，更好地服务师生。最后，学习李盼兴同志锐意改革、迎难而上、勇于担当的进取精神。前面说过，当前学校发展正处于缓进则退、不进则亡的紧要关头，需要速度与质量的双提升，需要不断研究解决呈现的新问题、新矛盾。要做到这一点，没有锐意改革、迎难而上、勇于担当的进取精神是不行的。所以，我也在一直强调，全校师生员工，要积极地想，大胆地试，创造性地干。

三是与师德师风建设结合起来，继续筑牢建设一流大学的坚强基石。首先，要学习李盼兴同志爱岗敬业的奉献精神。李盼兴同志直到生命最后时刻还牵挂着学校和工作，彰显了强烈的爱岗敬业精神。教师要勤恳敬业，乐于奉献，在做人、做事、做学问上树立良好的形象，努力成为教书育人的模范履行者、教师职业道德的光荣捍卫者和大学精神的忠诚守护者。其次，要学习李盼兴同志迎难而上的进取精神。教师的工作是具有挑战性的工作，不仅在科研上会遇到新问题，在教学上也会遇到新情况，这就需要广大教师不仅要耐心细致，还要愈挫愈勇，不断克服困难、开拓创新，走出一条新路。最后，教师要学习他豁达开朗、自强不息的人生情怀。李盼兴同志患病后常说的一句话是"癌症并不可怕，怕也没用，就当是一个慢性病吧"。随着教学、科研任务的逐渐增多，教师们的工作压力不断增加，再加上家庭、社会上的其他压力，教师的承受能力面临极大挑战。教师要调整好心态，以积极乐观的心态来面对生活。

四是与学生德育工作结合起来，引导广大青年学生坚定理想信念，自觉践行社会主义核心价值体系。要把李盼兴同志的事迹作为加强学生思想政治教育的典型案例，通过多种形式宣传他信念坚定、忠诚为党、爱国爱校的崇高品格，进一步加强学生的理想信念教育和道德品质教育，坚持把德育渗透于教育教学工作的各个环节，贯穿于学校各项工作中，创新德育形式，丰富德育内容，增强德育工作的针对性和实效性，使同学们学有典范、赶有目标、胸怀理想、坚定信念。

五是与做好离退休老同志工作结合起来，引导广大离退休老同志为学校建设与发展贡献智慧和力量。学习李盼兴同志，离退休老同志党组织和党员要争创"五好"党支部、争当"四好"党员，充分发挥广大离退休老同志在促进学校发展和建设中的参谋作用，为学校教育事业发挥余热、多作贡献。同时，也要引导广大离退休老同志树立宽广的胸怀和积极的人生态度，安享晚年。

总之，学习李盼兴同志的先进事迹，重在实践、重在行动、重在坚持。广大党员干部、师生员工要把对李盼兴同志的感动和敬佩转化为做好本职工作、推动事业发展的强大动力，在学校形成学习先进、争当先进、赶超先进的浓厚氛围。在各自的工作岗位上扎实工作、开拓进取，为建设世界一流大学筑牢基础，以更加优异的成绩迎接党的十八大胜利召开！学习李盼兴同志的活动是我校在"十八大"之前党建和思想政治工作中的重要内容，一定要组织好、安排好，取得良好的成效。

明理精工　铸魂育人：高校建设探索与实践

"三抓三重"[①]

近年来，学校党委坚持以党的十七大精神为指导，牢牢把握"围绕中心抓党建、抓好党建促发展"这一主线，不断以解放思想、改革创新、激情进取、科学发展的昂扬斗志，大力推动教育事业改革发展，切实发挥了党建和思想政治工作对学校中心工作的导向、动力及保障作用。

一、抓顶层，重实效，学校各项事业蓬勃发展

近年来，学校党委认真贯彻中央和上级要求，落实《北京高校党建和思想政治工作基本标准》精神，坚持党委领导下的校长负责制，抓顶层，重实效，不断加强对学校全局工作的领导。学校党委审时度势，坚持从国情出发、从校情出发，创造性地提出了"在改革中完善，在创新中发展"的党建工作新思路，引导各级党组织和广大党员创先争优，为建设世界一流理工大学贡献力量。

在学习实践科学发展观活动中，学校党委始终坚持：要站在新的历史起点上，冲破传统观念束缚，"跳出北理工看北理工""跳出兵器看兵器""跳出军工看全国""跳出国门看世界"；要坚持"干部为教师服务，教师为学生服务，全校为人才培养服务"的"三服务"理念，在工作内容、发展方式、体制机制、评价体系等方面进行大胆探索，在改革中持续不断地完善。

在深入开展创先争优活动中，学校党委始终坚持：要紧紧抓住建设创新型国家、高等教育强国和人力资源强国的历史机遇，坚持培养具有"高远的理想、精深的学术、强健的体魄、恬美的心境"，具有创新精神、实践能力和社会责任感的社会主义合格建设者和接班人；要坚持"始终瞄准世界科技发展前沿，始终瞄准国家重大战略需求"，自觉把学校的发展融入国际、国内的大局之中，在创新

---

① 2012年10月31日在迎接党建"基本标准"检查时的工作汇报摘录。

中又好又快地发展。

在深刻总结学校发展建设历史经验的基础上，学校第十三次党代会明确了"三步走"的发展目标：到2015年，成为以理工为主的国内一流大学；到2020年，成为以理工为主的亚洲一流大学；到2040年，把学校建设成为特色鲜明、理工为主的世界一流大学。明确了办学思路：坚持理工并重、工理管文协调发展、多学科交叉融合的理念，走"强地、扬信、拓天"的特色发展路径。明确了六大发展战略：强化优势特色的学科优化战略、会聚高端人才的强师兴校战略、坚持质量为本的教育创新战略、突出基础研究的科研提升战略、扩展国际视野的开放发展战略、创新体制机制的深化改革战略。

在中央和上级党委的指导下，在学校党委的坚强领导下，全校上下瞄准"世界一流理工科大学"的目标，齐心协力，狠抓实干，使学校的综合实力和核心竞争力得到全面提升。

在学科建设方面，落实学科优化战略，不断优化学科布局，学科实力不断增强。根据国际基本科学指标2012年最新统计数据，我校进入ESI国际学科领域排名前1%的学科数由2009年的2个增加到5个，在工业和信息化部部属7所高校中排名第二。目前，我校已有一级学科博士学位授权点22个，一级学科硕士学位授权点38个。交叉类学科建设也有了新发展，如软件和光电及设计艺术等学科联合创办的"数字表演与仿真技术"成为省部级重点学科。

在师资队伍建设方面，落实强师兴校战略，队伍结构更趋合理，师资水平不断提高。学校每年吸纳海外、国内著名大学和本校的优秀博士毕业生的比例从各占1/3调整到2∶2∶1；2008年以来，新增国家"千人计划"14人，教育部长江学者奖励计划特聘教授11人、讲座教授3人，国家杰出青年科学基金获得者12人，"973"首席专家8人，新世纪"百千万"人才工程国家级人选4人，教育部新世纪优秀人才46人，国家自然科学基金创新研究群体1个，长江学者创新发展计划团队2个。

在人才培养方面，落实教育创新战略。近年来，本科生源质量一直保持上升势头，录取线高于重点大学分数线60~80分以上的省份数量提高了近2倍。学校作为中国高教学会大学素质教育研究分会理事长单位，大力改革学生培养模式，教育教学质量显著提升，学生综合素质和创新能力不断提高。2008年以来，我校获得全国百篇优博1篇（提名8篇），北京市优博5篇，国家教育教学成果二等奖两项，北京市教育教学成果一等奖七项，二等奖九项。在团中央、中国科协、教育部、科技部等主办的全国性大学生竞赛中屡获大奖，有的连续五届夺得一等奖。毕业生的社会竞争力明显增强，本科生和研究生毕业生就业率分别在97%和98%以上。据调查，用人单位对我校毕业生的综合素质满意度高达96%。

在科学研究方面，落实科研提升战略。2008年以来，学校获得的科技投入总经费年均增长13%，国家自然科学基金经费数量年均增长46%。近年完成的国家"高新工程"项目数量居全国高校第一，在北京奥运会、残奥会中，承担科技奥运和奥运安保项目的数量位居全国高校第一；在国庆60周年阅兵的30个方阵中，参与了22个方阵的装备设计和研制，其数量和深度位居全国高校第一；创造的多项电动车辆技术国内第一、国际领先，自主研发的纯电动客车在世界上首次大规模投入运行，成功运行于北京奥运会、残奥会及上海世博会。特别是2008年、2009年学校牵头获得国家科技奖数量分别位居全国高校第4名和第6名。2011年获国家科技奖6项，再次并列全国高校第4名。

在国际化办学方面，落实开放发展战略，学校的全球性国际交流合作网络建设成果显著，境外合作院校已达到170余所，遍及世界6大洲的47个国家和地区；牵头成立了中国–西班牙大学联盟、中国–俄罗斯–白俄罗斯大学联盟；在尼日利亚和加拿大建立了孔子学院。在校留学生604人，学位生占81%，国别由2008年的38个增加到60个，遍布五大洲。学校的国际影响力和知名度得到了显著提升。

在体制机制改革方面，落实深化改革战略，推动管理重心下移，增强基层办学活力。成立基础教育学院、科学技术研究院，建立科学规范的管理与服务体系。建立学部制度，推进教授治学、民主管理。调整学院建制，成立数学学院、物理学院、化学学院，使理科获得发展平台。成立火炸药研究院、节能与新能源汽车研究院、地面无人机动系统研究院、纳米中心、两化融合发展研究院等学科交叉研究单位，大力推动协同创新。

在大学文化建设方面，学校坚持继承发扬延安精神和国防特色文化传统，凝练形成了以"德以明理，学以精工"的校训、"团结、勤奋、求实、创新"的校风和"实事求是，不自以为是"的学风为核心的北京理工大学精神文化体系。深入开展了徐特立教育思想研究，建立了校史馆，编撰了一系列学科专业史丛书，与凤凰卫视联合摄制《红色征途》大型历史文献纪录片等，学校的优秀历史文化传统得到进一步继承和弘扬。

经过努力，学校的综合实力有了明显提升，国内外影响力不断增强。在2011年QS亚洲大学排名中，我校进入亚洲百强，位居第96位。在2012年QS世界大学排名2012/2013中，北京理工大学首次进入500强。在进入500强的19所中国内地大学中，我校位居第13位（并列）。

二、抓基础，重创新，党建工作科学化水平不断提高

1. 建立健全机制，不断提升校院两级决策水平

学校党委制定了《关于党委全委会、党委常委会、校长办公会、党群工作会的有关规定》，进一步明确了各项会议制度、议事规则和决策程序。坚持"集体领导、民主集中、个别酝酿、会议决定"的决策规则，严格执行"三重一大"制度，不搞个人或少数人说了算。发挥常委会和全委会对重大问题的决策作用，推行和完善重要干部任用票决制，健全和规范党委常委会向全委会定期报告工作并接受监督制度。加强对学校重大事项的决策咨询工作，增加决策透明度，广泛听取党员、群众、基层干部意见和建议，特别是注重听取教授的意见，保证教授治学理教的知情权、参与权和决策权。

学院建立了由党政联席会、党委会、院务会、教代会、教授委员会、责任教授小组组成的决策咨询体系和机制，重要问题由党政联席会议讨论决定，严格执行"三重一大"制度，坚持领导干部民主生活会制度，坚持定期向教代会汇报工作，实行工会、教代会民主评议领导干部制度。

实践证明，这些制度和做法激发了党员群众参政议政的热情，推动了决策的民主化、科学化，提高了决策执行效率，有力推动了学校科学发展。

2. 抓实干部培训，不断提高干部队伍素质

学校党委认真贯彻落实中央《关于2008—2012年大规模培训干部工作的实施意见》精神，始终把干部培训列入重要工作议程。一是成立由党委书记任组长的学校干部教育培训领导小组，重要培训主题和内容由党委常委会决定。二是学校党委书记带头，校党政主要领导每年至少到党校讲一次课或做一次报告。三是坚持理论与实际结合，系统培训与专题研讨结合，境内培训与境外培训结合，全员培训与分类培训结合，基础性学习与素质拓展结合，开展了处级干部读书研讨班、处级干部境外培训班、书记院长培训班、青年管理干部培训班等形式多样、内容丰富的培训项目，辅以野外素质拓展、社会实践考察等生动活泼的培训环节，形成了深层次、全覆盖的干部培训体系。四是加强干部校外挂职锻炼。近年来，派遣11名干部到中国科技大学挂职学习，输送25名干部到地方委办局挂职锻炼。五是坚持把干部任用和干部培训情况挂钩，建立健全干部培训监督和反馈机制。2008年以来，共举办干部培训班26期，参训人次达2341人次，提高了干部辩证统筹、治校理教、科学决策的能力，有力提升了干部队伍的整体水平。同时，向外单位输送了局级干部6名、处级干部24名，得到了用人单位和社会的高度认可。

3. 做好党务公开，不断巩固党内民主监督基础

高度重视党务公开工作，将其作为加强党内民主、推进校园和谐、推动科学发展的有力抓手。一是成立了由校党委书记任组长的党务公开领导小组和由纪委书记任组长的党务公开监督协调小组，制定了《北京理工大学党务公开实施细则（试行）》，形成了党委统一领导、职能部门各负其责、党员群众广泛参与、纪委监督检查的工作机制。二是认真编制党务公开目录，确定了8个一级指标，41个二级指标。三是采用科学合理的公开形式，确保公开工作常态化、规范化。比如，通过党内会议、文件和通报等形式公开党内信息，通过定期情况通报会向党外人士、离退休老同志公开学校发展建设情况，通过党务公开网站、宣传栏、校报、校电视台等校园媒体公开学校党建和办学情况。四是重视公开广大教职工普

遍关心的问题。比如一直将干部选拔任用问题纳入公开的范畴，实行岗位公开、程序公开、任前公开，确保选拔工作公开、公平、公正。通过党务公开，广大党员的民主权利得到进一步保障，党风廉政建设得到进一步推进，党群、干群关系得到进一步密切，和谐校园氛围日益浓厚。

4. 筑牢工作基础，激发基层党支部活力

一是建章立制，规范和指导基层党的组织建设。学校党委十分重视"抓基层，打基础"工作，一手抓规范，一手抓创新。首先，认真贯彻《中国共产党普通高等学校基层组织工作条例》和《关于推进基层党建工作创新的意见》精神，制定《基层党建工作责任制的实施办法》《党支部工作考核细则（试行）》等一系列文件，为基层党组织提供了工作依据。其次，出台了关于校党政领导和常委联系基层单位的制度，每一位校党委常委联系1~2个学院，同时联系1个基层党支部，了解基层情况，帮助和指导基层开展工作。最后，校党委每年都召开务虚会，专门研究党建和思想政治工作；每年都制定年度党建工作要点，全面部署党建工作，使基层党组织建设不断得到巩固和加强。

二是优化基层党支部设置，选好配强党支部书记。学校党委坚持党支部与行政组织同步设置，干部同步配置，制度同步建立，工作同步启动。大力推进基层组织设置创新，把党的组织向学科团队、重大项目组、重点实验室等组织单元延伸，保证了党组织的有效覆盖。学生党支部基本形成"研究生横向（按年级或专业）建支部、高年级本科生按班级建支部、低年级本科生按年级建支部"的格局。

校、院两级组织十分重视院（系）党组织书记队伍建设，一方面，选配政治素质好、业务能力强、有奉献精神的党员担任党支部书记，打造了一支"政治素质好、学历层次高、创新意识强、奉献精神足"的教工党支部书记队伍。另一方面，加强支部书记培训工作，每年举办教工支部书记培训班，提高党支部书记的政治理论水平和工作水平。同时，实施系（所）党政交叉任职，全校教工党支部书记中，67.1%都兼行政职务；教师党支部书记的党务工作计入工作量，适当给予津贴补贴，此举大大提高了支部书记的工作热情和能力。

三是创新工作方式,切实推进基层党支部建设。首先,抓好考核评估工作。每年都以纪念"七一"为契机,通过层层考核,逐级评选,树立典型,扎实推进基层党组织建设。今年上半年,按照组织建设年的要求,在全校 620 个党支部中开展了分类定级和进位升级工作。其次,通过活动立项、下拨经费,支持基层党支部结合自身实际创新性开展活动。2008 年以来,共下拨经费 100 多万元。再次,开展了覆盖全校党支部的基层党建调研,访谈座谈 500 多人次,发放问卷 500 多份,及时摸清党支部建设现状,为学校党委决策提供了科学依据。最后,成立党建研究会,每年列支 15 万元专项经费,支持党务部门和全校教职工开展党建课题研究。近年来,共支持课题立项 50 多项,发表论文 80 余篇,一些研究成果得到应用。

5. 严把发展关口,建设高质量党员队伍

一是严把党员发展环节。以"坚持标准,保证质量,改善结构,慎重发展"为指导思想,严把入口,确保党员发展质量。一方面,组建了近 60 人的组织员、协理员队伍,为党员发展工作提供了有力保障。另一方面,在发展党员时严格程序,严格标准,坚持推优入党,把学习成绩、思想素质作为重要考察内容,坚持发展在"高远的理想、精深的学术、强健的体魄、恬美的心境"方面起到模范带头作用的同学,同时严格执行发展党员公示制度。

二是注重吸纳优秀教师入党。学校党委坚持考察和培养相结合,注重发展优秀教师入党。坚持"一对一"联系制度,指定专人联系和关心新引进教师,积极引导他们入党。

三是做好入党教育工作。学校每年举办两期学生入党积极分子培训班、一期教工入党积极分子培训班,按照高标准、高质量来配备师资和设计相应课程,既突出对党的基本理论的学习,又融合学校特色。基础教育学院党校结合校史进行爱党爱校教育,强化对低年级入党积极分子的教育培训。在学生中开展学史明志、知心工程、"党群零距离"、红色"1+1"等主题活动,增强他们的主体意识和责任意识;在教工中,开展知心、谈心等活动加强理想信念教育,通过事业感召、感情融化做好发展引导。

经过多年实践，我校党员发展工作取得良好成效。截至2012年7月，我校教职工党员比例为60.5%，本科生党员比例为18.2%，研究生党员比例为60.2%。在近年来获得国家科技奖的团队教师中，80%以上是党员。2012年，校级优秀毕业生中党员比例为85.84%，北京市优秀毕业生中党员比例为90.97%。

6. 贴近实际，加强教职工思想政治工作

一是加强理论武装。通过马克思主义理论课、"十七大精神"主题教育、"党的事业是我奋斗的方向"征文、网络新媒体交流等手段，深入开展思想教育工作，以马克思主义最新理论武装教职工头脑。

二是加强社会实践。学校每年组织教师开展不同层次的调查研究、参观学习和访问交流等，调研团先后奔赴内蒙古、云南、四川、新疆、宁夏等多个省、区、市，学习当地厂矿企业、科研院所、高等学校先进经验，签订合作协议，撰写调研报告，为提高教师实践创新能力，强化教师责任意识搭建了良好平台。

三是加强师德建设。通过建立涵盖政治思想、爱岗敬业、教书育人、为人师表等多个方面的师德评价体系，全校开展"树楷模、铸文化"系列活动，弘扬教师高尚的师德。编写《耕耘之路》，广泛宣传报道优秀教师先进事迹。连续12年举办"我爱我师"评选活动，由学生投票选出"我心中最喜欢的老师"。深入开展向毛二可、李盼兴等先进典型学习活动，营造人人争当师德典范的氛围。五年来，我校共有13人获得"北京市师德标兵"和"北京市师德先进个人"称号。

四是注重人文关怀。一方面把教职工思想政治工作与关心教职工发展相结合，通过成立教学促进与教师发展中心、设立重点支持青年教师的项目等方式促进教师成长与发展。另一方面把教职工思想政治工作与关心教职工身体健康、心理健康、生活困难相结合，定期为教职工检查身体，开展"在职教职工重大疾病保障计划"，与首开集团合作建设良乡熙悦睿府教师住宅项目等，增强教职工归属感和凝聚力。

7. 坚持德育为先，促进学生全面成长和成才

一是加强理想信念教育。紧跟时代主题，深入推进"我与祖国共奋进""我与

母校同成长""践行校训、校风和学风"等主题教育活动；以"德学理工"项目为指引，鼓励学院开展思想政治教育理论研究和实践探索，不断创新大学生思想政治教育模式；建立一批爱国主义教育基地，开展"学史建碑""校友论坛"等爱国荣校主题教育和实践调研活动，培养学生树立高远的理想。

二是加强成长、成才教育。加强心理调查的覆盖面与频率，建立学生心理问题会商制，实现心理危机预防与干预的点面结合。构建两校区办学思想政治教育工作模式，建立学生一站式网络服务平台。选评十佳党员、先进党支部等先进典型，开展深度辅导，深化德育答辩、聆听智慧、共青讲堂、名家论坛等品牌活动，引领青年学生成长、成才。不断完善资助工作体系，扶贫励志，关爱学生，开展诚信教育和感恩教育。加强毕业生思想教育和就业指导，开设就业工作坊，开展全国创业大赛等活动，全面支持学生创业就业。学校先后获全国毕业生就业典型经验高校、全国高校心理工作先进集体、全国资助工作先进单位等荣誉称号。

三是打造一流学生工作队伍。以提高素质、优化结构、相对稳定、合理流动为指导思想，通过建设"辅导员之家"，设立"学生工作奉献奖"，成立辅导员工作研究会等措施，建设了一支政治坚定、业务精通、专兼结合、结构合理的高素质辅导员队伍，涌现出以"全国高校辅导员年度人物""北京市十佳辅导员"为典型代表的优秀学生辅导员群体。

四是突出共青团优势。出台《关于加强新形势下党建带团建工作的意见》文件，实施"青年马克思主义者培养工程"、"青春领航工程"和"青春先锋工程"等，充分发挥共青团组织的强大优势。

8. 创新培养途径，不断加强党外人士队伍建设

学校党委一直高度重视统战及党外代表人士队伍建设工作，党委书记亲自抓统战工作，各学院党委主要负责人担任统战委员，出台了《2007—2013年党外代表人士队伍建设规划》《优秀党外人士校内挂职的计划方案》，保证党的统战工作方针政策在基层贯彻落实。在工作中，探索出了一条建库选拔、办班培养、挂职锻炼、实职安排的党外代表人士队伍建设途径。每年举办党外代表人士研讨班，

开展校内外挂职，实职安排领导岗位等，推动党外代表人士队伍建设工作快速发展；学校处级干部中党外干部比例一直保持在10%以上；2011年，学校有四位民主党派成员当选海淀区政协委员，其中一位当选常务委员；有三位被推选为海淀区民主党派负责人；2012年，在北京市各民主党派换届工作中，一位被推举为民革北京市委秘书长、市委委员；一位任民盟北京市委委员；2010年获得"北京市统战系统创新工作先进单位"荣誉称号。

9. 坚持"四抓并举"，抵御和防范校园传教渗透

一抓组织领导与责任落实，建立工作网络。成立民族宗教工作领导小组，制订工作方案，形成了一级抓一级、层层抓落实，实现网格化管理的良好局面。二抓宣传教育引导，营造工作氛围。把党的宗教理论方针政策及法律法规知识纳入党校、团校和形势政策教育的内容，纳入学生辅导员、班主任日常培训的内容，营造了人人当主人、人人担责任、人人防渗透的浓厚氛围。三抓协调联动，形成全方位、多层次的立体工作格局。加强校内抵御和防范校园传教渗透联席会议成员单位之间的协调联动，探索有效机制，合力破解难题。在上级统一部署下，统战部、保卫处协作，成功阻止了某邪教组织试图在我校组织篮球赛等大型活动的图谋。四抓长效机制建立，巩固工作成效。坚持做到一人一组、一人一案、一人一策，逐步形成长期有效的管控机制。经过大量细致工作，我校近年来无人参加非法户外聚集活动。

由于学校即将迎来市委教育工委平安校园专项检查验收，平安校园创建工作的落实情况在此不再专门汇报。

三、抓载体，重特色，着力打造基层党建品牌

学校党委认真贯彻中央和上级精神，深入研究基层党建工作规律，抓载体、重特色，不断挖掘党建传统优势项目的内涵，保持了"党群零距离"和"德育答辩"两个传统品牌的旺盛生命力。

1. 深化"党群零距离"内涵，推动创先争优活动见实效

"党群零距离"工程是我校基层党建传统品牌。近年来，特别是创先争优活动开展以来，校党委在继续深化"党群零距离"品牌活动的基础上，提出了"五个三比"的实践载体与平台。同时，校党委把学校党员分为教师、学生、机关管理、工勤、离退休五类，对每一类党员提出有针对性的目标，做到创先争优活动的分层次、分类别、全覆盖。

一是教师党支部开展"零距离促发展"活动，引导党员比师德、比育人、比成果，在师德建设、人才培养、科学研究等方面取得了实效。二是学生党支部开展"零距离促成长"活动，引导党员比理想、比学习、比成才，在大学生科技创新、成长成才方面进行了有益探索。三是机关党组织开展"零距离促作风"活动，引导党员比作风、比服务、比效率，涌现出了身患癌症仍坚守岗位、奉献学校事业的李盼兴同志。四是工勤党组织开展"零距离促服务"活动，引导党员比态度、比技能、比奉献，为一流大学建设提供了一流的工勤保障。五是离退休党组织开展"零距离促和谐"活动，引导党员比境界、比健康、比作为，老党员联合保卫部党支部成立的以弘扬传统、创先争优、互帮互助、共建和谐为宗旨的"北理同心"创先争优党建工作室为推进和谐校园建设进行了新探索。

"五个三比"活动在推动中心工作、服务基层群众、创新基层党建等多方面取得了明显成效。根据2011年基层建党调研活动问卷调查，群众对"党支部和党员发挥作用"的满意度高达98.7%。学校党委在第十九次全国高校党建工作会上作了题为《实施"党群零距离"活动 推动基层党组织建设见实效》的交流发言，在工业和信息化部创先争优总结会上作了"五个三比"工作的经验交流。

2. 以德育答辩为主线，构建全方位、全程化育人体系

自2003年学校创立德育答辩制度以来，取得了良好的育人效果。近年来，学校党委以德育答辩为主线，在推进素质教育、提高人才培养质量方面进行了新探索。

一是以德育答辩制度为主线，贯穿首尾构造全面育人体系。德育答辩制度使

入学教育、期中教育、毕业教育"首尾相连",构成了全过程的德育体系,将德育、智育、体育和美育有机统一在教育的各环节中,将教育、管理和服务融为一体,特别是把德育融入教学工作的各个环节之中,真正实践全方位、全程化育人的理念。

二是以全员育人为保障,全方位指导联合推进全面育人体系。充分利用校内各方资源,并从校内向校外延伸,集合学生、教育者、管理者、家长、社会等各个方面力量,推进全面育人。基础教育学院建立的网上家校平台"家校彩虹"、信息学院创立的"德育小导师"制度等都大大推进了全面育人工作。

三是以项目制管理为手段,保证全面育人体系科学发展。开展"德学理工"计划,针对五年内学生工作现状和学生发展实际,整合学校和基层学院的优势和资源,制订远景规划,从初期的夯实基础、初见成效到后期的改革创新,层层递进。

学校有关特色工作,在提供给专家的特色报告中有详细论述,在此不再展开汇报。五年来,学校党委不断加强党建和思想政治工作,在人才培养、科学研究、社会服务、文化传承与创新方面取得了显著成绩,这离不开中央、北京市委及上级有关部门领导的大力支持,离不开兄弟院校和社会各界的真诚合作,离不开广大师生员工的共同努力。在取得成绩的同时,我们也清醒地认识到,学校党建和思想政治工作与上级要求和师生员工的期望相比还有一定的差距。学校党委将以这次检查为契机,以评促建,以评促改,进一步提高党建和思想政治工作科学化水平,为早日建成世界一流理工科大学提供坚强思想和组织保障,以优异成绩向党的十八大献礼!

明理精工　铸魂育人：高校建设探索与实践

坚定理想信念，推动创新发展[①]

党的十八大是在我国进入全面建成小康社会决定性阶段召开的一次十分重要的大会，是一次高举旗帜、继往开来、团结奋进的大会，对凝聚党心军心民心、推动党和国家事业发展具有十分重大的意义。大会批准了胡锦涛同志代表党的十七届中央委员会所作的《坚定不移沿着中国特色社会主义道路前进　为全面建成小康社会而奋斗》的报告，批准了中央纪律检查委员会的工作报告，审议通过了《中国共产党章程（修正案）》，选举产生了以习近平同志为核心的新一届中央领导集体。

大会通过了《中国共产党章程（修正案）》，新党章体现了党的理论创新和实践发展的最新成果，体现了党的十八大报告中提出的重大理论观点、重大战略方针政策、重大工作部署，对加强党的执政能力建设、提高党的建设科学化水平提出了明确要求。

认真学习宣传贯彻好党的十八大精神，对于动员全党全国各族人民团结在以习近平同志为核心的党中央周围，高举中国特色社会主义伟大旗帜，为全面建成小康社会、夺取中国特色社会主义新胜利而奋斗，具有重大现实意义和深远历史意义。对于我校来说，学习好、宣传好、贯彻好十八大精神，是动员和激励广大师生员工解放思想、实事求是、与时俱进、求真务实，以更加奋发有为的精神状态投身教育改革发展伟大实践的迫切需要；是进一步把科学发展观贯彻到学校改革发展全过程、体现到学校党的建设各方面的迫切需要；是全面贯彻党的教育方针，落实《教育规划纲要》，实施素质教育，推动科学发展，办好人民满意的大学的迫切需要。

当前和今后一段时期，学校的首要政治任务，就是认真学习宣传和全面贯彻

[①] 2012年11月30日在机关党支部书记学习贯彻党的十八大精神座谈会上的讲话摘录。

落实党的十八大精神，把全校师生员工的思想统一到党的十八大精神上来，把力量凝聚到实现党的十八大确定的各项任务上来。

一、党的十八大精神，要学什么，怎么学

一是要认真研读党的十八大有关文件，特别是党的十八大报告和党章，以及习近平同志在十八届中共中央政治局第一次集体学习时的讲话。要认真通读、研读：不通读，不能了解和掌握全貌；不研读，不能掌握精神实质。在此基础上，再全面、准确、深入地学习领会党的十八大精神。要做到七个深刻领会：深刻领会党的十八大的主题，坚定走中国特色社会主义道路的决心；深刻领会过去5年和10年党和国家事业取得新的历史性成就，坚定中国改革发展的道路自信、理论自信、制度自信、文化自信；深刻领会科学发展观的历史地位和指导意义，牢牢把握科学发展观的精神实质；深刻领会中国特色社会主义的丰富内涵和夺取中国特色社会主义新胜利的基本要求，深入理解中国特色社会主义的伟大实践；深刻领会全面建成小康社会和全面深化改革开放的目标，牢牢把握中央关于重要战略机遇期的重要判断；深刻领会社会主义经济建设、政治建设、文化建设、社会建设、生态文明建设"五位一体"的重大部署，深入理解党的"以人为本"的路线方针；深刻领会全面提高党的建设科学化水平的新要求，深入理解党的建设科学化布局。

二是要注意研究领会十八大报告中提出的一系列新思想、新论断。

比如，首次将科学发展观确立为党必须长期坚持的指导思想。报告提出："科学发展观同马克思列宁主义、毛泽东思想、邓小平理论、'三个代表'重要思想一道，是党必须长期坚持的指导思想。"这表明，科学发展观已经成为指导党和国家全部工作的强大思想武器。将科学发展观确立为党的指导思想，有利于全党增强贯彻落实科学发展观的自觉性和坚定性，对于全面建成小康社会具有重大而深远的意义。

比如，对"中国特色社会主义"作了新的阐述。报告对中国特色社会主义的道路、理论体系和制度内涵作了深刻阐述，指出道路是"实现途径"，理论体系

是"行动指南",制度是"根本保障","三者统一于中国特色社会主义伟大实践"。报告首次将"中国特色社会主义制度"写入党的全国代表大会报告。报告还提出了"总依据""总布局""总任务"的新提法,指出:"建设中国特色社会主义,总依据是社会主义初级阶段,总布局是'五位一体',总任务是实现社会主义现代化和中华民族伟大复兴。"这些都值得我们深入学习体会。

又如,对党的建设主线作了新概括。十八大报告首次提出"牢牢把握加强党的执政能力建设、先进性和纯洁性建设这条主线"。这对于克服新的历史条件下,我们党面临的"四大考验"和"四种危险",始终保持党的先进性和纯洁性具有重大意义。

其他重要论述,比如,由经济建设、政治建设、文化建设、社会建设"四位一体"拓展为包括生态文明建设的"五位一体",从"全面建设小康社会"转变到"全面建成小康社会",首次提出城乡居民人均收入10年翻番,等等。这些重要表述都深刻体现了我们党面对新的历史挑战和机遇所作出的重大思考,需要全校党员领导干部及师生员工深刻领会把握。

三是要将学习领会十八大精神与我们的工作实际结合起来。党的十八大明确提出"要努力办好人民满意的教育""教育是民族振兴和社会进步的基石""推动高等教育内涵式发展""全面实施素质教育,深化教育领域综合改革,着力提高教育质量""把立德树人作为教育的根本任务,培养德智体美全面发展的社会主义建设者和接班人"。这些要求为全面提高高等教育质量、推动高等教育科学发展进一步指明了方向,提出了具体的任务。广大师生员工要更加自觉地坚持以科学发展观为指导,把学习贯彻党的十八大精神和发挥好人才培养、科学研究、社会服务、文化传承创新四大功能结合起来,把学校党建传统优势转化为学校科学发展的优势,切实办好人民满意的社会主义大学。

二、十八大精神要落实到机关党支部建设中

一是要将学习贯彻十八大精神与着力加强党员的理想信念教育、发挥党员先锋模范作用结合起来。党的十八大报告指出,要坚定马克思主义的信仰,坚定社

会主义和共产主义的信念。马克思主义信仰，社会主义和共产主义的信念，是共产党人的政治灵魂，是共产党人经受住任何考验的精神支柱。就像习近平同志所讲："理想信念就是共产党人精神上的'钙'，没有理想信念，理想信念不坚定，精神上就会'缺钙'，就会得'软骨病'。"缺少了信仰和信念，我们共产党人也就丧失了安身立命的根本。

前几天，组织部、宣传部给大家发了一本书《居安思危：苏共亡党二十年的思考》，很有启发意义。书中谈到，从苏共垮台中我们应当汲取的教训之一就是必须高度重视党的思想理论建设。理论正确，党就坚强，政策就正确，思想就统一，经济就发展，社会就稳定；反之，党便涣散，政策便失误，思想便混乱，经济便停滞甚至倒退，社会便动荡。国内外敌对势力对我国西化、分化的首要途径就是先从思想观念上下手。曾经提出"和平演变"理论的美国前国务卿杜勒斯就说，"人的脑子，人的意识，是会变的。只要把脑子弄乱，我们就能不知不觉改变人们的价值观念"。

所以，我们在党支部建设中要将党员的思想理论建设放在首位，抓好党性教育，抓好道德建设，始终坚持用马克思列宁主义、毛泽东思想、邓小平理论、"三个代表"重要思想、科学发展观和党的基本路线统一思想，引导广大党员深入学习实践科学发展观，讲党性、重品行、做表率，为学校教育改革发展和我国教育事业的发展不懈奋斗。

二是要将学习贯彻十八大精神与进一步发挥党支部战斗堡垒作用结合起来。党的基层组织是党全部工作和战斗力的基础。党支部处于最基层，是广大党员生活、学习、工作的园地，也是党联系广大群众的基本纽带。只有通过党支部，才能把分散在各个单位的党员组织起来，形成团结统一的力量和整体战斗力。离开了党支部，党就会是一盘散沙，党的先锋队性质就失去了赖以存在的根基，党的领导机关也只能是"空中楼阁"。

近年来，机关党支部在学习实践科学发展观活动中，提出了很多好的思想，也进行了一些工作探索，取得了可喜成绩。比如，机关各部门都凝练形成了本单位的管理服务理念，瞄准一流，加强服务，大力开展"服务型"机关创建活动，应该讲取得了一定的成绩，各单位为师生服务的意识进一步增强，服务的能力进一步提高。而且，也涌现了像李盼兴同志这样的一心一意做好管理服务工作的楷模。这些好的观念和做法要一直坚持下去。

新修订的党章，对新形势下加强和改进党的建设提出了一系列新要求，强调要加强党的执政能力建设、先进性和纯洁性建设，整体推进党的思想建设、组织建设、作风建设、反腐倡廉建设、制度建设，全面提高党的建设科学化水平，建设学习型、服务型、创新型的马克思主义执政党。同时，党章还增加了"积极创先争优"的内容，表明深入开展创先争优活动已成为新形势下加强党的基层组织建设和党员队伍建设的一项经常性工作，是新形势下加强党的先进性和纯洁性建设的有力抓手。这对当前和今后我校的党支部建设提出了新的要求。机关党支部要在学习贯彻新党章中，以"五个三比"为抓手，带头开展"学习型、服务型、创新型"支部建设，积极推动创先争优常态化、长效化，充分发挥推动发展、服务群众、凝聚人心、促进和谐的作用，充分发挥党支部的战斗堡垒作用。关于"学习型"支部建设，我们要有学习的自觉性，形成习惯，认真读书。机关党委已开出书单，内容不少，我想一年能认真读并潜心读两三本就不错了。关于"服务型"支部建设，后边结合作风问题会再讲。关于"创新型"支部建设，各支部一定要有创新意识，并有创新举措，不用多，每年一小步，五年就一大步。

三是要将学习贯彻十八大精神与推动学校的发展结合起来。党的十八大对教育事业改革发展提出了很多新要求、新期望。我们要通过学习，切实领会，将会议精神落实到实际工作中，落实到推动学校"6+1"战略加快实施的进程中。

十八大报告提出了"创新驱动发展战略"，要求"提高原始创新、集成创新和引进消化吸收再创新能力，更加注重协同创新""坚持走中国特色新型工业化、信息化、城镇化、农业现代化道路，推动信息化和工业化深度融合"。这启示我们，要继续坚持第十三次党代会提出的学科优化战略、科研提升战略，瞄准世界科技前沿，瞄准国家重大战略需求，按照"强地、扬信、拓天"的特色发展路径，深入推进"2011"计划，加强科技创新体系建设，大力提升为工业化、信息化、国防现代化建设服务的能力。特别是"融合"，可以是理工融合、理工管文融合、基础与应用融合、"两化"融合，要举全校之力而不仅仅是管理学院、机车学院、软件学院的事情。

报告还特别提出，要"高度关注海洋、太空、网络空间安全""提高以打赢信息化条件下局部战争能力为核心的完成多样化军事任务能力"。这对"强地、扬信、拓天"的发展又提出了更高要求。"拓天"的内涵要不断丰富、拓展、深化，要积极思考与国家战略的结合点，真正在太空领域占有一席之地。还要关注海洋，要考虑"探海"。我去年在科技工作会上就曾经讲过这个问题，现在有几位教授在这方面已有了一些开拓，还要更加深入，有关部门要给予支持。另外，"网络空间"更值得开拓，可以是互联网、局域网、信息网、电网、物流网等。不仅仅计算机、软件学科要考虑，其他学院也要考虑怎样与之结合，真正搞出自己的特色来。在这方面，机关部门要主动策划、主动服务，引导学院积极开阔思路。要一个一个学院地走，与大家交流。

再有，能源与新能源、先进加工技术、3D打印技术等都是实施"6+1"战略中应予以关注的领域。

比如，十八大报告提出，全面建成小康社会，"必须推动社会主义文化大发展大繁荣""发挥文化引领风尚、教育人民、服务社会、推动发展的作用"。我们就要大力弘扬社会主义核心价值体系，以爱国为动力、以学术为核心、以创新为目标，以追求卓越、科学发展为理念，坚持以人为本，进一步继承和弘扬延安精神，发扬和强化国防特色，继续实施文化建设"九秩"工程，认真落实学校《"十二五"文化建设规划纲要》，建立健全大学文化建设长效机制，着力构建内涵丰富、特色鲜明、参与广泛、催人奋进的优秀的北理工文化，支撑和引领世界一流理工大学建设。

又如，十八大报告指出"形势的发展、事业的开拓、人民的期待，都要求我们以改革创新精神全面推进党的建设新的伟大工程，全面提高党的建设科学化水平"。作为中国共产党创办的第一所理工科大学，北理工要以高度的责任感和使命感，深入探索新时期学校党建工作规律，进一步挖掘"五个三比""德育答辩"等优秀基层党建品牌的内涵，全面加强思想建设、组织建设、作风建设、反腐倡廉建设、制度建设，建设学习型、服务型、创新型的基层党组织，增强基层党组织战斗力、凝聚力、创造力，为推进学校各项事业科学发展提供坚强的政治、思想和组织保障。

四是要将学习贯彻十八大精神与切实转变机关作风结合起来。前几天，我从新闻上看到，机关党委组织机关青年干部赴中山大学、华南理工大学两所兄弟院校和优秀企业开展学习调研活动，并召开了调研成果汇报会，一些部门还结合调研收获开始探索新的工作方法。这种将学习与实践相结合的做法很好，值得提倡。

多年来，我一直强调转变机关作风，提出了"食堂"理论和"端盘子"的概念，提出了"起身迎送，把话听完，意见明确，抓紧办理，必有回音"五句话的行为规范，提出了"干部为教师服务，教师为学生服务，全校为人才培养服务"的"三服务"理念，倡导"心向基层想，眼朝基层看，腿往基层跑，事为基层办"，强调要主动服务、策划服务。这些，都得到了大家的认可，也在广大干部师生中引起了一定的反响。经过近几年的实践，机关的作风有了很大转变，学校发展也越来越快，校内外都给予了肯定。这让我们很受鼓舞，也感到自信、自豪。但是，正像习近平同志在十八届中央政治局常委同中外记者见面时所说的，"我们自豪而不自满，决不会躺在过去的功劳簿上"。我们还要找差距、找不足。比如，这几年我们的发展，我认为是追赶型的。有些工作已经到了极限，像国家奖项问题，已感到储备不足了。怎么办？需要我们去思考，下功夫去推进。在这里，就作风问题再强调四点。

第一，要坚决克服干事就讨价还价"讲价钱"的思想和倾向。这几年，我们干部的精神状态比较饱满，干事创业的劲头也比较足。但是，也有极个别的干部，要么因为一时在仕途上没有得偿所愿或在其他事情上没有得到肯定，就由此消极颓废，不愿为单位发展贡献更多力量；要么就是一说干事创业就要资金、要资源，否则就说难以推动工作。这两种思想都要不得，久而久之，就容易造成一种权力依赖或资源依赖。其实，干事创业，更多的是白手起家，也唯有如此才体现出干部的真本事。前几天，我去了深圳。北理工深圳研究院这几年发展很快，但是并不是跟学校要资源、要支持达到的。权力、资源都是有限的，决不能把解决问题和困难的希望寄托在权力、资源上，否则终将一事无成。

第二，要坚决克服遇到难题就推诿扯皮的现象。在机关工作，各部门之间的理解、配合与合作非常重要。我们既要讲清楚工作的边界，保证把自己职责范围内的工作完成好；又不能太强调边界，对一些工作的交界面，各单位都要多想一些，多做一些，不要互相推诿。我曾经跟有些校领导沟通过，该谁抓的事情，涉及哪个职能部门的，无论是不是该校领导主管这个部门，其都要服从协调安排。我倡议开会时也不需要好几个相关的校领导参加，既影响决策效率又难以把责任落实下去，这点相信大家能够理解。在同一单位内部也是这样，相互之间要有协调补台意识。这方面纪委监察室和保卫处做得不错。李盼兴同志在世时，我们交给国资处的工作，有时是很难办的，但他从不推诿，都努力地去完成。

第三，要坚决克服消极等待、不敢担当的不良作风。今天在座的各位都是机关单位的一把手，也是单位发展的领头羊。我们要清醒地意识到，领导就是责任、就是担当。一个单位发展得好不好，有没有成绩，与这个单位的领导是否具有抢抓机遇、迎难而上、勇于担当的精神，有很大的关系。这几年学校发展很快，但是我们还要看到，国内各高校都在积极推进发展，竞争之势如同百舸争流。时不我待，不进则退。我们有的个别干部，还存在着一些按部就班、墨守成规的老习惯，学校定下来的事情，在落实过程中缺少敢闯敢干、超常发展的劲头，遇到具体问题和困难，要么就放下等待，要么就往上交——上会讨论。有些工作，这样一拖再拖、一等再等，既耽误时间，也缺乏效率。从根本上讲，这是一种不愿负责、不敢担当的消极心态所致，对我们的工作有百害而无一利。我在校班子成员开会时讲过，支持大家大胆干工作，只要是为了学校的发展、为了师生员工的利益，即使有风险我也会主动去承担，也希望在座的各位同样能够有勇气、敢担当、抓机遇、谋发展。

当前学校已进入亚洲百强、世界500强，但也要看到我们前面还有"高手"，后面更有很多"追兵"。所以，我们还是要加倍振奋精神，树立"等不起的紧迫感、慢不得的危机感、坐不住的责任感"和"心忧滑坡"的使命感，以昂扬向上的精神状态，励精图治，抢抓机遇，敢为人先，勇于担当，实现跨越式发展。

第四，要坚决防止私欲膨胀、腐败堕落的倾向。习近平同志在十八届中央政治局第一次集体学习时讲道："物必先腐，而后虫生。"大量事实告诉我们，腐败问题越演越烈，最终必然会亡党亡国！新任中共中央政治局常委、中央纪委书记王岐山，在中央纪委监察部机关全体党员干部大会上也强调，要"下决心改进文风会风,着力整治庸懒散奢等不良风气,认真纠正损害群众利益的不正之风"。同样,如果我们不注意,作风问题、腐败问题就有可能将我们发展的成果毁于一旦。当前学校发展正处于一个关键的历史阶段。在这样的大好形势下,我们更应当保持警惕。在座的各位领导干部,要带头大力营造风清气正、创先争优的"正能量场",带头与贪污腐败、违法乱纪的现象作斗争,坚决不能让党风廉政问题迟滞学校发展的节奏、损伤学校发展的活力、侵染学校发展的大好环境。

总之,党的十八大报告描绘了在新时代全面建成小康社会的宏伟蓝图。要实现这一宏伟蓝图,就要以十八大精神为动力,扎实推进各项工作深入开展。机关各党支部一定要引导全体党员增强责任心和使命感,树立危机意识,抢抓机遇,以实际行动为世界一流大学建设作贡献。

带头践行"五个三比",形成奋发向上的风气[①]

根据中央部署,从7月份开始,将在全党深入开展以"为民、务实、清廉"为主要内容的党的群众路线教育实践活动。结合这次活动要求,向大家提几点希望。

一、党员干部要带头转变作风,提高执行力

习近平总书记强调指出:"工作作风上的问题绝对不是小事,如果不坚决纠正不良风气,任其发展下去,就会像一座无形的墙把我们党和人民群众隔开,我们党就会失去根基、失去血脉、失去力量。"近年来,在学校党委的大力倡导和广大党员干部努力下,学校作风建设逐步加强,由此带来广大师生员工干事创业的劲头越来越足。但是,与当前高等教育迅速发展的形势相比、与广大师生对提高服务质量和水平的渴望相比,我们还有一些差距。一些群众反映强烈、急需解决的问题,在一定时期内还将继续存在,不解决就会影响学校的长远发展。党员领导干部作为党的形象的代表,历来是党员群众关注的焦点,因此一定要在改进作风上发挥带头示范作用,带头不比威风比作风,不比权力比服务,不比忙碌比效率,敢担当、不敷衍、能碰硬,切实做到"起身迎送,把话听完,意见明确,抓紧办理,必有回音",扎扎实实围绕教学、科研、人才培养等开展服务,不断提升服务水平。

二、教职工党员要带头加强学习,树立高尚师德

近日,中组部、中宣部、教育部党组联合印发《关于加强和改进高校青年教

[①] 2013年6月27日在庆祝建党92周年暨表彰大会上的讲话。

师思想政治工作的若干意见》，把青年教师的成长发展提到了重要位置。我们教职工党员，尤其是青年教职工党员要带头抓学习、树品行。首先，从修身做起，强化政治理论学习，提升政治理论素养，进一步增强对中国特色社会主义的理论认同、政治认同、情感认同，坚定道路自信、理论自信、制度自信、文化自信，在教学和工作中把握正确方向，做学生心灵的领路人。其次，教职工党员要切实肩负起立德树人、教书育人的光荣职责，带头不比师威比师德，不比享受比育人，不比付出比成果。向我们身边的师德标兵、"三育人"先进个人学习，弘扬优良的教风，以实际行动投入教书育人的光荣事业之中。

三、学生党员要带头奋发向上、立志成才

青年是国家和民族的希望。作为学生群体中的榜样和先锋，学生党员要以更高的标准、更严的要求来鞭策自己，不比眼前比理想，不比生活比学习，不比成名比成才。一要带头树立远大的理想，以爱国主义精神和时代精神为感召，培育积极的人生态度，立大志向、做大文章。二要掌握精深的学术，积极倡导"团结、勤奋、求实、创新"的校风，"实事求是，不自以为是"的学风，把学习内化为人生态度、生活方式和毕生追求。三要保持强健的体魄，把保持健康的体魄作为人生重要的财富，重视保持身心健康发展，培养自己良好的体育锻炼习惯和生活方式。四要养成恬美的心境，锤炼心理素质，树立正确的思维方法、价值取向、学术品格，始终保持浓厚的创新思维和批判精神，保持坚忍的意志和独立的生活态度。

四、工勤党员要带头钻研业务，开展精细化服务

工勤系统是学校后勤保障的重要阵地。随着经济社会的发展和生活质量改善，高校师生对日常工作、学习和生活的环境提出了更高要求，因此，我们工勤系统还要继续在精细化管理、精细化服务上做好文章。工勤党员要切实树立以人为本、以师生为本的观念，耐心倾听服务对象的需求，设身处地为师生服务。要

勤学苦练，不断提高业务水平、服务能力、工作效率。要认真学习先进党员的事迹，带头不比口号比态度，不比工种比技能，不比条件比奉献，为师生员工提供及时、周到、人性化的后勤服务。

五、离退休党员同志要继续发挥余热，关注支持学校发展

离退休党员政治素质高，品德修养强，且普遍有较好的群众基础，具有一定的社会影响，在特定群体特别是老年群体中的号召力较强，是一股不可忽视的力量，也是学校的一笔宝贵财富。希望离退休党员同志，继续以共产党员的标准严格要求自己，带头加强学习并持之以恒，自觉做到与时俱进，自觉增强党员意识，同时利用各种载体大力宣传党的理论方针政策，带领周围群众拥护支持党的工作；要不计个人得失，离岗不离心，退休不褪色，继续关心支持学校的教育事业，带头不比资格比境界，不比待遇比健康，不比安逸比作为，将自身的宝贵经验奉献出来，转化为推动学校发展的能量。

六、基层党组织要创新工作方式，努力建设服务型、创新型党组织

要推进基层党组织的工作创新，进一步完善学院党政联席会议制度，积极探索教授治学、民主管理的新路径，不断完善学院教授委员会、教代会，深化学院管理和运行机制改革。要创新党支部的设置方式和活动方式。围绕学科（专业）建设、人才培养、科学研究拓展教工党支部的功能，使党支部工作融入学校中心工作，真正发挥战斗堡垒作用。鼓励和支持学术带头人、学术骨干担任教工党支部书记，使教工党支部建设与教学、科研工作形成良性互动。

第七章 党风廉政建设永远在路上

党风廉政建设是确保学校健康发展的重要任务。要树立党风廉政建设永远在路上的理念。要以党风廉政建设责任制为龙头，不断完善反腐倡廉制度建设；要深入开展党风廉政教育，不断夯实反腐倡廉思想基础；要强化监督管理这个关键，不断强化源头治理的力度；要"打虎拍蝇"加大惩治力度，营造不敢腐、不能腐、不想腐，风清气正的良好氛围，以反腐倡廉建设新成效为学校改革发展提供有力保证。

恪尽职守，清正廉洁[①]

针对我们的中层领导班子刚完成换届，新任干部多的实际情况，在这里有必要重申党风廉政建设的几项基础性工作，请各单位自觉抓好落实。

一、关于加强党风廉政制度建设

制度要带有根本性、全局性、稳定性和长期性的特点。要把党风廉政建设和反腐败工作的各项规定和要求真正落到实处，归根到底要靠制度作保障，做到用制度管权，用制度管事，用制度管人。

制度建设的首要一条就是要建立责任制。要坚持党委统一领导，党政领导班子正职负总责的责任制。在学校我和胡校长是第一责任人，对学校的党风廉政建设负总责，各位校级领导对分管部门的党风廉政建设负责。在各学院、各部处单位，党政正职是第一责任人，对本单位的党风廉政建设负总责，单位的其他领导对分管部门的党风廉政建设负责。此外，还要把责任制同各单位的业务工作紧密结合起来，把责任制与抓好本职工作紧密结合起来，坚持业务分管到哪里，反腐倡廉要求就延伸到哪里，确保在自己的职责范围内不发生违纪违法问题。

院系党政领导班子、各职能部门和各级领导干部要按照"一岗双责"和"谁主管，谁负责"的要求，认真执行党风廉政建设责任制，各负其责，齐抓共管，形成合力，努力构建权责明晰、逐级负责、层层落实的反腐倡廉责任体系。抓住这个责任体系，就是抓住了推动反腐倡廉工作的总纲。我们要坚持纲举目张，不断完善责任体系建设，抓好责任分解、责任考核、责任追究三个关键环节，明确相关职责，规范工作程序，健全风险预警机制，加强监督检查，把管人与管事相结合、管业务与管党风廉政建设相结合，切实做到党风廉政建设工作和行政工作

[①] 2009年3月9日在党风廉政建设工作会议上的讲话摘录。

同部署、同落实、同促进，切实做到组织领导到位、责任主体到位、工作落实到位、力量整合到位。要将反腐倡廉建设情况列入领导班子和领导干部考核评价范围，作为工作实绩和奖惩的重要内容，对责任不落实、措施不得力、造成不良后果的，要严肃追究责任。

要继续拓展和延伸党风廉政建设责任制，各单位党政正职落实好正职与副职、领导干部与分管部门和分管单位的责任制，坚持做好对重大科研项目负责人、设备和物资采购人员以及人、财、物关键岗位人员的责任制延伸。比如实验室设备处，不仅主管校领导和处长有责任制，处长和副处长、处长和科长以及处长和物资采购人员都签订了年度党风廉政建设责任书。此外，还要继续将党风廉政建设责任制延伸到每年的职称评定、招生录取等重大事项之中。

制度建设的第二条是要建立健全领导班子科学民主决策机制。民主集中制是民主基础上的集中和集中指导下的民主相结合，是我们党的根本组织制度和领导制度。历史经验证明，党内民主气氛浓厚，民主集中制执行得好，不是个人说了算，不是个人凌驾于组织之上，党的事业就蓬勃发展；反之，不执行民主集中制原则，搞个人迷信，搞一言堂，党内民主就受到破坏，党的事业就会受挫折。新形势下新问题层出不穷，新事物不断涌现，不发扬党内民主，不集思广益、广开言路，靠自己一个人是不能做好工作的。集体领导、民主集中、个别酝酿、会议决定，是内部议事和决策的基本制度，必须认真执行。各个学院和部处一定要建立健全院务会、处务会制度并使之有效运转，在领导本单位工作的过程中真正发挥其作用。凡是涉及重大决策、重要干部任免、重要项目安排、大额资金使用（"三重一大"）等重要问题都要通过院（部、处）务会议集体讨论决定，切忌搞"一言堂"、个人说了算；对于专业性较强的重要事项，应经过专业委员会咨询论证；对于事关改革发展全局的重大问题和涉及教职工切身利益的重要事项，应广泛听取群众意见。各单位一把手必须带头落实好民主集中制原则，建立健全符合民主集中制的各项制度并严格执行，凡是因为民主集中制贯彻不好而造成工作损失的，学校将严格执行责任追究制度。

制度建设的第三条是要全面提升校务公开制度化和规范化水平，进一步加大校、院系两级公开力度，建立健全各项公开制度。对人事分配、财务管理、科研项目、立项和经费管理、各类招生、图书教材、药品、仪器设备和大宗物资采购、基本建设招投标、职称评定、学科点申报等都要推进办事公开，提高工作透明度，建立健全信息发布制度。要积极推进党务公开，建立和完善党内情况通报制度。要进一步完善校、院教职工代表大会制度，健全各种形式的民主监督机制，依法保障教职工参与民主管理和监督。要充分发挥专家教授和民主党派的作用，落实教授委员会在治学方面的学术决策机制，健全重大决策征求民主党派意见的机制。

多年来，学校党委和行政部门根据党风廉政建设和反腐败工作任务的需要，制定了一系列的制度。今后一段时间，要按照三部委《关于加强高等学校反腐倡廉工作的意见》和北京市《关于加强普通高等学校惩治和预防腐败体系基本制度建设的意见》，结合科学发展观教育活动中的体制机制创新工作，对现有的制度进行系统梳理、加强整合，该废则废，该改则改，该立则立，建立健全决策权、执行权、监督权既相互制约又相互协调的权力结构和运行机制；以加强防控为重点，实行风险制约；以赋权适度为前提，实行分权制约；以界定权限为主线，实行流程制约；以权责一致为核心，实行问责制约。要下大力气抓好制度的落实，进一步提高制度执行力和有效性。

二、关于党性修养和作风问题

关于党性修养，党的干部标准是德才兼备、以德为先。"德"的核心就是党性；要坚持不懈地加强党性修养，始终保持共产党人的政治本色，发扬党的光荣传统和优良作风；要自觉遵行社会主义核心价值体系，坚持理论和实践相统一，坚持继承光荣传统和弘扬时代精神相统一，坚持改造客观世界与改造主观世界相统一，坚持加强个人修养和接受教育监督相统一，努力使各级领导干部成为政治坚定、作风优良、纪律严明、勤政为民、恪尽职守、清正廉洁的领导干部，充分发挥模范带头作用。

关于作风建设。一是着力增强宗旨观念，切实做到立党为公、执政为民。要坚持以人为本，坚持问政于民、问需于民、问计于民，多办顺民意、解民忧、增民利的实事，努力把为群众排忧解难的工作落到实处。二是着力提高实践能力，切实用党的科学理论指导工作实践。要牢固树立马克思主义的实践观点，把党的科学理论与改革发展稳定实践紧密结合起来，认真研究解决实际问题，不断提高干事创业能力，不断增强应对复杂局面能力。三是着力强化责任意识，切实履行党和人民赋予的职责。要牢记党和人民的重托，强化责任意识，带头落实责任制。四是着力树立正确政绩观，切实按照客观规律谋划发展。要求真务实、埋头苦干，察实情、讲实话，鼓实劲、出实招，办实事、求实效，努力做出经得起实践、人民、历史检验的实绩。五是着力树立正确利益观，切实把人民利益放在首位。要坚持把实现个人追求与实现党的奋斗目标、人民利益紧密联系起来，不为私心所扰，不为名利所累，不为物欲所惑，努力实现共产党人高尚的人生价值。六是着力增强党的纪律观念，切实维护党的团结统一。要严格遵守党的纪律，坚持民主集中制，自觉同党中央在思想上政治上行动上保持高度一致，保证中央政令畅通。

我们要以开展深入学习实践科学发展观活动为契机，进一步加强党性修养，弘扬良好作风，认真查找在思想作风、学风、领导作风、工作作风、生活作风等方面存在的突出问题，不断加强领导班子和领导干部队伍建设。加强作风建设，最重要的是要大力弘扬真抓实干、激情进取的精神，重实际、讲实话、出实招、办实事、求实效，认真研究解决实际问题。在工作中必须着力强化责任意识，落实责任，提高效率，靠前指挥，狠抓各项工作的落实，决不能碰到问题不解决，遇到矛盾绕着走，对职责范围内的事情该抓的不抓、该管的不管。对那些在工作中挑肥拣瘦、拈轻怕重、干一点事就讨价还价的干部要进行严肃教育；对那些只想当官、不想做事和只想揽权、不想负责的干部必须严肃批评。

各级领导干部都要牢记师生员工的重托，把心思用到干事业上，把精力集中到做实事上，把功夫下到抓落实上，兢兢业业做好每一项工作。前段时间，党委常委会用三天时间，集中听取各学院和各部门的发展思路和规划纲要汇报。总体来讲，还是比较好的，大家都能结合学校要求和本单位实际，提出今后3到4年发展的思路和举措。这次汇报体现的特点有三：一是能够从学校"国内一流、国际知名"战略发展目标角度思考问题，即比较清楚国内外同类学校的情况，并对比找差距，提出自己的奋斗目标和行动措施，如出版社就注意了解国际上出版部门，特别是著名大学出版社的情况并作为自己今后发展的参考，可谓站得高，看得远；二是有新的思路和新的办法，如材料、管理、自动化学院在谋划和制定发展措施方面都有新意；三是有干劲、有激情，听一些单位的报告，有时你会被感染，正如校长所讲的要激情进取、奋起直追、克服困难、加快发展。什么是激情进取？我认为是有事业心、责任感，有主人翁精神，有爱事业、爱单位、爱岗敬业的热情，主动工作，积极进取，绝不是给别人干，给别人看，更不是给领导干的。这种"激情进取"的精神是我们今后的工作中所必须坚持的。

三、关于严明党的纪律问题

今年是社会风险因素增多、多种矛盾叠加、稳定形势严峻复杂、防止政治领域群体事件任务繁重艰巨的一年。在这种情况下，有必要强调增强党的纪律观念。中纪委三次全会上的工作报告提出了今年党风廉政建设和反腐败工作的八项主要任务，第一条就强调要严明党的纪律，推动科学发展重大决策部署的贯彻落实。

我们都知道，严守党的纪律，是对党员领导干部和党员骨干教师的基本要求，也是弘扬优良作风、保证党的路线方针政策贯彻执行的前提条件。在这里我要重点强调一下严格党的政治纪律的问题。政治纪律是我们党最重要的纪律，大家一定要严格遵守党的政治纪律，自觉增强政治意识、政权意识、责任意识、忧患意识，坚决维护党的章程和党内政治生活准则，自觉同党中央在思想上政治上行动上保持高度一致，坚持中国特色社会主义道路和中国特色社会主义理论体系不动摇，坚持党的基本路线、基本纲领、基本经验不动摇，坚持改革开放不动摇，保证中央政令畅通。各单位要管好自己的人，严禁公开发表同中央的决定和党的路线方针政策相违背的言论，决不允许编造、传播政治谣言，决不允许参与各种非法组织和非法活动，严肃查处反对四项基本原则和改革开放等违反政治纪律的行为，维护党的团结统一。对违反政治纪律的，视情节轻重给予批评教育或组织处理；对造成严重后果的，要依纪依法予以惩处。

四、抓好领导干部廉洁自律

我们要牢记胡锦涛同志在十七届中央纪委三次全会上所讲的："共产党人是历史唯物论者，不讳言利益""对于领导干部的正当利益，组织上应该考虑、照顾、维护。但是，作为领导干部，不能一味追求个人利益，尤其不能看到社会上一些人富起来就感到心理失衡，觉得自己吃了亏，总想着攀比仿效，总琢磨给自己找好后路。要是这样想问题，没有不犯错误的！没有不走到邪路上去的！"[①]

关于领导干部廉洁自律，十七届中央纪委三次全会公布了重点要抓好的五条禁令，北京市委教育工委结合教育系统实际，提出了今年要重点抓好"七个不准"的落实，即：不准违反规定收送现金、有价证券、支付凭证和收受干股；不准放任、纵容配偶、子女及身边工作人员利用领导干部职权和职务影响经商办企业或从事中介活动谋取非法利益；不准相互请托，违反规定为对方的特定关系人提供便利，谋取不正当利益；不准利用外单位或个人银行账户隐匿公有资金，设立小金库，滥发钱物；不准违反规定兼职和领取报酬、补贴、奖金，不准公款出国（境）旅游；不准领导干部违规插手招标投标、产权交易、政府采购等市场交易活动谋取私利；不准违反规定发放住房补贴、多占住房、以明显低于市场价格购置或以劣换优、以借用为名占用住房。原国防科工委党组还曾提出过"七个不许"，除了与上述内容重合的之外，还有不许"跑官要官"和"买官卖官"，不许参与各种形式的赌博，不许借婚丧嫁娶之机收钱敛财，不许违反规定领取与行使职权有关的各种形式和名义的评审费和鉴定费。

无论是"七个不准"还是"七个不许"，这些禁令性的规定都是高压线，绝对碰不得。这些禁令说到底都和钱有联系，钱又和权相关联。领导干部要切实遵守这些规定，关键是要树立正确的权力观和利益观，要害是不贪财，牢牢记住"伸手必被抓"。纪检监察部门、财务、审计等部门要加强工作协调，认真落实领导

[①] 《胡锦涛文选》（第三卷），人民出版社2016年版，第202页。

干部廉洁自律各项规定，坚决查处违反规定的行为，对顶风违纪的人和事，一经发现，坚决从严处理。

五、进一步加强对领导干部的教育、管理和监督

加强教育是反腐倡廉的一项基础性工作，必须常抓不懈。要结合学习实践科学发展观活动，深入开展思想政治教育、党性党风教育、勤政廉政教育和党纪国法教育，引导领导干部树立正确的权力观、利益观、政绩观，增强党的纪律观念。要改进教育方法，善于运用正反两方面的典型来提高教育的实际效果。要加强对领导干部特别是校院（处）党政主要领导干部的监督，加强对决策执行等重点环节和人财物管理等重点部位权力行使的监督，把事前监督、事中监督和事后监督结合起来，重点防范决策失控，决策失误，行为失范。要把党内监督和党外监督结合起来，注意加强党外群众和民主党派、教代会、工会组织、教授委员会对党风廉政建设和干部廉洁自律的监督，努力构建大监督格局。

要探索预防腐败的新思路，把开展廉政风险防范管理工作作为推动惩治和预防腐败体系建设的重要内容，认真查找本单位、本部门在思想道德、岗位特点、业务流程、制度机制和外部环境等方面可能发生腐败行为的风险点，深刻分析各风险点的特点和诱因，进一步筑牢前期预防、中期监控和后期处置三道防线，切实在制定方案、贯彻执行、检查考核、调整修正四个环节上实施科学化、系统化管理。

最后，要强调的是各级领导干部要自觉接受党组织、纪检部门和群众的监督。在这里，我代表学校领导班子成员重申，我们衷心地接受上级组织、学校纪委、全体干部和全校师生的组织的、制度的、群众的各种监督。学校党委将继续支持纪委开展工作，各个单位也都要支持纪委的工作，接受纪委和群众的监督。

明理精工　铸魂育人：高校建设探索与实践

执政为民，秉公用权[①]

一、认清形势，明确任务，增强做好工作的责任感和使命感

正确认识和判断形势是理清思路、做好工作的前提和基础。过去的一年，在学校党委的领导下，全校师生员工的思想观念不断转变，真抓实干的作风不断增强，各项政策措施不断调整完善，学校在学科建设、队伍建设、人才培养、科技创新、国际交流合作、体制机制改革和党建思想政治工作等方面取得了新成绩。学校的纪检监察工作在党委和纪委的领导与支持下，坚持围绕中心，服务大局，认真履行职责，在加强监督检查、强化宣传教育、推进制度建设、深化专项治理、查办违纪违法案件等方面进一步加大了工作力度，在惩防体系建设、源头治腐、提高监督监察实效、纠正不正之风等一些环节和领域取得了重要进展，反腐倡廉工作能力和水平进一步提高，为促进学校又好又快发展发挥了重要作用，工作成效显著。

当前，学校进入了一个新的发展阶段，"十二五"期间学校发展建设的奋斗目标和主要任务已经明确，我们必须进一步增强责任感、紧迫感和使命感，采取有效措施，切实把反腐倡廉建设抓紧抓实，为推动学校科学发展提供坚强的政治保证。

二、坚持把以人为本、执政为民要求贯穿于我校反腐倡廉建设始终

一要加大对权力运行的制约和监督。秉公用权是执政为民的必然要求，有效预防腐败的核心是加强对权力运行的制约和监督。学校具有人财物管理、招生、

---

① 2011年3月24日在党风廉政建设工作会议上的讲话摘录。

基建工程、大宗物资采购、资金使用等重要职权，每个单位也都不同程度地具有一些重要岗位和工作上的关键环节，要进一步加强对这些重要工作、重点岗位和关键环节权力运行的制约和监督。按照学校第十三次党代会提出的"强化廉政勤政科学管理"的要求，纵深推进廉政风险防控，抓好"向上""向下"两个延伸，坚持实行院务公开，继续推进党务公开，坚决执行"三重一大"制度和科学民主决策机制，对于涉及群众切身利益的工作，要多听取一些不同意见，确保权力在阳光下运行。今年，学校党风廉政建设在继续保持以廉政建设为重点的同时，将进一步加大勤政建设力度。学校专门成立了督办室，目前已经配齐了人员，已经着手开展工作，将在"提能力、增效率、促工作、正风气"上加大工作力度，不断强化领导班子和领导干部的工作执行力，对于不能按要求完成工作的，将予以问责。今年，学校还将迎来工业和信息化部巡视组对我校开展巡视，各有关单位要配合巡视组做好相关工作，纪检监察部门要加强对巡视组工作要求落实情况的专项监察。

二要抓好领导班子和领导干部作风建设。加强作风建设是坚持以人为本、执政为民的重要方面。各单位领导班子要坚持以解决人民群众实际问题为重点，加强领导班子思想作风建设，强化班子成员顾全大局、团结协作的自觉性；加强领导班子学风建设，完善领导班子理论学习制度，建设学习型领导班子；加强领导班子工作作风建设，创新工作方式方法，求真务实，真抓实干；加强领导班子领导作风建设，严格按照议事规则和决策程序办事，提高领导班子科学民主决策水平。领导干部要大力弘扬密切联系群众、求真务实和艰苦奋斗的优良作风。这里我要着重强调一下"落实"，古语有云，"空谈误国，实干兴邦"，如果落实工作抓得不好，再好的方针、政策、措施也会落空，再伟大的目标任务也实现不了。因此，对于工作必须注重实干、狠抓落实、务求实效，在做出工作决策和部署后，必须研究具体办法，明确具体责任，一环扣一环地去抓，这样各项决策和部署才能得到全面落实。与此同时，还要对照《廉政准则》(《中国共产党党员领导干部廉洁从政若干准则》)上的各项要求，自觉遵守廉洁自律方面的各项规定，时刻绷紧廉洁自律这根弦，做勤政廉政的表率。

三要加强对群众反映突出问题的治理。深入开展治理工作有利于维护公平、维护党同人民群众的血肉联系。今年,学校将继续深化"小金库"专项治理,深入开展公款出国(境)旅游、公务用车、庆典和研讨会过多过滥等的专项治理,开展教育收费检查,各单位届时要按照要求认真开展自查自纠,不能"走过场",要把工作切实做实做细,确保不留死角。对于涉及群众切身利益的各项工作,如职称、分配等,各单位要做到公开、公正、公平。

查办案件是惩治腐败的重要措施。纪检监察部门要充分发挥人民群众在反腐倡廉中的积极作用,严肃查办领导干部以及重点岗位、关键环节的工作人员贪污贿赂、以权谋私、失职渎职、弄虚作假、侵害群众利益等案件。要坚持依纪依法办案,努力提高执纪执法水平。一方面要严肃执纪,严惩腐败;另一方面要澄清是非,扶正祛邪。对诬告、陷害者,要严肃查处,依照有关规定追究责任,为受到诬告、错告的同志澄清是非,教育保护干部,激发干部工作的积极性,贯彻落实好"维护党章、保护学校、爱护干部"的工作理念。

三、加强对反腐倡廉工作的领导,努力开创我校反腐倡廉新局面

一要精心组织,深入学习贯彻党中央领导同志重要讲话精神。会后,各单位领导班子要把学习贯彻工作摆上重要日程,结合"创先争优"活动,切实抓紧抓好,领导干部要发挥好带头作用和表率作用,潜心思考、吃透精神,牢固树立以人为本、执政为民的理念,切实将学习成果转化为牢固树立群众观念、始终坚持群众路线、坚决维护群众利益的思想觉悟和自觉行动。

二要加强领导,全面落实党风廉政建设责任制。党风廉政建设责任制是深入推进反腐倡廉工作的重要制度保障。2010年11月,党中央重新修订了《关于实行党风廉政建设责任制的规定》,充实完善了责任内容、检查考核与监督措施以及责任追究方面的相关内容。各单位领导班子要以贯彻落实该规定为契机,明确任务分工,抓好工作落实。各单位领导班子要对职责范围内的党风廉政建设负全面领导责任,党政"一把手"一定要有清醒的政治头脑,要认真履行第一责任人的政治职责,其他成员也要根据分工,对职责范围内的党风廉政建设负主要领导责任,坚持做到业务分管到哪里,反腐倡廉要求就延伸到哪里,确保在自己的职

责范围内不发生违纪违法问题。千万不能把反腐倡廉建设仅仅看作纪检监察部门的事，要切实履行"一岗双责""谁主管、谁负责"。

三要开拓创新，加强纪检监察干部队伍建设。纪检监察工作要适应新形势、新任务的要求，在思路上不断开拓，在方法上不断创新，要把预防腐败深化为做好业务工作的内在需要，固化成抓好管理工作的重要内容。学校党委和行政将一如既往支持纪检监察工作，关心爱护纪检监察干部。纪检监察部门要联合有关部门督促各单位领导班子和领导干部，特别是主要领导干部，认真落实学校党委和行政的各项决策部署、计划措施，积极推进本单位党风廉政建设，全力以赴完成各项任务，切实发挥好监督保障作用。各单位也要全力支持纪检监察部门的工作，主动接受党组织、纪检监察部门和群众的监督。

坚守信念，勇担责任[①]

这次会议是在我校中层干部换届工作完成之后，新学期伊始召开的一次十分重要的党风廉政建设专题会议。我代表学校党委就党风廉政建设责任制工作，讲四点意见。

一、强化廉政意识

党中央历来高度重视党风廉政建设工作，党的十七大报告把反腐倡廉建设作为"五大建设"之一纳入党的建设的总体布局，并从教育、制度、监督、改革、纠风和惩处等方面提出党风廉政建设的工作目标和重点任务。

近年来，学校党委认真贯彻落实中央和上级组织有关党风廉政建设工作精神，在党风廉政建设上下功夫、花力气，先后出台了《落实党风廉政建设责任制实施细则》《关于实行党政领导干部问责制实施细则（试行）》等10余项文件，梳理和汇总了100余项相关制度，建立了党风廉政建设责任制延伸工作网络，基本构建起廉政风险防范管理工作体系，深化了"大宣教""大监督"和各项联席会议等工作机制，党风廉政建设工作为学校又好又快发展提供了有力的保证。

当前我们学校在党风廉政建设方面的形势还不容乐观，今后的任务还很艰巨。

特别是当前学校正处于一个关键的历史发展阶段。大家都知道，在上级组织的关怀下，经过全校师生的共同努力，我们学校的综合实力有了很大的提升，国内外影响力有了明显增强。继2011年我校进入世界公认的英国QS亚洲大学排名前100强（排在中国内地进入此排名42所高校的第18位），2012年我校首次进入QS世界大学排名前500强（排在中国内地进入此排名的19所高校的并列

---

① 2012年9月26日在党风廉政建设责任制专题会议上的讲话摘录。

第 13 位）。对此，无论是社会各界，还是高校同行，以及我们学校自己的师生员工都给了我们充分的肯定，并鼓励和支持我们继续把学校办好做强。在这样的大好形势下，我们更应当保持警惕，坚决不能让党风廉政问题迟滞学校发展的节奏，坚决不能让党风廉政问题损伤学校发展的活力，坚决不能让党风廉政问题侵染学校发展的大好环境。因此，当前我们既要看到已经取得的明显成效，又要看到严峻的挑战，不断强化反腐倡廉的意识，以更加坚决的态度推进反腐倡廉建设，以更加有力的措施抓好反腐倡廉工作的落实。

二、勇担廉政责任

落实好党风廉政建设责任制，是搞好党风廉政建设工作的关键。其中起主要作用的是我们的领导班子和领导干部，尤其是主要负责同志。我们一定要清楚地认识到、肩负起、履行好自己的责任。

首先，要带头严格执行党风廉政建设责任制。一定要强化履职尽责意识，落实好"一岗双责"制度。"一岗双责"要求两个职责必须都要履行，否则就是不尽责、不称职。特别是各单位党政主要领导同志切实带头履行"一岗双责"，同时要将党风廉政建设责任分解到领导班子成员，健全责任体系，做到逐级负责、层层落实。一定要将学校党委、纪委关于党风廉政建设工作的部署纳入本单位总体工作目标，与中心工作同部署、同落实、同检查、同考核；一定要强化责任追究意识，2011 年年底我们重新修订了《落实党风廉政建设责任制实施细则》，2012 年年初又制定了《关于实行党政领导干部问责制实施细则（试行）》，对于不认真履行或不正确履行党风廉政建设责任制，发生违法违纪问题的，以及不能按要求完成学校有关工作的，将及时予以问责，追究相关人员责任。

其次，要贯彻民主集中制原则。严格执行领导班子议事规则和决策程序，严格执行"三重一大"制度，是落实民主集中制的具体体现。要认真组织召开领导班子专题民主生活会，要充分发挥教代会的民主监督作用，要实行院（部、处）务公开，推进党务公开。这些都是落实民主集中制所必须做到的。实践证明，领导干部个人说了算，往往是犯错误的先兆。因此，我们必须按照"集体领导，民主集中,个别酝酿,会议决定"的原则,切实执行"三重一大"制度和领导班子议事规则,进行科学民主决策。工作中要注意:在贯彻民主集中制工作中,既要反对领导干部个人说了算,又要防止谁说了也不算。各单位主要领导,既要广泛听取不同意见,又要及时形成正确的决议,依靠集体的力量做好各项工作;各领导班子成员也要全力支持主要领导的工作,积极参与集体决策,强化大局意识,自觉维护班子的整体形象和领导权威。

第三,要严格执行党的纪律和领导干部廉洁自律的各项规定。党的纪律包括政治纪律、组织纪律、群众工作纪律、经济工作纪律和保密工作纪律,遵守党的纪律是对党员、干部的基本要求。当前我国面临的国际国内局势复杂,对外有"钓鱼岛事件"牵扯我们的精力,对内马上就要召开党的十八大了,需要我们做好工作,特别是稳定工作。这就要求我们的党员领导干部不仅自己要率先垂范做好工作,还要教育好本单位的师生员工遵纪守法不出问题。另外,领导干部还要在廉洁自律方面做表率。要做到"四个管好":"管好自己的脚",不该去的场所坚决不去,不该跑的事情坚决不跑;"管好自己的手",不能签的字坚决不签,不能拿的东西坚决不拿;"管好自己的嘴",不合身份的话坚决不说,不能吃的饭坚决不吃;"管好自己的眼睛",不能用的人坚决不用,不良的风气,不能让它滋长。

三、坚定理想信念

前面讲了强化意识、勇担责任,这几点都是很重要的。但是,我认为这些基本是外部的一种约束和压力,要想起根本作用,关键还在于内因。我很欣赏"慎独"这一提法。所谓"慎独",是指人们在独自活动、无人监督的情况下,凭着高度自觉,按照一定的道德规范行动,而不做任何有违道德信念、做人原则之事。这就需要我们党员领导干部能够坚守理想信念,能够坚持正确的人生观、价值观和世界观,也就是我们为什么而生活。是只追求物质的、外在的、眼前的利益,还是追求精神的、内在的、长远的发展,这是一个有根本性的问题。尤其是对高校领导干部来说,更应当坚守理想信念,在任何时候、任何诱惑面前都不为所动,不迷失方向,为广大师生员工树立典范、引领正气。这方面,在我们身边,也有不少好榜样。

比如,我们学校的一些老院士、老专家,俯首甘为孺子牛,兢兢业业工作在科学研究、教书育人的前沿阵地。他们在做人、做事、做学问等各方面都值得我们学习。有的数十年如一日,站在科研教育事业的第一线,潜心钻研,攻坚克难,把科研当作一件快乐的事,觉得"不干这一行就不舒服";有的一直关心大学生的教育,不仅亲自上讲台为本科生教课,还不顾八十高龄亲自到良乡校区开讲座,与青年学生们畅谈成长、成才与成功,教导他们笃学诚行,立志成才。这些都充分展现了老院士、老专家对自己所从事的科教事业的无限热爱与执着。

在我们的管理干部中,也有很多默默无闻坚守岗位、踏踏实实为师生服务的人。比如李盼兴同志,他在学校管理岗位上近30年,干一行爱一行钻一行,被同志们亲切地称为校园"活地图";他把学校的事看作自己的事,千方百计为学校省钱,却从未因家庭困难向学校提过要求;他在膀胱癌晚期依然坚守工作岗位,直至去世。他之所以有这样的行动,就是因为他热爱自己的学校、热爱自己的岗位,时时刻刻将师生利益摆在前头,时时刻刻将学校发展挂在心上,展现了一位共产党员克己奉公、无私奉献的高贵品质。

同时,在我们离退休的老同志中,也有很多人虽然离开了工作岗位,但还是一心一意为学校发展建设出谋划策、贡献余热。比如,戴永增老师,他退休以后,一直没有放弃徐特立教育思想的研究工作,先后参与编著、出版了《徐特立文存》《徐特立教育论语》等多部作品,也发表了许多文章。他来找我多次,但从来不讲待遇,不要名利,而是跟我谈他对徐特立先生教育思想的研究情况,以及如何把以前的研究成果与当前的人才培养结合起来。他的所作所为表现出了一位退休老同志对学校历史传承和文化精神的孜孜追求,以及为人才培养默默奉献的强烈历史使命感和责任感,着实令人感动。

现在学校与社会的联系越来越多,对外交往越来越广,不可避免地会受到社会上一些消极腐败因素的影响。这就要求我们必须时刻保持警惕,切不可"白袍点墨",不仅自己要做到勤政廉政、激情进取,还要带领本单位的师生员工一道,把精力集中到学校快速科学发展上,把心思放到创一流业绩上,为实现世界一流理工科大学的目标而努力奋斗!

打虎拍蝇，有力惩治[①]

今年党风廉政建设工作会的主题是贯彻落实党的十八大和十八届中央纪委二次全会精神。在此我代表学校党委讲几点意见。

一、认识上要高度重视

党的十八大指出，不断提高党的领导水平和执政水平、提高拒腐防变和抵御风险能力，是党巩固执政地位、实现执政使命必须解决好的重大课题。习近平总书记在十八届中央纪委二次全会发表的重要讲话中，深刻总结了古今中外惨痛的历史教训，告诫全党"腐败是社会毒瘤。如果任凭腐败问题愈演愈烈，最终必然亡党亡国"，提醒全党"党风廉政建设和反腐败斗争是一项长期的、复杂的、艰巨的任务，不可能毕其功于一役"，强调要有腐必反、有贪必肃，坚持党要管党、全面从严治党，以严明党的政治纪律为重点加强纪律建设，以保持党同人民群众的血肉联系为重点加强作风建设，以完善惩治和预防腐败体系为重点加强反腐倡廉建设，更加科学有效地防治腐败，坚定不移地把党风廉政建设和反腐败斗争引向深入。这是党中央针对腐败问题和建设廉洁政治作出的系统部署，也是建设廉洁政治的动员令。十八大之后，习近平总书记带头在中央政治局提出八项作风建设，带头到深圳、到农村走进贫困农户家中关注民生。全校党员领导干部，要把思想认识统一到党中央的部署上来，齐心协力搞好党风廉政建设和反腐败工作。

具体到我校来说，当前学校发展呈现出又快又好的势头。党风廉政建设工作总体令人满意，党员干部队伍的主流积极向上，为学校各项事业较快发展营造了良好的氛围。学校的综合实力有了大的提升，国内外影响力明显增强。我校进入QS亚洲大学排名前100强、世界大学排名前500强。对此，社会各界都给予充

---

① 2013年3月1日在党风廉政建设工作会上的讲话摘录。

分肯定和鼓励。在这样的大好形势下,我们更应保持警惕,如果我们不注意,作风问题、腐败问题就有可能对我们的事业造成不良影响,将我们的发展成果毁于一旦。

二、信仰上要更加坚定

党的十八大报告指出:"对马克思主义的信仰,对社会主义和共产主义的信念,是共产党人的政治灵魂,是共产党人经受任何考验的精神支柱。"理想信念对每一名共产党员来说都是至关重要的。

回顾我们党发展的历史,我们党是靠对马克思主义的信仰,对社会主义和共产主义的信念起家的;是靠对马克思主义的信仰,对社会主义和共产主义的信念打天下的;是靠对马克思主义的信仰,对社会主义和共产主义的信念发展壮大的。今后还是要靠对马克思主义的信仰,对社会主义和共产主义的信念科学发展、持续发展。

另外,从以往我们的一些党员干部特别是党员领导干部犯错误,甚至违法乱纪的情况来看,很重要的一点就是丢掉了对马克思主义的信仰,对社会主义和共产主义的信念。因此,加强信仰信念教育是治本的工作,是管长远的。所以,我们每一个党员干部,特别是党员领导干部,一定要坚定对马克思主义的信仰,对社会主义和共产主义的信念。要认真学习马克思主义、贯彻马克思主义,要认真学习党章,自觉遵守党章,严格用党章规范自己的言行,在任何情况下都要做到政治信仰不变、政治立场不移、政治方向不偏。

三、行动上要更加自觉

行动上的自觉是认识上加强、信仰上坚定的最终体现和可靠保证。一定要在行动上更加自觉地去落实党风廉政的各项法规要求。这里我要强调的首先是自觉遵守纪律,特别是政治纪律。党员的纪律意识是否牢固,是能否遵守党的纪律的先决条件。遵守党的纪律特别是政治纪律,最核心的就是相信党、拥护党,坚持党的领导,同党中央保持高度一致,自觉维护中央权威。在指导思想和路线方针政策以及关系全局的重大原则问题上,全校各级党组织和全体共产党员必须始终同党中央保持高度一致。要坚决防止和克服部门保护主义、本位主义,决不允许"上有政策、下有对策",决不允许有令不行、有禁不止,决不允许在贯彻执行党中央决策部署上打折扣、做选择、搞变通,决不允许散布违背党的理论和路线方针政策的意见,决不允许公开发表违背中央决定的言论,决不允许泄露党和国家秘密,决不允许参与非法组织和非法活动,决不允许制造、传播政治谣言及丑化党和国家形象的言论。

同时,也要自觉坚守各项法律法规。这里我要强调的是,领导干部地位重要,位置特殊,因此要带头遵守廉洁自律规定,正确使用手中的权力,做到"位高不擅权,权重不谋私"。要"管好自己的脚",不该去的场所坚决不去,不该跑的事情坚决不跑;"管好自己的手",不能签的字坚决不签,不能拿的东西坚决不拿;"管好自己的嘴",不合身份的话坚决不说,不能吃的饭坚决不吃;"管好自己的眼",不能用的人坚决不用,不良的风气,不能让它滋长。

另外,既要严于律己,又要加强对配偶、子女、亲属和身边工作人员的教育,自觉抵制各种特权现象,决不能让腐败问题影响学校发展、个人前途和家庭幸福。

四、作风上要求真务实

共产党最讲求真,最重务实。党的十八大之后,中央出台了八项规定及实施细则,彰显了新一届中央领导集体全面从严治党的坚定决心和求真务实、实干兴邦的优良作风,工业和信息化部党组也制定了贯彻中央八项规定精神的具体实施意见,我们学校也已经制定了相关文件,督办室、纪检监察室要抓好监督检查工作,把落实中央八项规定精神作为一项经常性工作来抓。要定期对转变作风情况进行督促检查,通报执行情况。要长期抓,抓长期,特别警惕"一阵风"和"虎头蛇尾",坚决防止"言行不一""口是心非"。对顶风违纪、情节严重、造成恶劣影响的,要依纪依规严肃查处。

关于求真务实的作风,这里还要强调几点。一是要在提高效率上下功夫。党员领导干部要带头主动自觉地加强协调配合,在提高执行力上做表率,在提高工作效率上下功夫。二是要在解决实际问题上下功夫。坚决克服消极应付、得过且过、不思进取的庸懒散行为。党员领导干部要勇于担当,敢于负责,靠前指挥,不扯皮、不拖拉、不懈怠,狠抓各项工作的落实。三是要坚持勤俭办一切事情,在开会、接待、检查和调研过程中,都要坚决反对讲排场比阔气,坚决抵制享乐主义和奢侈浪费,努力使厉行节约、艰苦奋斗蔚然成风。四是要坚持群众观点和群众路线,关心群众所思所想,多为教职工办实事,办好事。

五、制度上要不断完善

惩治和预防腐败,除了领导干部廉洁自律之外,必须"把权力关进制度的笼子里",坚持用制度管权、管事、管物、管人,最大限度减少体制障碍和制度漏洞。必须从制度层面入手,推进体制机制改革,建立惩治和预防腐败长效机制。学校要在部门与部门之间、岗位与岗位之间,建立起相互制衡的关系,形成相互制约的权力结构,确保决策权、执行权、监督权相互制约又相互协调。要突出权力监督的重点,切实加强对权力集中部门和资金、项目、岗位的监督。要用好公开这个武器,不断完善各项公开制度,进一步拓宽群众参与监督的渠道,让权力在阳光下更加透明地运行,不断压缩权力寻租的空间。

六、惩治上要严肃有力

全面从严治党,惩治这一手决不能放松。习近平总书记提出,惩治腐败要坚持"老虎""苍蝇"一起打。惩治是最有效的预防,是最有冲击力、最有震撼力的教育,必须始终保持惩治腐败的高压态势。学校最近几年查办了多起案件,有领导干部的违纪案件,也有一般干部和群众的案件,对相关人员作了处理。今后,学校还将按照中央全面从严治党、惩治腐败的要求,依法依纪惩治腐败行为,无论是什么人,触犯党纪国法就必须受到惩处。学校纪委监察室要切实履行党章赋予的职责，经常性地开展纪律执行情况的监督检查；广大教职工要用好民主监督的武器，随时发现并举报违法乱纪行为，使各种腐败现象无处藏身。今年，我们要在继续做好对群众关心的招生、基建、项目招投标、干部选拔任用、职称评聘、教育收费、"小金库"治理等各项工作重点监督检查的基础上，加强对科研经费的管理，进一步规范科研经费的审批和使用，确保各项经费使用合理、效益明显。

源头防范，强化监督[①]

今天的会议主要内容是传达中央有关会议精神，特别是习近平总书记重要讲话精神。结合学校的情况讲三点意见。

一、深入学习，准确把握当前党风廉政建设与反腐败斗争的形势

1. 从全国的情况看

党的十八大以来，中央提出的党风廉政建设和反腐败斗争的新理念、新思路、新举措进一步强调了如下四个方面：坚持党要管党、全面从严治党的方针；坚持以解决突出问题为切入点，扶正祛邪；坚决查处腐败案件，坚持"老虎""苍蝇"一起打；坚决把权力关进制度的笼子里，强化监督。中央政治局带头做起，以上带下。这些新理念、新思路和新举措表明了我们党改进作风、惩治腐败的坚强意志和坚定决心。实践证明是非常正确，非常及时，也非常有效的。

2. 从高等教育领域来看

随着高等教育事业的发展，高校的办学自主权越来越大。权力越大，责任越重，反腐倡廉的任务更加艰巨。违规招生问题，贪污挪用科研经费问题，师德师风建设问题等不断发生。这些案件充分表明高校并不是世外桃源，也不是一方净土，一定要引起我们高度的警惕。

3. 从我们学校的情况看

我校这些年来党风廉政建设和反腐败工作取得了一定成效。但是，我们也要

[①] 2014年3月27日在党风廉政建设和反腐败工作会上的讲话摘录。

清醒地认识到，一些党员干部、党员教师，特别是党员领导干部和党员骨干教师的党风廉政意识不强，组织纪律松弛，违纪违法的事件还时有发生，一些不正之风和腐败问题还时有显露。

以上种种问题和现象，时时刻刻地告诫我们，在反腐倡廉问题上绝不能掉以轻心，决不能放松警惕。同时，要求我们的党员干部、党员教师，特别是党员领导干部、党员骨干教师要认清形势，要带头加强反腐倡廉建设。

二、加强党风廉政体系建设，推进反腐败斗争取得新成效

2013年12月，中共中央印发《建立健全惩治和预防腐败体系2013—2017年工作规划》，要求全面推进惩治和预防腐败体系建设。我们要认真贯彻落实。在做好学校预防腐败体系建设上，有几点要特别强调。

1. 要在预防上下功夫

反腐败，预防是关键。我们要着重从以下三个方面入手，抓好预防工作。

一是要强化教育，筑牢拒腐防变的思想道德防线。我们一提到教育，大多会想到培训办班。我以为办班培训是必需的，或者说是必不可少的。但是，实践证明，要想取得好的效果，必须不断改进教育方式，不断丰富教育内容。一方面，要深入开展中国特色社会主义理论体系教育和党性党纪教育，把反腐倡廉教育纳入各级党组织学习内容，纳入干部教育培训计划。进一步完善反腐倡廉"大宣教"工作格局，形成反腐倡廉宣传教育的合力。另一方面，要将我校近年来发生的违法违纪的事情做成案例，用身边的人和身边的事，教育广大党员干部、党员教师，特别是党员领导干部和党员骨干教师，使得他们修好为政之德、为师之德，守住律己之心，排除非分之想，警惕贪欲之害，增强自我教育、自我提高的自觉性。坚决做到廉洁自律，洁身自好。

二是要强化制度建设，从源头上防治腐败。制度是防治腐败的重要保证。要把加强制度建设作为保证党员干部和党员教师廉洁从政、廉洁从业的重要基础。在制度建设中要强调针对性和可操作性。一方面，一定要把上级精神和我校实际

结合起来,我们决不能照抄照搬、生搬硬套,要制定出符合校情的制度;另一方面,所制定的制度可操作性一定要强,不能是"只中看,不中用"。除了学校层面要制定必要的制度以外,各单位也要根据自己的实际情况,制定各项切实可行的制度。今年年初,我带队检查管理学院党风廉政建设情况,给我印象最深的是管理学院在制度建设方面做得很扎实,效果也很明显。还有更重要的是,有了制度一定要执行。不执行,再好的制度也是白纸一张。总之,我们要把制度的笼子扎紧扎实,坚持用制度管权、管事、管物、管人。

三是要强化监督,切实做到关口前移,增强实效。强化监督是有效防治腐败的根本途径。要把事后监督与事前、事中监督结合起来,切实提高监督水平。在监督方面,要重点强调,咬住苗头,抓住倾向,做到防微杜渐。发现苗头和倾向,就用习近平总书记所讲"咬咬耳朵,扯扯袖子"的办法,及时提醒,及时告诫。这既是防微杜渐的好办法,也是关心、爱护干部和教师的有效举措。总之,我们要本着对党的事业负责,对干部、教师负责的态度,本着坚持抓早抓小,治病救人的原则,全面掌握党员干部、党员教师的思想、工作、生活情况。对他们身上的问题,要早发现、早提醒、早纠正、早查处,对苗头性问题要及时约谈、函询,加强诫勉谈话工作,防止小毛病演变成大问题。

2. 要在惩治上下功夫

惩治是最有效的预防,是最具有震撼力的警示教育。习近平总书记在十八届中央纪委三次全会上的讲话中强调:"对腐败分子,发现一个就要坚决查处一个。"我们对腐败现象要"零容忍"。只有零容忍,有案必查,才能形成震慑;只有零容忍,有腐必反,才能不断增强信心。

学校最近几年查办了多起案件,有领导干部的违纪案件,也有一般干部和群众的案件,我们对相关人员作了处理。这就是惩治的办法。今后,学校还将按照中央全面从严治党、惩治腐败的要求,依法依纪惩治腐败行为,无论是什么人,触犯党纪国法就必须受到惩处。我们要严肃查办领导干部贪污贿赂、腐化堕落、失职渎职的案件,严肃查办滥用职权违反规定录取学生、选拔任用干部、使用科研经费等问题,严肃查办利用职务插手人员录用、职称评审、科研项目评审、基建工程、招标采购等领域的问题。同时，我们要进一步畅通信访举报渠道，建立健全网络舆情收集、研判、处置机制，规范管理和处置反映干部问题的线索。我们会认真核查反映问题的各条线索。但是，我们也绝不允许歪曲事实、捏造是非的现象横行。

三、坚持党风廉政建设方针，狠抓反腐倡廉重点工作落实

1. 严明纪律，深化作风建设

严明纪律、深化作风建设，是今年党风廉政建设的重中之重。

一是要深化作风建设。我们要继续落实中央八项规定精神，落实群众路线教育的整改任务，持之以恒地抓好作风建设，把抓作风建设变成常态化。一方面要大力弘扬优良传统，特别是我校的优良传统。我们学校诞生于革命圣地延安，并经历了"窑洞大学""马背大学"等办学时期，理论联系实际、密切联系群众，艰苦奋斗、求真务实一直是我们的优良传统。我们各级领导干部应该也必须继承和发扬优良传统，牢记"两个务必"，讲党性、讲原则，清正廉洁，保持共产党人的政治本色。另一方面要摒弃比如拉拉扯扯的庸俗作风，以及"靠关系""找关系"等思想观念和作风。我们有的干部、教师一遇到事或者难题，就想找关系，认为只要找到关系，什么事都能解决，久而久之，导致自己不努力、只会找关系。这种做法，以往可能还有些市场，但是现在"找关系""靠关系"没有那么灵了，越来越没有市场了。功夫不硬不行，功夫不深不行，凡事都得靠自己的真本事，这才是最根本的。

二是要严守党的纪律。党的纪律是党的作风建设的保障。习近平总书记在十八届中央纪委三次全会上的讲话中重点强调党的纪律问题，一针见血地指出"干部出问题，都是因为纪律的突破"，并点出了组织观念薄弱、组织涣散的七个方面的表现。我们要坚决克服组织涣散、纪律松弛现象，要坚决执行请示报告制度，该请示报告的不请示报告，或不如实报告，就是违反纪律，就要受到严肃处理。我们要进一步健全和完善请销假制度，学校出台了相关文件，对请销假作出

了要求，就要严格执行。此外还要严格执行领导干部报告个人有关事项制度，对涉及的重大问题、重要事项要按规定向组织报告。这是必须遵守的组织纪律。我们要坚决防止有令不行、有禁不止，更不允许在执行中打折扣、搞变通。

三是要巩固教育实践成果，建立健全作风建设长效机制。2013年下半年以来，我们认真开展党的群众路线教育实践活动，扎扎实实推进作风建设，取得了重要阶段性的成效。但是，离群众殷切的期望还有一定差距，一些党员、干部贯彻执行中央精神的自觉性、主动性还有待提高，一些干部群众反映强烈的问题尚未得到根本解决。我们要深化党的群众路线教育实践活动成果，领导切实带好头，跟踪督查教育实践活动整改落实情况，根据列出的时间表和整改路线图，该完善的制度按期完善，该出台的文件按期出台。做出的许诺一定要兑现，让师生群众看到我们整改的决心和勇气，也要让师生群众共同参与和监督整改的各个环节。

2. 落实责任，强化责任追究

各基层党委是加强党风廉政建设和反腐败工作的主体，要切实负起责任，真正把党风廉政建设当成分内之事、必尽之责。特别是各党委主要负责同志必须树立不抓党风廉政就是严重失职的意识。切实做到带好队伍，管好自己，当好廉洁从政的表率；坚决纠正损害群众利益的行为；主动支持纪委查处违纪违法问题。纪委也要落实好监督的职责，既协助学校党委加强党风建设和组织协调反腐败工作，又要督促检查相关部门落实惩治和预防腐败工作任务，经常进行检查监督，对发现的违纪违法问题要不讲情面、坚持原则、秉公执纪、严肃查处。

"有权就有责，权责要对等。"不管是各基层党组织还是纪检监察机构，都要对承担的党风廉政建设责任进行签字背书，做到守土有责，出了问题就要负责，对于未能正确履职，导致发生中央《关于实行党风廉政建设责任制的规定》第十九条规定的七类问题的，要坚决追究相关责任人的责任。情节较轻的，给予批评教育、诫勉谈话、责令做出书面检查；情节较重的，给予通报批评；情节严重的，给予党纪政纪处分，或者给予调整职务、责令辞职、免职和降职等组织处理。涉嫌犯罪的，移送司法机关依法处理。

3. 勤政为民，廉政勤政一起抓

李克强总理在国务院第二次廉政工作会上强调领导干部要切实做到勤政为民。我们在强调廉政的同时还要强调勤政。只有心里装着人民，时刻牢记全心全意为人民服务的根本宗旨，才能保持廉洁从政、勤政为民。勤政为民，体现在思想上时刻牢记为民服务的意识，在精神上时刻保持一个奋发向上的状态，在工作中能勤勤恳恳、兢兢业业、艰苦奋斗、无私奉献。我们各级党员领导干部要坚决克服遇到困难绕着走，遇到难题搁置不管的思想，积极地想、大胆地干，按照规章制度有效使用权力，不把问题上交，不消极、不懈怠，创造性地解决问题，使得矛盾和问题在哪里产生，就在哪里解决，要争当政治坚定、作风优良、纪律严明、恪尽职守、勤政为民、人民满意的好干部。

同志们，新的形势下，深入推进学校党风廉政建设责任重大、使命光荣。广大党员干部和教师员工要以更大的决心、更强的力度、更有效的举措，以深化教育领域综合改革为契机，进一步创新学校党风廉政建设和反腐败工作体制机制，不断推进腐败治理能力现代化，为学校科学、和谐、稳定发展作出更大贡献。

第八章 以大学精神引领学校内涵发展

一流的大学需要一流的文化，一流的文化滋养一流的校园。大学精神作为大学文化的核心，是对学校历史传统、精神品质、办学理念、价值追求等精神文化内容的高度凝练和整合，是大学师生群体在价值认识的基础上积淀成的深层次心理结构和信念。要以"德以明理，学以精工"为校训、以"团结、勤奋、求实、创新"为校风、以"实事求是，不自以为是"为学风，构建北理工精神文化体系，引领学校的内涵式发展。

以延安精神为指导，构建北理工文化[①]

当前，国内一大批高校都提出了建设世界一流大学的目标。但是，究竟如何建成世界一流大学，却是值得我们深思熟虑、认真考量的事情。独特的精神气质恐怕是一所大学傲立群校的关键，独特的精神气质更是一所大学屹立于人类文明历史长河中的唯一法宝。

一、大学精神的意义和作用

一所好的大学，在于有自己独特的灵魂，这灵魂就是独立的思考和自由的表达。千人一面、千篇一律，不可能出世界一流大学。大学必须有办学自主权，这实际上就说到了大学的本质。"独特的灵魂"就是指大学的精神。首届耶鲁－中国大学领导高级研讨班的总结报告说得好："中国要建设世界一流大学的问题，不仅仅是科学研究或学术水平的差距，我们的差距是如何创建一种大学文化和大学精神，如何把学校各个系统的人员都能调动起来，形成统一意志，积极、认真地把自己的本职工作与该大学的使命结合起来。"

1. 大学精神的意义

大学精神是一所大学的灵魂所在，大学精神对于一流大学的作用，犹如人的精神对于人的存在的意义一样。这种精神是无形的，其作用却是巨大的。比如，哈佛大学的校训"以柏拉图为友，以亚里士多德为友，更要以真理为友"，由哈佛学院时代沿用至今。从哈佛大学的校训和校徽可以看出其立校兴学的宗旨——"求是崇真"。一代又一代的哈佛人秉承"求是崇真"的立校兴学宗旨，坚持"自由的思想"与"思想的创造"，在择师和育人上坚持高标准高质量，才使它成为

[①] 2010年6月28日在校园文化建设座谈会上的讲话摘录。

人文荟萃、英才辈出的世界顶尖大学。著名的耶鲁大学也具有独特的"耶鲁精神"——被理解成一种为争取个体的独立、为维护学术自主即使付出重大代价也在所不惜的精神。耶鲁大学以人文科学的成就和影响闻名于世。在耶鲁大学，人文科学教育是自由的教育，自由地维护自由的思想并使自由思想常新是耶鲁人的使命。学术自由是他们永恒的精神追求。古老的牛津大学在800多年的发展史中始终保持自己"固执"与"保守"的品格，有着一种不屑尘俗、坚持自己的传统的执着和英格兰绅士般的高贵品质。正是这种高贵的精神品质吸引、熏陶、感染着来自世界各地的莘莘学子。我国抗战时期由北京大学、清华大学、南开大学三所著名大学临时组建的西南联合大学，也是一个典型的范例。西南联合大学只有短短8年的办学时间，却名垂青史。她在极其艰苦的条件下，为国家培养了大批爱国的栋梁之材，靠的就是三校集聚的名师和名校的文化传统，北大的"宽容自由"、清华的"严谨认真"、南开的"吃苦耐劳"以及抗日战争特殊的时代背景对人们意志的砥砺，凝练了"刚毅艰卓"的联大精神，从而催生出强大的精神动力，创造了教育史上的奇迹。

2. 大学精神的作用

（1）价值导向

大学精神作为大学文化的核心，是对学校历史传统、精神品质、办学理念、价值追求等精神文化内容的高度凝练和整合，是大学师生群体在价值认识的基础上积淀成的深层次心理结构和信念。大学精神最能够反映一所大学的办学理念、指导思想和精神追求，对大学师生进行价值判断和选择、确立价值取向和追求具有决定性的作用。大学精神一旦形成，就会对全校的教学、科研、管理和服务等行为起导向和规范作用，并使得大学能够自觉守望人文精神，抵挡外界的各种诱惑和冲击，始终保持自己的独立地位。

（2）精神激励

大学精神具有内在的感召力，使全校师生形成一股强大的凝聚力和强烈的归属感。它是学校发展和前进的精神动力，是全校师生员工内心的精神支柱。抗战时期，浙江大学在竺可桢校长的带领下，克服重重困难，辗转西迁，不仅没有被拖垮，反而在困境中崛起，由一所地方性大学发展为全国著名大学，并赢得了"东方剑桥"的美称。浙江大学这段艰苦卓绝的历史，正是浙大人在"求是"精神的激励下创造的。在"西迁"途中，竺可桢将"求是"定为浙大校训，不断倡导且身体力行，使"求是"成为浙大人的共同追求和内心的精神支柱。

（3）使命引导

大学以服务于国家、服务于民族和社会的进步作为自己崇高的历史使命。而作为大学精髓与核心的大学精神一方面秉承了大学自身发展的历史使命，始终与大学的发展和前途命运紧密相连。当人们对这种精神文化高度认同时，便会以身处这所大学而自豪，以促进学校的发展为己任。另一方面，大学精神作为一种高层次的优秀文化，又秉承了整个国家与社会发展的历史使命，引导大学人把人类的未来作为自己的建设对象，充满对民族、社会乃至整个世界的责任意识和使命意识，自觉地承担起时代赋予的历史使命。

自成风格、独具特色的大学精神的形成，是一个长期的、渐进的历史过程，必须经过长期坚持不懈、锲而不舍的艰苦努力。我们要想走向世界，要成为一流大学中的一员，就必须重视大学精神的培育。一个有着深厚文化底蕴的学校，一个有着独特精神内核的大学，才能走得更高、更远！

二、延安精神的继承发扬

延安精神是党中央在延安这一特殊的历史时期，为夺取新民主主义革命胜利，在局部执政的条件下和艰难困苦的革命斗争中，在党自身的建设中，精心培育和全面形成的、体现党的先进性的精神财富和宝贵经验。在改革开放迈进21世纪的今天，方方面面的情况已和延安时期大不相同，延安精神是否已经过时，是否已经没用？回答是否定的。延安精神是我们党的优良传统和宝贵财富，过去是，今天仍然是我们战胜困难、取得胜利的法宝。我们坚持和发扬延安精神，很重要的就是要大力弘扬求真务实精神、大兴求真务实之风。延安精神源远流长，内容丰富，其科学内涵主要包括如下四个方面：坚定正确的政治方向，解放思想、实事求是的思想路线，全心全意为人民服务的根本宗旨，自力更生、艰苦奋斗的创业精神。

作为从延安走来的一所高校，我们与其他高校的不同之处究竟是什么？我们的精神底色究竟是什么？我想就是延安精神。长期以来，学校始终秉承延安精神传统，在长期的发展过程中积淀了优良的办学传统、教育思想观念和校园文化，包括国防特色、实践育人等。这些都是北理工几代人形成的优良传统的积淀、丰富和凝练，是推动我校未来发展的宝贵精神财富，是北理工继续参与国家发展战略、继续推进与国内外知名大学交流合作的基础和资本，需要我们长期弘扬和坚持。同时，我们也要认识到，延安精神也是与时俱进、不断发展的。在新的历史时期，继承和弘扬延安精神，绝不是简单地照搬过去的一套，不能简单地强调自力更生、艰苦奋斗，一定要结合新的实际，不断对延安精神进行丰富和完善，赋予其新的时代内涵。这就需要我们在坚持延安精神基本原则的前提下，根据形势的新发展、实际的新变化、工作的新进展，对延安精神的具体内容作出新的调整，提出新的要求，拓展新的思路。

1. 弘扬艰苦奋斗、自觉奉献的爱国主义精神

延安时期正是中国人民高扬爱国主义精神、浴血抗战的艰苦年代，爱国主义是延安精神的题中应有之义，体现在各个方面。比如，当时抗大校歌的歌词是："人类解放，救国的责任，全靠我们来承担。……把日寇驱逐于国土之东！向着新社会前进，前进，我们是劳动者的先锋！"歌词中体现出来的救国救民、艰苦奋斗、英勇牺牲的精神实质就是爱国主义精神。又如，坚定正确的政治方向是延安精神的内涵的重要内容之一。在抗战时期，坚定正确的政治方向可具化为"打败侵略者，建设新中国"。显然，这都鲜明体现了爱国主义思想。延安时期，中国共产党人正是以爱国主义相号召，形成了空前广泛的民族统一战线。

在长期的办学实践中，爱国主义精神在北京理工大学得到了充分体现，集中表现在学校始终与党和国家同呼吸、共命运，坚持服从、服务于国家重大战略需求，形成了鲜明的国防特色和突出的工程技术优势。新中国成立前，学校以民族独立、国家解放为己任，马兰草造纸、新方法制盐、创建边区气象台，为抗战建国培养了一大批技术专家和革命人才。新中国成立之初，学校按照国防建设急需

设置专业，迅速而及时地提供相应技术、培养毕业生，满足了国防建设的需要，创造了若干个"新中国第一"。近年来，学校瞄准世界科技发展前沿，瞄准国家重大战略需求，不仅在国防科技领域代表了国家水平，而且在高新工程、奥运会、国庆 60 周年阅兵中又创造了多个"全国高校第一"。

当前，我们弘扬爱国主义精神，仍要做到始终瞄准世界科技发展前沿和国家重大战略需求，以国家需求为己任，坚持为社会主义现代化建设服务，为建设创新型国家服务，致力于提升为工业化、信息化、国防现代化建设服务的能力，为走中国特色新型工业化道路提供更多的高水平创新型人才和原创性科研成果。要变"被动跟随"为"主动引领"，深刻理解世界范围内日新月异的新军事变革，瞄准十年、二十年之后我军未来作战方式和武器装备需求，以此谋划国防科技类学科、专业和创新平台的建设，从"探索一代、预研一代"的高端切入，大力倡导和激励原始创新，建设若干引领国防科技发展的主干学科、专业和实验室，通过"强地、扬信、拓天"打造新时期的学校国防科技特色。

2. 弘扬实事求是、勇于创新的唯物主义精神

"实事求是"是当年毛泽东同志给延安中央党校写的校训，是毛泽东同志对辩证唯物主义、历史唯物主义的简要概括，也是延安精神的精髓。实事求是就是一切从实际出发，根据不断变化的"实事"去求"是"。实事求是的关键是创新，邓小平同志讲过："实事求是，团结一致向前看""要向前看，就要及时地研究新情况和解决新问题，否则我们就不可能顺利前进。"[①]

今后，要实现学校科学发展，我们必须坚持实事求是，不唯上、不唯书、只唯实，敢于攻坚，敢于担当，敢于创新，敢于实践。唯物主义精神中蕴含着探索、求知、求是、脚踏实地的真谛，这就要求我们始终瞄准世界科技发展前沿和国际高等教育发展趋势，善于"跳出北理工看北理工""跳出兵器看兵器"，甚至"跳出国防看国防"，面向现代化、面向世界、面向未来，走出传统兵器（或国防）科技小天地，勇于摒弃陈旧的学科方向，敢于开创国内乃至世界上无人涉

---

① 《邓小平文选》（第二卷），人民出版社 1994 年版，第 141、149 页。

足的新学科方向和交叉学科，拓展新武器概念和新技术领域，畅想学校未来发展蓝图。广大教师要脚踏实地、甘于淡泊、严谨治学，坚守学术道德，坚持诚信治学，静下心来治学、潜下心来研究，不断提高自身的学术和教学水平，努力产生高水平的学术和教学成果，以更深厚的专业基础知识、更扎实的科研本领、更出色的教学能力，真正把所在专业和学科做优、做精、做强。广大学生要以"理想远大、学术精深、体魄强健、心境恬美"为目标，特别要将树立高远的理想和脚踏实地结合起来，努力掌握精深的学术，学会学习，善于学习，勤于钻研，拥有勇于"质疑"和"创新"的科学精神，掌握服务国家和社会的真本事、大本领。

3. 弘扬团结协作、兼容并包的集体主义精神

集体主义是延安精神的重要内容，在艰苦的革命战争时期，"人人为我、我为人人，众志成城、共赴国难"的集体主义精神不仅为党赢得了人民的拥护和支持，而且激发了一代志士仁人团结奋进、甘于奉献的爱国精神，成为中国革命取得胜利的重要法宝。

新时期弘扬延安精神，要重视发扬崇高的集体主义精神。要用爱校奉献的精神激励人，引导师生员工增强责任心和使命感，以振兴北理工为己任，立足本职岗位，牢记兴校之责，常思荣校之路，激情进取，奋发有为，甘为人梯，无私奉献，以自身的努力为高水平研究型大学建设作出一份贡献。要用团结协作的精神鼓舞人，大力提倡"团队协作、淡泊名利"的团队精神，使团队成员认可团队文化，激发甘于奉献的集体意识，建立开放沟通的学术氛围，形成互信互助的团队作风。同时注重维护团队成员的个人利益，根据个人的兴趣和特长为他们精心设计研究方向和发展空间，从而更好地推动团队与个人的共同发展。要用开放包容的精神教育人。延安精神中蕴含着一种"五湖四海"的开放包容精神。在当时抗战救国的危急关头，一批批有志青年胸怀报国之志，从四面八方来到延安，众志成城、共赴国难。不同的文化、不同的思想在这里交融，进而又统一为"心向共产党、解放全中国"的精神追求。我们推进高水平研究型大学建设，也要有大气、开放、包容的集体主义胸怀，吸引、团结、凝聚、包容方方面面的人才，努力形成凝心聚力、奋发向上、共谋发展的良好氛围，营造支持人才干成事业、鼓

励人才干好事业的校园环境。

4. 弘扬昂扬向上、敢为人先的英雄主义精神

用美国记者斯诺在《西行漫记》中的话来说，延安精神是一种不可征服的精神，是"'红小鬼'——情绪愉快、精神饱满且忠心耿耿——身上发现的一种令人惊异的生气勃勃的精神"。这种不可征服、生气勃勃、昂扬向上、创新创造的革命英雄主义精神是我们尤其应该弘扬的。

大到一个国家、一个地方，小到一个单位、一个人，要想成就一番事业，实现发展进步，都少不得昂扬之气。邓小平同志曾深情地讲过："没有一点闯的精神，没有一点'冒'的精神，没有一股气呀、劲呀，就走不出一条好路，走不出一条新路，就干不出新的事业。"今天，要推动学校的各项事业，我们的领导干部如果没有昂扬向上、激情进取的精神状态，没有那么一股子气，是绝对不行的。当前，国内各高校都在积极推进发展，竞争之势如同百舸争流。时不我待，不进则退。我们必须切实树立等不起的紧迫感、慢不得的危机感、坐不住的责任感和"心忧滑坡"的使命感，以昂扬向上的精神状态，励精图治，抢抓机遇，创造机遇，利用机遇，实现学校的跨越式发展。我曾经提过要不断解放思想、改革创新。近几年来学校的发展变化也说明，没有思想上的重大解放，没有观念上的与时俱进，就没有学校改革发展的新思路、新境界。因此，我在这里还要强调，要放下包袱，轻装上阵，继续以解放思想、改革创新、激情进取的精神状态大力推动学校的改革发展，做到敢为人先、勇于承担、善于创新、争创一流；要敢闯敢试，抛开顾虑，勇于正视问题并果断解决本单位存在的突出矛盾和问题，善于把握广大师生对领导班子的意见、要求和期待，特别要抓住学科建设、学术水平、人才队伍建设、科研大奖等环节，采取措施，加以推动。

总之，我们要坚持德育首位的育人方针，坚持实事求是的优良办学传统，引导师生努力做到脚踏实地做人、做事、做学问；无论是校训、学风还是校风中，都要能够体现出延安精神新的内涵，使之成为凝聚全校师生的精神支柱，激励我们推动各项工作上水平、上台阶，开创学校更加宽广、美好的发展前景，使得北京理工大学真正成为中国理工科大学的一面旗帜！我们要有这样的雄心壮志。

学科专业史是学校学术文化的一张亮丽名片①

七十年峥嵘岁月，七十年桃李芬芳，七十年辉煌成就。北京理工大学从延安走来，一代代北理工人书写了发展历程上的壮丽篇章。七十年来，学校秉承延安传统，坚持服从、服务于国家重大战略需求，艰苦奋斗，勤俭办学，解放思想，改革创新，形成了鲜明的国防特色和突出的工程技术优势。学校综合实力日渐雄厚，人才培养成效日益突出，各项事业科学发展、蒸蒸日上，北理工已成为国家重点建设的"211"和"985"工程大学。

为不断推动学校改革发展，学校第十三次党代会集全校广大党员干部和师生员工的智慧，制定了"国内、亚洲和世界一流"的"三步走"发展目标；提出了"学科优化、强师兴校、教育创新、科研提升、开放发展、深化改革"及创新党建和思想政治工作的"6+1"发展战略；凝练了"高远的理想、精深的学术、强健的体魄、恬美的心境"和具有社会责任感、创新精神和实践能力的建设者和接班人的育人目标；确定了坚持"理工并重，工理管文协调发展，多学科交叉融合，打造'强地、扬信、拓天'主干学科"的特色发展路径，为学校的科学发展奠定了坚实的基础。

为迎接北京理工大学七十华诞，我于2008年秋季倡议开展学科专业史研究和编写工作。开展这项工作，主要是出于以下几方面考虑。

第一，学科专业史最能反映一所大学的实力与特点。学科专业发展的成就，是奠定大学独特竞争优势的重要基石。现今各高校撰写校史比较普遍，且多以行政工作为主线，记录学校建立发展和变迁的过程，但对学科专业史的研究并不多见。学科专业起源与发展的历程，体现了一所高校的办学特色与优势，可以为学校科学决策和学科专业良性发展提供借鉴。相对于校史的研究，学科专业史更多

---

① 为"北京理工大学学科专业发展史丛书"所做的序，题目为新添。

地反映学术发展的过程与面貌，体现学术骨干的突出贡献。面对我国高校目前普遍存在的行政化倾向，重新认识学术的价值，专注于学术建设和学术研究，就显得非常必要了。

第二，开展学科专业史研究有利于丰富学校学术文化建设。世界知名大学无不重视本校的学术文化建设。在学术文化建设中，学术是根本，各类学科专业史研究文献都从不同的角度和层面丰富着大学学术文化建设的内涵。利用撰写学科专业史引起人们对学术建设重要性的认识，无疑是对学术文化建设的有力推进。北京理工大学第十三次党代会提出要创建先进的校园文化、学术文化、人才文化、创新文化，大力推进文化建议。以研究学科专业发展历史的方式铭记学科历史上的大师和普通工作者，对于学校发展的历史贡献，记录感人事迹，总结发展经验，激励后人潜心学术、争创一流以及在校园内进一步营造浓厚的学术氛围都有着重要意义。

第三，编撰学科专业史有利于拓展我校教育科学研究领域。我国高校某些学科专业的发展建设已经有半个世纪甚至百年的历史。以这些学科专业为研究对象的学科专业发展史研究应运而生。这无论对于拓展教育史研究领域，还是对于学科专业发展本身都具有重大的历史和现实意义。著名教育家梅贻琦先生有句名言："所谓大学者，非谓有大楼之谓也，有大师之谓也。"综观各个学科的发展，不难发现这样一个不争的事实：凡是有大师级学者领航的学科，无一不是发展迅猛、成就卓著。学术大师是学科前行的掌舵人，他们历经沧桑，丰富的阅历和经验使得他们能够高屋建瓴地把握学科发展现状，能够敏锐地预见和洞察学科前沿动态，从而能够目标明确地引领大家冲锋陷阵。正因为教育科学研究的重要性，我曾多次建议教育学科的教师们开展本校重点学科专业史的研究，挖掘学术大师对于学科专业发展的历史贡献，避免过去校史研究中"见物不见人"的弊端，突出学术大师的典范和榜样作用，从而为学科专业更好地发展提供借鉴。这些思考得到了我校教育研究院杨东平教授等专家学者的支持，他们直接参与组织了这项工作。

本着"自觉自愿和有条件先开展"的原则，本次研究工作首先在光学工程、飞行器工程、车辆工程和计算机工程四个学科开展，由于时间仓促，史料零散，加之军工学科的保密性特点，研究遇到了不少困难，但这并没有改变我们"遵循辩证唯物主义和历史唯物主义的原则，从专业和学科建设的原点出发，实事求是，以史实为准绳，尊重历史，以史为鉴"的研究原则。这样的探索，也为后续学科专业史的研究奠定了基础。

在本书结集出版之际，特向开展本项研究工作的教育研究院教师，向相关专业的专家学者表示衷心的感谢！我们有理由相信，经过五年、十年甚至更长时间的积累，北京理工大学学科专业发展史研究将会伴随学校文化建设的深入而更加精彩！

是为序。

校训校风学风[①]

听了各位的介绍，知道全校从上到下对于校训的确定都很关心和重视。特别是学校主要领导和领导班子同志，在推进校园文化建设时，为解决此问题专门开会研究，并在校内外组织征集活动。此项征集活动得到了校内外广大师生员工与校友们的积极支持和热烈响应，学校共收到大家提出的方案有上百条之多。在此基础上聚焦了几条：一是，崇德尚行，实事求是；二是，崇德效山，藏器学海；三是，实事求是，不自以为是。这几条都有一定的支持率，但是，哪一条都未能被多数人认可，因此，就放下了。

我认为确定校训工作很有意义，校训是对学校精神和文化的高度凝练，这项工作是校园文化建设的重要组成部分，一定要搞好。感觉学校以往所做的工作很有价值，为我们进一步做好校训的确定工作打下了良好的基础。尽管还有很多工作要做，有很多难题要解决；但是，只要我们努力，肯定会有好成果的。

在如何确定校训这个问题上，我在哈工大工作时也遇到了，因为当时哈工大还未正式确定校训。我到哈工大工作后，为了尽快解决这个问题，还就此问题进行了专门学习研究。通过对国内外著名高校校训确立过程的学习研究，我了解了这些学校校训的确立大体有两种情况。一是，就内容来看，校训是学校的办学宗旨、治学理念、精神追求的反映。用袁贵仁部长的话讲："校训，不过是一个大学对其文化传统、文化精神的理性抽象和认同。"如美国哈佛大学的校训"Veritas"即为"真理"；英国剑桥大学的校训，"Hinc lucemet pocula sacra"即为"此地乃启蒙之所和智慧之源"。如我国清华大学的校训为"自强不息，厚德载物"；南开大学校训为"允公允能，日新月异"。二是，校训大多是由校史上著名的校长或知名校友以及社会名流等提出来的，并用极简练的文字语义、格言警句

---

① 2010年8月在听取有关校领导和宣传部门工作汇报时的讲话整理稿。

形式表达，短小精悍，一目了然，能让人感受到一个学校的个性气质。如复旦大学校训"博学而笃行，切问而近思"（出自《论语·子张》），就是做了复旦大学23年校长的近代教育家李登辉（1873—1947）提出并撰写的；中科大校训"红专并进，理实交融"，就出自中科大首任校长郭沫若为学校撰写的校歌《永恒的东风》的歌词，并由郭沫若所书写。校训也有经过广大师生员工们的反复讨论，甚至是辩论后形成的。目前我国大多数高校的校训都是以这样的方式形成的。

了解这些之后，再来考虑哈工大的校训，心里就更有数了。因为哈工大的校训是有基础的。之前学校有个校训蓝本，即"规格严格，功夫到家"。学校也组织过讨论，但是意见不一致，就没往下推进了。我对这个蓝本作了较为详细的了解。这个蓝本中的八个字出自20世纪50年代。当时，学校在抓教学质量，要求各教研室总结以往的好经验和做法，并就今后进一步提高教学质量作出安排。物理教研室的老师们在总结工作时，体会到要想提高教育教学质量，首先必须有严格的质量标准，不能放松对学生的严格要求，从而就有了"规格严格"的提法。后来时任校长李昌知道后，一方面肯定了他们的做法，同时又提出，不仅要对学生学习提出严格要求，教师也要在培养上下功夫才行。之后，又有了"功夫到家"的说法。再后来"规格严格，功夫到家"就在不同的场合被一块提起和引用。一直延续至今。那么，为什么大家在讨论时不认同把这八个字作为校训呢？有的人说，这八个字，既不是典故，又不是警句，觉得这八个字太直白了，俗话说显得"太土气了"；也有的说，一共就八个字，"格"就出现两次，也太显得没文化了；如此等等。但是，据了解，无论是在校内，还是在校外，也无论是在职的师生员工，还是离退休老同志以及广大哈工大校友，只要说起"规格严格，功夫到家"这八个字，就都认可这就是哈工大精神、哈工大文化。

由此，我就想起了国歌的确定过程。新中国成立初期，中央之所以把《义勇军进行曲》作为代国歌，也是因为歌词与现实不太切合。所以，先作为代国歌用。多年以后，也曾改过国歌的歌词，但是，并不理想。最后，还是以《义勇军进行曲》的原词原曲作为国歌。因为，只要《义勇军进行曲》的旋律一响起，听者无不为之振奋，就能感受到中华民族同仇敌忾、意气风发、斗志昂扬的力量，这就是国歌所起的作用。试想，哈工大人一提起"规格严格，功夫到家"就有认同感，就认为这是哈工大精神、哈工大文化的反映，那么校训的作用不就如此吗？我们就从这个角度去做工作，基本得到了大家的认同，之后，又在校内外征求意见的基础上，学校党委研究决定将"规格严格，功夫到家"作为校训（试行）。一年之后（我已经离开哈工大），学校党委研究决定将"规格严格，功夫到家"正式作为校训予以公布。

我认真看了宣传部提供的校训征集的校训建议条目。内容真是很丰富，既有古典诗词掌故，也有现代警句格言等，很受启发。我在不同的组合条目中，发现有两句挺好的句子，可以供大家讨论一下。一个是"德以明理"，另一个是"学以精工"。凑在一起就是"德以明理，学以精工"。我理解，前一句讲的是，以德为基础，以追求真理为目标，这与我们提出的育人目标中的"高远的理想"内涵比较相近。后一句讲的是，学习要下功夫，要达到精致的程度，这与我们提出的育人目标中的"精深的学术"比较相近。总起来讲，这些都与我们学校的特点和特色比较一致。如果你们同意，可以连同以往提出的三个方案在校领导（包括离退休的老领导）中间先征求一下意见，然后再在全校师生员工和校友中间征求意见。

（注：后来，经过广泛征求意见，绝大部分人赞同用"德以明理，学以精工"作为校训。党委常委会在此基础上，召开专门会议进行了认真的研究，决定正式启用"德以明理，学以精工"为校训，并委托时任校长胡海岩牵头对校训内涵作出精准的诠释。同时，会议研究决定，将"团结、勤奋、求实、创新"作为校风，将"实事求是，不自以为是"作为学风。）

大学文化的传承与创新[①]

党的十七大报告指出:"中华民族伟大复兴必然伴随着中华文化繁荣兴盛。"文化越来越成为民族凝聚力和创造力的重要源泉、越来越成为综合国力竞争的重要因素,丰富精神文化生活越来越成为我国人民的热切愿望。作为社会主义先进文化的重要组成部分,大学文化也必然对社会主义大学建设产生重大影响。我们要始终在坚持文化传承、推动文化创新、致力文化引领上下功夫,创建一流文化,打造一流大学。

一、文化传承是大学与生俱来的固有属性

从人类文明发展史的角度来看,大学是人类文明、人类文化发展到一定阶段的产物,是人类文化最重要的表现形式之一。从柏拉图学园到中世纪大学诞生,直到如今一流大学百舸争流的局面,都是人类文明进程中大学发展的重要体现。作为文化发展的历史产物和重要载体,大学也必然担负着文化使命。从其诞生之日起,大学就被赋予了丰富的文化内涵。纵观大学的诞生、演化和发展历史,无论是中国古代的大学,还是中世纪崛起的现代意义上的西方大学,都根源于文化,都是应文化发展的需要而产生,在文化发展的推动之下而发展。与之相伴的,就是大学也以大学文化的方式时时刻刻承担着文化传承的角色。

英国著名学者阿什比曾说:"任何类型的大学都是遗传与环境的产物。"大学要充分发挥文化传承的作用,首先应该从回眸历史文化传统中寻求精神动力。大力弘扬优秀的文化传统是保持大学文化的独特性、吸引力和感召力的根本。一所大学在长期发展中形成了自己独具特色的精神价值取向和道德追求,应该积极主动地宣传本校的传统优秀文化,动员和倡导师生员工热爱认同自己的文化,树立

[①] 2011年3月28日在高等学校文化育人研讨会暨第五次文化素质教育工作会议上的发言摘录。

和培养本校师生的强烈的自豪感和归属意识,守护好属于自己的精神家园。比如,北京理工大学前身——创建于1940年的自然科学院,在延安办学的近六年间,以正确的办学方针和先进的办学思想培育了500多名优秀毕业生,他们在自然科学院受到了系统的科学教育,业务素质和思想政治素质都有很大提高,其中很多人成为无产阶级革命家、科学家和建设新中国的栋梁之材。自然科学院的办学思想和办学实践为党的教育事业作出了卓越的历史贡献,她的光辉办学思想成为党和人民教育事业的宝贵财富,也形成了北京理工大学的光荣办学传统。

多年来,北京理工大学坚持继承和弘扬延安精神,薪火相传延安时期的光荣传统,与时俱进,根据形势发展不断赋予延安精神文化传统以新的内涵,逐渐形成了独具特色的办学优势,也形成了学校自身的文化传统。

一是始终坚持为党和国家的中心任务服务。建校之初,学校以民族独立、国家解放为己任,为抗战建国培养了一大批技术专家和革命人才。新中国成立后,学校实行了以建设先进的工业国为总目标的新型正规化教育,为新中国以优先发展重工业为主导的大规模经济建设培养人才。北京工业学院时期实行了以国防现代化为目标的专业教育,为新中国国防工业的创建和发展、为国家"两弹一星"事业提供了有力的人才支持。近年来,学校以国家需要为己任,参与多项国家科技攻关项目,取得了丰硕成果,牵头获得国家科学技术奖励数量在全国高校名列前茅,并为北京奥运会、上海世博会以及国庆60周年庆典的成功举办提供了强有力的科技支撑。

二是始终坚持德育首位,培养了一大批又红又专的人才。学校高度重视思想政治教育,重视德育、创新德育。从老院长李富春、徐特立,到历任领导、历届党委和行政班子,再到院士、首席专家及基层党组织负责干部都高度重视思想政治教育。"为国家培养红色国防工程师"成为北京工业学院时期的人才培养目标。20世纪90年代,学校提出了"以智养德、以德养才、德育为首、全面发展"的育人方针,并坚持把德育和思想政治教育放在人才培养的首位,通过不断加强德育工作,重视人才素质的全面发展,提高了办学水平和人才培养质量。

三是始终坚持自力更生、艰苦创业的精神,使学校迈上了建设高水平研究型大学之路。在革命战争年代,生活艰苦,办学条件差,学校坚持一切从实际出发，依靠全校教工，以自力更生、艰苦创业的精神建设学校，不仅锻炼了师生的革命意志，而且为学校形成良好校风奠定了重要基础。1949年到1951年间学校多次搬迁，从新中国建立后自己动手设计制造实验室设备到现在创建世界一流理工大学，学校依靠全校师生员工，坚持发扬艰苦奋斗精神，继承光荣革命传统，取得了一项又一项成绩。

历史和实践充分证明，一所大学的发展壮大，离不开这所大学所形成的历史文化传统的积淀和熏陶，离不开对这所大学文化精华的继承和弘扬。同理，一所大学要想建设成为一流的大学，就必须始终把握住自身文化传统中的优良因子，并使之成为全校师生团结奋进、不断拼搏的精神支撑。

二、文化创新是大学激流勇进的力量之源

从世界高等教育发展史的角度看，建设一流大学不可能一蹴而就，需要上百年的积累和沉淀，而这积累和沉淀，不仅仅在物质层面，更重要的是大学在创新知识的过程中也不断孕育了先进的文化。故而，一所大学要发展为一流，必须懂得在文化自觉基础上达到文化创新之境界，以创新的大学文化育人。

"文化自觉"这个概念最早是由著名社会学家费孝通先生提出来的，是指生活在一定文化中的人对其文化有"自知之明"，明白它的来历、形成过程、所具有的特色和它发展的趋向，不带任何"文化回归"的意思。不是要"复旧"，同时也不主张"全盘西化"或"全盘他化"。对于一所大学来说，就要充分认清自身的文化本质属性，摒弃人才培养工具化、办学取向功利化、办学模式趋同化、管理体制行政化等倾向，深入整理挖掘本身的文化历史传统，吸收借鉴人类文化成果，重视传统文化改造，再造新时期的大学精神文化体系，最终达到文化育人、弘扬和培育新时代的民族精神的目标。

北京理工大学始终重视对自身文化的整理、消化和创新，不断打造富有特色的精神文化体系。学校坚持把握时代脉搏，不断丰富延安精神内涵并赋予其鲜明的时代特色，努力建设以延安精神为特色，以爱国、创新、学术为核心的校园文化，使延安精神成为师生员工不断进取的动力。学校结合"两弹一星"精神、载

人航天精神的宣传教育，使坚持为党和国家的中心任务服务、坚持又红又专、坚持自力更生和艰苦创业等延安精神的内涵在校园传承。学校在广大导师和学生中倡导严谨、务实的工作理念，勤奋、创造的敬业精神，自由、平等的学术氛围，潜移默化，润物无声，产生了强有力的渗透和教育功能。尤其是在建校70周年前后，学校在系统总结70年办学经验基础上，追根溯源，深入挖掘，将延安精神传统与现代大学建设相结合、与办学育人理念相融合，通过丰富多样的形式予以再现，进一步形成了独具特色的大学文化体系。

比如，2010年9月份，我们在人民大会堂主办了"徐特立教育思想研讨会"，一大批教育专家围绕徐老的教育思想进行了深入研讨，凝练先进教育理念，营造良好育人氛围。在校内举办了"老院长徐特立纪念展"，进一步加强了对广大学生的德育、素质教育，弘扬徐老的教育思想，传承徐老的革命精神，激励莘莘学子发扬优良学风、勇攀科学高峰。

又如，校党委围绕"培养什么样的人"和"怎样培养人"这两个核心命题，深入思考，探索创新，集全校师生智慧，不断总结凝练，确立了"德以明理，学以精工"的校训。德以明理，是指道德高尚，达到以探索客观真理为己任之境界；学以精工，是指治学严谨，实现以掌握精深学术造福人类之理想。它是建校70年来数代师生员工崇德尚行、学术报国的真实写照，也是新时期全校师生共同努力的方向，充分体现了德智体美全面发展的社会主义人才培养目标和要求。如今，这一校训已同"团结、勤奋、求实、创新"的校风和"实事求是，不自以为是"的学风、"理想高远、学术精深、体魄强健、心境恬美"的育人目标共同构成了学校的精神文化体系。

再如，充分挖掘历史资源，在校史研究上取得了可喜成绩。在建校70周年之际，建成了校史馆，确定了北京理工大学在中国共产党创办高等教育史上的重要地位，延安精神在学校办学过程中得到发展和弘扬。中国国家博物馆党组书记黄振春评价我校校史研究填补了中国共产党创办理工科高等教育方面的史料空白，对研究中国共产党史和高等教育史起到了重要补充作用。开展学科专业史编撰工作，坦克专业与发动机专业、光电学院学科（专业）、宇航学院飞行器工程学科（专业）的研究成果已正式出版。

经验表明，一所大学要在前进动力上保持经久不衰，必须立足于学校实际，立足于时代前沿以及人民群众精神文化生活的新期待和新需要，不断进行文化创新，不断提高文化创新的活力和能力，创造富有个性和特色的大学文化。

三、文化引领是推动大学内涵发展的重要动力

文化是大学生存发展、办出特色和获得赞誉的根本，是大学的核心竞争力。高等教育进入内涵发展的新阶段后，提高办学水平和人才培养的质量越来越受到关注。如何推动大学科学发展，是高等教育强国建设给我们提出的时代命题。大学文化是大学内涵建设的灵魂与核心，它广泛渗透在学校办学的各个环节，影响并支配着大学的发展方向、发展质量和发展特色。

随着我国高等教育规模急剧扩大后将重心转向内涵建设，一些高校的不适应性也逐渐凸显出来，集中表现在三个方面：一是功利性倾向日趋突出，二是趋同性倾向日趋突出，三是高校合力和活力不强的现象日趋突出。所有这一切，表面上是具体的政策问题、方法问题，但本质上是大学的理念问题、文化问题。

北京理工大学重视发挥好大学文化的引领作用，始终着眼长远、立足创新，主动调整、明确定位，实现自我超越和发展，更有效地适应高等教育发展需要和社会发展需求，在大学自身的改革和战略调整中发挥文化的引领作用。在学校第十三次党代会上，党委提出要重点加强学术文化、人才文化建设、创新文化建设，以此引领学校的内涵发展。

加强学术文化建设，大力倡导潜心学术、诚信治学，反对思想浮躁和急功近利。自然科学院时期，徐特立老院长曾提出"学术互动"的教育思想，强调"学科和术科伴着发展，互相转化，互相帮助"，至今仍有指导意义。近年来，学校致力于建立适应高水平研究型大学发展需要、具有北理工鲜明特色、健康向上的学术文化体系，营造一种有助于激发创新思维、呵护创新行为、规范创新模式、提高创新水平的学术文化氛围和理念，建立开放交流、创新思辨的学术环境。学校开辟了"学与术"网上宣传专栏，及时汇总科技前沿最新进展，引导教师"学术并重""学术相长"；建立科技思想库，大力开展战略咨询研究，为学校发展提

供战略性、全局性、前瞻性的咨询意见和建议。致力于培养"学术精深"的拔尖学生，在学生中营造浓厚的学术氛围，积极组织"世纪杯"课外科技竞赛，并在"挑战杯"全国大学生课外学术科技作品竞赛、美国大学生数学建模竞赛、全国大学生电子设计竞赛、全国大学生"飞思卡尔杯"智能汽车竞赛等多项竞赛中取得好成绩。

加强人才文化建设，营造尊重知识、尊重人才、关心教师、爱护学生的良好氛围。延安时期，自然科学院以包容的心态吸引了全国各地的知识青年，营造了良好的学习、科研氛围，开展了用马兰草造纸、以新方法制盐、创建边区气象台等工作，为边区科技事业作出贡献。近年来，学校坚持开放办学、多元发展，对学院的院长采取校内外公开招聘的办法选任，并把一批有学术背景、有管理能力的干部选拔到学院党委书记岗位上，显著改善了学院院长、书记群体的结构，带来了新气息、新气象。此外，为调动全校各方力量培养全面发展的高素质人才，校党委提出了"干部为教师服务，教师为学生服务，全校为人才培养服务"的办学理念，要求管理干部自觉做到深入教学科研一线，以服务的心态做好管理工作，最大程度调动广大教师的积极性、主动性和创造性；教师要把主要精力放在不断创新人才培养模式、提高人才培养质量上，为社会培养德才兼备的合格人才；大学所有工作都要为人才培养服务，体现"以教师为主导，以学生为主体"，与人才培养衔接，切实发挥"教书育人、管理育人、服务育人"的作用。当前，以人才培养为核心的"三服务"理念正逐渐内化为教职员工的追求，成为学校精神的重要体现。

加强创新文化建设，引导师生敢于突破、敢于创新、争创一流。学校始终面向国家重大战略需求，将"争先进、创一流"的理念融入师生的思想和行动中。20世纪50年代，党中央做出建立导弹部队的决定，学校在钱学森的亲自指导下，建立了新中国第一批火箭导弹专业，并研制成功了第一枚固体燃料二级探空火箭、第一套电视发射接收装置、第一台大型天象仪、第一枚反坦克导弹等多项新中国第一。近年来，学校党委确立了"强地、扬信、拓天"的特色发展路径，提出要坚持"两个瞄准"，自觉把学校的发展融入国际、国内和行业的大局之中，并取得了一批科研成果。比如，承担了国家"××工程"项目28项、型号研制项目46项，承担的任务数量位居全国高校第一，为我国拥有世界一流的陆军装备作出了重要贡献。在北京奥运会、残奥会中，承担了纯电动客车、奥运安保、全景彩排仿真系统、烟火技术等重大项目，承担项目的数量位居全国高校第一。在60周年国庆阅兵的30个方阵中，学校参与了22个方阵的装备设计和研制，包括具有世界先进水平的主战坦克、两栖突击车、步兵战车、自行火炮、战术导弹、机动雷达、空中预警机等，参与的数量和深度位居全国高校第一。

实践表明，先进文化支撑学校的科学发展，根深才能叶茂，只有文化底蕴深厚，才有不断发展的实力。要致力于营造"学术卓越、追求一流，勇于创新、善于合作，兼收并蓄、百家争鸣"的文化氛围，引导师生敢于突破、敢于创新、争创一流，真正使先进文化成为学校发展的"软实力"，成为助推学校发展的"引擎"。

传承是基础，创新是关键，引领是目标。我们必须从战略的高度去认识和加强大学文化建设，着力打造优秀的北理工文化，在办学理念认同、管理制度建设、学术环境营造、人才环境丰沃、文化品牌形成、校园环境优化、文化教育和科学基地建设等方面形成标志性成果，努力建设具有深厚文化底蕴的世界一流理工大学。

第八章 以大学精神引领学校内涵发展

彰显大学精神,引领全面育人①

大学素质教育研究分会成立至今,已近一年时间。在这一年中,广大专家学者共同就大学素质教育问题展开了深入的理论探讨和实践,为推动《教育规划纲要》落实和贯彻胡总书记清华讲话精神作出了不懈努力。借此机会,我对大家近一年来的辛勤工作表示敬意!也对大家给予分会工作的大力支持表示衷心的感谢!

近20年来,在教育部的大力推动下,文化素质教育作为高校推进素质教育的重要组成部分,在促进高校教育教学改革、提高人才培养质量,在促进大学文化建设、提升大学文化品位,在促进大学生全面发展、培养德智体美全面发展的社会主义建设者和接班人等方面发挥了不可替代的重要作用。2008年中国高等教育教学质量发展报告表明,大学生的知识结构有所改善,专业面狭窄的状况大为改观;大学生思想比较开放活泼,知识面广,善于交际。88%的学生认为"文化素质教育"对他们影响很大。

一、素质教育面临的困难和阻碍

当前,素质教育的理论体系不断完善,实践成果不断丰富。但我们也要看到,在当今经济社会发展的阶段,素质教育要深入推进,还面临着诸多困难和阻碍。

1. 市场经济价值观念的冲击

改革开放30多年来,特别是20世纪90年代以来,市场经济体制的实施给

---

① 2012年11月9日在中国高等教育学会大学素质教育研究分会第二届年会上的讲话摘录。本文引用了林蕙青、陈何芳、唐耀华、方展画、颜丙峰、宋广文等同人的观点,作者甚为感谢。

中国经济带来了极大的活力，人民物质生活水平得到极大改善。但是，伴随着经济全球化的步伐，世界多元文化也涌入国内，再加上资本的逐利本性，"重功利，轻正义；重物质，轻精神"的现象日益显现。大学也深受理性主义、实用主义、功利主义的冲击，使得教育教学方式方法重实用、轻长远，理想信念方面的教育弱化，一些大学生的人生观、世界观、价值观出现偏差，缺少了崇高理想方面的追求，缺少了对国家、民族和社会的责任意识，缺少了勤劳奉献等优秀传统精神等。

2. 科研学术功利主义的泛滥

对于一所大学，培养具有自由、求真、科学、批判精神的学生是其根本，但是随着市场经济文化价值取向、行为方式等的改变，学术追求、学术氛围、学术交流等方面也受到了浮躁与功利、造假抄袭等不良现象的侵蚀，带来了优秀大学学术文化的缺失与薄弱。大学学术文化是学者的专业忠诚形成之源，是大学内部相对稳定而独特的社会心理环境，具有目标导向、激励、凝聚和软约束等功能。优秀大学学术文化的缺失与薄弱严重影响着学生的学术信仰，使得学生难以确立坚定的学术信念。

3. 人才培养"工具化"的倾向

大学应该培养全面和谐发展的人，大学教育的本质在于教人如何做一个大写的"人"，但在我国大学的教育中，不同程度地存在着注重科学教育而忽视人文教育，强调狭窄的专业教育而忽视德智体美等全面发展，强调知识传授而忽视能力培养，强调人力资源开发而忽视学生个性发展等现象，从而导致科学与人文，知识、能力与素质，物质与精神，灵魂与肉体，理性与情感等之间的分裂，造成最终培养的人是"工具的人"，而非完整的人。这一趋势在国外大学中也得到了印证。比如，印度理工学院是印度数一数二的大学，它的教育方式是"重术轻道"，学生要接受填充式的教育，要死背强记。毕业生大都不满意在印度的出路，想方设法去美国深造，然后加入美国的高科技企业。这一现象被称为印度的"悲哀"。

之所以出现这些与素质教育相背离的现象，重要的一点，就是因为大学面对诸多诱惑，没有固守自己的品格、坚持自己的阵地，忘记了大学的责任、丢失了大学的精神。当然，这一现象并非仅限于国内大学。早在20世纪80年代，美国高等教育界就开始系统反思本国大学教育，出现了《濒临毁灭的大学》《道德沦丧的大学》等一系列论著，特别是20世纪90年代末哈佛学院前院长哈瑞·刘易斯写的《失去灵魂的卓越》，深刻反思了哈佛在追求科研成就、竞争和金钱中，重视市场名利，轻视本科，轻视教学，轻视学生道德人格的培养，而忘记了大学育人的根本使命，丢掉了大学精神之魂。

二、大学精神之于素质教育的意义

那么，要克服这些困难和阻碍，就必须重提大学精神、彰显大学精神。

1. 大学精神可以为素质教育提供价值取向

大学精神作为一种价值观念和行为规范，本身就是一种价值导向，指引着素质教育的方向。大学精神的价值引导过程就是使受教育者将大学精神内化为自己的精神动力并勇于实践，逐步形成行为习惯的过程。当这种精神被内化为大学人的学术良心和道德规范后，就会形成道德自觉，并衍生出尚真求知的不竭动力。一所大学的办学目标之一，就是要把它所认同，并根据自己的价值判断所认为理想的价值观传授给学生，从而使学生成为它所认为的理想人。不同高校的大学人对价值的认识各具特色，从而催生了个性化的大学精神，但无论它们的差异有多大，其主要特征都相同，即独立与自由的思想、批判与创新的精神和为社会追求真理的使命感。这些特征必然反映在大学精神对大学生的价值引导上，那就是对真理的无止境探索，逐步使大学人形成为社会追求真理的强烈责任感和使命感，为社会不断追求真理的核心价值观。

2. 大学精神可以为素质教育提供精神激励

大学作为探讨高深学问的场所，从事的是一种精神性活动。大学之所以成为大学，不仅在于学校具有优越的硬件建设，更重要的是，大学所独具的精神气质和浓厚的学术氛围对外界优秀人才形成强大的精神吸引力，使得优秀人才不断荟萃。名牌大学之所以人才会聚，重要的不在于待遇、条件，而是一种精神的召唤。在大学里探讨高深学问的人，其主要追求不在于物质生活的满足，而在于精神生活的丰富和理想抱负的实现。大学精神以其强大的向心力和凝聚力，维系着大学的发展目标，协调着专家学者之间的人际关系和学术差别，鼓励着他们进行学术对话与思想交流，推动他们依据一定的规范进行有序的教学与研究，从而推进大学目标的实现。

3. 大学精神可以为素质教育提供目标导向

以人为本是大学精神的出发点和归宿点。大学精神恪守的以人为本价值，就是始终把教育和人的幸福、自由、尊严等终极价值联系起来，在教学与研究中以教师为本，尊重教师的个性，给教师以独立开放开展学术研究的宽松空间、发挥教师的潜能和创造精神。在教育过程中，以学生为本，尊重学生个性，培养学生的创造能力，使教育真正成为人的教育而不是"机器"的教育。大学精神彰显人文精神与科学精神的统一，其目的是培养一个全面发展的人。科学精神求"真"，注重实施科学教育，传授科学文化知识，探求未知世界。人文精神求"善"，实施的是人文教育，传授人文知识，探求人的价值。人文精神与科学精神的实质就是要人在德智体美等多方面发展，也就是人的全面发展。可见，大学精神与大学素质教育的价值观照是相同的，并为素质教育的实施提供了目标导向。

三、大学精神指引下的素质教育发展

那么，究竟应当怎样以大学精神为指引，扎实推动大学素质教育的发展呢？我认为，可以从以下四个方面考虑。

1. 以爱国精神为主线，引导学生树立高远的理想、富有社会责任感

要教给学生关乎家庭、国家、民族、人类的教育内容，培养学生忠诚国家、

热爱民族的爱国精神，以天下为己任的责任精神，诚实无欺、践行承诺、恪守约定、言行一致的诚信精神，在思维实践上敢于引领潮流、引领未来的创新精神，真正使学生成为和谐发展、人格独立，具有责任意识、道德意识和法治意识的合格的现代公民。

要加强学生社会实践、志愿服务与社会调查等活动，倡导学生走进社区、走进农村、走进普通人的生活，使他们深入社会、认识社会，在切身的行动和感悟中净化灵魂，接受人文精神的洗礼。

2. 以创新精神为主线，引导学生敢于实践、富有创造能力

大学是研究高深学问的所在，而大学之高深、之涵阔、之发展均在于有探究学术的精神。学术探索中的自由精神、独立精神、批判精神、创新精神和求真务实精神，是素质教育向纵深方向发展的宝贵财富。

要以自由精神引领教育。在符合学术规范、学术责任的前提下，维护学术尊严和学术研究的自由，倡导教师自由教学和学生自由学习的统一。我校的自动化学院，有一个"开放实验室"的尝试。学院把4个重要的实验实践基地面向全校师生全天候开放，学生的自拟实验、科技活动、竞赛准备、参观学习都可以在这里进行。每学期有20多位专业教师和实验室人员为学生提供实践指导，本硕博三个阶段150多名学生到这里自发组建课题小组，进行研究。2011年，从开放实验室里走出的"智能蛙板机器人"项目获得"挑战杯"竞赛一等奖，学院学生整体就业层次和水平名列前茅，学生创新能力和实践能力明显提高。

在学术探索中，尤其要鼓励和培养"敢为天下先"的首创精神，教师、学生、管理者，要重视每一个哪怕还处于萌芽阶段的创意，为创新苗子的成长提供宽容的环境。我校的大学生方程式赛车——黑鲨，从参赛之日开始就包揽了中国大学生方程式车赛的历届总冠军，并走向日本、德国征战，捧回一座座奖杯。2009年底，学生F1赛车队成立的时候，还面临校内外和社会各界的猜疑——大学生如何自己制造F1赛车？但3名大四本科生就以这种敢为天下先的精神，开始了科技创新之旅，他们克服重重困难，成功设计制造出动力澎湃、操作优越、安全可靠的F1赛车——黑鲨，开创了我国大学生自行设计制造方程式赛车的先

河。直到现在，我还为学生们的创造精神和胆量感到振奋，在这样的精神引领下，我们的素质教育不愁培养不出优秀卓越的拔尖创新人才。

3. 以科学精神为主线，引导学生脚踏实地、追求真理

大力推动课外科技创新、各类竞赛、大学生社团等创新实践。北京理工大学成立了"科研培育坊""青年科学家工作坊"。青年教师以自己的科研团队和正在研究的项目作为平台和资源，指导学生开展科技创新活动。教师应当由演员向导演和教练的角色转换，鼓励学生主动实践、学习、探索，通过指导学生研读教材、研究专题，演讲讨论，在有限的时空内最大限度调动学生的积极性，使学生在知识追寻中自我感悟、自我内化、自我成长，最终实现全面自由发展。北京理工大学在实践中积极鼓励学生组织自主创新团队，如方程式赛车团队、开放实验室团队等。学生在教师的支持和引导下，实行自我组织、自我管理、自主实践、自我教育。我们也培养学生管理时间、管理情绪、管理行动的能力，探索以班级、宿舍为单位，创造机会使学生轮流当干部，轮流担责任，形成了高度自律、互相监督、交流争鸣的组织氛围。

4. 以人本精神为主线，引导学生成为身心健康、全面发展的人

要始终确立人才培养的中心地位。北京理工大学一贯倡导"干部为教师服务，教师为学生服务，全校为人才培养服务"的"三服务"育人理念，在制度设计、课程设置、学生实验、文化设施、后勤服务等方面都从学生需要出发，努力落实以学生为本的办学理念。

在教育内容上，不能仅仅局限于技艺型的音乐、舞蹈、美术等艺术活动，或者知识层面的文科学理、理科学文，更要在人的精神层面，关注学生的人格养成。要增加生命伦理教育、爱的教育、公民教育、民族传统文化教育、世界优秀文化教育等内容。尤其是要开辟一些富于传统文化精髓的国史、校史、文化经典等阅读课程，为大学生理想的树立、道德的养成提供丰富的思想营养。要坚持人文教育和科学教育融合，把求真务实、客观公正的科学精神，求善务爱、追求完美的人文精神融入教育，促进学生知识、能力、思维、方法乃至精神境界方面的

提升，使学生成长为德智体美全面发展的人。

　　一所没有精神的大学，培养不出卓越优秀的人才；一所缺乏素质教育理念和实践的大学，也培养不出卓越优秀的人才。素质教育被国家提出并确立，已走过20个年头。面对高等教育发展新形势，面对大学文化传承创新的新使命，面对国家、社会对培养高层次拔尖创新人才的期盼，让我们携起手来，共同努力，进一步涵育弘扬大学精神，以大学精神引领素质教育向更高层次发展，开创素质教育探索的新局面。

第九章 交流合作与校友工作是推动学校发展的重要支撑

要实现建设"世界一流理工科大学"的奋斗目标，就要加强与世界一流大学的交流与合作，不断研究国际高等教育的发展趋势，努力把握高等教育发展的规律，从多维视角探寻大学发展之道。

校友是一所大学的形象名片，是学校最宝贵的资源，是学校发展最重要的依托，我们要千方百计做好校友工作，服务校友成长发展。

第九章 交流合作与校友工作是推动学校发展的重要支撑

多维视角探寻学校国际化发展之道[①]

党的十七大报告中指出:"我们必须始终保持清醒头脑,立足社会主义初级阶段这个最大的实际,科学分析我国全面参与经济全球化的新机遇新挑战,全面认识工业化、信息化、城镇化、市场化、国际化深入发展的新形势新任务,深刻把握我国发展面临的新课题新矛盾,更加自觉地走科学发展道路,奋力开拓中国特色社会主义更为广阔的发展前景。"

高等教育国际化是当今世界的潮流,也是经济全球化的必然要求。要建设"国内一流、国际知名"的高水平研究型大学,为"建设人力资源强国""建设创新型国家"等国家重大战略的实施作贡献,就必须清醒认识高等教育国际化的特点,顺应教育发展的国际化潮流,把握高等教育发展的规律,从多维视角探寻大学发展之道。

一、当前高等教育国际化的特点

随着世界政治多极化的凸现,经济全球化进一步加强,科技的飞速发展,多元文化的进一步融合,具有继承、传播、选择和创造文化功能的高等教育国际化呈现出一系列新的特点。

第一,高等教育国际化的空间进一步扩大。经济全球化为高等教育国际化扫除了许多意识形态的障碍,为不同国家和地区高等教育的交流与合作开辟出了更多的渠道。尽管发达国家引领着高等教育国际化的潮流,但越来越多的发展中国家参与到国际化进程中,并发挥着越来越重要的作用。

第二,高等教育国际化的内容进一步丰富。当前,国际思想文化交流频繁、

[①] 2008年9月28日在"展望21世纪高等教育——以国际化视角解读高等教育未来发展趋势与对策报告会"上的发言摘录。

交融明显，合作是国际共识和普遍的诉求。高等教育国际化的内容也随之更加广泛，从过去的单纯的人员引进或派出，扩大到了课程引进、学分互认和合作办学，并成为各国提高高等教育质量的主要手段。

第三，高等教育国际化的层次进一步深入。随着历史的演进和国际形势的变化，高等教育国际化的进程进一步加速。目前，高等院校逐渐取代政府成为国际化的主体，它们更加清楚应该从国际化中寻求什么，学校之间的关系也由松散走向紧密。因此，高等教育国际化交流更加深入，从浅层的互派留学生、教师的流入流出发展到深层的合作办学、合作研究，出现了不少区域性或全球性高等院校合作组织，使某些课程、学位以及办学质量体系趋于标准化和统一化。

二、高等教育国际化对我国大学发展提出的要求

当今时代，信息技术高速发展，全球经济、贸易、通信等联系更加密切，承担着实现可持续发展和提高人民生活质量使命的高等教育必须面向国际，融入高等教育国际化的潮流。

第一，教育观念要面向国际化。观念是各种政策制度形成的思想基础和文化土壤，它深刻地影响着个体行为和政策实施的成效。高等教育承担着向社会培养人才的任务，高等教育实际上是在为将来培养社会建设人才，这就要求高等教育自身应加强其前瞻性。当今科学技术发展突飞猛进，人才的全球流动，决定了高等教育应加强国际交流与合作，强化高等教育的国际化视野，从全球的角度和层面来考虑高等教育的发展问题，走高等教育国际化的发展道路。

第二，发展定位要面向国际化。要立足自身实际，在分析国家和社会对人才的需求以及政策动向的基础上，认真研究国际上同类优秀学校发展的现状与趋势，按照高等教育发展规律，确定合理的高校发展定位。只有这样，才能全面提高办学水平，与国际接轨，跟上国际知名高校的发展步伐。

第三，教育服务要面向国际化。教育作为一种先导性服务行业必然体现为教育市场的国际化，包括办学市场、生源市场和就业市场。近些年来，国外的高等教育机构正以各种方式积极地进入我国，教育的竞争已不再仅限于国内高校之间

的竞争，生源、就业、声誉等都在国际范围内展开竞争。大学教育的国际化程度将成为决定其培养的人才是否适应国际竞争的重要指标。

三、全方位实施国际化战略，多维视角探寻大学发展之道

随着高等教育国际化的推进，一个科技、教育、文化和学习无国界的全球化时代向我们走来。大学有了更多跨国、跨民族、跨文化交流以及合作和竞争的机会，教育资源在流动和重组中放大了功能，学生有了更多的全球就业机会，国际化使高等教育面临前所未有的发展机遇。同时，高等教育国际化，也冲击着中国大学现行的办学体制、管理模式及价值取向。在高等教育国际化和创新型国家发展战略的时代背景下，大学只有全方位实施国际化战略，努力遵循高等教育发展规律，在多维视角下积极探索符合自身特点的发展之路，才能办出特色，办出水平，实现大学的又好又快发展，也才可能成为国际上知名的大学。

1. 全方位实施国际化战略，努力提高国际化办学水平

实施国际化战略是世界一流大学的普遍做法。联合国教科文组织总干事费德里科·马约尔在《关于高等教育的变革与发展的政策性文件》中曾指出：高等教育应当以针对性、教育质量和国际化为指导来积极应对不断变革的世界。针对性、教育质量和国际化决定着高等教育在地方上、在本国和在国际上的地位与作用。

大学应从四个方面来全方位实施国际化战略，努力提高国际化办学水平。一是教师的国际化。大学的国际化建设，关键是教师队伍的国际化建设，教师队伍的国际化包括教师来源、教师受教育背景和教师学术水平的国际化。要通过"请进来、走出去"的方式，一方面引进国外知名学者来校执教，另一方面鼓励自己的优秀教师到国外参加培训或与国外同行合作研究，建立起一支国际化的教师队伍，从而增强学校办学实力、形成浓郁的创新氛围，提升学校知名度。二是学生来源的国际化。留学生是高等教育国际化的一个重要表现，一所大学学生来源的国际化程度越高，其国际化水平就越高。因此要大力做好留学生招生工作，通过

增设奖学金、与国外大学之间交换培养等合理有效的手段吸引更多的留学生，促进学生构成的国际化。同时，还要积极创造条件，鼓励学生出国留学。来自不同文化背景的学生队伍，有利于培养学生的国际意识和国际视野，有利于形成开放包容的校园文化，也有利于学生形成坦诚开放的风格。三是教材、教学方法、教学模式的国际化。要开设具有国际性内容的课程，通过对比教学来加强学生对中外不同文化的体会和理解。要大力开展"双语教学"并积极向外语教学过渡，以满足中国学生出国学习和外国学生来华学习的需要。还要积极应用国外原版教材，根据国内学生的情况进行本土化改造，设计出基础知识、前沿知识与国际发展趋势相结合的课程。四是经常举办国际学术会议等活动。学科的前沿动向、研究热点、发展趋势都能在国际学术会议上充分展示，不同的学派、不同的观点、不同的研究风格都能在会议上激烈碰撞。举办国际学术会议，不仅使我们及时把握科学前沿知识，增加与同行合作研究的机会，更重要的是增加了我们的教授担任国际学术刊物的编委或国际学术组织的负责人的机会，从而提高学校的知名度。

教师在国际同行中有发言权，有影响力，是一流大学的发展方向和主要标志之一。加大选派教师走出去访问、讲学、进行合作研究的力度，是国际化工作的重点；在校际层面上，要在主要发达国家中寻找一些具有较高水平的大学与学校建立有实质内容的友好合作关系；在学科层面上，每个学科特别是重点学科，都要与国外具有较强实力的同行结为合作伙伴；在个人层面上，每一位学术骨干都要有在国外比较拔尖的学术伙伴。要充分利用参加国际会议、出访、考察交流等各种机会建立联系，实现上述目标。

2. 立足于实际，多维视角寻求大学和谐发展之道

要实施国际化战略，关键的是探索大学发展之道，提高自己的办学实力，否则，国际化战略就是纸上谈兵。只有立足于自身实际，从多维视角寻求大学发展之道，提高自身竞争力，才能在国际教育大舞台上产生影响。

（1）在继续解放思想中寻求新发展

邓小平同志讲，解放思想"是指在马克思主义指导下打破习惯势力和主观偏

见的束缚，研究新情况，解决新问题"①。改革开放30年来，我们党和国家在理论上的每一次重大调整，在实践上的每一个重大发现，都是解放思想的成果。党的十七大提出要"继续解放思想"，这是对解放思想的进一步深化，它告诉我们实践是常新的，解放思想的脚步一刻也不能停止。

继续解放思想要求大学必须从满足现状、小富即安的思想状态中解放出来。当前，大学正处在新的历史起点上，面临着大量的新课题、新任务和新挑战，需要不断进行新探索和新实践，不断破除不适应新形势发展的陈旧观念，不断解放思想、研究新情况、解决新问题。近年来，许多大学在人才培养、科学研究、社会服务、队伍建设和党群工作等方面都取得了很大成绩。但也必须看到，高等教育发展一日千里，大学之间的竞争日益激烈，严峻的形势要求大学的各级领导干部要增强忧患意识，增强危机感和使命感。

继续解放思想要求大学必须从"官本位"思维定式的束缚中解脱出来。大学是文化单位，是学术单位，讲求文化的传承和发展，讲究学术的积累和创新。文化的活跃性、学术的民主性是大学的基本理念之一。大学的产品最主要的是人才，是科研和学术成果。因此，大学的资源配置和制度安排都要始终为培养优秀人才，为占据科研和学术前沿的目的服务。培养人才，积累科研和学术成果需要一个过程，讲求基础性建设和渐进式发展。用行政命令式的方法或突击式的手段，难以解决长久问题。大学的领导者要真正理解现代大学的特点，深入思考大学的理念和功能，处理好管理者和教师及学生的关系，确立"干部要为教师服务，教师要为学生服务，全校为人才培养服务"的理念。更好地发挥教师和学术组织的作用，处理好学术权力和行政权力的关系，从"只唯上，不唯实"的有害风气中解放出来。

继续解放思想要求大学必须从只重计划的制订、方案的论证，而不重视贯彻、不重视落实的形式主义思想作风中解放出来。要求大学领导和管理者走出会议室和办公室，到基层和群众中去，在狠抓落实上下功夫。

---

① 《邓小平文选》(第二卷)，人民出版社1994年版，第279页。

（2）从国家发展战略和国内外大学的发展趋势中思考学校的定位

新世纪新阶段，大学都研究制订了发展规划，提出了奋斗目标。高度决定视野，角度改变观念。为实现学校的奋斗目标，大学必须清楚本校的特点和发展优势，以及在我国和世界大学之林中所处的位置；必须站在创新型国家战略需求的高度，站在国内外高等教育发展趋势的高度来进一步思考学校的发展定位。

建设创新型国家，是国家发展战略的核心，是提高综合国力的关键。推进自主创新和建设创新型国家战略的实施，必须走产学研相结合的道路。大学需要在高端技术和基础技术的研发方面发挥重要作用，更要在科学探索、原始创新方面发挥作用。也就是说，大学必须在科学问题的研究方面、在技术创新方面下功夫、谋发展才有出路。为此，大学需要与时俱进修正自身定位，以建设创新型大学为目标，矢志奋斗。为此，一是要发挥自身优势，积极引领而不是被动地跟随所在行业的科技发展；二是积极介入相关的科技创新体系，扩展研究范围；三是紧跟国家发展战略的新要求，适时调整发展方向，对传统学科的内容进行充实和更新，以促进老学科的新发展。

大学的发展不是孤立的，在世界经济一体化的推动下，我们应该把大学的发展放在国际化的大背景下来审视，牢牢把握国内外大学的发展趋势，从而确定我们的发展目标和定位。目前，国内外著名大学在办学中呈现出新的发展趋势：一是走特色发展道路的趋势越发明显；二是工科比例下降，理科、文科等学科比例上升的趋势越发明显；三是多学科之间交叉融合渗透的趋势越发明显；四是国际化战略趋势越发明显；五是建立大学自治组织的趋势越发明显。这些趋势应当引起大学管理者的注意，以此作为制定大学发展目标和发展方向的参考。

（3）在优势和劣势的比较中寻找新的着力点

大学今后怎样才能走得更好？重要的一点是要在优势和劣势的比较中寻找新的着力点。纵向比较看成绩，鼓舞斗志；横向比较找差距，明确目标。每一所大学都有自己的优良传统和优势，有的具有光荣的建校史，有的具有优越的区位优势和人文环境，有的具有良好的师资和办学条件，等等。在看到自身优势的同时，大学要特别注意自身存在的弱点和问题并加以改进和解决。

一是明确方向，科学优化学科结构。学科建设水平是一所大学综合实力的表征，也是大学提高其水平的龙头和关键。通过多年的建设和积累，不论是偏工科的学校，还是偏理科或者人文社会学科的学校，不同程度都存在一些问题，比如，新兴交叉学科薄弱，特色优势学科领域窄、涉及范围存在局限；学科点数量有所增加，但学科布局不够合理、发展不够平衡；国内一流、国际知名的学科少；理工结合，学科交叉，已被大多数人所接受，但有利于学科结合与交叉发展的措施，落实还不够。结合国内外科学技术发展的形势和著名大学的建设经验，根据国家关于学科建设的思路，大学应该认真分析学校学科建设的长处和短项，确立发展重点和努力方向。首先，要把传统优势学科继续做强，使之更具竞争力；其次，要加强特色学科（特色工科、特色理科、特色文科）和新兴学科建设；再次，促进理工结合、文理结合、理工文结合，进而促进多学科交叉融合；最后，要按一级学科进行学科整合，把分散的二级学科尽量集中起来建设。如何通过建设实现理、工、文、管、经、法、教等相互渗透，促进学科之间的交叉、融合与扩展，形成相互支撑、结构合理、协调发展的多学科体系，是大学今后一个时期学科发展需要思考的问题。

二是加大投入，努力提高队伍水平。近年来，北理工在行业内知名度较高的学术带头人、院士、国家级教学名师、长江学者和"杰青"数量都不同程度有所增加。但是，还应该在国内外顶尖级的专家学者数量上谋求发展，加强创新团队的层次和数量，以满足需要。同时，应该进一步加大培养、吸引和稳定拔尖人才的力度，创新思路，拓展渠道。否则，既影响已经在校骨干的稳定，也将影响后续人才对学校的信心。为此，学校要从三个方面下大力气，加大投入，努力提高师资队伍水平：逐项落实好住房、项目启动费、各项补贴等涉及教师切身利益的政策；认真总结引进高层次人才的成功经验，瞄准国内外高层次年轻人才，下大功夫、花大本钱加大引进的力度，尤其要加大从国外引进人才的力度；注意对制度夹缝中的"弱势群体"的关心和支持，如密切关注"准院士群体"，这个群体年龄大约在50~65岁，他们有能力、有贡献，不是院士，又超过了申请"长江""杰青"的年龄，是当前国家和一些特殊政策照顾不到的一个群体，我们应该为这部分群体创造一个发挥其才能的机会和条件。

三是以课程建设为突破口，培养一流人才。人才培养质量的提高是一个系工程，需要长期努力。大学要把课程建设摆在突出位置，以课程建设为突破口，并把"教师上好课是第一位"的观念植根于每一个教师的思想观念中，落实到对教师的考核中。大学要选最好的教师上课，目标是多出精品课程，多出教学名师，培养一流人才。

四是以基础研究为根基，以创新为生命，努力提高科研水平。近年来，大学的科研经费增幅比较大、数量比较多，但是科研活动中重工程项目、轻基础研究；发表论文数量有较大增长，但高影响因子文章少；对基础研究投入不足，基础研究和应用基础研究相对薄弱；原创类成果和自然科学类成果少的现象还普遍存在。建设一流大学，基础研究和原始创新的水平是其主要标志。因此有人讲"基础决定水平，特色决定地位，创新决定前途"。为此，大学，特别是研究型大学要把基础研究、自主创新能力提升到战略高度来抓。同时要争取参与国家大科学研究，争取在若干国家重大战略需求领域承担一批重要研究项目，争取更多的国家自然科学基金和国家重点基础研究发展计划，以增强学校的发展后劲，提升学校的核心竞争力。逐步形成以国家"973"和国家"自然科学基金"为主的基础性研究，以国家高技术"863""预先研究"为主的应用技术基础研究，以国家重大工程项目、国有大中型企业合作项目为主的应用研究的科研格局。

五是实现资源优化配置，提高管理服务水平。管理出效益。精细化管理是一所大学在资源有限情况下的必然要求。大学要不遗余力加强内部管理，使得教育资源优化配置，发挥效益。大学目前普遍存在管理方面的问题，比如规范管理、精细管理不足；管理重心和决策重心偏高，机关一些部门和一些干部对待管理与服务的关系处理得还不够好，管得多服务得少，管理方式方法还不适应学校发展的要求；办学资源的管理和配置不尽合理，教学科研用房偏紧等。因此，要解放思想，提高管理服务水平，在制度层面建立健全奖惩制度和激励制度，疏通干部上下交流的渠道。对于事业心和责任心不强、有小团体主义、办事拖沓的干部要加强教育，不称职的干部要及时撤换；对于有突出贡献的干部要及时奖励和提拔。要使领导干部在管理理念上不断更新，在作风上不断加强。要以更强的事业心、更大的责任感、更好的服务心态和服务行动，搞好管理。实现资源优化配置，就是把有限的办学资源有效地利用起来。在教学科研用房、水电等基础设施分配、使用、管理上使之科学合理化。

（4）在政策调整中寻求新的突破

在实现学校又好又快发展的过程中，大学要充分利用政策的导向作用，强化政策的支持功能，在政策调整中寻求突破，努力形成广大师生安业乐学、健康向上的制度支撑格局。一是要认真地清理政策的落实情况，积极兑现政策性的承诺。对于能解决的，要减少烦琐环节尽快解决；对于解决确有困难的，要创造条件，克服困难尽可能解决；实在不能解决的，要及时做出解释，取得谅解，取信于民。二是要把有限的资源和资金向教学和科研单位及人员倾斜。三是改革不适应形势发展的制度和机制，如财务管理制度、人事制度等。四是要发挥特殊人群的作用。对有特殊贡献、突出能力和业绩的个人和群体，要有一定的政策倾斜。对于退下来的教授、副教授和中层干部，适合并愿意做学生工作的同志，通过返聘的办法用起来。五是要学习国家大部制改革的精神，整合一些机关职能部门，消除机构臃肿、人浮于事的现象。机关要改进服务态度，提高服务质量。加强院系领导班子建设，充分调动院系等基层单位的办学积极性。

3. 建设优秀文化，为大学和谐发展保驾护航

党的十七大报告指出，当今时代，文化越来越成为民族凝聚力和创造力的重要源泉，越来越成为综合国力竞争的重要因素。大学作为知识的集中地，是保存、传承、传播和创造先进文化的重要场所，承担着传播文明和创新文化的历史使命。大学文化是推动学校未来发展的宝贵精神财富，是参与国家发展战略、与国内外知名大学交流合作的精神基础，也是建设和谐校园的精神支柱。要通过大学文化建设，进一步强化师生爱国奉献、自强不息的主人翁意识，提倡宽容和谐、明礼诚信的做人态度，培养志存高远、面向世界的开放胸襟，树立改革创新、求真务实的工作作风，弘扬艰苦奋斗、团结合作、追求卓越的治学精神，努力把学校建设成为教风正、学风浓、校风严谨、格调健康、品位高雅、社会美誉度高的科学文化素质教育基地和社会主义先进文化的示范区和辐射源。

在新的历史时期，校园文化的内涵也要进一步丰富和优化，"和谐校园"建设是校园文化建设新命题和新方向。各级领导班子要和谐，学校与学院要和谐，机

关与基层要和谐，行政与学术要和谐，领导与群众要和谐，教师与学生要和谐，是大学建设"和谐校园"的指导方针。

高等教育的国际化是不可逆转的趋势。实施国际化战略，就要在继续解放思想中寻求新的发展，在国家发展战略和国内外大学发展趋势中深化学校定位，在优势和劣势的比较中寻找新的着力点，在政策调整中寻求新的突破。建设优秀的大学文化，是对大学面向未来发展道路的新思考，必将对推进学校又好又快发展提供强大的动力，为实现大学的奋斗目标奠定良好的基础。

第九章　交流合作与校友工作是推动学校发展的重要支撑

努力推进国际化发展战略①

这次会议非常重要,校党委也非常重视,校领导班子成员基本上都出席了。这既是一次总结会、工作部署会,更是一次动员会。

一、要始终把树立理念和养成自觉作为国际化的首要任务

从哲学的角度看,存在决定意识,经济基础决定上层建筑。当前,中国已是世界第二大经济体,经济总量不断增加,政治地位日益凸显。作为世界大国,中国在全球所承担的责任越来越重,发挥的作用将越来越大,与世界各国打交道的机会越来越多,国际化的程度越来越高。而高等教育作为科技第一生产力和人才第一资源的重要结合点,在国家发展中具有十分重要的地位和作用,在国家国际化的进程中同样占据举足轻重的地位。所以,《教育规划纲要》从国家战略的角度指出,要"提高我国教育国际化水平"。这就要求我们务必树立国际化的理念,推进学校国际化进程。否则,就不能完成学校党委提出的国际化的战略目标,更不能实现"始终瞄准国家战略需求"的原则和目标,也不能实现"始终瞄准世界科技发展前沿"的任务。

从世界高校发展趋势看,国际化理念已成为世界各国著名大学的共识。英国《泰晤士报高等教育副刊》对全球大学评估的标准中有一项名为"国际视野",其五项主要指标体系中有两项与国际化有关,一是国际教师的数量和质量,二是国际学生的数量和质量,足以看出国际化的重要程度。英国爱丁堡大学提出"四个确保"的国际化理念:确保国际影响与知名度,让世界知道爱丁堡大学在干什么、为什么;确保吸引世界最好的学生,不分国籍;确保科研实践水平世界一流,吸引世界一流人才来校工作;确保产生知识并得到应用。这"四个确保"充

---

① 2011年12月30日在学校外事工作会议上的讲话。

分体现了该大学的国际化水准定位。

总之，在国际教育竞争日趋激烈的今天，不重视、不主动、不深入国际化办学，就意味着学校在国际教育舞台上不入时、不入流、不入道，最终就有被超越、被忽视、被埋没的危险。因此，我们必须站在全球高等教育发展的高度来认识这一问题。有关部门要加大宣传引导的力度，要制定完善相关的政策措施，鼓励、引导师生树立国际化理念，努力营造国际化办学氛围，让国际化成为师生员工的一种行为习惯、一种主动追求、一种精神自觉。

二、始终以培养高质量人才和建设高水平队伍为国际化的中心工作

我们一直强调，人才培养是大学的根本任务和首要职责。高等教育国际化的最终目的，仍然是培养具有多元文化知识结构和国际视野的创新型人才。从高等教育发展趋势看，高水平大学无不国际化，国际化大学无不以培养国际型人才为目标。比如，新加坡国立大学25%的本科生有半年至1年在国外学习，斯坦福大学约有40%的本科生毕业前能到国外学习3~6个月。我们的参照对象美国佐治亚理工学院则提出："提供国际教育和实习，使学生能在国外学习或工作，至少1/3的佐治亚理工学院的学生毕业时有这样的经历。"可见，大学国际化的落脚点，都是培养具有国际化背景、适应国际规则、参与国际竞争的人才。因此，我们向国外输送学生的力度还要再加大一点、层次还要再加深一点、广度还要再加宽一点。当然，也要吸引国外的留学生到我校来学习，既要有短期生，更要有学位生、研究生。

在大学国际化队伍中，教师是主要力量。教师的学术研究交流是国际化的基本特征，也是推进国际化进程的突破口。比如，今年，哈工大为拓宽青年教师的国际视野，有目标地选择世界一流大学的一流学科为参照系，建立"哈工大海外学术合作基地"，选派教师到此学习访问，并从基地聘请一流学者来校访问、讲学。他们还重点从美国耶鲁大学、麻省理工学院、斯坦福大学、俄罗斯莫斯科国立大学等世界一流名校聘请了12名知名学者作为12个相关学科的首席国际学术顾问。这些学术顾问每年至少在哈工大工作两个月，有力推动了相关学科的发

展。今后，在教师队伍的国际化中，既要千方百计让教师走出去，不断提高国际合作的能力和水平，又要想方设法把大师名师请进来，壮大教学科研队伍、打造世界一流学科。

另外，还要强调，我们的管理干部队伍也要有开放的眼光，要主动开展国际化建设的研究，主动了解国内外知名高校的管理经验和成功做法，为师生的国际化交流提供更加周到、便捷的高水准服务。我们明年要组织中层干部的境外培训，加快培养干部的国际眼光、国际视野和战略思维。

三、要始终把打好基础和同"高手过招"作为国际化的重要抓手

所谓打好基础，包括软件和硬件两方面。软件方面，就是要营造好国际化的文化氛围，提升学校国际化的魅力。重要的一点，就是要有一种独具特色、开放包容的文化。这一点，我在学校科技工作会上也有强调。有了独具特色的文化，才能在高等教育领域独树一帜。有了"开窗放入大江来"的气度，才能让国内外专家学者纷至沓来，百家争鸣、万花齐放。所以，我们还要进一步深化理解北理工精神文化体系，从"学以精工"中品味出臻于至善、独树一帜的内容，从"德以明理"中提炼出包容万象、兼收并蓄的内涵；并由此酝酿出更适宜于国际化的体制机制，在全校促进形成开放包容、宽松和谐的学习科研氛围。

硬件方面，除了优美的校园环境，还要有必要的条件保障。比如英文网站的建设，现在各学院对宣传自身形象和优势的网站的建设还十分不够，绝大多数学院都没有英文主页。这一点，要向管理学院学习，它们的英文网站建设非常全面，而且还能做到及时更新，非常难能可贵。它们之所以能够顺利通过 AMBA 国际认证，恐怕与英文网站发挥的作用密不可分。另外，我们师生外语水平的提高也是必需的，要加强外语培训。一定要让我们的师生能够张得开嘴、说得出口，可以直接同人家交流。这方面，外国语学院要多做些工作。还有，我们的孔子学院正在积极建设中，我们的教师要想在国外受欢迎，除了语言水平要高，还要有一定的文化底蕴，比如掌握一两种体现中华传统文化的技能。那么，我校体育部的教师，就可以考虑开设像武术之类的课程，对师生进行培训。

所谓同"高手过招",就是在各个层面的国际交往中,我们要强调重视质量。不管是学校层面,还是学院层面,在选择国际合作伙伴时,要尽量选择高水平的、一流的。可能开始时,我们与人家水平有差距,不一定受人家待见。这不要紧,开始我们的姿态不妨放低些,先拜师做学生,向高手学习,再做合作伙伴,最后力争做师傅。

"雄关漫道真如铁,而今迈步从头越。"回顾过去,学校国际化工作取得的成绩令人欣慰。展望未来,学校国际化宏伟蓝图的实现任重而道远。希望全校师生员工抢抓机遇,开拓进取,为着力提升我校国际化办学水平,为把我校建设成为一流大学而努力奋斗!

第九章 交流合作与校友工作是推动学校发展的重要支撑

与校友同看校园变化[①]

在这满载丰收希望的金秋时节，北京理工大学迎来了又一批重返母校的校友。在此，请允许我代表全校师生员工，对你们的到来表示最热烈的欢迎！

今天返校的校友中，包含了从1980届到2006届的本科生、硕士生、博士生、EMBA等方面的校友，代表了北京理工大学26年中在育人道路上收获的丰硕果实。你们毕业后，分赴祖国建设的各行各业，在政府、企业、教育、科研等各界都取得了辉煌业绩，已成为社会主义现代化建设不可或缺的重要力量。你们，是北京理工大学的骄傲和荣耀。我代表母校师生，向你们表示崇高的敬意！

近年来，学校发展得到了国家和社会各界，尤其是广大校友的大力支持。当前，学校根据中央领导的指示精神，确定了建设世界一流理工科大学"三步走"的发展目标，并且全面实施"6+1"发展战略，各项事业都有了蓬勃发展。

——在学科建设方面：以"强地、扬信、拓天"的思路不断优化学科布局，学科实力不断增强。根据国际基本科学指标2012年5月最新统计数据，我校有5个学科进入ESI国际学科排名前1%行列，在工业和信息化部所属7所高校中排名第二。截至目前，已有一级学科博士学位授权点22个，一级硕士学科授权点38个。交叉类学科建设也有了新的发展，如，软件、光电及设计艺术等学科联合创办的"数字表演与仿真技术"成为省部级重点学科。

——在师资队伍建设方面：质量不断提高。学校每年吸纳海外、国内著名大学和本校的优秀博士毕业生的比例从各占1/3调整到2∶2∶1，队伍结构更趋合理；"十一五"以来，新增发展中国科学院院士1人，"千人计划"入选者8人，"青年千人计划"入选者5人，国家级教学名师3人，国防科技创新团队12个，国家级教学团队6个，特别是"长江学者奖励计划"特聘教授、国家杰出青年科

[①] 2012年9月22日在第二届校友论坛上的讲话摘要。

学基金获得者都增加了1倍多。

——在人才培养方面：在"高远的理想、精深的学术、强健的体魄、恬美的心境"的育人目标指引下，大力改革学生培养模式，教育教学质量显著提升，毕业生社会竞争力明显增强。近年来，本科生源质量一直保持上升势头，录取线高于重点大学分数线60~80分甚至更高的省份数量翻了近2倍，录取分数线在23个省进入以工科为主高校前10名，在21个省进入"985工程"高校前15名。学生综合素质和创新能力不断提高，在团中央、中国科协、教育部、科技部、全国学联等主办的全国性大学生竞赛中屡获大奖，有的连续五届夺得一等奖。毕业生就业率一直在97%以上，用人单位对毕业生的综合素质满意度高达96%。

——在科学研究方面：科技投入经费从2006年的7亿元增加到2011年的16.29亿元，增加了1.5倍。近年完成的国家"高新工程"项目数量居全国高校第一；在北京奥运会、残奥会中，承担科技奥运和奥运安保项目的数量位居全国高校第一；在国庆60周年阅兵的30个方阵中，参与了22个方阵的装备设计和研制，其数量和深度位居全国高校第一；创造的多项电动车辆技术国内第一、国际领先，自主研发的纯电动客车在世界上首次大规模投入运行，成功运行于北京奥运会、残奥会及上海世博会。"十一五"以来，学校获国家科学技术奖22项，获国家奖数量增长了2倍，特别是2008年、2009年学校牵头项目获得国家科技奖数量分别位居全国高校第4名和第6名。2011年获国家科技奖6项，再次并列全国高校第4名。

——在国际化办学方面：境外合作院校已达到170余所，遍及世界6大洲的47个国家和地区，学校的国际影响力和知名度得到了显著提升。学校在国内外的学术声誉也有了大的提升，在今年9月最新发布的"QS世界大学排名2012/2013"中，北京理工大学首次进入该榜单500强。在进入500强的19所中国内地大学中，我校位居第13位（并列）。

——在体制机制改革方面：不断深化改革，推动管理重心下移，增强基层办学活力。成立基础教育学院、科学技术研究院，建立科学规范的管理与服务体系。建立学部制度，推进教授治学、民主管理。调整学院设置，成立数学学院、物理学院、化学学院，促进学科交叉融合。成立火炸药研究院、节能与新能源汽

第九章 交流合作与校友工作是推动学校发展的重要支撑

车研究院、地面无人机动系统研究院、纳米中心、"两化"融合发展研究院等学科交叉研究单位,大力推动协同创新。

——在大学文化建设方面:学校坚持继承发扬延安精神和国防特色文化传统,凝练形成了以"德以明理,学以精工"的校训、"团结、勤奋、求实、创新"的校风和"实事求是,不自以为是"的学风为核心的北理工精神文化体系。深入开展了徐特立教育思想研究,建立了校史馆,编撰出版了学科专业史丛书,与凤凰卫视联合摄制《红色征途》大型历史文献纪录片,等等。学校的优秀历史文化传统得到进一步继承和弘扬。

学校的既有成就,凝聚着你们的心血;学校的未来发展,更需要你们的支持。希望广大校友坦诚相对,积极就学校、学院、学科专业的建设建言献策,将社会上正面或负面的评价都反馈回来,促进学校进一步发展。目前我们已在海内外成立了近50家校友会,希望大家踊跃参加当地校友会的活动,为学校事业发展凝聚力量。我们也将进一步完善校友会平台,服务校友发展。同时,我们成立了教育基金会,希望广大校友慷慨捐助,激励学弟学妹们进步、成才。我相信,在广大校友的热心支持和鼎力辅助下,母校的发展必将日新月异!

动员校友资源，助力学校发展[①]

秋风送爽，母校怀着喜悦的心情，迎来了毕业30周年的83届百名校友。在这里，我代表母校师生员工对你们的到来表示最热烈的欢迎！

今天在座的各位，是校友中的优秀代表。我们的副书记、副校长李和章同志，也是83届71791班的毕业生，所以，相信这次重聚，会让大家倍感亲切。有句话很贴切，"校友是一所大学的形象名片"。这些年，各位校友活跃在军工行业、科研领域、工商界和教育界，在各自的工作岗位上取得了让人骄傲的成就，为国家发展和社会进步作出了突出贡献，母校深感欣慰。母校的骄傲来自你们的成就，母校的发展来自你们的关注和支持。多年来，校友们在母校的资源筹措、人才培养、基础建设、文化传承等方面发挥了重要作用，支持了学校的长远发展建设，也激励了一代代北理工人接续奋斗。在这里，请允许我代表学校党委，向各位校友表示深深的敬意和感谢！

30年前，母校的名字还是"北京工业学院"。你们入学的年代，正处于恢复高考、逐步整顿，走向改革开放的年代。从激烈高考中脱颖而出的你们，是名副其实的"天之骄子"，你们口中最响亮的口号是"从我做起、从现在做起""振兴中华""新的长征"。那个年代，学校作为一所国防军工院校，正慢慢打开紧闭的大门，尝试以开放的姿态与国内外高校开展交流合作。那时，学校的办学条件还比较简陋，1983年你们毕业时，学校的新图书馆才刚刚落成，尽管条件艰苦，但你们朝气蓬勃地在这里学习、生活。你们可能记得，钱学森、朱光亚等领导参观学校科技展览时的盛况；你们可能也记得，著名指挥家郑小瑛老师时常来校讲座的情景。母校生活的点点滴滴，会成为你们心头永远的记忆。

这些年，学校在各位校友的关心和支持下，发生了很大变化。2009年，学校

[①] 2013年9月14日在百名校友毕业30周年返校活动会上的讲话摘要。

第十三次党代会确立了到 2040 年建设"理工为主、特色鲜明"的世界一流大学的目标,提出激情进取、科学发展的"6+1"发展战略。全校上下凝心聚力,取得了可喜的发展成就。

学科建设方面,在 2012 年全国一级学科整体水平评估中,学校的兵器科学与技术、航空宇航科学与技术、机械工程、光学工程、信息与通信工程、控制科学与工程、力学、仪器科学与技术 8 个学科排名全国前 10 名;化学、工程、材料科学、物理、数学进入 ESI 国际学科排名前 1% 行列。在工业和信息化部所属 7 所高校中,按照进入 ESI 排名的学科数统计,我校排名第二,且数学学科率先进入 ESI 排名。

师资队伍方面,学校坚持引育结合,打造高层次人才队伍。有国家"千人计划"教授 10 人,"青年千人计划"入选者 5 人,"长江学者奖励计划"特聘教授和讲座教授 24 人,国家杰出青年科学基金获得者 18 人,国家级突出贡献专家 17 人。

人才培养方面,涌现了"北京高校成才表率"、光电学院博士生程德文、2012 中国大学生年度人物候选人、"中国大学生自强之星标兵"、身残志坚努力成才的计算机学院博士生张大奎等一批优秀学生典型。2012 年本科生初次就业率达到 97.85%,研究生就业率达 98.56%,到国家重点建设行业、重点部门、重点单位就业的毕业生达到就业人数 60% 以上。

科学研究方面,2012 年,学校科研经费总投入超过 18.2 亿元,再创历史新高。获批国家自然科学基金 177 项;获批国家社科基金项目 6 项,获批项目数位列工业和信息化部属高校第一。去年我校共获得 3 项国家科学技术奖,省部级奖 14 项;2 人获何梁何利奖。专利申请数首次突破 1000 项。SCI 收录论文总数达 791 篇,EI 收录论文 1325 篇,CPCI-S 收录论文 416 篇,均为历史新高。

文化传承创新方面,学校坚持继承发扬延安精神和国防特色文化传统,凝练形成了以"德以明理,学以精工"的校训、"团结、勤奋、求实、创新"的校风、"实事求是,不自以为是"的学风、"高远的理想、精深的学术、强健的体魄、恬美的心境"北理工特色的育人目标为核心的北理工精神文化体系。深入开展了徐特立教育思想研究,建立了校史馆,编撰了一系列学科专业史,与凤凰卫视联合摄制《红色征途》大型历史文献纪录片,等等。学校的优秀历史文化传统得到进一步继承和弘扬。

学校的办学实力和国际影响力不断提升,去年进入QS国际排名"亚洲100强"和"世界500强"高校。

回顾这些年的发展,我们深切体会到,校友是学校最宝贵的资源,是学校发展最重要的依托,因此,校友工作是一项重要工作,一定要做好。在这里,我想对各位校友,以及校友会同志提三点期望。

第一个期望,是弘扬"延安精神",引领社会风尚。"延安精神"和徐特立教育思想是北理工精神的核心。母校在炮火连天的革命圣地延安诞生,经过70多年的办学历程,延安精神早已深入骨髓,内化为全体北理工人的精神追求和思想根基。这些年,北理工人无论走到哪里,都体现着专业精湛、勤奋扎实、忠诚正直、追求卓越的鲜明特质,这些特质也得到社会的普遍认可。校友们承载着母校的希望,校友的成功就是母校的成功。因此,希望我们在座的北理工人始终坚持和弘扬这种精神,不忘本色、不忘传统,把握时代潮流,引领社会风尚,不断走在社会发展的前列。

第二个期望,是凝聚校友力量,支持母校建设。学校的发展离不开校友的支持。在加快建设世界一流理工科大学的进程中,希望各位校友继续支持母校发展,进一步体现到集资、集力、集智、集心四个方面。集资,就是希望有条件的校友在财力物力上给予支持,推动学校发展建设;集力,就是希望校友们更好地发挥桥梁和纽带作用,为母校师生的成长、发展提供更多的机遇和平台;集智,就是希望校友们更好地担当"智囊团"和"思想库"的角色,积极为学校建言献策,为校史和文化建设贡献力量;集心,就是希望全体校友心系母校、情归母校,把母校当作永远的心灵家园。总之,就是希望校友们把对母校的热爱和眷恋,转化成北理工人强大的凝聚力,让母校变得更加美好。

第三个期望,是加强校友服务,促进校友发展。多年来,我们的校友会为联络校友、服务校友做了很多努力,也逐步得到校友们的认可,成为大家的"联络站"和"服务点"。今后,希望校友会在服务校友中发挥更大的作用,使校友工作成为招生、培养、就业之后的又一个重要环节,努力为校友提供更加细致周到、便利贴心的服务,促进校友终身学习、不断前进。我们还要充分发挥校友网络的优势,帮助和促进校友事业发展,实现资源共享、合作共赢,学校也非常愿意加强支持,动员学校的有利资源,做好与校友相关的各项保障工作。我们希望各位校友在北理工大家庭的怀抱中感受到温暖,感受到力量,感受到成长。

各位校友,每年9月的第二周周六为校友返校日,欢迎你们继续关心母校发展和建设,常回来聚聚!母校永远惦记你们、关注你们、支持你们!

后 记

在笔尖即将停驻之际，心中仍感有话欲诉。一是致谢，向那些在本书整理与出版过程中给予我支持与帮助的每一位表达我最衷心的感谢；二是寄语，对学校未来的发展献上我最真挚的祝愿。因此，我再次提笔，留下了以下文字。

致谢

经过较长时间的调整与梳理，本书终得以问世。在此，我怀着无比诚挚的感恩之情，向所有为本书诞生倾注心血的人们致以深深的谢意。

首先，我要向我国高等教育界德高望重的老领导周远清先生致以最崇高的敬意。先生虽年届耄耋，仍以不懈耕耘的精神为我们树立了榜样，更慷慨赐教，为本书撰写推荐序言。每当回忆起先生在各类学术会议上为我国高等教育事业慷慨演讲的身影，我都不禁为老一辈教育家的崇高情怀与责任担当所感动。

我要特别感谢王学普、刘博联、李德煌、庞海芍、樊红亮、夏国萍等同仁。在书稿的整理与校对过程中，你们以严谨的态度和一丝不苟的精神协助我整理和完善稿件，甚至不惜牺牲休息时间与我共同探讨修订方案；在确定出版单位的关键时刻，你们更是主动伸出援手，多方沟通、协调资源，最终促成了与优质出版方的合作。你们的鼎力相助，为本书的内容品质与出版效率提供了双重保障。

我要向我的家人表达我最深的感激。你们不仅对书稿的整理和出版提出了宝贵的意见和建议，更在我整理和修改书稿期间，承担了大量的家务劳动，使我能够全身心地投入书稿的整理与修改工作中。书中的每一字、每一句，都凝结着你

后 记

们的理解与支持。

我还要向东方出版社的编辑团队，特别是策划编辑姚恋女士和责任编辑朱兆瑞先生，致以诚挚的谢意。你们以专业的水准和匠心的态度，对本书的排版设计、章节结构等进行了精心打磨，为本书的高品质出版做出了不可磨灭的贡献。

寄语

初心不改，使命如磐，祝福长存，现将我在2014年离职会上的发言摘录部分内容于此，祝愿北京理工大学今后发展得更好。

在离任之际，讲三句话。第一是感谢，感谢中央的信任与关心，感谢中组部、工业和信息化部及北京市的指导与帮助，感谢海岩校长和学校领导班子同志的理解与合作，感谢全校广大师生员工和离退休老同志的支持与合作。这些信任、帮助、理解与支持，使我和领导班子同志的教育理念和办学思路不断得到完善和成熟，并在北京理工大学落地实践。前面几位领导在讲话中对我的工作给予了很高的评价，我着实不敢当。在北京理工大学70多年的历史中，8年也只是短暂的微不足道的一小节，个人的贡献只能说是沧海一粟，而这一粟也是我和海岩校长及领导班子同志与全校师生员工共同努力奋斗的结果。但是，有一点我是问心无愧的，那就是，我努力了，我尽了全力，我把自己的全部心血和汗水，把自己所有的情和爱无私地、毫不保留地献给了北京理工大学的发展建设事业！近年来，北理工广大干部和教师的思想观念在不断转变、激情进取的劲头在不断提升、干事创业的思路在不断开阔、真抓实干的作风在不断增强，这些转变让我感到欣慰。

第二是歉意，在感谢的同时，我还想表达我的歉意。由于一直力推思想解放，改革创新，倡导激情进取，这无形中增加了大家的工作强度和难度。许多干部、教师多年没有很好地休假，许多同志时常带病坚持工作，还有一些同志的合理建议和诉求，应该支持解决的，还没有来得及兑现，这些都令我内心感到十分不安。另外，还有太多的事，我和班子同志看到了、想到了，也实施了，但还没有来得及做好，留下了不少的遗憾。还有，自己在个人修养和能力水平方面还存在一些不足，有时说话比较生硬、直来直去，有时批评同志偏重，甚至无意中伤害到了一些同志，也给工作带来了不尽如人意的地方，在此深表歉意。但我也借这个机会坦诚地跟大家说，不管怎样，都是出于工作和事业考虑，没有夹带任何个人私怨。我们大家还都是好同事、好同志。我坚信，路遥知马力，日久见真心。

今天，我虽然离开了学校的领导岗位，但人仍在北理工，心仍系北理工，因为，我身上已经深深地烙上了"北理工印记"。我将义不容辞，一如既往地支持张炜书记和海岩校长及学校领导班子得工作，将永远为自己是一名北理工人而感到自豪和骄傲。作为一名老共产党员，我仍会与全校师生员工一道为创建世界一流理工大学而奉献终身。

第三是祝愿，祝愿北京理工大学在张炜书记和海岩校长及学校领导班子的带领下，认真贯彻落实党的十八届二、三中全会精神，结合北京理工大学的实际，不断深化学校的综合改革，不断修订和完善学校的发展战略和实施方案，推动学校又好又快地发展，并进一步加快世界一流理工大学建设的步伐。我坚信后人比我们更有智慧，更有能力，我也坚信北京理工大学今后会发展得更好。

十年之后的今日，正如所望，北京理工大学发展建设得越来越好，实在令人欣慰。潮平两岸阔，风正一帆悬。希望北京理工大学继续贯彻落实党的教育方针和习近平总书记对我国高等教育事业发展的要求，激情进取，锐意改革，为早日实现中国特色世界一流大学的奋斗目标而努力奋斗。

2025 年 2 月 28 日